刑事诉讼法原理与实务

主　编　赵红星

副主编　庞敏英　邵　磊

WUHAN UNIVERSITY PRESS
武汉大学出版社

图书在版编目(CIP)数据

刑事诉讼法原理与实务/赵红星主编. —武汉:武汉大学出版社,2022.2
(2025.1重印)

ISBN 978-7-307-22820-7

Ⅰ.刑…　Ⅱ.赵…　Ⅲ.刑事诉讼法—中国—高等职业教育—教材
Ⅳ.D925.2

中国版本图书馆 CIP 数据核字(2021)第 260256 号

责任编辑:张　欣　　责任校对:汪欣怡　　版式设计:马　佳

出版发行:**武汉大学出版社**　(430072　武昌　珞珈山)
(电子邮箱:cbs22@whu.edu.cn 网址:www.wdp.com.cn)
印刷:武汉图物印刷有限公司
开本:787×1092　1/16　印张:27.25　字数:646 千字　插页:1
版次:2022 年 2 月第 1 版　2025 年 1 月第 4 次印刷
ISBN 978-7-307-22820-7　定价:68.00 元

重印说明

　　党的二十大报告提出了"坚持全面依法治国，推进法治中国建设"的新目标，并将其与国家治理现代化联系起来，与全面建设社会主义现代化国家连接起来，成为依法治国这一治国基本方略在新时代的新发展。为进一步推进党的二十大精神进教材、进课堂、进头脑，强化司法公正的理念，使学生明确习近平法治思想的基本内涵，坚定党对政法工作的绝对领导，树立人民为中心的理念，坚持立德树人，德法兼修，努力培养造就高素质法治人才及后备力量，我们对本教材进行了修订。

　　本次重印结合上一印次之后最高人民法院等部门发布的新的司法解释、规定对取保候审、法律援助等内容进行了调整、补充，还对原教材中存在的错误和不够准确和严谨的地方进行了修正，希望广大读者对本教材的不足之处给予指正，以便我们把本教材修改得更加规范、适用。

编者

2023 年 8 月 8 日

前　　言

2020 年 11 月中央全面依法治国工作会议将习近平法治思想明确为全面依法治国的指导思想。坚持建设德才兼备的高素质法治工作队伍，是全面推进依法治国的组织保障。全面推进依法治国，必须推进法治专门队伍正规化、专业化、职业化，提高职业素养和专业水平。坚持立德树人、德法兼修，努力培养造就一大批高素质法治人才及后备力量是法律院校承担的重要历史使命。为了贯彻习近平法治思想，落实教育部高等职业教育高端技能型人才培养工作的要求，适应高等法律职业教育的需要，使高职法律教育的教学更能凸现职业性、应用性、实践操作性和针对性，强化课程思政建设，根据高职高专教育法律专业教学目标和教学要求，精心撰写了本教材。

刑事诉讼法是程序法，学生不仅要掌握诉讼程序的法律规定，更要能够熟练运用诉讼程序解决案件和进行文书制作。因此，本教材的撰写立足于工学结合，体现高职特色，突出新颖性、实用性并重，力求做到理论内容通俗易懂、实践内容明确、便于操作。基础理论以必需、够用为度，提高司法实务部分的内容所占比例。以注重培养学生综合实践能力为核心，围绕法律职业岗位群所必需的刑事诉讼法理论知识和诉讼技能，结合全国法律职业资格考试刑事诉讼法考试大纲的要求和高职法律专业刑事诉讼法课程教学的规律和特点，对刑事诉讼法理论进行了高度概括、归纳、总结和阐述。注重基础理论与司法实务的有机结合，在概括介绍相关刑事诉讼法理论的基础上，将刑事诉讼流程和刑事诉讼实务中所必需的司法文书予以介绍，便于学生理解和掌握，融理论性和实用性为一体，内容实用，非常适合高职院校法律专业的学生学习，也便于司法实务部门的办案人员学习、把握。本教材主要有以下特点：

1. 内容特点。本教材以案例为指引，按照刑事诉讼办案流程设计教学内容，侧重程序、文书制作，体现能力为本位、就业为导向的原则，切实解决现有教材只涉及理论知识，不涉及实务的问题，达到理论与实务结合，满足高职法律教育的需要。本教材坚持以理论为基础，以法律、司法解释规定为中心，以司法实务为目标，坚持做到理论、法律规定、诉讼实务有机结合。本教材吸纳了刑事诉讼法领域的最新研究成果，特别是最新的司法解释，力求内容新、实。对于与理论内容有关的知识，通过扩展知识的方式列出。

2. 体例特点。本教材的编写采用了新的体例，一是采用了新的结构体例。改变了传统的概述、制度、程序的编写体例，代之以任务为主线，按照刑事诉讼的分类将整体内容分为刑事诉讼法基本理论与制度、一般公诉案件诉讼程序、自诉案件诉讼程序、特别程序、执行程序几部分，职业特色更加突出。能够帮助学生全面、系统的了解每一类案件的诉讼程序。在程序中，又将公、检、法、律师等不同部门的工作程序分别进行介绍，便于学生把握在不同诉讼中公、检、法、律师等不同部门的工作。二是以任务为导向。根据职业教育突出能力培养的要求，按照刑事诉讼的案件类型，将刑事诉讼程序部分的内容分解为一般公诉案件诉讼程序、自诉案件诉讼程序、特别程序几部分，便于学生把握不同类型案件的办理程序。三是理论与实务紧密结合，诉讼程序部分将诉讼流程、主要文书引入，提高学习实用性。特别是归纳了公、检、法、律师在不同诉讼阶段的不同诉讼程序的工作流程，精选了公、检、法、律师在诉讼中常用的法律文书格式，使学生学习更加清楚、明了。四是在每一单元的内容前首先概括本章的知识目标能力目标和素质目标，使学生能够系统了解知识要点，便于学生有针对性的学习，突出了有效性和实用性。在每单元的内容之后，提出了思考题和综合训练，便于学生通过练习掌握本部分的主要内容。

本教材坚持以习近平法治思想为指引，以立德树人为己任，紧扣法治人才职业化要求，重在培养学生的程序意识和规范意识，培养学生的职业能力，引导学生树立平等、公正、法治、敬业等社会主义核心价值观。本教材编写突出了课程思政要求和职业教育特点，既可作为高职高专院校开设刑事诉讼法课程的教材，也可作为普法教材，更可作为政法队伍岗位培训的参考用书。

本教材在编写的过程中，得到了河北省人民检察院、河北世纪鸿业律师事务所、邢台市中级人民法院、衡水市中级人民法院、武邑县人民法院等实务部门的大力支持，河北政法职业学院和北京政法职业学院的教务处、科研处也给予了许多关心和帮助，在此一并表示感谢。

本教材由河北政法职业学院赵红星教授任主编，庞敏英副教授、邵磊副教授任副主编，河北省人民检察院刘锦辉检察官、河北世纪鸿业律师事务所李双盈律师提供了诉讼实务方面的材料，邢台市中级人民法院李虹法官、衡水市中级人民法院陈洪峰法官、武邑县人民法院岳建民法官在司法实务的内容方面提供了帮助。本书撰稿分工如下（按撰稿章节先后为序）：

赵红星：单元一；单元二除项目四中的死刑复核程序、审判监督程序以外的内容；单元三；

庞敏英：单元二项目四中的死刑复核程序、审判监督程序；单元五；

邵磊：单元四。

全书由主编统改定稿。由于时间仓促，加之水平有限，书中不足之处甚至错误在所难免，恳请读者批评指正、同仁不吝赐教。

作　者

2021 年 8 月

目　　录

单元一　刑事诉讼法基本理论与制度

☞ **知识目标**

1. 明确刑事诉讼的含义与特点；
2. 理解刑事诉讼的目的和任务；
3. 掌握刑事诉讼法与刑法的关系；
4. 了解刑事诉讼基本原则的含义及适用；
5. 熟悉回避的主体、理由及程序；
6. 理解刑事证明对象的范围、证明责任和证明标准；
7. 了解各种证据的特点及表现形式，熟悉各种证据的审查判断标准；
8. 把握证据分类的标准，理解各类证据在刑事诉讼中的价值；
9. 了解强制措施的种类、适用条件及程序；
10. 了解期间、送达的相关规定。

☞ **能力目标**

1. 能准确适用刑事诉讼基本原则处理问题；
2. 能准确解决回避问题；
3. 能准确运用证据的基本特征分析具体证据的证明力；
4. 会准确、全面的收集审查判断证据；
5. 能准确适用各种强制措施；
6. 能准确解决刑事附带民事程序中的问题；
7. 能准确在法定期限内完成法定事项。

☞ **素质目标**

1. 树立程序公正的意识；
2. 树立保障人权的理念；
3. 引导学生树立平等、公正、法治、敬业等社会主义核心价值观。

项目一　追究犯罪的程序法——刑事诉讼法面面观

任务一　了解刑事诉讼法

【案例 1-1】

　　某地发生一起强奸杀人案件。公安机关在侦查中发现被害人四十岁左右，被害后被投入一农田的枯井内。经鉴定，被害人阴道内有犯罪嫌疑人的精斑，被害人系窒息死亡。在经过调查了解后，公安机关将嫌疑对象确定为附近村的村民王某，并将其拘留。王某拒不承认强奸杀人的犯罪事实。经过侦查人员多次刑讯逼供后，王某承认了犯罪事实。案件起诉到中级人民法院后，被告人王某当庭翻供。中级人民法院认为案件证据存疑，遂作出死刑缓期二年执行的判决。被告人上诉后，二审法院维持了原判，并核准了死刑缓期执行。王某在执行期间多次申诉，最终案件经由人民检察院提起了审判监督程序。法院经过再审后作出王某无罪的终审判决。

　　提示： 本案经过了一审普通程序、二审程序、死刑复核程序、审判监督程序。

【应知应会】

一、刑事诉讼概念与特征

　　刑事诉讼是指公安司法机关在当事人及其他诉讼参与人的参加下，依照法律规定的程序、方法、步骤，追诉犯罪，解决被追诉人刑事责任的活动。

　　刑事诉讼有狭义和广义两种。狭义的刑事诉讼，仅指审判期间的诉讼活动。侦查与起诉都只是审判前的程序，执行是审判的必然延伸，都不具有独立的程序意义。广义的刑事诉讼，包括侦查机关的侦查、公诉机关或自诉人的起诉、人民法院的审判和监狱等机关的执行活动。

　　刑事诉讼呈现出如下一些特点：

　　（一）刑事诉讼由公安司法机关主导进行，属于行使国家刑罚权的活动

　　在刑事诉讼中，不同国家专门机关分别主持不同阶段的诉讼活动。其中法院负责审判以及决定逮捕等活动；检察院负责公诉、审查逮捕、侦查、法律监督等活动；包括公安机关、国家安全机关在内的侦查部门负责刑事案件的侦查等。公、检、法在刑事诉讼中各自行使法律赋予他们的专门职权，这些职权的行使属于国家活动，并以国家强制力为后盾。

　　虽然不能把实现刑罚权作为刑事诉讼终极目标，但是刑事诉讼活动本身在内容上就是围绕着如何追诉犯罪，解决犯罪嫌疑人、被告人的刑事责任问题而开展的。人民法院、人民检察院以及公安机关等所有专门机关都是在不同阶段贯彻和落实国家的刑事审判权、公诉权以及侦查权等国家刑罚权。

　　根据《中华人民共和国监察法》的规定，监察机关对国家公职人员涉嫌职务犯罪的

案件进行调查，但是不适用刑事诉讼法的规定。因此，监察机关对国家公职人员职务犯罪的调查活动不属于刑事诉讼程序。

【扩展知识】2018年3月20日，十三届全国人大一次会议表决通过了《中华人民共和国监察法》。国家主席习近平签署第三号主席令予以公布。《中华人民共和国监察法》分为9章，包括总则、监察机关及其职责、监察范围和管辖、监察权限、监察程序、反腐败国际合作、对监察机关和监察人员的监督、法律责任和附则，共69条。由此，全面从严治党、全面依法治国掀开新的篇章。

（二）刑事诉讼是在当事人和其他诉讼参与人的参加下进行的活动

刑事诉讼并非公安司法机关的单方面的活动，它必须有当事人和其他诉讼参与人的参加，而且必须以当事人所进行的活动为前提。在刑事诉讼中，必须以犯罪嫌疑人、被告人的犯罪活动为前提。因为刑事诉讼的中心内容是解决犯罪嫌疑人、被告人的刑事责任问题，因此任何刑事诉讼都必须有犯罪嫌疑人和被告人的参加。同时，刑事诉讼活动也离不开被害人、证人、辩护人、诉讼代理人的参与。

（三）刑事诉讼是严格依照法律规定的程序进行的活动

尊重人权是刑事诉讼的核心价值。鉴于刑事诉讼活动中公安司法机关权力行使的主导性，刑事诉讼活动必须严格依照法律规定的程序进行。只有按照法定程序从事的刑事诉讼活动才可能更有效地实现人权的保障，实现立法者制定刑事诉讼法的目的，在更高层次落实宪法对人权的保护。可以说尊重程序与尊重人权密不可分，都是贯彻刑事诉讼活动始终的基本观念。

（四）刑事诉讼只有通过控、辩、审三大职能的共同运作，才能真正完成

控诉职能是指向法院起诉，并收集、提供有关证据，要求追究被告人的刑事责任，这种职能在公诉案件中是由国家侦查机关、控诉机关（检察院）行使的，在自诉案件中是由自诉人行使的；辩护职能相对于控诉职能，是指提出对被告人有利的事实和理由，维护被告人的合法权益，这种职能是由犯罪嫌疑人、被告人及其辩护人行使的；审判职能是指通过审理认定被告人是否犯罪，犯有何罪，应否给予刑事处罚，给予什么样的处罚，这种职能是由人民法院来行使的。

二、刑事诉讼法

（一）刑事诉讼法的概念

刑事诉讼法是国家统治阶级按照自己的意志制定的有关刑事诉讼程序的法律规范的总称。公安司法机关、当事人和其他诉讼参与人在进行刑事诉讼活动时都必须严格遵守这种法律规范。只有这样，才能保证刑事诉讼的顺利进行。

刑事诉讼法有狭义和广义之分。狭义的刑事诉讼法仅指专门的刑事诉讼法典。在我国，它是指《中华人民共和国刑事诉讼法》。广义的刑事诉讼法，既包括专门的刑事诉讼

法典，也包括其他法律、法规、司法解释中一切有关刑事诉讼程序的规定。本教材所称的刑事诉讼法是广义的刑事诉讼法。

【扩展知识】刑诉法发展：新中国第一部刑事诉讼法典于 1979 年 7 月 1 日经第五届全国人民代表大会第二次会议正式通过，同年 7 月 7 日公布，并于 1980 年 1 月 1 日正式施行，共四编 164 条。根据 1996 年 3 月 17 日第八届全国人民代表大会第四次会议《关于修改〈中华人民共和国刑事诉讼法〉的决定》第一次修正，自 1997 年 1 月 1 日起施行，共四编 225 条，本次修改增加了"未经人民法院依法判决，对任何人都不得确定有罪"原则规定；根据 2012 年 3 月 14 日第十一届全国人民代表大会第五次会议《关于修改〈中华人民共和国刑事诉讼法〉的决定》第二次修正，共五编 290 条，本次修改把"尊重和保障人权"写入刑诉法；根据 2018 年 10 月 26 日第十三届全国人民代表大会常务委员会第六次会议《关于修改〈中华人民共和国刑事诉讼法〉的决定》第三次修正，修改后的刑诉法共五编 308 条，本次修订调整了检察职能，增加了认罪认罚从宽处罚原则及程序、缺席审判制度、速裁程序等。刑诉法的发展，反映了我国依法治国的进程，体现了我国刑事诉讼程序不断迈向"科学、民主、文明"的过程。

（二）刑事诉讼法的渊源

刑事诉讼法的渊源也称刑事诉讼法的表现形式或刑事诉讼法的来源，指刑事诉讼法是何种国家机关创制和表现为何种法律文件。就我国而言，具体表现为：

（1）宪法；

（2）全国人民代表大会制定的法律；

（3）全国人民代表大会常务委员会制定的条例、决定、补充规定；

（4）全国人民代表大会及其常务委员会所作的立法解释；

（5）我国最高司法机关就刑事诉讼法的实施所作的司法解释；

（6）国务院及其主管部门根据宪法和法律，依照职权颁布的行政法规、决定和命令、规章中的有关刑事诉讼活动的规定及所作的解释；

（7）有关国际条约。

三、刑事诉讼法的目的和任务

根据《刑事诉讼法》第 1 条和第 2 条的规定，刑事诉讼法的目的是保证刑法的正确实施，惩罚犯罪，保护人民，保障国家安全和社会公共安全，维护社会主义社会秩序。刑事诉讼法的任务是：保证准确、及时地查明犯罪事实，正确应用法律，惩罚犯罪分子，保障无罪的人不受刑事追究，教育公民自觉遵守法律，积极同犯罪行为作斗争，维护社会主义法制，尊重和保障人权，保护公民的人身权利、财产权利、民主权利和其他权利，保障社会主义建设事业的顺利进行。

四、刑事诉讼法与刑法的关系

刑事诉讼法与刑法都属于刑事法律，都是进行刑事诉讼的法律依据，二者既相互联系，又有区别。刑事诉讼法是程序法，解决刑事诉讼的程序问题；刑法是实体法，解决刑事诉讼的实体问题。

1. 区别

（1）刑法是实体法，倾向于授权（实施了……行为，判处……刑罚）；刑事诉讼法是程序法，倾向于限权（如：审限、回避、辩护等）。

（2）刑法重在实现实体正义；刑事诉讼法重在实现程序正义。

（3）刑法是在静态上对国家刑罚权的限制（罪刑法定、罪责刑相适应等）；而刑事诉讼法则是从动态的角度为国家实现刑罚权施加了程序方面的限制（如：审判公开、无罪推定、回避、辩护、非法证据排除、上诉等）。

2. 联系

（1）刑法与刑事诉讼法都以惩罚犯罪、保护人权、维护社会秩序、限制国家公权力为目的。

（2）程序法是为实体法的实现而存在的，具有保障刑法正确实施的作用（徒法不足以自行）。刑事诉讼法通过规定诉讼主体、证据制度、期间、诉讼程序等保障刑法的实施，因此刑事诉讼法具有工具价值；而同时程序法本身也具有独立的价值（品格），那就是程序正义（离开了程序正义的实体正义是非正义；一定情况下，程序正义超越实体正义——非法证据排除规则）。

（3）二者相辅相成，构成了刑事法律的主体内容。

五、刑事诉讼法的基本理念

（一）惩罚犯罪与保障人权

从目的角度阐释的理念：惩罚犯罪与保障人权相结合。

1. 惩罚犯罪

追究犯罪、惩罚犯罪是刑事诉讼的直接目的。是指通过刑事诉讼程序，在准确及时查明案件事实的基础上，对构成犯罪的被告人公正适用刑法，以打击犯罪。其在立法中的体现主要是：公安机关立案侦查，检察院审查起诉，法院审判。

2. 保障人权

保障人权也是刑事诉讼目的的一个方面。是指在刑事诉讼过程中，保障诉讼参与人特别是犯罪嫌疑人、被告人的合法权利免受非法侵害。包括两个方面：一方面，通过惩罚犯罪，来维持社会秩序，保障诉讼外公民人权不受损害；另一方面，是保障诉讼内各方的人权。主要体现在：

（1）保证犯罪嫌疑人、被告人、被害人等当事人以及其他诉讼参与人的诉讼权利得到充分的尊重和行使；

（2）保障无罪的人不受刑事追究和惩罚；

（3）保障有罪的人得到公正的惩罚（罚当其罪）；

（4）在证据制度中，明确规定不得强迫任何人证实自己有罪，规定了非法证据排除制度；

（5）在强制措施当中，完善逮捕条件和人民检察院审查批准逮捕的程序，强调检察机关在批准逮捕后对羁押必要性的审查，严格限制采取强制措施后不通知家属的例外规定；

（6）在辩护制度中，明确犯罪嫌疑人在刑事诉讼各个阶段都可以委托辩护人，完善律师会见和阅卷的程序，扩大法律援助的适用范围，建立了值班律师制度，实行刑事辩护全覆盖；

（7）在侦查程序中完善讯问犯罪嫌疑人的规定，强化对侦查活动的监督；

（8）在审判程序中，明确第二审应当开庭审理的案件范围，完善上诉不加刑原则，规范发回重审制度，对死刑复核程序作出具体规定；

（9）在特别程序中，设置未成年人附条件不起诉和犯罪记录封存制度。等等。

3. 二者的关系

进行刑事诉讼，惩罚犯罪，从根本上讲是为了保护人民、保障人权。但刑事诉讼的直接目的，应是惩罚犯罪。但惩罚犯罪不能以消弱、牺牲人权保障为代价。各国刑事诉讼都是两种目的的协调与统一。

对刑事诉讼的目的应当侧重追究犯罪还是保障人权，认识不一，有所谓犯罪控制模式和正当程序模式之争。现代法治国家，将保障被追诉人权利的价值，置于刑事诉讼制度的首位，在两者发生冲突的情况下，原则上保障人权应当优先于惩罚犯罪。体现在诉讼制度上，表现为司法审查的确立、辩护制度的完善、证据排除规则的确立等。

我国诉讼法理论一般认为，惩罚犯罪与保障人权应当并重。在两者发生冲突的情况下，原则上保障人权应当优先于惩罚犯罪（疑罪从无）。

（二）程序公正与实体公正

党的二十大报告指出，"公正司法是维护社会公平正义的最后一道防线。深化司法体制综合配套改革，全面准确落实司法责任制，加快建设公正高效权威的社会主义司法制度，努力让人民群众在每一个司法案件中感受到公平正义"。习近平总书记反复强调，"公平正义是司法的灵魂和生命"，"公正是法治的生命线"，"一个错案的负面影响足以摧毁九十九个公正裁判积累起来的良好形象"。可以看出，司法领域的公平正义问题已经不单单属于一个法律领域的专业问题，而是一个涉及国家政治合法性和长治久安的战略问题，也是在实现国家治理现代化过程中所要解决的重大课题。

从价值角度的阐释：程序公正与实体公正并重。

对任何司法制度而言，公正都带有根本性，而司法公正包括实体公正和程序公正两个方面。

1. 实体公正

实体公正，是指案件实体结果公正，指司法裁判应以客观存在的事实为依据，且适用法律正确。实体公正的实现有利于保障当事人的合法权益，增进民众对诉讼的信赖，稳定社会秩序。

具体要求主要是：（1）认定的事实准确无误，做到据以定罪量刑的犯罪事实应当证据确实充分，是否有罪及罪名认定正确；（2）适用法律正确，符合罪刑法定原则和罪责刑相适应原则；（3）错案应依法采取救济措施及时纠正、补偿。

2. 程序公正

程序公正，是指过程的公正，指诉讼参与人对诉讼能充分有效地参与，程序得到遵守，程序违法得到救济。程序公正的内容包括程序公开、程序中立、程序参与、程序平等、程序安定、程序保障。

最低限度的程序公正应当具备六个方面的要求：（1）允许那些利益可能受裁判结果影响的人有充分的机会参与案件的裁判过程，并有效地对裁判者的裁判结论施加积极的影响；（2）司法机关依法独立行使职权，案件的裁判者应当在控辩双方之间保持不偏不倚的中立地位，不使任何一方对其公正性产生合理的怀疑；（3）保障诉讼程序的公开性和透明度，控辩双方应有平等的机会参与裁判过程，从而获得平等的影响案件裁判结论的机会；（4）严禁刑讯逼供和以其他非法手段收集证据，裁判者的裁判结论应有充分的证据加以支持，并经过充分的论证和裁判理由的说明；（5）以法定期限办案，裁判者的裁判应当及时地产生；（6）裁判者应对案件给出一个终局的裁判结论。

3. 二者的关系

程序首先应保障实体价值的实现，这是其工具价值；但程序也有其自身的价值。程序公正既是手段又是目的。二者总体上是统一的，是程序价值的两个方面。但有时也会发生冲突。冲突时的解决，法律有规定的，按照法律规定办；没有规定的，应利益权衡。

在刑事诉讼中，公平正义是一种重要的法律价值，是从立案、审判、上诉、再审、执行等各个程序环节都要一体遵循的价值目标，也是衡量一种司法活动是否具有正当性的价值标准。尤其是在刑事诉讼活动中，侦查机关实施那些可能剥夺个人权益的侦查行为和强制措施，公诉机关作出提起公诉的决定，法院作出定罪量刑的裁判，都要将公平正义作为上述刑事诉讼活动的基本目标。对于违反公平正义价值的侦查行为、公诉决定和有罪裁判结论，无论是当事人还是辩护人、诉讼代理人，都应获得权利救济的机会，司法机关也应对那些违背公平正义理念的程序性违法行为，作出宣告无效的裁决，甚至对那些采取不公正诉讼行为的司法人员，采取责任追究的措施。

我们认为，程序公正和实体公正，总体上说是统一的，其终极目的都在于追求纠纷的公正解决，但有时也不可避免地发生矛盾。在二者发生矛盾时，在一定的情况下，应当采取程序优先的原则，例如非法证据排除规则、程序的终局性等，但在某种情况下，又应当采取实体优先的原则，例如非法证据的自由裁量规则，又如由于错误地认定事实或适用法律，造成错判错杀，冤枉无辜，这种情况下，一旦发现，就必须纠错平反，并且给予国家赔偿，而不受终局程序和任何诉讼时限的限制。总之，程序公正和实体公正如车之两轮，鸟之两翼，互相依存，互相联系，不能有先后轻重之分。这在我国中央政法机关发布的相关文件中也得到确认。如 2003 年 11 月 12 日最高人民法院 最高人民检察院、公安部联合下发的《关于严格执行刑事诉讼法，切实纠防超期羁押的通知》第 1 条明确指出：进一步端正执法思想，牢固树立实体法和程序法并重、打击犯罪和保障人权并重的刑事诉讼观念……十八届四中全会《决定》进一步明确提出了"办案结果符合实体公正，办案过程符合程序公正"的要求。当然，实体和程序的并重不是静态的机械的并重，而是动态的辩证的并重，即应当从实际情况出发对两者的价值取向有所侧重和调整。我国长期存在着"重实体、轻程序"的理念和做法，应当着重予以纠正，并应当在立法上和司法上建立程序制裁制度，以保证程序公正。所谓程序制裁，是指专门机关办理刑事案件违反法定程序，其行为结果视为无效，如非法证据排除等。

司法公正是司法追求的基本价值，也是司法改革的核心目标。强调司法公正，反对可法不公和司法腐败，对于全面依法治国的实现具有重要意义。首先，司法公正是保障人民权利、实现社会公平正义的基本保障，是中国特色社会主义法治的内在要求，也是习近平法治思想的核心要义。公正的司法，不仅在于惩恶扬善，弘扬法治精神，也是对民众遵纪守法的法治观念的引领，对经济活动当事人高效有序地从事合法交易的规制。而司法不公，甚至司法腐败，不仅扭曲了是非，混淆了正义与邪恶，而且会造成民众对法律权威性、司法公信力的质疑，使其不信任甚至蔑视法律，法律虚无主义的观念由此滋生，社会主义法治建设的成果必将遭受毁灭性的破坏。其次，司法公正是社会主义市场经济发展的重要条件。经济的增长、财富的创造取决于一个良好的法律环境，法律对经济的保障和规制都需要公正的司法来体现。司法公正，不仅使投资者和交易当事人充分享有法定的投资自由和交易自由，而且其合法权益能够得到司法的充分保障，这样就会使人们产生投资信心、置产愿望和创业的动力，经济由此会得到繁荣和发展。再次，司法公正是社会长治久安的基础。司法公正真正能够给予民众切实的安全感，使其对经由正当途径获取的财富安全产生合理的期待，对依法享有的人格尊严和人身自由的保障更加充满信心。这样，人们可以在法定范围内自由行动，整个社会的公平正义观念亦得以形成和强化。总而言之，司法公正是维护社会公平正义的最后一道防线。公安司法机关应当充分维护人民的合法权益，公正文明司法，杜绝司法不公和司法腐败，为建设社会主义法治国家提供高质量的司法保障。

（三）诉讼效率

在当代社会，犯罪率日益呈上升趋势，使刑事司法系统面临的压力越来越大，除了公正以外，效率已成为衡量一国刑事诉讼是否科学与文明的又一重要尺度，世界各国一般都将诉讼效率作为重要的价值目标加以追求，并在立法中加以规定，简易程序得到充分发展。讲求刑事诉讼效率就是要求以一定的司法资源投入换取尽可能多的诉讼成果，即降低诉讼成本，提高工作效率，加速诉讼运作，减少诉讼拖延，清理案件积压。坚持诉讼效率要求在刑事诉讼中做到：（1）严格控制审前行为的期间，要求被告人不被拖延地带到审判官面前；（2）对羁押的期间进行严格限定；（3）庭审中奉行不间断审理原则；（4）广泛建立简易程序加速刑事案件的处理。

为了提高诉讼效率，我国刑事诉讼法将简易程序审判的案件范围进行了扩大。修改为基层人民法院管辖的案件事实清楚、证据充分的；被告人承认自己所犯罪行，对指控的犯罪事实没有异议的；被告人对适用简易程序没有异议的所有案件。也就是说，基层人民法院审理的被告人认罪的刑事案件，都可以适用简易程序审理。同时，规定了速裁程序，规定，基层人民法院审理可能判处三年有期徒刑以下刑罚的，案件事实清楚，证据确实、充分，被告人认罪认罚并同意适用的，可以适用较简易程序更为简化的第一审程序。

尽管如此，我们必须清楚，在刑事诉讼中，公正与效率的关系，应当是公正第一，效率第二。也就是在追求公正的基础上，兼顾效率，绝对不能一味地强调诉讼效率，而放弃对公正的追求。

任务二 了解刑事诉讼的基本范畴

【应知应会】

刑事诉讼的基本范畴包括刑事诉讼的目的、价值、构造和职能。

一、刑事诉讼目的

刑事诉讼目的是指国家进行刑事诉讼活动所追求的结果。分为直接目的和根本目的。

直接目的表现为两个方面：（1）通过刑事诉讼活动，对构成犯罪的被告人适用刑法，惩罚犯罪，实现国家刑罚权；（2）在刑事诉讼活动中保障人权，使诉讼参与人的合法诉讼权利不受侵犯，特别是犯罪嫌疑人、被告人和被害人的合法诉讼权利不受侵犯。

根本目的是通过制定刑诉法和实施刑诉法，达到维护社会秩序的目的。刑诉法的根本目的不是刑诉法所特有的，而是国家制定所有法律都同时具备的。

刑事诉讼目的在理论界有不同的观点，主要有自由与安全论、刑事诉讼目的层次论、实体真实与法律程序的统一论。下面，简单进行介绍。

1. 自由与安全论

这种观点认为，刑事诉讼追求的基本目的，主要是自由和安全。在刑事诉讼基本目的体系中，自由和安全的矛盾冲突最为重要，并且难以折衷和调和。其一，在某种意义上，刑事诉讼是国家与犯罪者之间关于追究与反追究的激烈斗争。这里国家与个人，权力与权利是截然对立的，国家运用权力的目的在维护社会安全和秩序，个人的权利（主要是自由）势必因这种活动而受到限制。在这种情况下，安全与自由被置于彼此对立的境地，很难兼得，且往往难以调和。其二，刑事司法资源和诉讼手段的有限性使得价值选择难以避免地带有单向性和偏向性。在刑事诉讼中由于犯罪的隐蔽性和过去性，获取信息查明真相需要投入大量司法资源，而在任何既定时期，司法资源及采撷手段都极为有限，如果将这些资源和手段用以满足某一特定价值，则另一价值的受满足程度会大大降低乃至于零。例如，如果采纳通过非法手段获取的证据，便将侵犯当事人的个人权益，而排除非法获取的证据，便会削弱打击犯罪的力度。

这种观点认为，探寻理想的刑事诉讼目的并构建合理的刑事诉讼目的体系，应当以下述理论命题为讨论问题的基点：其一，合理的刑事诉讼目的体系应当兼容自由和安全两种目的；其二，合理的刑事诉讼目的体系必须对安全和自由都给予足够的关注；其三，合理的刑事诉讼目的体系应当偏重安全目的；其四，合理的刑事诉讼目的体系应当保持适当的张力。

2. 刑事诉讼目的层次论

这种观点将刑事诉讼目的分为直接目的和根本目的。认为刑事诉讼的根本目的就是维护国家的政治和经济制度，促进文明的发展和社会的进步。刑事诉讼的直接目的在于实现惩罚犯罪与保障人权，实现司法公正。刑事诉讼根本目的的实现有赖于直接目的的实现。按照这一观点，实体公正与程序公正、惩罚犯罪与保障人权两个方面应当并重，不宜在直接目的的两个方面中确立一个绝对优越的价值标准，当两者发生冲突而无法兼顾时，应当采取权衡原则，综合考虑国家利益、社会利益和个人利益，权衡利弊得失，作出有利于实现刑事诉讼根本目的的选择。

3. 实体真实与法律程序的统一论

这种观点认为惩罚犯罪与保障人权是抽象意义上的目的观。而要切实实现这一目的，还须确立具体意义上的目的观——实体真实与法律程序的统一。这种观点认为确立实体真实与法律程序相统一的目的观使得惩罚犯罪与保障人权的辩证统一得以具体化，并且引出了实体真实与法律程序的冲突及选择这一重要的理论与实践问题。这种观点主张，在刑事诉讼法中，实体真实与法律程序是基本统一的，然而，在司法实践中，这两者也会发生冲突，在这种冲突面前，应当选择法律程序。

二、刑事诉讼价值

刑事诉讼价值包括两个方面的内容：一是指刑事诉讼法的工具性价值；二是指刑事诉讼法自身的价值。刑事诉讼法的工具性价值涉及刑事诉讼法与刑法的关系问题。以往的理论仅仅意识到刑事诉讼法存在的目的在于为刑法服务，保证国家刑罚权的实现，刑事诉讼法被视做刑法的从法，没有自身独立的价值，认为法律程序本身不是"作为自主和独立的实体而存在的，它没有可以在内在品质上找到合理性和正当性的因素"，进而结果的有效性也就成为评价一般法律程序优劣性之标准。

刑事诉讼的价值目标为"公正优先，兼顾效率"。刑事司法程序的设计和程序权利与义务的分配都应以公正为价值趋向，但在充分关注公正价值目标的同时，也不应忽略刑事司法对效率的追求。公正是我们所最终追求的终极价值目标。公正与效率尽管联系紧密，甚至互相包容，但二者在价值位序上还是有先后之分的，因为刑事诉讼毕竟不同于以追求利润为唯一目的的经济活动，它还承载着更多的伦理、道德价值。我们不能为了提高诉讼的经济效益而放弃公正。那样的话，不但代价过高，也与现代法治国家所推崇"人权保障理念"相背离。对于程序公正与实体公正的协调，长期以来，我国存在着重实体、轻程序的现象，因此，我们必须强调诉讼程序的双重功能，即刑事诉讼法既具有保障实体法实施的工具性功能，又具有自身价值的独立性功能。实体公正与程序公正是结果与过程的辩证统一。

三、刑事诉讼构造

刑事诉讼构造指的是刑事诉讼程序的结构或构造，是指刑事诉讼程序的具体化，反映刑事诉讼主体的关系图形或组合方式。

刑事诉讼构造包括纵向结构与横向结构。纵向结构指的是立案、侦查、起诉、审判、执行的流程，反映的是案件传递关系或工序关系，它以国家机关的权力运作为主线或标志。纵向结构可反映出侦查的基础性。强调纵向结构的优点是有利于提高诉讼效率，缺点是未突出审判中心和辩护作用。横向结构主要反映控辩审三方的权力互动的基本格局，即控辩均衡对抗与法官居中裁判的宏观关系，同时控辩审各方的内部关系或微观关系也要予以设置，如法官与陪审员的关系、公诉人与被害人的关系、侦查与检察的关系以及辩护人与被告人的关系。

一般认为，现代西方国家刑事诉讼构造类型分为两类，即大陆法系国家采取职权主义，英美法系国家采取当事人主义。日本二战后实行以当事人主义为主，以职权主义为补充的诉讼构造。当事人主义将开始和推动诉讼的主动权委于当事人，控诉、辩护双方当事人在诉讼中居于主导地位，适用于程序上保障人权的诉讼目的；而职权主义将诉讼的主动权委于国家专门机关，适用于实体真实的诉讼目的。

四、刑事诉讼职能

刑事诉讼职能是指诉讼参与者在刑事诉讼中为实现特定目的进行诉讼活动所具有的作用和产生的功能。诉讼主体进行诉讼行为，享有诉讼权利，履行诉讼义务都是在诉讼职能的基础上进行的。基于刑事诉讼职能范围，学者们曾有如下争论：

（1）三职能说。从诉讼结构的应然角度认为刑事诉讼职能有控诉、辩护、审判三种职能。

（2）四职能说。从我国司法运作的实际出发，在三职能外增加"诉讼监督"职能。

（3）五职能说。在四职能外，将与诉讼无利害关系的人如证人、鉴定人参与刑事诉讼称为"协助司法职能"。

（4）七职能说。从刑事诉讼的整体过程出发，将所有刑事诉讼的参与者都归入刑事诉讼职能的范畴，认为刑事诉讼职能包括：侦查职能、控诉职能、辩护职能、审判职能、执行职能、协助诉讼职能和诉讼监督职能。

现在大多坚持三职能说，认为刑事诉讼职能包括控诉职能、辩护职能与审判职能。

（1）所谓控诉职能，是指在查明犯罪事实、查获犯罪嫌疑人的基础上，向法院提起诉讼，要求追究被告人刑事责任的职能。控诉职能的行使主体是：公诉人、自诉人和被害人。

（2）所谓辩护职能，是指反驳起诉，维护犯罪嫌疑人、被告人合法权益的职能。行使辩护职能的主体是：犯罪嫌疑人、被告人、辩护人。

（3）所谓审判职能，是指依法对刑事案件进行审理和裁决的职能。主体只有人民法院。

三种职能的组合方式和互动关系决定了刑事诉讼的结构模式：在弹劾式诉讼模式下，三种职能初具雏形；纠问式诉讼模式中，控诉审判职能合二为一，辩护职能萎缩殆尽；现代混合式诉讼模式下，三种职能互相独立又相互制衡，缺一不可，确保刑事诉讼目的的实现。控诉是辩护的对象，是审判的前提和根据，审判必须限定在控诉的事实和被告人范围内；辩护必然针对控诉进行，对控诉成立起制衡作用；审判是控诉的法律后果，在审判中必须保障被告人的辩护权，没有辩护，控诉和审判将失之专横。

项目二 刑事诉讼活动必须共同遵循的基本行为规范——刑事诉讼基本原则

任务一 了解刑事诉讼基本原则的含义

【应知应会】

刑事诉讼基本原则,是指由刑事诉讼法规定的,贯穿于刑事诉讼的全过程或主要诉讼阶段,对刑事诉讼过程具有普遍指导意义和规范作用,并为国家专门机关和诉讼参与人进行或参与刑事诉讼必须遵循的基本行为准则。

我国刑事诉讼法在第一编第一章"任务和基本原则"标题下,共规定了 18 个条文。其中,除第 1 条、第 2 条是关于刑事诉讼目的和任务的规定外,第 3 条至第 18 条内容都属于我国刑事诉讼的基本原则。

我国刑事诉讼的基本原则,是由《宪法》《刑事诉讼法》《人民法院组织法》《人民检察院组织法》等法律规定的。

任务二 了解侦查权、检察权、审判权由专门机关依法行使的原则

【案例 2-1】

2013 年 9 月 15 日,某村发生一起强奸案。21 岁的男青年李某将本村 15 岁的女孩刘某某强奸。案件发生后,李某的父母找到村支书,要求村干部进行协调,劝说被害人不要报案。村支书遂召集村委会成员及村里德高望重的老人协商,经协商并对被害人父母劝说,最终商定:李某赔偿被害人现金 10 万元,等待被害人达到法定婚龄后二人结婚,被害人不再报警。后经村民举报,县公安局将李某依法拘留。李某及家人提出此案已经村委会协调处理,公安局不应再立案处理。公安机关认为,村委会无权对刑事案件作出处理,遂依法立案,最终法院判决被告人李某犯强奸罪,判处有期徒刑四年。

【应知应会】

一、法律依据

《刑事诉讼法》第 3 条规定:"对刑事案件的侦查、拘留、执行逮捕、预审,由公安机关负责。检察、批准逮捕、检察机关直接受理案件的侦查、提起公诉,由人民检察院负责。审判由人民法院负责。除法律特别规定的以外,其他任何机关、团体和个人都无权行使这些权力。人民法院、人民检察院和公安机关进行刑事诉讼,必须严格遵守本法和其他法律的有关规定。"这一规定是侦查权、检察权、审判权由专门机关依法行使原则的基本法律依据。

二、主要内容

侦查权、检察权、审判权由专门机关依法行使原则的含义主要有三个方面：

（1）办理刑事案件的职权具有专属性和排他性。公、检、法三机关以外的其他任何机关、团体、个人，都无权行使侦查权、检察权、审判权。监察委员会依照《监察法》的规定，对所有行使公权力的公职人员的职务犯罪案件行使的是调查权而不是侦查权，监察委员会的职务犯罪调查活动不属于刑事诉讼活动。

例外规定：《刑事诉讼法》第4条规定："国家安全机关依照法律规定，办理危害国家安全的刑事案件，行使与公安机关相同的职权。"第308条规定："军队保卫部门对军队内部发生的刑事案件行使侦查权。中国海警局履行海上维权执法职责，对海上发生的刑事案件行使侦查权。对罪犯在监狱内犯罪的案件由监狱进行侦查。军队保卫部门、中国海警局、监狱办理刑事案件，适用本法的有关规定。"

（2）专门机关在办理刑事案件时有明确的职权分工。侦查权、检察权与审判权必须由公、检、法三机关分别行使，不得由同一机关统一行使。这样设置的目的在于实现分权与制衡，防止大权独揽于一身。"绝对的权力导致绝对的腐败"，大权独揽于一身的后果就是绝对的腐败和对人权的侵犯。本原则既有利于维护国家法制的统一，也有利于保障公民合法权益不受非法侵犯。

（3）专门机关必须依法行使侦查权、检察权、审判权。严格遵守法定程序是对公、检、法三机关的要求，其内容是严格按照刑事诉讼和其他法律中有关刑事诉讼主体的权利、义务以及进行刑事诉讼的方式、方法、顺序、步骤等方面的规定进行刑事诉讼，否则将导致其程序不具有法律效力的后果。

任务三　了解人民法院、人民检察院分别依法独立行使审判权、检察权的原则

【案例2-2】

某地发生一起杀人案件，给当地居民造成很大的恐慌。当地政府明确要求公安机关必须在一个月内破案。在案件办理过程中，公安机关抓获了犯罪嫌疑人刘某，但是，刘某拒不认罪，侦查机关也没有收集到确凿的证据。在公安机关将案件移送检察院后，检察院两次退回补充侦查，在公安机关第三次移送后，仍然认为证据不足。在这种情况下，当地政法委召开公检法三长协调会，强行要求检察院向法院提起公诉，并明确要求法院作出有罪判决。检察院按照政法委的要求将案件向法院起诉后，法院基于案件证据不足的实际情况，以被告人犯故意杀人罪，判处死刑，缓期两年执行。时隔一年后，当地人张某因涉嫌抢劫被拘留。在讯问中，张某承认前述的杀人案件是自己实施的，并交代了犯罪的经过。经侦查，张某确实是前述杀人案件的犯罪嫌疑人。

【应知应会】

一、法律依据

《刑事诉讼法》第5条规定："人民法院依照法律规定独立行使审判权，人民检察院

独立行使检察权，不受行政机关、社会团体和个人的干涉。"

人民法院、人民检察院依法独立行使职权原则是我国《宪法》第 131 条、136 条所确立的一项诉讼原则。《刑事诉讼法》第 5 条实质上是《宪法》规定在刑事诉讼法中的体现和落实。此外，《人民法院组织法》第 4 条和《人民检察院组织法》第 4 条对此也有类似的规定。

二、基本含义

第一，人民法院行使审判权，人民检察院行使检察权，在法律规定的职责范围内都是独立的，不受行政机关、社会团体和个人的干涉。党的十八届四中全会通过的《中共中央关于全面推进依法治国若干重大问题的决定》提出，要"完善确保依法独立公正行使审判权和检察权的制度""各级党政机关和领导干部要支持法院、检察院依法独立公正行使职权。建立领导干部干预司法活动、插手具体案件处理的记录、通报和责任追究制度。任何党政机关和领导干部都不得让司法机关做违反法定职责、有碍司法公正的事情，任何司法机关都不得执行党政机关和领导干部违法干预司法活动的要求。对干预司法机关办案的，给予党纪政纪处分；造成冤假错案或者其他严重后果的，依法追究刑事责任""建立健全司法人员履行法定职责保护机制。非因法定事由，非经法定程序，不得将法官、检察官调离、辞退或者作出免职、降级等处分"。

需要注意的是，"干涉"是指于法无据的干预活动，比如，以领导身份对审判人员施加压力，为被告人开脱罪责等。对于党委政法委对法院、检察院工作的领导，人大对法院、检察院的监督，检察院依法对法院、公安机关的法律监督，则不属于"干涉"的范畴。

第二，人民法院行使审判权和人民检察院行使检察权，必须严格遵守宪法和法律的各项规定。

第三，人民法院、人民检察院作为一个组织整体，集体对审判权、检察权的行使负责。值得注意的是，人民检察院上下级之间是领导与被领导的关系，上级人民检察院有权就具体案件对下级人民检察院作出命令、指示。基于检察一体原则，独立行使检察权实质上是指整个检察系统作为一个整体在独立行使检察权。

与检察系统不同，由于人民法院上下级之间是监督与被监督的关系，因此，独立行使审判权的法院实质上是指一个个特定的人民法院。

三、全面理解和执行人民法院、人民检察院依法独立行使职权原则

正确理解和执行人民法院、人民检察院依法独立行使职权原则，应处理好以下几方面的关系：

第一，依法独立行使职权与中国共产党领导的关系。

第二，依法独立行使职权与国家权力机关监督的关系。

第三，依法独立行使职权与人民群众监督、社会舆论监督的关系。

任务四　理解以事实为根据，以法律为准绳原则

【案例 2-3】

某地水库内发现一具女尸，公安机关接报后对尸体进行打捞、辨认。由于死亡时间较长，面目已无法辨认。经当地村民提示，村民张某（女）十天前下落不明。经调查，张某的爱人刘某与他人发生了婚外恋，并与妻子经常发生纠纷，导致张某精神失常。公安机关遂将张某的爱人刘某拘留讯问。刘某拒不承认杀人，侦查人员采取熬鹰等非法手段对其讯问。最终，刘某被迫承认了因婚外情杀死自己妻子的事实，但是，对于杀人的手段、工具确没有明确的交代。由于证据存在缺陷，最终被法院本着疑罪从轻判处有期徒刑 15 年。10 年后，张某回到当地。法院按照审判监督程序改判刘某无罪。

【应知应会】

一、法律依据

《刑事诉讼法》第 6 条规定：　"人民法院、人民检察院和公安机关进行刑事诉讼，……必须以事实为根据，以法律为准绳。"这是以事实为根据，以法律为准绳原则的法律依据。

二、基本含义

"以事实为根据"，就是指在刑事诉讼中，公、检、法机关必须以已经查证属实的证据和根据这些证据认定的案件事实为根据。它所禁止的是以主观想象和怀疑猜测等为根据对案件作出判断。它强调办案人员必须重证据、重调查研究，在没有充分、确实的证据时，不能轻率认定一个人有罪。

"以法律为准绳"，就是指在刑事诉讼中，必须以刑事诉讼法和刑法等法律规定为刑事诉讼程序和定罪量刑的标准。公、检、法机关在办理刑事案件时，一方面，应该在查明案件事实的基础上，根据刑法规定的犯罪构成要件来衡量犯罪嫌疑人、被告人的行为是否构成犯罪，构成哪一种罪，应否予以刑罚和处以何种刑罚；另一方面，应当根据刑诉法规定的诉讼程序进行诉讼活动。除了法律以外，不能有别的标准。

"以事实为根据、以法律为准绳"原则，从根本上说是用来约束公、检、法机关依法行使职权，从而维护当事人合法权益的。

以事实为根据，以法律为准绳，在刑事诉讼基本原则中处于核心地位，是贯彻执行其他原则的根本保证。要正确贯彻这一原则，要做到以下几点：第一，专门机关在办理刑事案件过程中，必须坚持辩证唯物主义认识论的要求，深入实际调查研究，客观、全面地收集证据，按照案件的本来面貌去认识案件，查清案件的客观真相，忠于案件的事实真相。第二，要坚持重证据，不轻信口供，严禁刑讯逼供和以威胁、引诱、欺骗以及其他非法方法收集证据。只有被告人口供，没有其他证据，不能对被告人定罪量刑。第三，要坚持依法独立行使职权，尤其对于人民法院、人民检察院而言，只有依法独立行使职权，才能在

办案中为以法律为准绳创造条件。第四，公安司法人员要增强社会主义法治理念，做到有法必依，执法必严，公正司法；要忠于事实真相、忠于法律，忠实于国家和人民利益，以保证法律的准确实施。第五，要按照《中共中央关于全面推进依法治国若干重大问题的决定》的要求，"健全事实认定符合客观真相、办案结果符合实体公正、办案过程符合程序公正的法律制度"。

任务五　明确分工负责、互相配合、互相制约的原则

【案例 2-4】

　　某地发生一起入室抢劫杀人案件，四人被杀。为了早日破案，确保案件的质量，在公安机关立案之初，法院、检察院即派人参与案情分析、研判。经公检法多次研究认为，被害人的邻居刘某有重大作案嫌疑。公安机关遂对嫌疑人刘某进行拘留。尽管嫌疑人刘某拒不认罪，公安机关仍然提请检察院批捕。检察院在嫌疑人不承认实施犯罪，公安机关提请逮捕证据不足的情况下，作出了批准逮捕的决定。后案件经法院审理认为案件事实不清，证据不足，预作出无罪判决。后经公检法三长商议作出留有余地判决，被告人被判处死刑缓期两年执行。被告人不服上诉后，二审法院维持了原判。判决生效一年后，案发地的邻县发生一起盗窃案件，嫌疑人王某主动交代前述入室抢劫杀人案件是自己所为，后经侦查予以确认。经审判监督程序，刘某被改判无罪。

【应知应会】

一、法律依据

　　《刑事诉讼法》第 7 条规定："人民法院、人民检察院和公安机关进行刑事诉讼，应当分工负责、互相配合、互相制约，以保证准确有效地执行法律。"这是分工负责、互相配合、互相制约原则的法律依据。

二、基本含义

　　所谓的"分工负责"是指人民法院、人民检察院和公安机关在刑事诉讼中根据法律明确的职权分工，在法定范围内行使职权，各司其职，各负其责，既不能相互替代，也不能相互推诿。

　　所谓的"互相配合"是指人民法院、人民检察院和公安机关进行刑事诉讼，应当在分工负责的基础上，相互支持，通力合作，使案件的处理能够上下衔接，协调一致，共同完成查明案件事实，追究、惩罚犯罪的任务。三机关不得相互扯皮，人为设置障碍，抵消力量。

　　所谓的"互相制约"是指人民法院、人民检察院和公安机关进行刑事诉讼，应当按照诉讼职能的分工和程序上的设置，相互约束，相互制衡，以防止发生错误并及时纠正错误，以保证准确执行法律，做到不错不漏，不枉不纵。

　　这一原则是由刑事诉讼法本身的程序设计所决定的。党的二十大报告明确提出，"规

范司法权力运行，健全公安机关、检察机关、审判机关、司法行政机关各司其职、相互配合、相互制约的体制机制"。贯彻这一原则，对于保证法律的正确实施，正确处理案件，杜绝司法腐败都具有重要的意义。

任务六　了解人民检察院依法对刑事诉讼实行法律监督的原则

【案例2-5】

张某到某公安机关报案称被同村村民李某拦路抢劫。公安机关经初步审查发现证据不足，作出不予受理的决定。张某不服，向当地检察院提出申诉。检察院经审查认为公安机关应当立案侦查，要求公安机关立案。公安机关立案后，对李某采取拘留措施，并申请检察院批准逮捕。案件侦查终结后，检察院经审查向法院提起诉讼。法院以抢劫罪判处被告人有期徒刑四年。检察院认为量刑过轻，提起抗诉。二审法院经审理依法改判被告人有期徒刑六年。

【应知应会】

一、法律依据

《刑事诉讼法》第8条规定："人民检察院依法对刑事诉讼实行法律监督。"《宪法》第134条规定："中华人民共和国人民检察院是国家的法律监督机关。"这是人民检察院依法对刑事诉讼实行法律监督原则的法律依据。

二、基本含义

检察监督是指在刑事诉讼中，人民检察院除行使法律赋予的诉讼职权，履行自身的诉讼职能外，还要依法对整个刑事诉讼活动实行法律监督，包括对立案、侦查、审判、执行等诉讼环节实行全面法律监督。具体而言，在刑事诉讼中，人民检察院依法实行法律监督的内容主要有：

（1）立案监督。人民检察院对公安机关立案活动实行法律监督。检察院认为公安机关应当立案侦查的案件而不立案侦查的，有权要求公安机关说明不立案的理由；检察院认为公安机关不立案的理由不能成立的，应当通知公安机关立案，公安机关接到通知后应当立案。同样，检察院认为公安机关不应当立案侦查而违法立案侦查的也要进行监督。

（2）侦查监督。人民检察院审查逮捕、审查起诉时，一方面要审查提请逮捕、移送起诉的案件是否符合逮捕、起诉的条件；另一方面还应当审查公安机关的侦查活动是否合法，发现违法情况，应当通知公安机关纠正，公安机关应当将纠正情况通知人民检察院。同时，人民检察院根据需要可以派员参加公安机关对于重大案件的讨论和其他侦查活动。

（3）审判监督。人民法院审判公诉案件，人民检察院应当派员出庭支持公诉，并对审判活动是否合法进行监督。人民检察院发现人民法院审理案件违反法律规定的诉讼程序，有权向人民法院提出纠正意见；对人民法院的判决和裁定认为确有错误的，有权按照第二审程序或审判监督程序提出抗诉。

（4）执行监督。人民检察院对执行机关执行刑罚的活动是否合法行使监督权，如果发现有违法情况，应当通知执行机关纠正。如果认为司法行政机关对罪犯暂予监外执行的决定或者人民法院减刑、假释的裁定不当，应当提出书面纠正意见，有关机关应当在法定期限内重新审查处理。

人民检察院依法对刑事诉讼实行法律监督，对于防止或减少刑事诉讼中的违法行为，正确适用法律，惩罚犯罪分子，保障无罪的人不受刑事追究，保护当事人的诉讼权利，都具有重要意义。党的二十大报告明确提出，"强化对司法活动的制约监督，促进司法公正。加强检察机关法律监督工作"。

任务七 了解各民族公民有权使用本民族语言文字进行诉讼原则

【案例 2-6】

某汉族聚居地的公安机关抓获一抢劫案件犯罪嫌疑人。在讯问时，该犯罪嫌疑人表示其为少数民族，无法听懂公安人员的讯问。公安机关遂指派一名通晓该少数民族语言的人担任翻译。在法院审理阶段，法院也为其指派了翻译人员。在整个诉讼过程中，该犯罪嫌疑人始终使用本民族语言进行诉讼。在接到法院判决后，其使用少数民族语言文字书写了上诉状。

【应知应会】

一、法律依据

《刑事诉讼法》第 9 条规定："各民族公民都有用本民族语言文字进行诉讼的权利。人民法院、人民检察院和公安机关对于不通晓当地通用的语言文字的诉讼参与人，应当为他们翻译。在少数民族聚居或者多民族杂居的地区，应当用当地通用的语言进行审讯，用当地通用的文字发布判决书、布告和其他文件。"《宪法》第 139 条也有相关规定。这些是各民族公民有权使用本民族语言文字进行诉讼原则的法律依据。

二、基本含义

1. 各民族公民都有用本民族语言文字进行诉讼的权利。各民族公民无论是当事人还是其他诉讼参与人，均有权使用本民族语言文字进行诉讼、回答问题、在法庭上对证人进行发问、在法庭上发言、书写证言、上诉状或其他诉讼文书。

2. 对不通晓当地通用的语言文字的诉讼参与人，公安司法机关应当为他们提供翻译。如果当事人或其他诉讼参与人不通晓当地通用的语言文字，人民法院、人民检察院和公安机关有义务指定或聘请翻译人员为他们提供翻译。

3. 在少数民族聚居或者多民族杂居的地区，应当用当地通用的语言进行审讯，用当地通用的文字发布判决书、布告和其他文件。

贯彻这一原则，有利于贯彻国家主张民族平等，维护民族团结的方针；有利于各民族公民参加刑事诉讼时能够排除语言文字的障碍，平等地享有和行使各项诉讼权利；有利于公安司法机关讯问或者询问诉讼参与人，准确、及时地查明案件事实；有利于人民群众对刑事诉讼活动实施监督；也有利于发挥刑事诉讼本身的教育作用。

任务八　理解两审终审的原则

【案例 2-7】

某地法院审理一起盗窃案件，依法判决被告人有期徒刑三年。被告人认为量刑过重，向上一级法院提出上诉，要求依法改判。二审法院经审理，认为一审法院量刑过重，依法改判被告人有期徒刑二年。

【应知应会】

一、法律依据

《刑事诉讼法》第 10 条规定："人民法院审判案件，实行两审终审制。"

二、两审终审制的含义

所谓两审终审制，是指一起案件经过两级人民法院审判才能终审的制度。

在我国，上下级法院之间是一种审级监督关系，而非行政领导关系。这种监督关系区别于人民检察院和人民政府的上下级领导关系的最大特点就在于，上级人民法院不能干预下级人民法院正在审理的具体个案，只能在下级人民法院按照第一审程序对案件进行审理作出裁判后，基于当事人的上诉或者人民检察院的抗诉，在第二审程序中对第一审裁判进行审查。在两审终审制下，地方各级人民法院按照第一审程序对案件作出裁判宣告后，尚不能立即发生法律效力，只有在法定期限内，没有提出上诉或抗诉，第一审裁判才能发生法律效力。如果有合法的上诉或抗诉，案件经过第二审程序审理后所作出的裁判，即为终审的裁判，并立即发生法律效力，不得再上诉或按二审程序提出抗诉。

三、两审终审制的特殊情况

在我国刑事诉讼法规定的审判程序中，两审终审制虽是一项基本的审判制度，但是它是有前提条件或者法律限制的。在法律的运行中，未必所有的案件都经过两审才能终审。

（1）两审终审只适用于地方各级人民法院审判的第一审案件。我国人民法院分为四级设置：最高人民法院和地方高级人民法院、中级人民法院、基层人民法院。最高人民法院是全国最高审判机关，由最高人民法院审判的第一审案件就不适用两审终审。经过最高人民法院审判的案件，审判后作出的裁判立即发生法律效力，不存在上诉问题，人民检察院也不能按第二审程序抗诉。

（2）两审终审制度只是法律为普通刑事案件的当事人提供一种救济机会、为同级人民检察院制约审判权提供一种纠错的程序，并非所有案件必须无条件经过两审程序。如果在法定期限内没有对第一审裁判提出合法的上诉或抗诉，第一审裁判便发生法律效力，就不应当再两审终审了。只有对第一审的裁判存在合法的上诉或抗诉，案件才会按照第二审程序重新审理。第二审人民法院所作出的第二审裁判，是终审裁判，立即发生法律效力，不得再上诉或按第二审程序抗诉。

（3）判处死刑立即执行和死刑缓期执行的案件，其裁判即便是经过了第二审审理，也不能立即生效，必须将案件依法报请有死刑案件核准权的法院复核、核准后，才能生效执行。也就是说死刑案件要在两审程序之外增加一个复核程序。但复核程序与两审终审制之间并不矛盾。在死刑案件中仍然适用两审终审制，也就是说当事人无权对死刑案件的二审裁判提出上诉，人民检察院也无权对死刑案件的二审裁判提出抗诉。额外增加的复核是为了确保死刑判决质量而规定的一项特殊程序，并不能构成一个独立的审级。

任务九　明确审判公开的原则

【案例 2-8】

某地发生一起强奸案件，被害人因羞愤自杀，在当地引起重大影响。案件侦破后，法院认为案件社会影响较大，遂公开审理了此案。一审法院判决后，被告人不服一审判决提起上诉。二审法院认为一审法院违反公开审理原则，依法撤销原判，发回原审法院重审。原审法院不公开审理了本案，再次作出了与前次判决相同的判决。被告人仍然不服，再次提出上诉。二审法院经审理认为一审裁判量刑并无不当，依法裁定维持了原判。

【应知应会】

一、法律依据

《刑事诉讼法》第 11 条规定："人民法院审判案件，除本法另有规定的以外，一律公开进行。"审判公开是我国宪法规定的一项基本原则。《宪法》第 130 条规定："人民法院审理案件，除法律规定的特别情况外，一律公开进行。"这些都是该原则的法律依据。

二、基本含义

审判公开，是指人民法院审理案件和宣告判决应当向社会公开，允许人民群众旁听，允许新闻记者采访报道。

具体包含以下两层含义：

第一，向当事人公开、向社会公开。

第二，审判公开包括法庭审理活动的公开与法庭宣判活动的公开。具体而言，除了法庭评议秘密进行外，法庭审理和宣判的全过程都应当公开。

审判公开是民主政治的要求，是保障诉讼的民主性、公正性的关键措施。党的十八届三中全会通过的《中共中央关于全面深化改革若干重大问题的决定》强调，推进审判公开、检务公开，录制并保留全程庭审资料。增强法律文书说理性，推动公开法院生效裁判文书。党的十八届四中全会通过的《中共中央关于全面推进依法治国若干重大问题的决定》提出，要"构建开放、动态、透明、便民的阳光司法机制，推进审判公开、检务公开、警务公开、狱务公开，依法及时公开执法司法依据、程序、流程、结果和生效法律文书，杜绝暗箱操作。加强法律文书释法说理，建立生效法律文书统一上网和公开查询制度"。为落实中央的要求，最高人民法院近年来推行了审判流程公开、庭审活动公开、裁判文书公开、执行信息公开四大平台为载体的司法公开。

三、审判公开的例外

对于符合法定情形的案件，不公开审理。不公开审理的案件，任何人不得旁听

根据我国刑事诉讼法及司法解释的规定，不公开审理的案件仅限于以下案件：

（1）有关国家秘密或者个人隐私的案件，不公开审理。

（2）审判的时候被告人不满十八周岁的案件，不公开审理。但是，经未成年被告人及其法定代理人同意，未成年被告人所在学校和未成年人保护组织可以派代表到场。

（3）涉及商业秘密的案件，当事人申请不公开审理的，可以不公开审理。

任务十 掌握犯罪嫌疑人、被告人有权获得辩护原则

【案例 2-9】

甲、乙系父子关系，二人共同实施盗窃。在案件审理过程中，甲、乙委托一名辩护律师担任二人的辩护人。一审法院没有提出异议，并对案件作出一审判决。检察院认为法院允许二被告人委托同一名律师担任辩护人违反了法律规定，提出抗诉。二审法院经审理认为一审法院违反了法律规定，剥夺了被告人的辩护权，裁定撤销原判，发回原审法院重审。

【应知应会】

一、法律依据

《宪法》第 130 条规定："被告人有权获得辩护。"《刑事诉讼法》第 11 条规定："被告人有权获得辩护，人民法院有义务保证被告人获得辩护。"《刑事诉讼法》第 14 条规定："人民法院、人民检察院和公安机关应当保障犯罪嫌疑人、被告人和其他诉讼参与人依法享有的辩护权和其他诉讼权利。"这些都是犯罪嫌疑人、被告人有权获得辩护原则的法律依据。

二、基本含义

1. 犯罪嫌疑人、被告人享有法定的辩护权利

辩护权是犯罪嫌疑人、被告人在刑事诉讼中享有的最基本、最重要的诉讼权利，在任何情况下都不得以任何理由限制或剥夺。根据辩护权的行使方式，犯罪嫌疑人、被告人的辩护权分为自行辩护、委托辩护、指定辩护。

2. 公安司法机关有义务保障被追诉人依法行使辩护权

在刑事诉讼中，公安司法机关应当及时告知犯罪嫌疑人、被告人享有的辩护权以及依法享有的其他诉讼权利，并要为犯罪嫌疑人、被告人行使这些权利提供必要的条件。

党的十八届三中全会通过的《中共中央关于全面深化改革若干重大问题的决定》强调，"健全国家司法救助制度，完善法律援助制度。完善律师执业权利保障机制和违法违规执业惩戒制度，加强职业道德建设，发挥律师在依法维护公民和法人合法权益方面的重要作用"。为落实中央精神，两院三部联合出台了《保障律师权利规定》，最高人民法院颁布了《死刑案件听取律师意见办法》，中共中央办公厅、国务院办公厅印发了《完善法律援助意见》。这些措施有力推进了犯罪嫌疑人、被告人享有的辩护权的实现。

任务十一　理解未经人民法院依法判决对任何人都不得确定有罪的原则

【案例 2-10】

某法院在审理一起故意伤害案件时，被告人提出自己不在犯罪现场，自己无罪，法院要求其向法庭提供不在犯罪现场的证据。因被告人无法提供，法院遂判决被告人有罪并作出处罚。被告人不服，提起上诉。二审法院经审理认为一审法院违反了未经人民法院依法判决不得确定有罪原则，并且公诉机关没有提出被告人有罪的充分证据，依法改判被告人无罪。

【应知应会】

一、法律依据

《刑事诉讼法》第 12 条规定："未经人民法院依法判决，对任何人都不得确定有罪。"这是 1996 年刑事诉讼法确立的一项基本原则。该原则吸收了无罪推定原则的合理内核，明确了只有人民法院享有定罪权的法治要求。

【扩展知识】无罪推定最早是在启蒙运动中被作为一项思想原则提出来的。1764 年 7 月，意大利刑法学家贝卡利亚在其名著《论犯罪与刑罚》中，抨击了残酷的刑讯逼供和有罪推定，提出了无罪推定的理论构想："在法官判决之前，一个人是不能被称为罪犯的。只要还不能断定他已经侵犯了给予他公共保护的契约，社会就不能取消对他的公共保护。"

无罪推定是一种典型的直接推定，无须基础事实即可证明无罪这一推定事实的存在。换言之，证明被告犯罪的责任由控诉一方承担，被告人不负证明自己无罪的义务。

任何受刑事控告者，在被证实和判决有罪之前，应推定无罪。无罪推定是为确定被告人在刑事诉讼中的地位，据此设定被告人的诉讼权利义务，设定控辩对抗的现代诉讼机制。"被告人不等于罪犯"，这是无罪推定的首要之义。即在刑事诉讼中，无论何人，哪怕是现行犯，在未经法院依法审判确认有罪之前，其身份只能是"嫌疑人""被告人"；关于案由，只能是"涉嫌"作什么。只有确立无罪推定原则，被告人才成为诉讼主体，享有与原告对等的诉讼地位，享有以辩护权为核心的各项诉讼权利。

与国外通行的无罪推定相比较，中国的刑事诉讼法并没有全盘照搬，而是根据中国的实际国情，结合中国刑事诉讼的实践经验和需要，对其进行合理的取舍。

二、基本含义

第一，确定被告人有罪的权力由人民法院统一行使，其他任何机关、团体和个人都无权行使。

第二，人民法院判决被告人有罪，必须严格依照法定程序，组成合格的独立的法庭进行公正、公开的审理，并须予以被告人一切辩护上所需的保障。

第三，未经人民法院依法判决，对任何人都不得确定有罪。

为贯彻这一原则，立法上作出了相应规定：

（1）区分犯罪嫌疑人与刑事被告人。公诉案件在人民检察院提起公诉以前，被追诉人称为"犯罪嫌疑人"，提起公诉以后称为"刑事被告人"。

（2）明确由控诉方负举证责任，被告人不负证明自己无罪的义务，不得因被告人不能证明自己无罪便推定其有罪。

（3）疑案作无罪处理。刑事诉讼法本着疑罪从无的精神，明确规定：在审查起诉阶段，对于经过两次补充侦查的案件，检察机关仍然认为证据不足的，应作出不起诉的处理；在审判阶段，对于证据不足，不能认定被告人有罪的，人民法院应当作出证据不足、指控的犯罪不能成立的无罪判决。

在刑事诉讼法中明确规定未经人民法院依法判决不得确定有罪原则，是我国刑事诉讼制度改革的一个重大举措。首先，它有效地保障了人权，尤其是犯罪嫌疑人、被告人的合法权益；其次，保障了人民法院统一行使审判权，赋予了人民法院对疑难案件解决的权力，使人民法院从大量疑案、悬案中解脱出来，集中力量抓好手头案件的审理；再次，有助于防止司法机关滥用职权，保障司法机关依法办案；最后，实行这一原则，有利于增强群众的法治观念，促进司法的公正、民主和文明。需要注意的是，该原则只是在一定程度上吸收了无罪推定原则的精神，不是完全的无罪推定原则。

任务十二 保障诉讼参与人诉讼权利原则

【案例 2-11】

某公安机关在侦办王某故意伤害案件时，认为案件事实清楚，犯罪嫌疑人没有委托辩护人的必要，没有告知犯罪嫌疑人有权委托辩护人。犯罪嫌疑人由于家住农村，只有小学文化，且家庭困难，自己也没有委托辩护人。侦办案件的侦查人员与被害人是同学关系，犯罪嫌疑人也不懂得申请其回避。公安机关提请检察院审查逮捕后，检察院发现了侦查机关没有保障犯罪嫌疑人的诉讼权利，遂要求公安机关予以纠正。

【应知应会】

一、法律依据

《刑事诉讼法》第 14 条规定："人民法院、人民检察院和公安机关应当保障犯罪嫌疑人、被告人和其他诉讼参与人依法享有的辩护权和其他诉讼权利。诉讼参与人对于审判人员、检察人员和侦查人员侵犯公民诉讼权利和人身侮辱的行为，有权提出控告。"这是保障诉讼参与人诉讼权利原则的法律依据。

二、基本含义

保障诉讼参与人诉讼权利原则包含以下含义：

第一，人民法院、人民检察院和公安机关应当保障犯罪嫌疑人、被告人和其他诉讼参与人依法享有的辩护权和其他诉讼权利的实现，不允许侵犯或剥夺。对于在刑事诉讼中妨碍诉讼参与人诉讼权利行使的行为，有责任采取措施予以制止。

第二，诉讼参与人的诉讼权利受到侵害时，有权使用法律手段维护自己的诉讼权利。如：申诉、控告权。

党的十八届四中全会通过的《中共中央关于全面推进依法治国若干重大问题的决定》提出，要"强化诉讼过程中当事人和其他诉讼参与人的知情权、陈述权、辩护辩论权、申请权、申诉权的制度保障"。"落实终审和诉讼终结制度，实行诉访分离，保障当事人依法行使申诉权利。对不服司法机关生效裁判、决定的申诉，逐步实行由律师代理制度。对聘不起律师的申诉人，纳入法律援助范围"。

任务十三　了解认罪认罚从宽处罚原则

【案例 2-12】

某公安机关在侦办李某盗窃案件时，犯罪嫌疑人承认自己的犯罪事实，愿意接受处罚。公安机关遂向检察院建议对犯罪嫌疑人从轻处理。检察院审查起诉中，犯罪嫌疑人仍然表示认罪认罚，在值班律师的见证下签署了具结书。检察院遂在起诉时建议法院对被告人从轻判决。法院经审理认为被告人认罪认罚的意思表示真实，检察院的量刑建议适当，采纳了检察院的量刑建议。该起案件从立案到法院判决仅用时二十天。

【应知应会】

一、法律依据

《刑事诉讼法》第 15 条规定："犯罪嫌疑人、被告人自愿如实供述自己的罪行，承认指控的犯罪事实愿意接受处罚的，可以依法从宽处理。"这是 2018 年刑事诉讼法确立的一项基本原则。

二、基本含义

认罪认罚从宽处罚，是指司法机关根据法律的规定，对于认罪认罚的犯罪嫌疑人、被告人，根据认罪认罚的程度，给予不同程度的实体处理上从宽、程序处理上从简。实体处理上从宽主要是指量刑上的宽缓，包括从轻、减轻和免除处罚；程序上从简主要包括刑事诉讼程序上的提速，以及适用强制措施上的从宽，应当优先考虑适用非羁押措施等，此外，撤销案件、不起诉等程序上的终结性决定，以及提出较轻的量刑建议，也属于程序上的从宽。

刑诉法规定的认罪认罚从宽的具体内容：

其一，明确刑事案件犯罪嫌疑人、被告人认罪认罚可以依法从宽处罚的原则。

其二，完善刑事案件认罪认罚从宽的程序规定。包括侦查机关告知诉讼权利和将认罪情况记录在案、人民检察院在审查起诉阶段就案件处理听取意见、犯罪嫌疑人签署认罪认罚具结书、人民检察院提出量刑建议和人民法院如何采纳量刑建议、人民法院审查认罪认罚自愿性和具结书真实性合法性等。

在刑诉法中明确规定认罪认罚从宽处罚原则是贯彻党的十八届四中全会通过的《中共中央关于全面推进依法治国若干重大问题的决定》提出的"完善刑事诉讼中认罪认罚从宽制度"的基本精神，有利于鼓励事实上犯了罪的犯罪嫌疑人、被告人认罪认罚，降低诉讼中控辩双方的对抗程度，使案件得以快速处理，也有利于减少诉讼成本，同时，也有利于教育实施了犯罪行为的人，实现刑法的教育改造功能。

根据最高人民法院、最高人民检察院、公安部、国家安全部、司法部《关于适用认罪认罚从宽制度的指导意见》的规定，认罪认罚从宽制度贯穿刑事诉讼全过程，适用于侦查、起诉、审判各个阶段。认罪认罚从宽制度没有适用罪名和可能判处刑罚的限定，所有刑事案件都可以适用，不能因罪轻、罪重或者罪名特殊等原因而剥夺犯罪嫌疑人、被告人自愿认罪认罚获得从宽处理的机会。但"可以"适用不是一律适用，犯罪嫌疑人、被告人认罪认罚后是否从宽，由司法机关根据案件具体情况决定。

任务十四　理解依法不予追诉的原则

【案例 2-13】

某地公安机关在治安巡逻中发现一名行迹可疑的男子。经讯问，其供认在 10 年前盗窃邻居现金 2000 元。经调查，10 年前公安机关没有接到其邻居失窃的报案。经了解，其邻居称 10 年前确实丢失 2000 元现金，但是由于没有发现家中有被盗的痕迹，以为自己记错了，遂没有报案。公安机关认为犯罪嫌疑人的犯罪已过追诉时效期限，作出不予立案的决定。

【应知应会】

一、法律依据

《刑事诉讼法》第 16 条规定，具有下列情形之一的，不予追究刑事责任，已经追究的，应当撤销案件，或者不起诉，或者终止审理，或者宣告无罪：

1. 情节显著轻微、危害不大，不认为是犯罪的。

2. 犯罪已过追诉时效期限的。

3. 经特赦令免除刑罚的。

4. 依照刑法规定告诉才处理的犯罪，没有告诉或者撤回告诉的。

5. 犯罪嫌疑人、被告人死亡的。

6. 其他法律规定免予追究刑事责任的。

这是具有法定情形不予追究刑事责任的原则的法律依据。

二、基本含义

依法不予追诉原则，是指在刑事诉讼中，只要出现了刑诉法第 16 条规定情形之一的，就不能追究犯罪嫌疑人、被告人的刑事责任。

1. 依法不予追诉的情形

根据《刑事诉讼法 》第 16 条规定，依法不予追诉包括六种情形：

（1）情节显著轻微、危害不大，不认为是犯罪的。

（2）犯罪已过追诉时效期限的。

（3）经特赦令免除刑罚的。

（4）依照刑法规定告诉才处理的犯罪，没有告诉或者撤回告诉的。

（5）犯罪嫌疑人、被告人死亡的。

（6）其他法律规定免予追究刑事责任的。

2. 依法不予追诉的处理

根据刑诉法的规定，对于具有不应追究刑事责任法定情形的案件，应根据案件的不同情况及所处的诉讼阶段作出不同处理：

在立案阶段，如果发现存在上述六种情形之一，应作出不立案的决定；在侦查阶段，如果发现存在上述六种情形之一，侦查机关应当决定撤销案件；在审查起诉阶段，如果发现存在上述六种情形之一，检察机关应当做出不起诉处理；在审判阶段，对于符合第 16 条规定的第一种情形的，应判决宣告无罪；对于符合其他五种情形的，应裁定终止审理或决定不予受理。在第二审程序中，如果共同犯罪案件中提出上诉的被告人死亡，其他被告人没有提出上诉，第二审人民法院仍应当对全案进行审查，死亡的被告人不构成犯罪的，应当宣告无罪；审查后认为构成犯罪的，应当宣布终止审理，对其他同案被告人仍应当作出判决或者裁判。

在自诉案件中，法院应根据情形分别作出不立案的决定或准予撤诉、驳回起诉、终止审理的裁定或判决宣告无罪。

任务十五　了解追究外国人刑事责任适用我国刑事诉讼法原则

【案例 2-14】

汤姆系某国驻中国大使馆外交代表比尔的成年子女。二人在中国某地因琐事将一中国公民打成重伤。公安机关经侦查，认为二人均应承担刑事责任。遂对汤姆立案侦查，对比尔通过外交途径予以处理，责令限期离境。

【应知应会】

一、法律依据

《刑事诉讼法》第17条规定："对于外国人犯罪应当追究刑事责任的，适用本法的规定。对于享有外交特权和豁免权的外国人犯罪应当追究刑事责任的，通过外交途径解决。"该原则是国家主权原则在刑事诉讼中的具体体现。

二、具体含义

第一，作为一般原则，外国人（包括无国籍人）犯罪，依照我国刑法规定应当追究刑事责任的，依照我国刑事诉讼法规定的诉讼程序进行追诉。

第二，作为例外，享有外交特权和豁免权的外国人犯罪应当追究刑事责任的，通过外交途径解决。

所谓"通过外交途径解决"一般是指：建议派遣国依法处理；宣布为不受欢迎的人；责令限期出境；宣布驱逐出境等。

刑事诉讼中贯彻这一原则，有利于维护国家主权，有利于我国在和平共处五项原则基础上发展同各国的关系，有利于我国改革开放和社会主义建设事业。同时，采用外交途径来解决享有外交特权和豁免权的外国人犯罪的问题，符合国际惯例和国与国之间的平等互惠的原则，有利于开展和保持国家间的正常交往和和睦相处。

项目三　确保司法公正的基本制度——回避

【案例3-1】

某县公安局对一起共同抢劫案件立案侦查，以公安局长韩某为首组成侦破小组，查获犯罪嫌疑人赵某、钱某、孙某涉嫌结伙拦路抢劫。在侦查过程中，孙某聘请的律师李某未与孙某商量，独自提出本案的侦查员张某与被害人是同住一个小区的邻居，关系密切，申请其回避。侦查科科长立即停止了张某的侦查工作，张某为了避免别人的闲话也立即退出了侦查活动。侦查科科长经审查认为不属于法定回避的理由，驳回了回避申请。接着钱某提出申请公安局长回避，理由是公安局长与犯罪嫌疑人孙某的父亲是老战友，关系密切。经上级公安机关研究，作出了回避决定。本案经县检察院起诉至县法院。在审理期间，赵某提出书记员李某原是本案侦查人员，后工作调动至法院，不应担任本案书记员；钱某提出出庭支持公诉的书记员陈某在案件审查起诉过程中曾经和被害人一起吃饭，应当回避；孙某提出陪审员王某相貌凶恶，语气严厉，不应参与案件的审判。审判长武某当庭决定准许陈某回避，驳回赵某、孙某的回避申请。法院作出一审判决后，赵某的辩护人认为该案诉讼中公检法机关存在多处违反回避制度的情形，依法提出上诉。

【应知应会】

任务一　了解回避制度

刑事诉讼中的回避，是指依照法律规定，审判人员、检察人员、侦查人员、书记员、翻译人员、鉴定人与其所承办的案件或者案件当事人有某种特殊关系，可能影响案件公正处理的，不得参与该案办理的一项诉讼制度。

回避制度不仅对于保障司法公正、维护司法权威、防止司法腐败、保证案件质量具有十分重要的意义，对于保障当事人充分行使诉讼权利、消除思想疑虑、减少不必要的上诉和申诉、赢得当事人和社会公众的普遍尊重也起到非常重要的作用。

任务二　明确哪些人适用回避以及在什么情况下应当回避

一、回避的适用主体

回避的适用主体，在诉讼理论上又称为回避的适用对象，是指适用回避人员的范围。根据《刑事诉讼法》第 29 条、第 32 条的规定，在刑事诉讼中适用回避的主体包括：

（一）审判人员

审判人员不仅包括最高人民法院、地方各级人民法院和军事法院等专门人民法院中直接负责本案审判的审判员和助理审判员，还包括有权参与本案讨论、审查和作出处理决定的人民法院的院长、副院长、庭长、副庭长和审判委员会委员。根据《中华人民共和国人民陪审员法》的规定，当人民陪审员成为合议庭成员行使审判员的职责时，也可以成为适用回避的主体。

（二）检察人员

检察人员不仅包括最高人民检察院、地方各级人民检察院和军事检察院等专门人民检察院中直接负责本案的审查批准逮捕、审查决定起诉、出庭支持公诉的检察官和检察官助理，还包括有权参与本案讨论、审查和作出处理决定的人民检察院的检察长、副检察长和检察委员会委员。

（三）侦查人员

侦查人员不仅包括直接负责本案侦查的公安人员、检察人员，还包括有权参与本案讨论和作出处理决定的公安机关负责人、检察机关的检察长、副检察长和检察委员会委员。

（四）　书记员

包括在侦查、检察、审判各阶段担任本案记录工作的人员。

（五）　翻译人员

包括在侦查、检察、审判各阶段担任本案翻译工作的人员。

（六）　鉴定人

包括在刑事诉讼中为解决本案某些专门问题而提供鉴定意见的所有人员。

另外，根据《人民检察院刑事诉讼规则》（以下简称《诉讼规则》）的规定，人民检察院的司法警察也是回避的适用主体。

二、回避的理由

回避的理由是指适用回避所应当具备的法定条件或法定情形。回避必须提出回避的理由，提不出相应的理由，回避就不能成立。

根据《刑事诉讼法》第 29、30 条的规定，回避的理由主要有下列情况：

（一）　是本案的当事人或者当事人的近亲属的

如果办案人员本身或者其父母、子女、配偶、同胞兄弟姐妹就是本案的犯罪嫌疑人、被告人、被害人或者其他当事人，他们参加本案的处理，就有可能会从维护自身利益的角度进行诉讼活动，就有可能会偏袒一方，而使其他各方当事人难以受到公正对待，使案件难以得到客观、公正的处理，所以应当回避。

根据最高人民法院《关于审判人员严格执行回避制度的若干规定》，本项范围除当事人或者当事人的近亲属外，还扩展至与当事人有直系血亲、三代以内旁系血亲及近姻亲关系的亲属。另外，审判人员与本案的诉讼代理人、辩护人有夫妻、父母、子女或者同胞兄弟姐妹关系的，也在回避之列。

（二）　本人或者他的近亲属和本案有利害关系的

如果办案人员本身或者其父母、子女、配偶、同胞兄弟姐妹与本案有某种利害关系，意味着本案的处理结果将会直接影响到办案人员本人或者他的近亲属的利益，在这种情况下让他们参与本案的处理，可能会为趋利避害而徇私枉法，不宜也不应该参与案件的处理，因此应当回避。

（三）　担任过本案的证人、鉴定人、辩护人、诉讼代理人的

这些人员在本案的诉讼过程中，已经对本案履行过相应的义务或行使过相应的职责，对本案的事实或案件的实体结局已产生了先入为主的预断，如果再让他们担任办案人员，便有可能主观臆断、难以客观公正地判断案件，因而容易导致误判，因此也应当回避。

（四）与本案当事人有其他关系，可能影响公正处理案件的

这里的"其他关系"，是指除了上述三种情形以外的其他特殊关系。这种关系涉及的面很广，如办案人员与本案的当事人现在或曾经是朋友、师生、同学、同事、同乡、战友、邻里等关系，或者是恩人、仇人关系等，存在这种关系尚不必然构成回避的理由，只有当这种关系潜在的可能影响案件公正处理时，才应当回避。

（五）接受当事人及其委托的人的请客送礼，或者违反规定会见当事人及其委托的人的

公安司法机关办案人员接受当事人及其委托的人的请客送礼，或者违反规定会见当事人及其委托的人，就可能使案件得不到公正处理，甚至出现徇私枉法现象，因此，有此类情况的人员应当回避。

（六）参与过本案调查、侦查、审查起诉工作的监察、侦查、检察人员，调至人民法院工作的，不得担任本案的审判人员

在一个审判程序中参与过本案审判工作的合议庭组成人员或者独任审判员，不得再参与本案其他程序的审判。但是，发回重新审判的案件，在第一审人民法院作出裁判后又进入第二审程序、在法定刑以下判处刑罚的复核程序或者死刑复核程序的，原第二审程序、在法定刑以下判处刑罚的复核程序或者死刑复核程序中的合议庭组成人员不受此规定的限制。

《诉讼规则》第35条规定，参加过同一案件侦查的人员，不得承办该案的审查逮捕、审查起诉、出庭支持公诉和诉讼监督工作，但在审查起诉阶段参加自行补充侦查的人员除外。

任务三　明确回避的程序及法律后果

一、回避的提起

根据刑事诉讼法的规定和司法实践，依据提起回避主体的不同，回避的提出方式有三种：

1. 自行回避

是指办案人员在刑事诉讼过程中遇有法律规定应当回避的情形时，自己主动提出退出本案的刑事诉讼活动的要求。

办案人员自行提出回避的，既可以口头也可以书面提出，并且应当说明回避的理由，口头提出的，应当记录在案。

2. 申请回避

是指本案当事人及其法定代理人、辩护人、诉讼代理人认为办案人员具有法律规定的应当回避的情形，而向办案人员所在机关提出要求有关人员回避的申请。

当事人及其法定代理人、辩护人、诉讼代理人申请办案人员回避的，可以口头提出，也可以书面提出，并且应当说明回避理由，口头提出的，应当记录在案。

3. 决定回避

在诉讼理论上又称为指令回避，是指办案人员存在着法律规定应当回避的情形，自己没有主动提出回避或被申请回避的，办案机关负责人或有关组织有权作出决定，指令办案人员退出本案的刑事诉讼活动。

我国刑事诉讼法没有明确规定此项制度，但有关司法解释已做了有关规定，并已成为我国回避制度的重要组成部分，是对自行回避和申请回避的必要补充。

二、申请回避的期间

申请回避的期间，是指当事人及其法定代理人、辩护人、诉讼代理人在刑事诉讼中可以提起回避申请的时间范围。

（1）回避可以在诉讼程序开始后的任何阶段提出。刑事诉讼法并没有明确限定当事人及其法定代理人、辩护人、诉讼代理人提出回避申请的时间，因此，在刑事诉讼的各个阶段，都可以提出回避的申请。

（2）在刑事诉讼的各个阶段，办案人员都有义务告知当事人及其法定代理人有权申请回避。具体地讲，在侦查阶段，侦查人员在首次讯问犯罪嫌疑人时，就应告知他享有申请回避的权利，并告知办案人员和书记员的姓名；在审查起诉阶段，检察人员在审查起诉讯问犯罪嫌疑人时，就应告知他享有申请回避的权利，并告知办案人员和书记员的姓名；在审判阶段，在开庭的时候，审判长应告知当事人及其法定代理人、辩护人、诉讼代理人有权对合议庭组成人员、书记员、公诉人、鉴定人和翻译人员申请回避，并告知相关人员的姓名。

三、回避的处理程序

1. 回避的审查、决定程序

对于回避的提出和申请，应当由有权作出回避决定的组织或人员依法进行审查，并作出是否回避的的决定。根据《刑事诉讼法》第31条、第32条的规定，回避的审查、决定程序是：

（1）审判人员（包括人民陪审员）、检察人员、侦查人员的回避，应当分别由人民法院院长、人民检察院检察长、公安机关负责人决定。

在开庭审理过程中，当事人及其法定代理人申请出庭的检察人员回避的，人民法院应当区分情况作出处理：①属于《刑事诉讼法》第29条、第30条规定情形的回避申请，应当决定休庭，并通知人民检察院尽快作出决定；②不属于《刑事诉讼法》第29条、第30条规定情形的回避申请，应当当庭驳回，并不得申请复议。

（2）法院院长的回避，由本院审判委员会决定；检察院检察长和公安机关负责人的回避，由同级人民检察院检察委员会决定。

审判委员会讨论院长回避的问题时，由副院长主持，院长不得参加；检察委员会讨论检察长回避的问题时，由副检察长主持，检察长不得参加。

（3）书记员、翻译人员、鉴定人的回避，应当根据其所处的刑事诉讼阶段，分别由人民法院院长、人民检察院检察长和公安机关负责人决定。

2. 申请的效力

一般情况下，在回避的决定作出前，涉嫌回避的人员应当暂停执行职务。但是，对于侦查人员的回避，在作出回避决定前或者复议期间，则不能停止对案件的侦查，应当继续履行职务。

3. 回避决定

有权组织或人员经过审查，认为涉嫌回避的人员符合法律规定的回避条件的，应当作出准予回避的决定；不符合法律规定的回避条件的，应当作出不予回避或者驳回回避申请的决定。

四、对于驳回申请的复议

当事人及其法定代理人对驳回申请回避的决定，可以申请复议一次。有权对驳回申请回避决定进行复议的，是原作出该决定的有关组织或人员。

（1）根据《公安机关办理刑事案件程序规定》（以下简称《程序规定》）第37条的规定："当事人及其法定代理人对驳回申请回避的决定不服的，可以在收到驳回申请回避决定书后五日以内向作出决定的公安机关申请复议。公安机关应当在收到复议申请后五日以内作出复议决定并书面通知申请人"。

（2）根据《诉讼规则》第32条、第33条的规定："人民检察院作出驳回申请回避的决定后，应当告知当事人及其法定代理人如不服本决定，有权在收到驳回申请回避的决定书后五日以内向原决定机关申请复议一次"；"当事人及其法定代理人对驳回申请回避的决定不服申请复议的，决定机关应当在三日以内作出复议决定并书面通知申请人"。

（3）根据《最高人民法院关于适用<中华人民共和国刑事诉讼法>的解释》（以下简称《司法解释》）第35条的规定："当事人及其法定代理人申请回避被驳回的，可以在接到决定时申请复议一次。不属于刑事诉讼法规定情形的回避申请，由法庭当庭驳回，并不得申请复议"。

五、回避决定的效力

被决定回避的人员，在回避决定作出以前所取得的证据和进行的诉讼行为是否有效，由作出决定的机关根据案件情况决定。

项目四　认定案件事实的基础——证据

任务一　了解刑事证据

【案例4-1】

2010年11月17日凌晨，在甲市郊区的公路上，发生了一起交通肇事案件。接到报案后，甲市公安局迅速组织侦查人员赶往事故现场。现场有被害人的尸体和被害人骑的自行车，自行车已被摔坏，在尸体旁边留有被害人的大滩血迹。在离尸体不远处有汽车紧急刹车留下的磨擦痕迹，并且有一些散落的漆皮。在被害人手腕上，带着一块上海牌手表，手表已经被摔坏，时针指在 6 点 05 分。事故现场不远处有里程碑证明事故发生地距甲市 15 公里。侦查人员对现场进行了勘验，制作了现场勘验笔录、绘制了现场图、拍摄了一张现场全景照片。经法医对被害人进行鉴定，作出的结论是：被害人系男性，35 岁左右，身高 177cm，根据其伤势可判断，被害人系被汽车撞击而死，死亡时间在 6 点 10 分左右。公安局遂立案侦查。在侦查过程中，有位妇女张某对侦查人员说，她丈夫曾告诉过她，交通事故发生时，他刚好路过离事故现场 10 米处，目击一辆解放牌大卡车撞倒被害人后，司机打开车门看了看，然后飞速逃离现场，他看到司机是市化工厂驾驶员杨某。上学路过此处的某中学 13 岁学生王某证明，看到一辆解放牌大卡车撞人后逃跑。根据初步掌握的证据，公安机关认为该案属于交通肇事逃逸，犯罪嫌疑人是市化工厂驾驶员杨某。

【应知应会】

一、刑事证据的概念

在日常生活中，人们常常自觉或不自觉地大量使用证据。例如，出示身份证、学生证或军官证来证明自己的身份，拿出车票来证明已付车费。这些用来作为证明凭据的材料，就是证据。

在刑事诉讼活动中更是离不开证据。刑事诉讼的核心内容，就是围绕已经发生的案件事实，收集证据、审核证据、判断证据、认定证据，以证据认定的事实为根据，对犯罪嫌疑人、被告人依法作出是否追究刑事责任的决定。因此，证据在刑事诉讼中居于中心地位，具有关键作用。

刑事证据是指公安司法机关的侦查人员、检察人员、审判人员依照法定的程序、方法收集的并依照法定形式固定的，可以用于证明案件事实的材料。

准确理解刑事诉讼中的证据的概念，应注意以下三点：①证据必须以法定的八种形式之一为表现形式，也即证据形式只能由法律明确规定而不得任意创制。不具备法定形式的，不能作为诉讼证据使用。②证据的内容是能够用于证明案件真实情况的客观材料，与案件事实无关的或内容不真实的材料，不能成为诉讼证据。③证据是经法定程序查证属实、能够用来作为认定案件事实根据的材料。各诉讼主体依法收集、提供的所谓"证据"，在未经法庭质证、辩论和查证属实之前，严格地说，属于证据材料或证据资料，只是在习惯上称之为"证据"。因此，对证据一词，要注意从不同的角度加以理解，注意在不同的法律条文中使用的证据一词的不同含义。例如，《刑事诉讼法》第 54 条第 1 款规定："人民法院、人民检察院和公安机关有权向有关单位和个人收集、调取证据。有关单位和个人应当如实提供证据。"其中的"证据"一词，就是指证据材料或证据资料。

二、刑事证据的基本特征

一般认为，刑事诉讼证据具有客观性、关联性、法律性三个基本特征。

（一）客观性

客观性是指作为案件证据的客观物质痕迹和主观知觉痕迹都是已经发生的案件事实的客观遗留和客观反映，是不以人们的主观意志为转移的客观存在。

理解证据的客观性应注意以下方面：

第一，所有刑事诉讼中的证据都是伴随着刑事案件的发生而出现的一种事物，可能是痕迹，也可能是反映现象，无论是否承认，都是客观存在的。比如，某人用刀将他人杀死，其结果必然会形成杀人凶器、被害人尸体、血迹、足迹、手印等，这些东西都是客观存在的。

第二，诉讼证据所反映的内容必须是客观的，是不以公安司法人员主观意志为转移的。一切主观臆断、想象、猜测的东西都不可以作为证据。比如，伤害案件被害人是被匕首刺伤，不能因为办案人员认为是菜刀，凶器就改变。

第三，诉讼证据有自己存在的客观形式，并且这种形式可以为人的认识所感知。如果不具有能为人们在现有条件下所感知的形式，它就不能被人们认识并被用作诉讼证据证明案情。也就是说，刑事诉讼中的证据不仅客观存在，而且还能为我所用。有些虽然客观存在，但不能为我所用，仍然不能成为诉讼证据。

（二）关联性

关联性也称证明性、相关性、联系性、能证性。是指证据不仅是客观存在的，而且必须与案件事实有实质性联系并对案件事实有证明作用。这是证据之所以成为证据的本质特征。

主要从四个方面理解：

第一，关联性是证据的一种客观属性。即证据事实同案件事实之间的联系是客观联系，而不是办案人员的主观想象和强加的联系。

第二，证据的关联性应具有实质性意义，即与案件的基本事实相关。在刑事案件中是指关系当事人是否犯罪、犯罪性质及罪责的轻重等，与这些基本事实无关的证据材料则不具有关联性。

第三，关联的形式或渠道是多种多样的，有直接联系和间接联系、必然关联与偶然关联等。但联系如果过于间接，关联性太弱，这样的证据就可能不视为具有关联性，不能作为定案证据。

第四，关联性的实质意义在于证明力，即有助于证明案件事实。可以说，考察分析证据的相关性的落脚点应该在证据的证明力。

（三）法律性

法律性又叫合法性，是指证据应当由公安司法机关的办案人员依照法定的形式、法定的程序和方法去收集、审查、判断、运用。应从四个方面把握：

第一，主体合法。即刑事证据必须是法定机关的法定人员收集的。《刑事诉讼法》第52条规定："审判人员、检察人员、侦查人员必须依照法定程序，收集能够证实犯罪嫌疑人、被告人有罪或者无罪、犯罪情节轻重的各种证据。"由此可知，刑事证据必须由公、检、法三机关的办案人员收集，非法定人员收集的证据材料不能直接作为刑事证据使用。需要说明的是，《监察法》第 33 条规定："监察机关依照本法规定收集的物证、书证、证人证言、被调查人供述和辩解、视听资料、电子数据等证据材料，在刑事诉讼中可以作为证据使用。"这一规定并不是说监察机关的办案人员也是刑事证据的收集主体。

第二，形式合法。刑事证据必须符合《刑事诉讼法》第 50 条规定的八种法定形式之一。

第三，收集程序合法。《刑事诉讼法》第 52 条规定："严禁刑讯逼供和以威胁、引诱、欺骗以及其他非法方法收集证据，不得强迫任何人证实自己有罪。必须保证一切与案件有关或者了解案情的公民，有客观地充分地提供证据的条件，除特殊情况外，可以吸收他们协助调查。"

第四，查证程序合法。刑事证据必须经过合法程序查证属实。在立案、侦查、起诉阶段，由办案人员采用调查取证、鉴定、辨认等有效方法审查判断运用证据。在审判阶段，必须经过诉讼双方对证据进行庭审质证查实才能作为定案的根据。

证据的法律性是客观性、关联性的法律保障，是证据的必要特征。没有完善的证据制度，没有法律保障，就无法保证真正收集到客观真实具有证明价值的证据。

三、刑事证据制度的基本原则

刑事证据制度的基本原则，是指构建以及实践刑事证据制度时应该遵循的原则。主要包括：证据裁判原则、自由心证原则和直接言词原则。这里主要介绍前两个。

1. 证据裁判原则

证据裁判原则，又称证据裁判主义，其基本含义是指对于诉讼中事实的认定，应依据有关的证据作出，没有证据，不得认定事实。

证据裁判原则包含以下几点含义：

一是认定案件事实必须依靠证据，没有证据，不得认定事实。《刑事诉讼法》第 55 条规定："对于一切案件的判处都要重证据，重调查研究，不轻信口供。只有被告人供述，没有其他证据，不能认定被告人有罪和处以刑罚；没有被告人供述，证据充分确实的，可以认定被告人有罪和处以刑罚。"

二是用于证明案件事实的证据必须具有证明力，即具有证据资格。在现代法律制度下，一项材料是否可以作为证据接受法庭调查，首先经过了裁判者的价值选择。显而易见的是，没有关联性的证据材料因与案件事实没有紧密联系而被排除，但如果仅具有关联性，而不具有法律上的可采性的，这样的证据材料同样不能作为定案的依据，即不但要求法庭调查的证据必须具有事实上的关联性，而且还必须同时具备法律上的可采性。所以，最终作为裁判依据的证据，必须是具有证据资格的证据。

三是用于定案的证据必须是在法庭上查证属实的证据。证据裁判原则的核心是裁判者对事实的认识必须以证据为根据。

在诉讼以"法庭审判"为中心的现代诉讼理论中，裁判者的裁判行为也必须以法庭为活动空间，通过在法庭中的一系列活动，认定案件事实，作出正确裁判。因此，证据裁判原则所要求的证据必须在法庭上出示、辩论、质证。没有经过法庭调查的证据不得作为裁判的依据，即使该项证据确实具有证明价值。

党的十八届四中全会通过的《中共中央关于全面推进依法治国若干重大问题的决定》提出，要"全面贯彻证据裁判规则，严格依法收集、固定、保存、审查、运用证据，完善证人、鉴定人出庭制度，保证庭审在查明事实、认定证据、保护诉权、公正裁判中发挥决定性作用"。充分说明，我国对证据裁判原则的重视。

2. 自由心证原则

自由心证原则在外国法文献中往往被称为自由心证主义。自由心证原则是公法上的强行规范，不许当事人、公诉人合意变更或排除适用，也不许法官随意排除适用。自由心证原则的主要内涵是，法律不预先设定机械的规则来指示或约束法官，而由法官针对具体案情，根据经验法则、逻辑规则和自己的理性良心来自由判断证据和认定事实。自由心证（在我国又被称为内心确信制度）是指法官依据法律规定，通过内心的良知、理性等对证据的取舍和证明力进行判断，并最终形成确信的制度。

自由心证原则要求：对于证据的取舍及其证明力，由法官针对具体案情根据经验法则、逻辑规则和自己的理性良心自由判断，由此形成内心确信，并据此认定案件事实。所谓"内心确信"，是指法官内心对于案件事实形成确信，即法官心证程度应当达到"不允许相反事实可能存在"（刑事诉讼"排除合理怀疑"）或者"真实的可能性大于虚假的可能性"（民事诉讼、行政诉讼"高度盖然"）的证明标准。

任务二　明确刑事证明的范围

【案例 4-2】

甲、乙系邻居关系，因宅基纠纷经法院审理已经做出裁判。但是，两家的矛盾仍然没有解决。某日，甲、乙在街上相遇再次发生冲突，甲将乙打成重伤。公安机关在办理案件中，需要查明甲的身份；甲将乙打伤的时间、地点、手段；乙的伤情。甲、乙之间宅基纠纷的事实因有法院的生效裁判，不需要证据证明。

【应知应会】

一、刑事证明的概念

刑事证明，是指办案人员依法运用证据来查明与定案处理有关事实的真实情况的活动。包括收集、审查、运用、判断证据的全过程，这个过程既是一个思维活动，又是一个实践活动。

证明的理论范畴：证明对象、证明任务、证明要求、证明责任、证明的程序、证明方法、证明原则等。在此，仅介绍证明对象、证明要求、证明责任。

二、证明对象

（一）证明对象的概念

证明对象是指在刑事诉讼中，办案人员需要运用证据查明的那一部分案件事实。又称为待证事实、要证事实。

在理论上，可将案件事实分为待证事实和免证事实。待证事实是需要运用证据查明的案件事实，即证明对象。免证事实是不需要运用证据查明的案件事实。有些学者称为不证自明的事实。这一部分事实之所以不需要运用证据证明，是因为按照人们的常理判断就可以知道的事实。

根据《诉讼规则》的规定，免证事实包括下列六种：

①为一般人共同知晓的常识性事实；

②人民法院生效裁判所确认的并且未依审判监督程序重新审理的事实；

③法律、法规的内容以及适用等属于审判人员履行职务所应当知晓的事实；

④在法庭审理中不存在异议的程序事实；

⑤法律规定的推定事实；

⑥自然规律或者定律。

（二）证明对象的范围

与犯罪行为相关的事实范围较广，是证明对象的主要组成部分。主要包括：

①被告人、被害人的身份；

②被指控的犯罪是否存在；

③被指控的犯罪是否为被告人所实施；

④被告人有无刑事责任能力，有无罪过，实施犯罪的动机、目的；

⑤实施犯罪的时间、地点、手段、后果以及案件起因等；

⑥被告人在共同犯罪中的地位、作用；

⑦被告人有无从重、从轻、减轻、免除处罚情节；

⑧有关附带民事诉讼、涉案财物处理的事实；

⑨有关管辖、回避、延期审理等的程序事实；

⑩与定罪量刑有关的其他事实。

三、证明要求

（一）证明要求的概念

证明要求，也称为证明标准、证明程度，是指办案人员运用证据证明案件有关事实所应达到的程度。

（二）刑事诉讼过程中的具体证明要求

在刑事诉讼中，单个证据并不能完成证明任务，只有一定量和一定质的证据相互结合、相互印证，才能达到证明所要求的程度。我国的刑事证明要求是由刑事诉讼法加以规定的。根据刑事诉讼法的有关规定，在不同的诉讼阶段、针对不同的证明对象，证明的要求也有所不同。随着刑事诉讼从立案、侦查、审查起诉到法庭审判依次向前发展，公安司法人员对案件事实的认识不断深化，对证明的要求也在相应提高。

1. 立案阶段的证明要求

立案是刑事诉讼的最初阶段。《刑事诉讼法》第112条对立案阶段的证明要求是"认为有犯罪事实需要追究刑事责任"。由此，立案阶段的证明要求仅限于两点：第一，认为有犯罪事实发生。"认为"是主观对客观的判断，而不是确实有犯罪事实发生；第二，认为需要追究刑事责任。有这两点就足够了。至于谁是犯罪人、犯罪的目的、原因、手段、过程、后果等等暂时不要求去证明，这些问题都应在立案后经过侦查予以证明。

2. 逮捕犯罪嫌疑人、被告人的证明要求

逮捕是刑事诉讼中最严厉的强制措施，要剥夺犯罪嫌疑人、被告人的人身自由，因此提出了比立案阶段更高的证明要求。《刑事诉讼法》第81条明确规定逮捕必须具备的条件：

对有证据证明有犯罪事实，可能判处徒刑以上刑罚的犯罪嫌疑人、被告人，采取取保候审尚不足以防止发生下列社会危险性的，应当予以逮捕：

①可能实施新的犯罪的；

②有危害国家安全、公共安全或者社会秩序的现实危险的；

③可能毁灭、伪造证据，干扰证人作证或者串供的；

④可能对被害人、举报人、控告人实施打击报复的；

⑤企图自杀或者逃跑的。

对有证据证明有犯罪事实，可能判处十年有期徒刑以上刑罚的，或者有证据证明有犯罪事实，可能判处徒刑以上刑罚，曾经故意犯罪或者身份不明的，应当予以逮捕。

被取保候审、监视居住的犯罪嫌疑人、被告人违反取保候审、监视居住规定，情节严重的，可以予以逮捕。

3. 不立案、撤销案件、不起诉、驳回起诉、宣告无罪的证明要求

这几种决定同属于无罪或者追诉不能成立，从而不追诉或者终止诉讼。根据刑事诉讼法的规定，其证明要求是：第一、证明犯罪嫌疑人、被告人无罪的；第二、不能证明犯罪嫌疑人、被告人有罪的；第三、证明情节轻微、危害不大、不认为是犯罪的；第四、证明被追诉对象虽已犯罪，但具有《刑事诉讼法》第16条规定情形之一的。

4. 侦查终结、提起公诉、有罪判决的证明要求

公安机关侦查终结移送人民检察院审查起诉时、人民检察院提起公诉时以及人民法院做出有罪判决时，证明要求应当是案件事实清楚、证据确实充分。

刑事诉讼法明确规定，对一切案件的判处都要重证据，重调查研究，不轻信口供。只有被告人供述，没有其他证据的，不能认定被告人有罪和处以刑罚；没有被告人供述，证据确实、充分的，可以认定被告人有罪和处以刑罚。

证据确实、充分，应当符合以下条件：

①定罪量刑的事实都有证据证明；

②据以定案的证据均经法定程序查证属实；

③综合全案证据，对所认定事实已排除合理怀疑。

对于以下事实的证明必须达到证据确实、充分：

①被指控的犯罪事实的发生；

②被告人实施了犯罪行为与被告人实施犯罪行为的时间、地点、手段、后果以及其他

情节；

③影响被告人定罪的身份情况；

④被告人有刑事责任能力；

⑤被告人的罪过；

⑥是否共同犯罪及被告人在共同犯罪中的地位、作用；

⑦对被告人从重处罚的事实。

我们应当注意，在刑事诉讼中的各个阶段，证明要求是不同的。并不是说一开始就能做到案件事实清楚、证据确实充分。在侦查、审查起诉阶段，"案件事实清楚、证据确实充分"是侦查机关、检察机关单方面所作的认定，是为了肯定被追诉人有犯罪嫌疑、属于犯罪嫌疑人；而审判阶段是刑事证明集中进行和最终完成的阶段，是法院在听取控、辩双方辩论和质证后综合全案证据所作的认定。可见，虽然三阶段的证明要求都是"案件事实清楚、证据确实充分"，但实质上，在审判阶段对证明的要求更高。

四、证明责任

（一）证明责任的概念

证明责任又称为证明义务、举证责任，是指谁负有提出证据证明案件有关事实的义务。

证明责任、证明对象、证明要求是证据理论的主要组成部分，证明对象解决证明什么的问题，证明要求解决证明程度的问题，而证明责任解决的本质问题是诉讼中出现的案件事实应当由谁证明以及在诉讼结束时如果案件事实仍然处于真伪不明的状态时由谁承担败诉的诉讼后果。

（二）我国刑事诉讼立法对证明责任的规定

《刑事诉讼法》第51条规定，公诉案件中被告人有罪的举证责任由人民检察院承担，自诉案件中被告人有罪的举证责任由自诉人承担。可见，在刑事诉讼中，犯罪嫌疑人、被告人既不承担证明自己有罪的责任，也不承担证明自己无罪的责任。作为审判机关的人民法院，在刑事诉讼中，负有调查、核实证据中的疑问的责任，原则上不承担证明责任，在必要的情况下，也可以收集证据。

任务三 明确证据分类

【案例4-3】

甲致乙重伤。公安机关在侦查中，获得以下证据：（1）甲承认由于乙无故谩骂自己而用木棍将乙右臂打断；（2）乙陈述自己无端遭到甲用木棍打击导致右臂骨折；（3）法医鉴定证明乙的伤情为重伤；（4）现场提取带有乙血迹的木棍一根；（5）证人丙证明亲眼看到甲用木棍将乙打伤。公安机关认为，证据（1）、（2）、（5）均能直接证明甲伤害乙的事实，属于直接证据；证据（3）、（4）均只能证明案件的某一个方面，属于间接证据；

证据（1）、（2）、（4）、（5）均直接来源于案件事实，属于原始证据；证据（3）属于法医鉴定，属于传来证据。

【应知应会】

证据的分类，是学理上对各种证据按照不同的标准所作的类别划分。从不同的角度对证据进行分类，深入研究各类证据的不同特点及其运用规律，有助于对各种证据按照其不同的特点正确地加以收集、审查和运用。一般认为，刑事诉讼证据可以分为言词证据和实物证据、原始证据和传来证据、直接证据和间接证据、控诉证据和辩护证据。

一、言词证据与实物证据

这是依照证据内容的外部表现形式对证据所作的分类。

言词证据也称人证，是指以人的言词作为表现证据内容形式的证据。证据种类中的被害人陈述；犯罪嫌疑人、被告人供述和辩解；证人证言；鉴定意见属于言词证据。言词证据作为证据的具体形式可以是口头的，也可以是书面的，还可以是录音、录像。

实物证据也称物证，是指以物品的性质、物的外部特征、存在状况等为表现证据内容形式的证据。证据种类中的物证；书证；勘验、检查、辨认、侦查实验等笔录；视听资料、电子数据属于实物证据。

（一）两类证据的不同特点

1. 言词证据的特点

（1）言词证据往往能够系统全面地证明案件事实。言词证据是当事人、证人等对其直接或间接感知的案件事实的陈述，往往能够较为形象生动、详细具体地反映案件事实的过程和结果，甚至包括案件发生的前因后果和来龙去脉。这是言词证据的一个突出的优点。

（2）言词证据的证据源不易灭失。言词证据是人对其所感知的案件事实的陈述，当人直接或间接感知案件事实后，感知到的内容便被输入大脑的记忆神经中枢储存起来。记忆的内容一般能够保存相当长的时间，而且感知时刺激越强烈印象越深刻，记忆的时间就越长。

（3）言词证据容易受各种主客观因素的影响而出现虚假或失真的情况。从主观方面来看，陈述人与案件的利害关系可能使陈述人故意作出虚假的陈述。刑事诉讼中的被害人、犯罪嫌疑人、被告人都与诉讼结果有直接的利害关系，这种利害关系就可能促使他们作虚假陈述。证人虽然一般与案件没有直接的利害关系，但也会由于个人的认识能力、道德品质或心理倾向而作出失真的陈述，或者因为受到威胁、利诱而不如实陈述。从客观方面来看，言词证据的形成是一个相当复杂的过程，一般要经过感知、判断、记忆、检索、陈述几个阶段，在这几个阶段都可能因各种主客观因素的影响而出现失真，使言词证据在反映案件事实时出现偏差。

2. 实物证据的特点

（1）实物证据具有较强的客观性和稳定性。实物证据一般都是客观存在的物，且往往是伴随着案件的发生而形成的，不像言词证据那样容易受人的主观因素的影响而出现虚假或失真；而且实物证据一经收集保全后，就可以长期保持其原有形态，成为证明案件事实的有力证据。

（2）实物证据本身容易灭失。实物证据存在于人的大脑之外，形成于案发之前或犯罪过程中，受人为因素的影响较少，因而其客观性强于言词证据。但是，它易受自然因素、时间因素的影响而灭失、变形或改变性质，从而丧失证据价值；还会因人为的因素毁坏、灭失或被歪曲、更换、伪造。这是实物证据在司法证明中的弱点。

（3）实物证据对案件事实的证明具有片断性。实物证据一般只能证明案件事实的一个片断、一个情节，而不能像言词证据那样比较全面地反映案件的经过和结果。例如，在入室杀人案件现场的屋门上提取了一个手印，只能证明某人曾经到过犯罪现场，不能证明该嫌疑人是否实施了杀人行为。

（二）运用言词证据和实物证据时应注意的问题

1. 运用言词证据应注意的问题
（1）尽可能的使陈述主体及时、全面、客观的叙述。
（2）要注意固定程序（依法核对）。
（3）在审查判断言词证据的真伪和证明价值时，必须充分注意陈述主体的个人情况、与案件的关系、外在社会环境的影响等。
（4）要尽可能地收集实物证据，对言词证据加以印证，在只有言词证据，而无实物证据时，对被告人定罪量刑应特别慎重。

2. 运用实物证据应注意的问题
（1）对实物证据的收集应主动、迅速、及时、客观全面，以防止因时机拖延而丧失证据功能。
（2）在发现、提取和固定证据的过程中，要充分运用现代科技手段，防止遗漏或破坏证明价值。
（3）及时检验、鉴定。
（4）注意是否伪造和有无变化。

二、原始证据与传来证据

这是依照证据与案件事实的来源关系对证据所作的分类。

直接来源于案件事实，未经过转述或复制的证据是原始证据，也就是通常所说的第一手材料。非直接来源于案件事实，而是间接地来源于案件事实，经过转述或复制原始证据而派生的证据是传来证据，即通常所说的第二手材料。

对人来说，凡是亲自耳闻目睹、亲自感受的人向公安司法机关提供陈述（包括口头陈述和书面陈述）的证据，都属于原始证据。对物来说，一般原物、原件、原痕迹都属于原始证据。原始证据由于未经过中间环节的传播，失真的可能性较小，对案件情况的反映比较符合案件事实的本来状况，因而具有较强的客观性。

传来证据是在原始证据的基础上经过复制、复印、转传、转述等方式生成的证据。原物原件的模型、资料的复制品、转述他人感知的证言都是传来证据。传来证据由于经过了中间环节，在传导中可能发生变异、失真、歪曲，因此，我们应当特别注意并尽可能收集原始证据，慎用传来证据。

一般来说，在办案的时候，只要有原始证据，就不要使用传来证据。因为，证据材料在传抄、复制、转述中可能变态、失真、残缺。但不是说传来证据就没用。在有些案件中，原始证据已经灭失或无法找到、无法提取，公安司法人员只能使用传来证据。而且在现代社会，传来证据也被大量使用，比如重要的档案、财物资料，往往不让用原始资料，只能使用复印件。但是在使用传来证据时，必须严格遵循下列规则：

第一，必须证明该传来证据来源于案件事实。来源不明的证据材料不能作为证据使用。

第二，必须查证属实。要确定在传导过程中没有发生失真、歪曲、伪造、篡改的情况。

第三，在能够取得原始证据的情况下，不能轻易将传来证据作为定案的根据；在能够取得最近来源的传来证据的情况下，不宜使用相对来源较远的传来证据。尽量使用传闻、复制、转抄次数少的传来证据。

第四，要注意审查传导方式、环境、条件等。

三、直接证据与间接证据

依照证据对案件主要事实的证明关系为标准，可将证据划分为直接证据和间接证据。

能够单独直接证明案件主要事实的证据是直接证据；不能够单独直接证明案件主要事实的证据是间接证据。所谓能够证明，仅就内容而言，与收集证据的合法性、与内容的真假毫无关系。

直接证据通常是人的证据，比如当事人的陈述、证人证言。但也并不是所有言词证据都是直接证据，只有那些能够单独、直接证明案件主要事实的当事人陈述、证人证言才是直接证据。比如，盗窃案件的被害人在陈述中只讲出被窃财物的特征和数量等情况，并没有讲出是如何被人盗窃的、盗窃人是谁，那么这个陈述就不属于直接证据。另外，言词证据中的鉴定意见在任何情况下都不可能成为直接证据，因为鉴定意见是为了解决案件中的技术问题，而不是案件事实。实物证据有时也可能成为直接证据，比如一个人喜欢摄影，碰巧他把一个人抢劫的过程全录下来了，这是实物证据中的视听资料，这就是一个直接证据。书证也可以为直接证据，比如虐待案件的被害人记有遭受某人虐待经过的日记，就是一个直接证据。直接证据的特点是单个证据就能够独立地证明案件的主要事实，即能够独立地同时证明犯罪事实的存在和谁是犯罪行为人。但是，从证据的收集、审查判断来看，由于犯罪的隐蔽性和犯罪分子的狡猾性，直接证据往往不容易取得，而且大多是言词证据，容易受到主观因素的影响而出现虚假失真。

间接证据所能证明的是案件的某一情节、某一片断。其特点是，单个间接证据不能独立地证明案件主要事实，而只能证明案件事实的某个方面，只有与其他证据结合起来才能共同证明案件主要事实。但是，与直接证据相比，间接证据更容易发现、获得。

在直接证据与间接证据中，应当特别注意间接证据的特点及运用规则。

1. 间接证据的特点

（1）间接证据与案件主要事实的关联方式是间接的，一个间接证据只能证明案件主要事实的个别情节或片断，因此，任何一个间接证据必须与其他证据相结合才能证明案件的主要事实。

（2）间接证据证明案件的主要事实，必须经过逻辑推理。

（3）间接证据可以表现为任何一种证据材料。

2. 间接证据的运用规则

（1）必须予以查证属实。

（2）必须严格遵守证据的一般规则，即：客观性、关联性、法律性。

（3）间接证据必须形成一个完整的证明体系。即形成一个完整的证据链条，对构成犯罪的各个方面均要有证据证明。

（4）间接证据与案件事实之间以及间接证据之间、间接证据与直接证据之间必须协调一致，没有矛盾。

（5）间接证据的证明体系必须足以排除其他可能性，得出的结论必须是唯一的。

以上条件必须同时具备，才能做出有罪的认定。

四、控诉证据与辩护证据

依照证据对控诉的证明关系，可将证据分为控诉证据与辩护证据。

凡是肯定控诉成立，证明犯罪嫌疑人、被告人有罪或者罪重的证据是控诉证据。凡是否定控诉成立或是证明犯罪事实不存在，证明犯罪嫌疑人、被告人无罪及相对控诉罪轻的证据是辩护证据。

这种分类方法体现了诉讼的规律，体现了证据的重要性。它的意义在于帮助办案人员客观全面地收集证据，既要重视控诉证据，也要重视辩护证据。因为刑事诉讼法的任务，不仅要惩罚犯罪，还要保障无罪的人不受刑事追究。

任务四　明确证据种类

【案例 4-4】

某交通肇事案件，现场有被害人的尸体和已被摔坏的被害人的自行车，侦查人员勘验现场时，发现在被害人尸体旁边留有的大滩血迹，在离尸体不远处有汽车紧急刹车留下的摩擦痕迹，并且有一些散落的漆皮，在被害人手腕上，带着一块上海牌手表，手表已经被摔坏，时针指在 6 点 05 分，事故现场不远处有里程碑证明事故发生地距甲市 15 公里。侦查人员勘验制作了现场勘验笔录、绘制了现场图、拍摄了一张现场全景照片。经法医对被害人进行鉴定，作出的结论是：被害人系男性，35 岁左右，身高 177cm，根据其伤势可判断，被害人系被汽车撞击而死，死亡时间在 6 点 10 分左右。在侦查过程中，有位妇女张某对侦查人员说，她丈夫曾告诉过她，交通事故发生时，他刚好路过离事故现场 10 米处，目击一辆解放牌大卡车撞倒被害人后，司机打开车门看了看，然后飞速逃离现场，他看到司机是市化工厂驾驶员杨某。上学路过此处的某中学 13 岁学生王某证明，看到一辆解放牌大卡车撞人后逃跑。甲市交通管理局来往车辆登记记录查明,6点05分左右曾有两辆解放牌大卡车经过事故现场处,其中有一辆为甲市化工厂车辆。经侦查人员查看,甲市化工厂解放牌大卡车上有一漆皮新脱落的痕迹。厂调度员证明司机杨某17日早晨驾车从乙市返回甲市,下车后脸上神色慌张。出车登记表证明司机杨某17日6点15分回厂。侦查人员询问杨某与同车的陈某,两人均否认他们当天早上发生过交通事故。

本案中涉及物证、书证、证人证言、犯罪嫌疑人供述和辩解、鉴定意见、勘验笔录等证据种类。

【应知应会】

证据的种类是法律明确规定的。根据《刑事诉讼法》第50条的规定,刑事证据有以下八种:物证;书证;证人证言;被害人陈述;犯罪嫌疑人、被告人供述和辩解;鉴定意见;勘验、检查、辨认、侦查实验等笔录;视听资料、电子数据。

一、物证

(一) 概念

物证是指以其外部特征、存在场所和物质属性证明案件事实的物品或物质痕迹。如手印、足迹、车辆痕迹、作案工具、赃款赃物等。

物证发挥证据价值的关键是该物品或物质痕迹与案件事实之间有客观联系,他们或者是案件事实的一个组成部分,或者是案件发生而直接导致的物品或者物质痕迹。

(二) 物证的种类

人们在司法活动中遇到或使用的物证是多种多样的。依照物证的作用、性质、成因,可将物证分为下列六种:

1. 犯罪工具

犯罪工具是犯罪分子为了实施犯罪所借助的物品。犯罪工具对于研究犯罪行为实施的方法、手段有重要意义。

2. 犯罪行为侵害的对象物

在犯罪行为侵害的诸多社会关系中,有很多刑法所保护的社会关系是以具体的物质形态予以表现的,如人的生命权总是以具体人的生命形态表现;财产权总是以对具体财物的使用、支配、处分权利予以表现。犯罪分子的犯罪行为侵犯法律保护的这些社会关系时,不可能不侵害表现这些社会关系的具体物品。例如,被害人的身体、抢劫或盗窃的赃款赃物等。这些物证是证实犯罪行为最有力、最直接、最直观的证据。

3. 实施犯罪行为时所留下的痕迹及留有犯罪痕迹的物品

比如犯罪分子在撬门时,把手弄破了所留的血迹;作案时所留的指纹、脚印;被害人的血衣等等,这些痕迹和物品对于确认犯罪过程、工具、手段以及犯罪性质具有重要作用。

4. 犯罪行为产生的物品

这种物证并不是所有案件均存在的证据，只有某些特殊案件才存在。如非法制造的枪支、弹药；非法生产的伪劣产品；非法出版的书籍等。

5. 在犯罪过程中或者犯罪后，犯罪人为掩盖罪行、对抗侦查而伪造的各种物品和物质痕迹。这些物证与犯罪事实没有直接关系，但是对于认定犯罪人的主观恶性程度往往具有不可替代的作用。

6. 其他可供揭露犯罪、证实犯罪的物品和痕迹。如烟头、毛发、衣物等，这些物证与犯罪事实没有直接关系，但是对于认定犯罪人往往具有不可替代的作用。

（三）物证的特征

物证不怕恫吓。物证不会遗忘。物证不会像人那样受外界影响而情绪激动。物证总是耐心地等待着真正识货的人去发现和提取，然后再接受内行人的检验与评断。这就是物证的性格。

——赫伯特·麦克唐奈（美国著名物证技术学家）

1. 优点

物证具有较强的客观性。物证是客观存在的物品或物质痕迹，是以物质的存在形式证明案件事实的，因此，与其他证据相比较，特别是与各种人证相比较，具有较强的客观性。

对于物证的优点，赫伯特·麦克唐奈曾经说过："在审判过程中，被告人会说谎，证人会说谎，辩护律师和检察官会说谎，甚至法官也会说谎。唯有物证不会说谎。"

2. 缺点

（1）被动性。被告人可投案自首，证人可以自己主动的到法庭上作证。但物证不会自己到法庭上去证明案件事实，需要办案人员去发现和提取。

（2）物证的证明具有间接性。物证所反映的案件事实是不完整的片断，是静音状态的画面。正是在这个意义上，有人称物证为"哑巴证据"。物证不能直接证明案件事实，必须与其他证据结合起来才能证明案件事实，因此，物证具有间接性。例如，侦查人员在杀人现场发现一把匕首，但是这把匕首本身并不能证明杀人案件的事实，也就是说这把匕首不能直接告诉办案人员它的证明价值。专家通过检验死者身上的伤口和匕首上的附着物质，认定该匕首就是杀人凶器；证人通过辨认，确定这把匕首是嫌疑人李某的；于是这把匕首才发挥了证明案件事实的作用。当然，这些证据还不足以证明李某就是杀人的凶手，因为这把匕首虽然是李某的，但并不等于李某就是杀人凶手，还要有其他证据来证明。

（四）审查、判断时应注意的问题

根据《司法解释》的规定，对物证应从以下方面进行审查、判断：

1. 物证是否为原物，物证的照片、录像或者复制品与原物是否相符；物证是否经过辨认、鉴定；物证的照片、录像或者复制品是否由二人以上制作，有无制作人关于制作过程及原件、原物存放于何处的文字说明及签名。

2. 物证的收集程序、方式是否符合法律及有关规定；经勘验、检查、搜查提取、扣押的物证，是否附有相关笔录或者清单；笔录或者清单是否有侦查人员、物品持有人、见证人签名，没有物品持有人签名的，是否注明原因；对物品的特征、数量、质量、名称等注明是否清楚。

3. 物证在收集、保管及鉴定过程中是否受到破坏或者改变。

4. 物证与案件事实有无关联。对现场遗留与犯罪有关的具备检验鉴定条件的血迹、指纹、毛发、体液等生物物证、痕迹、物品，是否通过 DNA 鉴定、指纹鉴定等鉴定方式与被告人或者被害人的相应生物检材、生物特征、物品等作同一认定。

5. 与案件事实有关联的物证是否全面收集。

6. 据以定案的物证应当是原物。原物不便搬运，不易保存，依法应当由有关部门保管、处理，或者依法应当返还的，可以拍摄、制作足以反映原物外形和特征的照片、录像、复制品。

7. 物证的照片、录像、复制品，不能反映原物的外形和特征的，不得作为定案的根据。

8. 物证的照片、录像、复制品，经与原物核对无误、经鉴定为真实或者以其他方式确认为真实的，可以作为定案的根据。

（五）瑕疵物证的补救

物证的收集程序、方式存在下列瑕疵，通过有关办案人员的补正或者作出合理解释的，可以采用：

（1）收集调取的物证，在勘验、检查笔录，搜查笔录，提取笔录，扣押清单上没有侦查人员、物品持有人、见证人签名或者物品特征、数量、质量、名称等注明不详的；

（2）收集调取物证照片、录像或者复制品，未注明与原件核对无异，无复制时间、无被收集、调取人（单位）签名（盖章）的；

（3）物证照片、录像或者复制品，没有制作人关于制作过程及原物、原件存放于何处的说明或者说明中无签名的；

（4）物证的收集程序、方式存在其他瑕疵的。

对物证的来源及收集过程有疑问，不能作出合理解释的，该物证不能作为定案的根据。

二、书证

（一）概念

书证是指以文字、符号、图形等记载的内容和表达的思想来证明案件事实的书面文件或其他物品。

书证是以一定的物质材料作为载体的书面材料。书证不限于书写的文字材料，作为书证的载体，可以是纸张、墙壁、地面等；书写的方法可以是手写、刀刻、印刷等；书证的内容不限于文字，也可以是图形、符号等。书证与物证的区别主要表现为：物证是以其外部特征、存在场所和物质属性来证明案件事实，而书证是以文字、符号、图形等记载的内容和表达的思想来证明案件事实。具有书面形式的材料可能是书证，也可能是物证。如果一份书面材料以其记载的内容证明案件事实，它就是书证。例如记载着多次行贿的时间、地点、对象、金额等内容的日记。如果一份书面材料不是以其记载的内容证明案件事实，而是以其内在属性、外部形态、存在位置等特征证明案件事实，它就是物证。例如在某杀人现场发现一份打印文件，虽然其内容与该案无关，但是经查是由某嫌疑人专用的电脑打印机印制的，因此其存在的位置和外部形态等特征对案件事实起到了证明作用，那么这份打印文件就属于物证，而不是书证。但是，在有些情况下，一份书面材料可以同时具有书证和物证两种属性，这种情况被称为"物证、书证同体"。例如，发案现场收集到一封书信，通过信的内容查出了被告人，属于书证，同时又通过笔迹鉴定得出该信是被害人本人所写，则为物证，这封信就既是书证又是物证。

（二）书证的特点

1. 书证具有较强的客观性、稳定性

书证的内容一经用文字、符号、图形等方式固定下来，就具有了较强的客观性和稳定性，而不像证人证言和被害人陈述、犯罪嫌疑人供述和辩解等证据那样容易发生变化。即使书证的内容被人以某种方式改变，一般也可以查到改变的蛛丝马迹。

2. 书证可以作为证明待证事实的直接证据

物证一般不能直接证明案件事实，必须与其他证据结合才能起到证明作用，因此，物证一般都属于间接证据。而书证的内容一般都可以直接证明待证的案件事实。

3. 书证所证明的事实内容一般比较明确

书证的证明价值是通过文字、符号、图形等直观形式来实现的，而且这些文字、符号、图形一般都在一定社会中有着通行而且固定的含义，因此书证所能证明的事实内容往往是比较明确的。例如，一份房产证中的文字可以明确地说明该房产的特征和所有权关系；一份医院病例中的文字可以明确地说明该病人的诊断和治疗情况。

（三）对书证的审查判断

根据《司法解释》的规定，对书证应从以下方面进行审查、判断：

1. 书证是否为原件，书证的副本、复制件与原件是否相符；书证是否经过辨认、鉴定；书证的副本、复制件是否由二人以上制作，有无制作人关于制作过程及原件存放于何处的文字说明及签名。

2. 书证的收集程序、方式是否符合法律及有关规定；经勘验、检查、搜查提取、扣押的书证，是否附有相关笔录或者清单；笔录或者清单是否有侦查人员、物品持有人、见证人签名，没有物品持有人签名的，是否注明原因。

3. 书证在收集、保管及鉴定过程中是否受到破坏或者改变。

4. 书证与案件事实有无关联。

5. 与案件事实有关联的书证是否全面收集。

6. 据以定案的书证应当是原件。取得原件确有困难的，可以使用副本、复制件。

7. 书证有更改或者更改迹象不能作出合理解释，或者书证的副本、复制件不能反映原件及其内容的，不得作为定案的根据。

8. 书证的副本、复制件，经与原件核对无误、经鉴定为真实或者以其他方式确认为真实的，可以作为定案的根据。

（四）瑕疵书证的补救

书证的收集程序、方式存在下列瑕疵，通过有关办案人员的补正或者作出合理解释的，可以采用：

1. 收集调取的书证，在勘验、检查笔录、搜查笔录、提取笔录、扣押清单上没有侦查人员、物品持有人、见证人签名的；

2. 收集调取书证的副本、复制件未注明与原件核对无异，无复制时间、无被收集、调取人（单位）签名（盖章）的；

3. 书证的副本、复制件没有制作人关于制作过程、原件存放于何处的说明或者说明中无签名的；

4. 书证的收集程序、方式存在其他瑕疵的。

对书证的来源及收集过程有疑问，不能作出合理解释的，该书证不能作为定案的根据。

三、证人证言

（一）概念

证人证言，是指除当事人以外了解案件情况的人，就自己所知道的案件情况向公安司法机关的办案人员所作的口头或者书面陈述。

准确理解证人证言的概念，应注意以下五点：

（1）证人证言是除犯罪嫌疑人、被告人及被害人之外的了解案件情况的人所作的陈述。

（2）证人证言是耳闻目睹案件情况的人所作的陈述。如果陈述的是从他人那里间接了解到的案件情况，则必须说明其出处或来源以便进一步查证；如果纯属道听途说或者匿名信举报，则不能作为证人证言，只能作为调查的线索。

（3）证人证言是证人对其感知的案件情况所作的客观陈述。证人的陈述应当是对其感知到的、过去已经发生的案件事实的客观重现，而不能包括证人的主观分析评价。

（4）证人证言应当是证人向公安司法机关所作的陈述。证人向其他机关或个人所作的陈述，不能直接作为证人证言。

（5）证人陈述的方式包括口头形式、书面形式以及聋哑人的手势等特殊形式，但是在一般情况下证人应当以口头方式出庭作证。隐匿身份的人不能作证人。所以匿名电话和信件及其他方式的检举、揭发，都只能作为调查的线索和发案来源，而不能作为证人证言。

（二）证人的资格

证人资格，是指有关法律规定的，作为证人所必须具备的条件。《刑事诉讼法》第62

条明确规定："凡是知道案件情况的人，都有作证的义务。生理上、精神上有缺陷或者年幼，不能辨别是非、不能正确表达的人，不能作证人。"

根据这一规定，享有证人资格必须同时具备以下条件：

（1）必须是诉讼活动开始前知道案件情况的人。

（2）能够明辨是非和正确表达。知道案件情况的人，还必须有足够的辨别能力，并能够将其感知到的有关情况准确地描述出来。如果生理上、精神上存在缺陷或年幼，而导致缺乏明辨是非或者正确表达的能力，则不能作证人。也就是说虽有生理、精神方面缺陷或者属于未成年人，但具有相应的辨别、表达能力的人仍可以作证人。

（3）证人只能是自然人。单位不具有证人资格。实践中，单位所提供的档案材料、证明文件和其他书面材料，属于书证，而不是书面证言。

（4）证人具有不可替代性。这就决定了证人在刑事诉讼中具有优先地位。凡是在刑事诉讼开始前就知道案件情况的人，都应当作为证人，而不应当再作为本案的侦查人员、检察人员、审判人员、辩护人、鉴定人以及翻译人员参加诉讼。

（5）共同犯罪案件中的犯罪嫌疑人、被告人不能互为证人。共同犯罪案件中的犯罪嫌疑人、被告人所作的陈述只能是犯罪嫌疑人、被告人的供述和辩解，而不是证人证言。

（6）因诉讼中的职务、职责行为而知道案件事实的人，不能作为证人。这些人了解案件事实是在案件发生之后甚至是在诉讼中，不是在诉讼活动开始前，因此，他们不能作证人。

不免除任何人的作证义务，是我国刑事诉讼立法的一个特点。如果办案人员或其他诉讼参与人是知道案件情况的人，必须以证人身份参加诉讼，不能以办案人员的身份参加诉讼。

（三）见证人

在学习证人证言时，必须注意刑事诉讼中的"见证人"。见证人是指公安司法机关在进行搜查、人身检查、现场勘验、侦查实验等诉讼活动中聘请的与案件及案件当事人无利害关系的人。聘请见证人在场，是为证明诉讼活动的公正合法。所以见证人与普通证人是不一样的，主要有两点区别：

（1）见证人具有选择性。见证人在实施见证活动前是可以选择的；而普通证人的资格是由案件事实决定的，不能选择。

（2）证言内容是不同的。普通证人的证言内容是与案件事实相关的内容；而见证人的证言是与公安司法机关的行为相关的，目的是为了证明公安司法机关有关诉讼行为的公正性、合法性。

（四）证人证言的特征

（1）真实、可靠。证人通常与案件没有直接利害关系，其陈述通常较犯罪嫌疑人、被告人供述和辩解以及被害人陈述真实、可靠。

（2）可塑和易变。证人证言是证人对案件事实的主观认识和反映，容易受到主观因素的影响，具有可塑性和易变性。

（3）不可替代。即使共同经历了同一案件的人，也不得互相替代作证。

（五）证人证言的内容范围

证人证言是证人对其感知的案件情况所作的客观陈述，不包括他个人对案情的分析。

（六）收集证人证言应注意的问题

（1）严禁使用暴力、威胁等非法方法收集证人证言。

（2）询问证人应当个别进行。

（3）不允许引诱证人作证。

（4）全面、如实地对证人证言进行客观记录。

（5）证言内容中出现矛盾，应当由证人作出解释。

（七）对证人证言的审查、判断

根据《司法解释》的规定，对证人证言应从以下方面进行审查、判断：

（1）证言的内容是否为证人直接感知。

（2）证人作证时的年龄、认知、记忆和表达能力，生理和精神状态是否影响作证。

（3）证人与案件当事人、案件处理结果有无利害关系。

（4）询问证人是否个别进行。

（5）询问笔录的制作、修改是否符合法律、有关规定，是否注明询问的起止时间和地点，首次询问时是否告知证人有关作证的权利义务和法律责任，证人对询问笔录是否核对确认。

（6）询问未成年证人时，是否通知其法定代理人或者有关人员到场，其法定代理人或者有关人员是否到场。

（7）证人证言有无以暴力、威胁等非法方法收集的情形。

（8）证言之间以及与其他证据之间能否相互印证，有无矛盾。

（9）证人当庭作出的证言，经控辩双方质证、法庭查证属实的，应当作为定案的根据。证人当庭作出的证言与其庭前证言矛盾，证人能够作出合理解释，并有其他证据印证的，应当采信其庭审证言；不能作出合理解释，而其庭前证言有其他证据印证的，可以采信其庭前证言。经人民法院通知，证人没有正当理由拒绝出庭或者出庭后拒绝作证，法庭对其证言的真实性无法确认的，该证人证言不得作为定案的根据。

（八）不能使用的证人证言

（1）以暴力、威胁等非法手段取得的证人证言；

（2）处于明显醉酒、麻醉品中毒或者精神药物麻醉状态，以致不能正确表达的证人所提供的证言；

（3）证人的猜测性、评论性、推断性的证言，不能作为证据使用，但根据一般生活经验判断符合事实的除外；

（4）询问证人没有个别进行而取得的证言；

（5）书面证言没有经证人核对确认并签名（盖章）、捺指印的书面证言；

（6）询问聋、哑人，应当提供通晓聋、哑手势的人员而未提供的；

（7）询问不通晓当地通用语言、文字的证人，应当提供翻译人员而未提供的。

（九）瑕疵证人证言的补救

证人证言的收集程序和方式有下列瑕疵，通过有关办案人员的补正或者作出合理解释的，可以采用：

（1）询问笔录没有填写询问人、记录人、法定代理人姓名以及询问的起止时间、地点的；

（2）询问地点不符合规定的；

（3）询问笔录没有记录告知证人有关权利义务和法律责任的；

（4）询问笔录反映出在同一时段，同一询问人员询问不同证人的；

（5）询问未成年人，其法定代理人或者合适成年人不在场的。

（十）应当出庭作证的证人范围

根据刑事诉讼法的规定，公诉人、当事人或者辩护人、诉讼代理人对证人证言有异议，且该证人证言对案件定罪量刑有重大影响，人民法院认为证人有必要出庭作证的，证人应当出庭作证。

证人没有正当理由拒绝出庭或者出庭后拒绝作证的，予以训诫，情节严重的，经院长批准，处以十日以下的拘留。

被告人的配偶、父母、子女不被强制出庭。

（十一）对证人安全的保护

（1）保护的对象：证人及其近亲属。

（2）保护的义务主体：公、检、法三机关。

（3）保护的手段：对于危害国家安全犯罪、恐怖活动犯罪、黑社会性质的组织犯罪、毒品犯罪等案件，证人、鉴定人、被害人因在诉讼中作证，本人或者其近亲属的人身安全面临危险的，人民法院、人民检察院和公安机关应当采取以下一项或者多项保护措施：

（1）不公开真实姓名、住址和工作单位等个人信息；

（2）采取不暴露外貌、真实声音等出庭作证措施；

（3）禁止特定的人员接触证人、鉴定人、被害人及其近亲属；

（4）对人身和住宅采取专门性保护措施；

（5）其他必要的保护措施。

证人、鉴定人、被害人认为因在诉讼中作证，本人或者其近亲属的人身安全面临危险的，可以向人民法院、人民检察院、公安机关请求予以保护。

人民法院、人民检察院、公安机关依法采取保护措施，有关单位和个人应当配合。

（十二）证人补偿制度

证人因履行作证义务而支出的交通、住宿、就餐等费用，应当给予补助。证人作证的补助列入司法机关业务经费，由同级政府财政予以保障。

有工作单位的证人作证，所在单位不得克扣或者变相克扣其工资、奖金及其他福利待遇。

四、被害人陈述

（一）概念

被害人陈述，是指被害人本人就自己遭受犯罪行为侵害的事实及案件有关情况向公安司法机关所作的叙述和控诉。被害人陈述的内容包括两个方面：一是关于遭受犯罪侵害情况的叙述；二是对被控告人的控告揭发。被害人的要求、建议和主张不属于被害人陈述的范围。

被害人陈述成为刑事诉讼证据的基本条件有两个：一是被害人必须直接向公安司法机关的办案人员进行口头或书面陈述；二是所陈述的内容必须是自己直接遭受犯罪行为侵害的情况及有关犯罪分子的情况。被害人要求他人（如亲属）将自己遭受犯罪行为侵害及有关犯罪分子的情况向公安司法机关办案人员转述的，这一转述不是被害人陈述，而是证人证言。

被害人在刑事诉讼中的身份可以有三种表现形式，即公诉案件中的被害人、自诉案件中的自诉人、附带民事诉讼中的原告人。无论是公诉案件中的被害人、自诉案件中的自诉人还是附带民事诉讼中的原告人所作的陈述，只要符合以上两个条件，都属于被害人陈述。

（二）被害人陈述的特点

由于被害人在诉讼中处于被侵害的特殊地位，决定了被害人陈述具有一些不同于其他证据的特点，主要表现在以下两个方面：

（1）客观、全面。被害人是合法权益直接遭受犯罪行为侵害的人，往往最为清楚犯罪过程的各种细节以及犯罪嫌疑人、被告人的身体、行为、衣着、口音、生活习惯等方面的特征，因而其对案件情况的陈述较为全面、具体。

（2）被害人陈述往往包含虚假失实的成分。首先，被害人可能会因为受到威胁、恐吓、害怕家人遭到报复，或者基于对个人名誉前途、家庭关系、子女利益等的考虑，对揭露犯罪顾虑重重，而故意作出虚假陈述；其次，被害人在受到犯罪侵害后，也可能会情绪偏激或出于对罪犯的憎恨心理，而有意无意地夸大事实情节；再次，被害人还可能因在受到犯罪侵害时精神高度紧张，而观察不细、记忆不清或出现错觉，从而造成陈述失实。比如：在某地区连续发生几起强奸案，侦查人员问了几个被害人，基本上都说犯罪分子是身材高大、一脸横肉的男子，结果案件侦破后查获的犯罪嫌疑人却是一个白面书生。这就说明被害人的陈述不可以轻信，要注意进行审查判断。

（三）被害人陈述的审查判断

根据《司法解释》的规定，对被害人陈述应从以下方面进行审查、判断：

（1）被害人与犯罪嫌疑人、被告人在案发前有无仇恨和积怨、冲突史。

（2）被害人的品质、思想觉悟。

（3）被害人的人身遭受犯罪行为侵害时的情况。

（4）被害人控告的时间、条件、原因和目的。

（5）被害人陈述是否符合情理，有无矛盾。

五、犯罪嫌疑人、被告人供述和辩解

（一）概念

犯罪嫌疑人、被告人的供述和辩解，习惯上称之为口供，是指犯罪嫌疑人、被告人就案件事实向公安司法机关所作的口头或书面陈述。

犯罪嫌疑人、被告人的供述和辩解包括三方面的内容：

第一，有罪供述；

第二，无罪、罪轻或应当从轻、减轻、免除处罚或者不应追诉的辩解；

第三，检举、揭发他人犯罪行为的陈述。

（二）犯罪嫌疑人、被告人供述和辩解的特点

犯罪嫌疑人、被告人是刑事诉讼中的核心人物，他所处的特殊地位决定了犯罪嫌疑人、被告人供述和辩解具有以下特点：

1. 犯罪嫌疑人、被告人供述和辩解可以直接证明案件事实

犯罪嫌疑人、被告人是最了解案件情况的人，他是否实施了被指控的犯罪行为，如何实施的犯罪行为，只有他自己最清楚。因此，无论是犯罪嫌疑人、被告人的供述还是辩解，对于查明案件事实往往都具有直接的证明意义。

2. 犯罪嫌疑人、被告人供述和辩解多有虚假成分

犯罪嫌疑人、被告人供述和辩解是一种虚假可能性很大的证据。为了逃避法律的制裁，有的犯罪嫌疑人、被告人极力掩盖犯罪事实，避实就虚，避重就轻，作虚假陈述；也有的是出于哥们义气或亲情，把不是自己的罪行揽到自己身上。比如：有一个人到公安机关投案，说自己诈骗，公安人员问，在哪诈骗的，他说在广州、深圳、北京、天津；钱都哪去了，他说都花了。结果公安机关就分别往各地发函，结果都被退回来了，不是没发生诈骗，就是犯罪人不是他。后来这个人承认，他是为了躲债，才编造自己犯罪的事实。因此，有真有假，虚虚实实，是犯罪嫌疑人、被告人供述和辩解的一个重要特征。公安司法人员对犯罪嫌疑人、被告人供述和辩解必须采取正确的态度，既要看到它的证据价值，又不能盲目轻信，只有在认真审查的基础上，才能用作定案的根据。

3. 犯罪嫌疑人、被告人供述和辩解容易出现反复

犯罪嫌疑人、被告人在面对公安司法机关的调查和指控时，心理活动非常复杂，而且经常随着讯问人员和环境的变化而发生变化。一会儿以恐慌心理为主，一会儿以侥幸心理为主，一会儿以悔过心理为主，一会儿以抗拒心理为主。受这些不同心理活动和状态的影响，犯罪嫌疑人、被告人翻供就成为司法实践中一种常见的现象，而且往往是供了又翻，

翻了又供，多次反复。

由于犯罪嫌疑人、被告人是最了解案件情况的人，因此，在司法实践中，办案人员往往非常重视对犯罪嫌疑人、被告人口供的收集，以至于刑讯逼供屡禁不止。我们应当看到，犯罪嫌疑人、被告人供述和辩解也是一种普通证据，它们必须与其他证据结合，才能作为证据使用。公安司法机关不能单凭口供定案，不能把口供看作是主要的证据、唯一的证据。如果只有犯罪嫌疑人、被告人供述和辩解，而没有其他证据，不能确定犯罪嫌疑人、被告人有罪。

（三）犯罪嫌疑人、被告人供述和辩解的审查、判断

根据《司法解释》的规定，对犯罪嫌疑人、被告人的供述和辩解应从以下方面进行审查、判断：

（1）讯问的时间、地点，讯问人的身份、人数以及讯问方式等是否符合法律、有关规定。

（2）讯问笔录的制作、修改是否符合法律、有关规定，是否注明讯问的具体起止时间和地点，首次讯问时是否告知犯罪嫌疑人、被告人相关权利和法律规定，犯罪嫌疑人、被告人是否核对确认。

（3）讯问未成年犯罪嫌疑人、被告人时，是否通知其法定代理人或者有关人员到场，其法定代理人或者有关人员是否到场。

（4）讯问女性未成年犯罪嫌疑人、被告人时，是否有女性工作人员在场。

（5）有无以刑讯逼供等非法方法收集犯罪嫌疑人、被告人供述的情形。

（6）犯罪嫌疑人、被告人的供述是否前后一致，有无反复以及出现反复的原因。

（7）犯罪嫌疑人、被告人的供述和辩解是否全部随案移送。

（8）犯罪嫌疑人、被告人的辩解内容是否符合案情和常理，有无矛盾。

（9）犯罪嫌疑人、被告人的供述和辩解与同案被告人的供述和辩解以及其他证据能否相互印证，有无矛盾；存在矛盾的，能否得到合理解释。必要时，可以结合现场执法音视频记录、讯问录音录像、被告人进出看守所的健康检查记录、笔录等，对被告人的供述和辩解进行审查。

（10）对犯罪嫌疑人、被告人供述和辩解的审查，应当结合控辩双方提供的所有证据以及犯罪嫌疑人、被告人本人的全部供述和辩解进行。

被告人庭前供述一致，庭审中翻供，但被告人不能合理说明翻供理由或者其辩解与全案证据相矛盾，而庭前供述与其他证据能够相互印证的，可以采信被告人庭前供述。

被告人庭前供述和辩解出现反复，但庭审中供认的，且庭审中的供述与其他证据能够印证的，可以采信庭审中的供述；被告人庭前供述和辩解出现反复，庭审中不供认，且无其他证据与庭前供述印证的，不能采信庭前供述。

只有被告人供述，没有其他证据的，不能认定被告人有罪和处以刑罚；没有被告人供述，证据确实、充分的，可以认定被告人有罪和处以刑罚。

（四）不能使用的犯罪嫌疑人、被告人供述

（1）采用刑讯逼供等非法手段取得的犯罪嫌疑人、被告人供述；
（2）讯问笔录没有经被告人核对确认的；
（3）讯问聋、哑人，应当提供通晓聋、哑手势的人员而未提供的；
（4）讯问不通晓当地通用语言、文字的被告人，应当提供翻译人员而未提供的；
（5）讯问未成年人，其法定代理人或者合适成年人不在场的。

（五）瑕疵讯问笔录的补救

讯问笔录有下列瑕疵，通过有关办案人员的补正或者作出合理解释的，可以采用：
（1）笔录填写的讯问时间、讯问人、记录人、法定代理人等有误或者存在矛盾的；
（2）讯问人没有签名的；
（3）首次讯问笔录没有记录告知被讯问人诉讼权利内容的。

六、鉴定意见

（一）概念

鉴定意见是指接受公安司法机关指派或聘请的鉴定人，根据公安司法机关的要求，运用专门知识或技能，对案件中的某些专门性问题进行分析判断后所作出的书面意见。

鉴定意见是鉴定人在观察、检验、分析等活动的基础上对案件事实当中的一些专门性问题得出的主观性认识结论，而不是对案件事实的客观记录或描述。这是鉴定意见与证人证言及勘验、检查笔录的重要区别。证人讲述的是自己以看、听等方式感知的案件事实，勘验、检查人员记录的是自己观察到的案件事实，而鉴定人提供的是自己关于对案件事实当中的一些专门性问题的意见。因此，鉴定意见又称为专家意见。

（二）鉴定人

鉴定人是接受公安司法机关的指派或聘请，运用专门知识或技能，对刑事诉讼中的某些专门性问题进行分析、研究、判断、验证的人。

鉴定人的条件：
（1）鉴定人的实质条件是具有专门知识、技能。
（2）鉴定人的法律条件是接受公安司法机关的指派或聘请。
（3）鉴定人的必要条件是与案件及案件当事人无利害关系，并且没有以办案人员或其他诉讼参与人如证人、代理人、辩护人的名义参与过本案诉讼活动。

（三）鉴定意见的特点

（1）鉴定意见的作出主体特殊。鉴定人的确定，一般应当由接受委托的法定或指定的鉴定部门（机构）指派所属的具有相关鉴定能力的人作鉴定人。
（2）鉴定意见具有特定的书面形式。鉴定意见必须符合法律要求的书面形式，口头意见不能作为鉴定意见。

（3）鉴定意见是鉴定人对案件中的专门问题从科学、技术角度提出的分析判断意见，仅限于解决案件所涉及的科学技术问题，不对法律问题提出意见。

（4）鉴定意见具有较强的科学性。鉴定意见是鉴定人运用一定科学知识、采用一定科学方法对案件专门问题进行分析、检验后得出的结论，而且鉴定人与案件及案件当事人无利害关系，因此具有较强的科学性。

（5）鉴定意见具有主观性。任何科学仪器都是由人操作的，任何鉴定意见最终都是由人做出的，因此鉴定意见不可避免地还要受到鉴定人的职业道德、业务水平、专业经验等因素的影响。

另需注意：鉴定人的产生方式只有两种，即由公安司法机关"指派"或"聘请"，当事人不能"指派"或"聘请"鉴定人。

（四）对鉴定意见的审查判断

鉴定意见具有客观性、科学性、权威性的特点，但也具有专门性、局限性、依赖性的不足。鉴定意见有时会受到种种因素的影响而不正确，因此，鉴定意见不是科学的法官，也不是科学的判决，也应进行审查判断。根据《司法解释》的规定，对鉴定意见应当从以下方面进行审查、判断：

（1）鉴定人是否存在应当回避而未回避的情形；

（2）鉴定机构和鉴定人是否具有合法的资质；

（3）鉴定程序是否符合法律及有关规定；

（4）检材的来源、取得、保管、送检是否符合法律及有关规定，与相关提取笔录、扣押物品清单等记载的内容是否相符，检材是否充足、可靠；

（5）鉴定的程序、方法、分析过程是否符合本专业的检验鉴定规程和技术方法要求；

（6）鉴定意见的形式要件是否完备，是否注明提起鉴定的事由、鉴定委托人、鉴定机构、鉴定要求、鉴定过程、检验方法、鉴定文书的日期等相关内容，是否由鉴定机构加盖鉴定专用章并由鉴定人签名盖章；

（7）鉴定意见是否明确；

（8）鉴定意见与案件待证事实有无关联；

（9）鉴定意见与其他证据之间是否有矛盾，鉴定意见与检验笔录及相关照片是否有矛盾；

（10）鉴定意见是否依法及时告知相关人员，当事人对鉴定意见是否有异议。

（五）不能使用的鉴定意见

（1）鉴定机构不具备法定资质，或者鉴定事项超出该鉴定机构业务范围、技术条件的；

（2）鉴定人不具备法定资质，不具有相关专业技术或者职称，或者违反回避规定的；

（3）送检材料、样本来源不明，或者因污染不具备鉴定条件的；

（4）鉴定对象与送检材料、样本不一致的；

（5）鉴定程序违反规定的；

（6）鉴定过程和方法不符合相关专业的规范要求的；

（7）鉴定文书缺少签名、盖章的；

（8）鉴定意见与案件事实没有关联的；

（9）违反有关规定的其他情形。

对鉴定意见有疑问的，人民法院应当依法通知鉴定人出庭作证或者由其出具相关说明，也可以依法补充鉴定或者重新鉴定。

经人民法院通知，鉴定人拒不出庭作证的，鉴定意见不得作为定案的根据。

鉴定人由于不能抗拒的原因或者有其他正当理由无法出庭的，人民法院可以根据情况决定延期审理或者重新鉴定。

对没有正当理由拒不出庭作证的鉴定人，人民法院应当通报司法行政机关或者有关部门。

对案件中的专门性问题需要鉴定，因无鉴定机构，或者根据法律、司法解释的规定，指派、聘请有专门知识的人就案件的专门性问题出具的报告，可以作为证据使用。经人民法院通知，出具报告的人拒不出庭作证的，有关报告不得作为定案的根据。

有关部门对事故进行调查形成的报告，在刑事诉讼中可以作为证据使用；报告中涉及专门性问题的意见，经法庭查证属实，且调查程序符合法律、有关规定的，可以作为定案的根据。

七、勘验、检查、辨认、侦查实验等笔录

（一）概念

勘验是指办案人员在有关技术人员、见证人的参加下，对与案件有关的场所、物品、尸体等进行勘查、检验所进行的侦查活动。其目的是为了判断犯罪是否发生、收集证据、查获犯罪人、确定侦查或调查方向。

检查是指办案人员在其他人员的配合下，对犯罪嫌疑人、被告人、被害人的人身进行检查、检验所进行的诉讼活动。其目的是为确定人身特征、伤害程度、生理状态。

辨认，是指侦查机关为了查明案情，让被害人、犯罪嫌疑人或者证人对与犯罪有关的物品、文件、尸体、场所或者犯罪嫌疑人进行辨别、指认。

侦查实验，是指侦查人员为了确定与案件有关的某些事实或者现象在某种情况下能否发生以及是怎样发生的，在设定的同样环境条件下，将该事实或现象加以模拟演习的一种侦查行为。

勘验、检查、辨认、侦查实验等笔录，是指办案人员在勘验、检查、辨认、侦查实验等过程中，对勘验、检查、辨认、侦查实验等活动的情况所作的记录。主要是书面材料，同时包括制图、拍照、录像、录音、制作模型等。

在刑事诉讼中，勘验、检查、辨认、侦查实验等笔录既是发现、提取、固定保全证据的重要手段，又是证据存在的重要形式。

（二）特点

勘验、检查、辨认、侦查实验等笔录是对勘验、检查、辨认、侦查实验等诉讼活动的过程和结果的书面记载，是以文字、图形等记载的内容来说明案件事实，与书证、物证和鉴定意见等相比具有以下特点：

（1）勘验、检查、辨认、侦查实验等笔录，是为了查明一定的事实而在诉讼过程中对有关的现场、物证等进行勘验、检查、辨认、侦查实验后制作的，产生于案件发生之后。而书证、物证则是在案件发生之前或案件发生的过程中形成的。

（2）勘验、检查、辨认、侦查实验等笔录是公安司法机关办案人员在诉讼过程中依法制作的，而书证则是犯罪嫌疑人、被告人、被害人在案件发生过程中所形成后通过办案人员调查收集得来的。

（3）勘验、检查、辨认、侦查实验等笔录是对勘验、检查、辨认、侦查实验对象的状况以及勘验、检查、辨认、侦查实验的过程和结果的客观描述和如实记录，是对现场、物体等的重新再现。而鉴定意见则是鉴定人对案件专门性问题的分析判断。

勘验、检查、辨认、侦查实验等是公安司法人员在诉讼过程中常用的调查、取证手段。勘验、检查、辨认、侦查实验的对象不同，则勘验、检查、辨认、侦查实验等笔录和种类也不一样，主要有现场勘验笔录、尸体检验笔录、人身检查笔录、物证检验笔录、侦查实验笔录等。

（三）对勘验、检查、辨认、侦查实验等笔录的审查、判断

由于勘验、检查、辨认、侦查实验等笔录是勘验人、检查人在对勘验、检查、辨认、侦查实验对象进行观察、辨别、表达、记载等一系列认识过程后形成的，受主观因素的影响，也会出现差错，必须进行审查、判断。由于勘验、检查、辨认、侦查实验几种行为的侧重不同，对几种笔录的审查也不同。根据《司法解释》的规定，对勘验、检查、辨认、侦查实验等笔录应从以下方面进行审查、判断：

1. 对勘验、检查笔录的审查

对勘验、检查笔录应当着重审查以下内容：

①勘验、检查是否依法进行，笔录的制作是否符合法律、有关规定，勘验、检查人员和见证人是否签名或者盖章；

②勘验、检查笔录是否记录了提起勘验、检查的事由，勘验、检查的时间、地点，在场人员、现场方位、周围环境等，现场的物品、人身、尸体等的位置、特征等情况，以及勘验、检查、搜查的过程；文字记录与实物或者绘图、照片、录像是否相符；现场、物品、痕迹等是否伪造、有无破坏；人身特征、伤害情况、生理状态有无伪装或者变化等；

③补充进行勘验、检查的，是否说明了再次勘验、检查的缘由，前后勘验、检查的情况是否矛盾。

勘验、检查笔录存在明显不符合法律、有关规定的情形，不能作出合理解释或者说明的，不得作为定案的根据。

2. 对辨认笔录的审查

对辨认笔录应当着重审查辨认的过程、方法，以及辨认笔录的制作是否符合有关规定。

辨认笔录具有下列情形之一的，不得作为定案的根据：

①辨认不是在侦查人员主持下进行的；

②辨认前使辨认人见到辨认对象的；

③辨认活动没有个别进行的；

④辨认对象没有混杂在具有类似特征的其他对象中，或者供辨认的对象数量不符合规定的；

⑤辨认中给辨认人明显暗示或者明显有指认嫌疑的；

⑥违反有关规定、不能确定辨认笔录真实性的其他情形。

3. 对侦查实验笔录的审查

对侦查实验笔录应当着重审查实验的过程、方法，以及笔录的制作是否符合有关规定。

侦查实验的条件与事件发生时的条件有明显差异，或者存在影响实验结论科学性的其他情形的，侦查实验笔录不得作为定案的根据。

八、视听资料、电子数据

（一）概念

视听资料是指能够证明案件真实情况的音像信息资料。包括录音、录像资料。

电子数据是案件发生过程中形成的，以数字化形式存储、处理、传输的，能够证明案件事实的数据。电子数据包括但不限于下列信息、电子文件：①网页、博客、微博客、朋友圈、帖吧、网盘等网络平台发布的信息；②手机短信、电子邮件、即时通信、通讯群组等网络应用服务的通信信息；③用户注册信息、身份认证信息、电子交易记录、通信记录、登录日志等信息；④文档、图片、音视频、数字证书、计算机程序等电子文件。

以数字化形式记载的证人证言、被害人陈述以及犯罪嫌疑人、被告人供述和辩解等证据，不属于电子数据。

（二）特点

2012年《刑事诉讼法》在证据中新增加了电子数据，但没有把它单列为一种证据，而是把它和视听资料并列为一种证据。由此说明，二者虽有区别，但也具有共同的特点。

（1）视听资料、电子数据具有准确性、客观性。视听资料、电子数据是伴随案件事实的发生而形成的，是运用现代科技手段和先进设备以原声、原貌直接显示案件事实过程，而不需要借助于人的主观感知和表达，因而能够准确、可靠地记载、反映案件的各种情况，具有很强的客观性、真实性。

（2）视听资料、电子数据具有动态性、形象性。视听资料、电子数据能够通过声音、图形、色彩、动作、文字，直观、逼真、生动地再现案件的发生、发展的动态过程，全面反映案件事实中的人物及其动作、表情、语气和与案件事实相联系的周边环境等。

（3）视听资料、电子数据易于保存、再现。

（4）视听资料、电子数据篡改、伪造方便且不易被发现。视听资料、电子数据的准确性、可靠性是相对而言的，无论是声音、图像、文字还是其他信息资料，都可以运用科技手段伪造、制作、剪辑或删除而不留痕迹。所以，对视听资料、电子数据必须认真审查判断。

（三）对视听资料、电子数据的审查、判断

根据《司法解释》的规定，对视听资料、电子数据应分别从以下方面进行审查、判断：

1. 对视听资料的审查

对视听资料应当着重审查以下内容：

①是否附有提取过程的说明，来源是否合法；

②是否为原件，有无复制及复制份数；是复制件的，是否附有无法调取原件的原因、复制件制作过程和原件存放地点的说明，制作人、原视听资料持有人是否签名或者盖章；

③制作过程中是否存在威胁、引诱当事人等违反法律、有关规定的情形；

④是否写明制作人、持有人的身份，制作的时间、地点、条件和方法；

⑤内容和制作过程是否真实，有无剪辑、增加、删改等情形；

⑥内容与案件事实有无关联。

对视听资料有疑问的，应当进行鉴定。

2. 对电子数据的审查

（1）对电子数据是否真实，应当着重审查以下内容：

①是否移送原始存储介质；在原始存储介质无法封存、不便移动时，有无说明原因，并注明收集、提取过程及原始存储介质的存放地点或者电子数据的来源等情况；

②电子数据是否具有数字签名、数字证书等特殊标识；

③电子数据的收集、提取过程是否可以重现；

④电子数据如有增加、删除、修改等情形的，是否附有说明；

⑤电子数据的完整性是否可以保证。

（2）对电子数据是否完整，应当根据保护电子数据完整性的相应方法进行验证：

①审查原始存储介质的扣押、封存状态；

②审查电子数据的收集、提取过程，查看录像；

③比对电子数据完整性校验值；

④与备份的电子数据进行比较；

⑤审查冻结后的访问操作日志；

⑥其他方法。

（3）对收集、提取电子数据是否合法，应当着重审查以下内容：

①收集、提取电子数据是否由二名以上调查人员、侦查人员进行，取证方法是否符合相关技术标准。

②收集、提取电子数据，是否附有笔录、清单，并经调查人员、侦查人员、电子数据

持有人、提供人、见证人签名或者盖章；没有签名或者盖章的，是否注明原因；对电子数据的类别、文件格式等是否注明清楚。

③是否依照有关规定由符合条件的人员担任见证人，是否对相关活动进行录像。

④采用技术调查、侦查措施收集、提取电子数据的，是否依法经过严格的批准手续。

⑤进行电子数据检查的，检查程序是否符合有关规定。

（四）瑕疵电子数据的补救

电子数据的收集、提取程序有下列瑕疵，经补正或者作出合理解释的，可以采用；不能补正或者作出合理解释的，不得作为定案的根据：

①未以封存状态移送的；

②笔录或者清单上没有侦查人员、电子数据持有人（提供人）、见证人签名或者盖章的；

③对电子数据的名称、类别、格式等注明不清的；

④有其他瑕疵的。

（五）不能使用的视听资料、电子数据

1. 不能使用的视听资料

具有下列情形之一的视听资料，不能作为定案的根据：

①系篡改、伪造或者无法确定真伪的；

②制作、取得的时间、地点、方式等有疑问，不能作出合理解释的。

2. 不能使用的电子数据

电子数据具有下列情形之一的，不得作为定案的根据：

①电子数据系篡改、伪造或者无法确定真伪的；

②电子数据有增加、删除、修改等情形，影响电子数据真实性的；

③其他无法保证电子数据真实性的情形。

任务五　把握证据收集与审查判断的要求

【案例 4-5】

某地发生一起强奸杀人案件，公安机关在侦查当中得知案发现场附近一村民刘某案发当天曾经经过案发现场，遂将其拘留进行讯问。在刘某矢口否认实施犯罪行为的情况下，办案人员对其采取了熬夜、灌辣椒水等行为，迫使刘某承认了强奸杀人行为。由于刘某的交代与现场不符，办案人员要求刘某按照现场情况进行陈述。侦查中，对于被害人阴道内的精液和被害人死亡的确切时间没有进行鉴定，对于刘某提出的案发当时其不在现场的陈述没有核实。最终，刘某被法院一审判处刘某死刑。刘某不服，提出上诉。二审在证据存疑的情况下，改判被告人死刑缓期二年执行。十年后，异地公安机关抓获一抢劫案件犯罪嫌疑人王某，其交代在十年前曾实施一起强奸杀人案件，供述的情况与认定刘某强奸杀人的案情吻合。最终认定刘某一案系错案。刘某一案的相关办案人员被追究刑事责任。

【应知应会】

一、刑事证据的收集

（一）概念

刑事证据的收集，是指在刑事诉讼中，法定的证明主体，依照法定的权限和程序，运用合法的方法、手段，调查、发现、提取、保全一切与案件有关的各种证据的诉讼活动。

（二）特征

收集证据是法定主体进行的专门性诉讼活动。具有以下特征：

1. 收集证据的主体只能是公安司法机关。《刑事诉讼法》第 52 条和第 54 条明确规定了公安司法机关是刑事诉讼中证据的收集主体。

2. 收集证据的客体是一切与案件有关的证据。《刑事诉讼法》第 52 条规定："审判人员、检察人员、侦查人员必须依照法定程序，收集能够证实犯罪嫌疑人、被告人有罪或者无罪、犯罪情节轻重的各种证据。"

3. 收集证据是依照法定程序，运用合法的方法、手段进行的。《刑事诉讼法》专章规定了侦查机关收集证据应遵守的程序和采用的方法，并且《刑事诉讼法》第 52 条明确规定："严禁刑讯逼供和以威胁、引诱、欺骗以及其他非法的方法收集证据，不得强迫任何人证实自己有罪。"

（三）收集证据的基本要求

为了保证收集证据的有效性，结合刑事诉讼的特点，根据刑事诉讼法的有关规定和司法实践经验，公安司法机关的办案人员收集证据应当严格按照以下要求进行：

（1）收集证据应当主动、迅速、及时。防止由于时间的拖延，导致证据毁损、灭失、变化，失去证明力。

（2）收集证据应当客观、全面。一方面，收集证据要从实际出发，实事求是，按照客观存在的证据的本来面目收集，不能先入为主、凭主观想象和主观臆断、歪曲事实、伪造证据；另一方面，要全面收集能够证实犯罪嫌疑人、被告人有罪或者无罪、犯罪情节轻重的各种证据，防止片面收集有罪证据而忽略无罪证据。

（3）收集证据应当深入、细致。刑事案件的发生往往具有隐蔽性和复杂性，这就要求公安司法机关的办案人员收集证据要深入到案件实际，深入群众，调查研究，不能停留在表面现象上，更不能被假象迷惑，要透过现象抓住本质，注意证据的各种细节，决不放过任何蛛丝马迹。

（4）收集证据要注意依靠群众和运用现代科技手段相结合。一方面，要充分相信群众、依靠群众，深入群众中进行调查走访，发现线索和取得证据；另一方面，要注意重视利用现代科技手段，提高发现、收集证据的能力。

（5）收集证据必须严格依照法定的程序进行。收集证据必须按照刑事证据合法性的要求，由合法主体，依照合法程序和法定方法进行。要注意对收集到的证据予以保密，特别是对于涉及国家秘密、商业秘密和个人隐私的证据，要注意保密，非因法定程序不得泄露。

二、证据的审查、判断

（一）概念

审查、判断证据，是指公安司法机关对收集到的各种证据材料，进行分析、研究、判断、鉴别真伪，以确定各种证据有无证明力以及证明力大小的一种诉讼活动。

审查、判断证据是检验收集证据成效的唯一手段，也是确定证据的证明力的根本所在。

（二）审查、判断证据的方法

审查、判断证据是诉讼证明活动的关键环节。刑事诉讼法规定，证据经过查证属实，才能作为定案的根据。审查、判断证据，必须采用正确的方法才能取得较好的效果。通常采用的方法有：

（1）辨认。即对某一事物不能确定的情况下，组织曾与该事物接触过的有关人员加以指认与确定的活动，这是刑事侦查中经常运用的方法。辨认必须按程序进行，在使用辨认结果时要进行查证和复核，并应有其他证据相互印证，防止发生错误进而造成严重后果。

（2）甄别。即对每个证据逐一进行审查判断。

（3）比较。即将两个以上证据放在一起进行对比分析。

（4）鉴定。鉴定是审查、判断案件中的某些专门问题所必不可少的手段。司法实践中常用的有法医鉴定、司法精神病鉴定、会计鉴定、痕迹鉴定等。

（5）对质。即办案人员按照法定程序组织和指挥了解该事实的两个或两个以上的人，就特定的案件事实或者证据事实进行互相询问、反驳和辨认的方法。一般是在涉及案件的重要问题上，且除了进行对质外别无他法的情况下才可采用此法。

（6）侦查实验。即为了证明某一事实在一定的时间内或情况下能否发生，而按照原有条件将该事件加以重演或再现的一种活动和方法。按照刑事诉讼法的规定，进行侦查实验，必须经县以上公安局长批准，并禁止一切足以造成危险、侮辱人格或者有伤风化的行为。

（7）逻辑方法。审查、判断证据除了利用证据互相验证和进行科学鉴定等方法外，常用的还有通过逻辑方式来进行审查、判断。具体方法有：归纳法、演绎法、分析法、综合法、反证法和排除法。

（三）审查、判断证据的标准

1. 个别证据审查、判断的标准

对个别证据的审查、判断，是审查、判断证据的第一个环节。因为，只有通过对每一个证据进行审查、判断，查证属实，才能保障依据证据所获得的整个事实真实可靠。

个别证据审查、判断的标准与证据的三个特征大体一致，缺一不可，具体是：

（1）个别证据必须客观、真实。只有经过法庭查证属实，才能作为定案的根据。

（2）个别证据必须与本案具有关联性。即证据必须与特定的证明对象有关，如果该证据的证明对象不是本案实体法或程序法规定的事实，就没有相关性。

（3）个别证据必须具有合法性。证据的收集主体、程序、表现形式都必须合法，否则只能是一般的证据材料，而不能成为定案证据。

（4）个别证据必须经法庭举证、质证，由法庭予以认定。如果未在法庭上出示、宣读、辨认、质证和辩论，就不能作为定案证据。

2. 证据的综合审查和运用

根据《司法解释》的规定，证据应按照以下要求进行综合审查和运用：

（1）对证据的真实性，应当综合全案证据进行审查。对证据的证明力，应当根据具体情况，从证据与案件事实的关联程度、证据之间的联系等方面进行审查判断。

（2）没有直接证据证明犯罪行为系被告人实施，但同时符合下列条件的可以认定被告人有罪：

①据以定案的间接证据已经查证属实；

②据以定案的间接证据之间相互印证，不存在无法排除的矛盾和无法解释的疑问；

③据以定案的全案间接证据已经形成完整的证明体系；

④依据间接证据认定的案件事实，结论是唯一的，足以排除一切合理怀疑；

⑤运用间接证据进行的推理符合逻辑和经验判断。

需要注意的是，根据间接证据定案的，判处死刑应当特别慎重。

（3）根据被告人的供述、指认提取到了隐蔽性很强的物证、书证，且与其他证明犯罪事实发生的证据互相印证，并排除串供、逼供、诱供等可能性的，可以认定有罪。

（4）对监察机关、侦查机关出具的被告人到案经过、抓获经过等材料，应当审查是否有出具该说明材料的办案人员、办案机关的签名、盖章。

对到案经过、抓获经过或者确定被告人有重大嫌疑的根据有疑问的，应当通知人民检察院补充说明。

（5）在对被告人作出有罪认定后，人民法院认定被告人的量刑事实，除审查法定情节外，还应审查以下影响量刑的情节：案件起因；被害人有无过错及过错程度，是否对矛盾激化负有责任及责任大小；被告人的近亲属是否协助抓获被告人；被告人平时表现及有无悔罪态度；被害人附带民事诉讼赔偿情况，被告人是否取得被害人或者被害人近亲属谅解；其他影响量刑的情节。

既有从轻、减轻处罚等情节，又有从重处罚等情节的，应当依法综合相关情节予以考虑。

不能排除被告人具有从轻、减轻处罚等量刑情节的，判处死刑应当特别慎重。

（6）对于有下列情形的证据应当慎重使用，有其他证据印证的，可以采信：

①生理上、精神上有缺陷的被害人、证人和被告人，在对案件事实的认知和表达上存

在一定困难，但尚未丧失正确认知、正确表达能力而作的陈述、证言和供述；

②与被告人有亲属关系或者其他密切关系的证人所作的对该被告人有利的证言，或者与被告人有利害冲突的证人所作的对该被告人不利的证言。

（7）证明被告人自首、坦白、立功的证据材料，没有加盖接受被告人投案、坦白、检举揭发等的单位的印章，或者接受人员没有签名的，不得作为定案的根据。

对被告人及其辩护人提出有自首、坦白、立功的事实和理由，有关机关未予认定，或者有关机关提出被告人有自首、坦白、立功表现，但证据材料不全的，人民法院应当要求有关机关提供证明材料，或者要求有关人员作证，并结合其他证据作出认定。

（8）证明被告人具有累犯、毒品再犯情节等的证据材料，应当包括前罪的裁判文书、释放证明等材料；材料不全的，应当通知人民检察院提供。

（9）审查被告人实施被指控的犯罪时或者审判时是否达到相应法定责任年龄，应当根据户籍证明、出生证明文件、学籍卡、人口普查登记、无利害关系人的证言等证据综合判断。

证明被告人已满十二周岁、十四周岁、十六周岁、十八周岁或者不满七十五周岁的证据不足的，应当作出有利于被告人的认定。

（四）技术调查、侦查证据的审查与认定

依法采取技术调查、侦查措施收集的材料在刑事诉讼中可以作为证据使用。采取技术调查、侦查措施收集的材料，作为证据使用的，应当随案移送。

使用采取技术调查、侦查措施收集的证据材料可能危及有关人员的人身安全，或者可能产生其他严重后果的，可以采取下列保护措施：①使用化名等代替调查、侦查人员及有关人员的个人信息；②不具体写明技术调查、侦查措施使用的技术设备和技术方法；③其他必要的保护措施。

移送技术调查、侦查证据材料的，应当附采取技术调查、侦查措施的法律文书、技术调查、侦查证据材料清单和有关说明材料。移送采用技术调查、侦查措施收集的视听资料、电子数据的，应当制作新的存储介质，并附制作说明，写明原始证据材料、原始存储介质的存放地点等信息，由制作人签名，并加盖单位印章。

根据《司法解释》的规定，对采取技术调查、侦查措施收集的证据材料，除根据相关证据材料所属的证据种类，依照相应规定进行审查外，还应当着重审查以下内容：①技术调查、侦查措施所针对的案件是否符合法律规定；②技术调查措施是否经过严格的批准手续，按照规定交有关机关执行；技术侦查措施是否在刑事立案后，经过严格的批准手续；③采取技术调查、侦查措施的种类、适用对象和期限是否按照批准决定载明的内容执行；④采取技术调查、侦查措施收集的证据材料与其他证据是否矛盾；存在矛盾的，能否得到合理解释。

采取技术调查、侦查措施收集的证据材料，应当经过当庭出示、辨认、质证等法庭调查程序查证。当庭调查技术调查、侦查证据材料可能危及有关人员的人身安全，或者可能产生其他严重后果的，法庭应当采取不暴露有关人员身份和技术调查、侦查措施使用的技术设备、技术方法等保护措施。必要时，审判人员可以在庭外对证据进行核实。

采用技术调查、侦查证据作为定案根据的，人民法院在裁判文书中可以表述相关证据的名称、证据种类和证明对象，但不得表述有关人员身份和技术调查、侦查措施使用的技术设备、技术方法等。

人民法院认为应当移送的技术调查、侦查证据材料未随案移送的，应当通知人民检察院在指定时间内移送。人民检察院未移送的，人民法院应当根据在案证据对案件事实作出认定。

任务六　了解证据规则

【案例 4-6】

2015 年 8 月 6 日，某地警方以王某涉嫌交通肇事罪（逃逸致人死亡）将其带走。派出所办案人员称，王某在 2014 年 6 月 20 日驾驶无牌无照黑摩托车撞死人逃逸。公安人员在办案单位和拘留所讯问王某时，称有监控证明王某肇事经过，王某两次讯问笔录承认撞死他人的来龙去脉，随后王某被刑事拘留。自办案人员第三次提审王某起，王某翻供不承认肇事经过。辩护律师经过会见犯罪嫌疑人了解案情后，向公安机关和检察院提出非法证据排除，要求办案机关提供制作两次讯问笔录的同步录音录像以及案发现场监控录像。由于派出所无法提供两次讯问笔录的同步录音录像和案发现场的监控，律师怀疑办案人员是利用威胁、欺骗的手段获取的口供，向公安机关和检察机关均提出非法证据排除（前两次讯问笔录），并向检察院提交了《不批准逮捕建议书》。检察院最终采纳了辩护律师意见，作出了不予逮捕决定，将王某释放。

【应知应会】

刑事证据规则是规范证据的收集、审查、评价等诉讼证明活动的准则。大多数刑事证据规则都源于英美法系。

证据规则主要有：非法证据排除规则、自白任意性规则、传闻证据规则、最佳证据规则、意见证据规则、关联性规则、补强证据规则。

一般认为，前五种规则调整证据能力；后二种证据规则调整证明力。

一、关联性规则

关联性规则又称相关性规则，是指只有与诉讼中待定事实具有关联性的证据才可以采纳，凡是没有关联性的证据均不具有可采性。

关联性规则，是英美法系的一项基础性证据规则。关联性规则的基础性地位体现于以下两个方面：第一，关联性规则涉及的是特定证据材料与待证事实之间的关系，而不是该证据的存在形式。因此，关联性规则适用于任何形式的证据资料，在适用范围上具有广泛性。第二，关联性是具有证据资格的基础条件。尽管具有关联性的证据并不必然具有证据资格（或曰可采性），但是，没有关联性的证据却必然不具有证据资格。

不具有关联性的证据主要包括：品格证据、类似行为、特定的诉讼行为、特定的事实行为、被害人过去的行为等。

我国刑事诉讼法没有规定关联性规则，但是，在最高人民法院的司法解释中体现了该规则的精神。

二、自白任意性规则

自白任意性规则又叫非任意性自白排除规则，是指凡是通过违法或不恰当的方式取得的并非出于陈述人自由意志的自白以及对自白的任意性有疑问时应当绝对排除。只有在自愿状态下的自白才能作为证据采用。自白就是自我表白心迹或自己说明自己的意思，大多数情况下是指犯罪嫌疑人、被告人的口供。

《刑事诉讼法》明确规定了自白任意性规则。第52条规定，审判人员、检察人员、侦查人员必须依照法定程序，收集能够证实犯罪嫌疑人、被告人有罪或者无罪、犯罪情节轻重的各种证据。严禁刑讯逼供和以威胁、引诱、欺骗以及其他非法方法收集证据，不得强迫任何人证实自己有罪。第54条规定，采用刑讯逼供等非法方法收集的犯罪嫌疑人、被告人供述和采用暴力、威胁等非法方法收集的证人证言、被害人陈述，应当予以排除。

三、传闻证据规则

传闻证据规则又称传闻证据排除规则，是指证人所陈述的非亲身经历的事实，以及证人未出庭直接向法庭作证的证人证言，原则上不能作为认定案件事实的证据。

传闻证据规则是英美证据法中最重要的证据规则之一，它原则上要求在审判中排除传闻证据，证人证言须在法庭上接受检验，只有在符合法定的例外情形时才允许采纳庭外陈述。

传闻证据有两种形式：一是书面传闻证据，即亲身感受了案件事实的人在庭审期日之外所做的书面证人证言，及警察、检察人员所做的证人的书面询问笔录；二是言词传闻证据，即证人并非就自己亲身感知的事实作证，而是转述从他人那里听到的情况。

我国刑事诉讼法没有规定传闻证据排除规则，对于证人出庭作证有严格的条件规定，导致司法实践中证人出庭率非常低，严重影响了庭审实质化。为此，党的十八届四中全会通过的《中共中央关于全面推进依法治国若干重大问题的决定》提出，要"推进以审判为中心的诉讼制度改革，……完善证人、鉴定人出庭制度，保证庭审在查明事实、认定证据、保护诉权、公正裁判中发挥决定性作用"。

四、意见证据规则

意见证据规则是指证人只能陈述自己亲身感受和经历的事实，而不能陈述对该事实的意见或结论。

排除意见证据的原因在于：

（1）证人发表意见侵犯了事实裁判者的职权。即对案件发表评论性意见应当是法官的工作而非证人的工作。

（2）证人发表意见有可能误导案件事实的认定。

（3）证人一般缺乏发表意见所需的专门性知识、技能、经验。

（4）普通证人的意见对案件事实的认定没有价值。

英美法系国家将证人分为"专家证人"与"普通证人"，允许专家证人提供意见证据，普通证人一般不可以。在我国，区分鉴定人与证人。鉴定意见是一种独立的证据种类，不适用意见证据规则。

我国《刑事诉讼法》没有明确规定意见证据规则。但是《司法解释》第 88 条第 2 款规定体现了意见证据规则的精神："证人的猜测性、评论性、推断性的证言，不得作为证据使用，但根据一般生活经验判断符合事实的除外。"

五、补强证据规则

补强证据规则，是指某一证据由于其存在证据资格或证据形式上的某些瑕疵或弱点，不能单独作为认定案件事实的依据，必须依靠其他证据的佐证，借以证明其真实性或补强其证据价值，才能作为定案的依据。补强证据规则就是一项限定证据证明力的规则，要求对特定证据进行补强，否则不能进行直接定案。

《刑事诉讼法》第 55 条明确规定："对一切案件的判处都要重证据，重调查研究，不轻信口供。只有被告人供述，没有其他证据的，不能认定被告人有罪和处以刑罚；没有被告人供述，证据确实、充分的，可以认定被告人有罪和处以刑罚。"可见，我国《刑事诉讼法》已经有补强证据规则存在，只是没有明确表述。

补强证据规则主要适用于言词证据，通俗地说，即不能只凭口供定罪。需要补强的证据主要包括：犯罪嫌疑人、被告人的供述；证人证言；被害人陈述等特定证据。

六、最佳证据规则

最佳证据规则又称原始证据规则，是指书证的提供者应当尽量提供书证的原件，如果提供副本、复印件等非原始资料，则必须提供充足的理由加以说明，否则，该书证不具有可采性。最佳证据规则是现代英美法系国家中关于文字材料可采性的一项重要证据规则，只适用于书证。其基本精神是："以文件内容而不是以文件本身作为证据的一方当事人，必须提出文件内容的原始证据。"

我国《刑事诉讼法》没有明确规定最佳证据规则。《司法解释》第 82、83、84 条体现了最佳证据规则的精神，规定："对物证、书证应当着重审查以下内容：（一）物证、书证是否为原物、原件，是否经过辨认、鉴定；物证的照片、录像、复制品或者书证的副本、复印件是否与原物、原件相符，是否由二人以上制作，有无制作人关于制作过程以及原物、原件存放于何处的文字说明和签名；……""据以定案的物证应当是原物。原物不便搬运、不易保存、依法应当返还或者依法应当由有关部门保管、处理的，可以拍摄、制作足以反映原物外形和特征的照片、录像、复制品。必要时，审判人员可以前往保管场所查看原物。物证的照片、录像、复制品，不能反映原物的外形和特征的，不得作为定案的根据。……""据以定案的书证应当是原件。取得原件确有困难的，可以使用副本、复制件。……"这表明我国刑事诉讼法律所规定的最佳证据规则不仅适用于书证，而且适用于物证。

七、非法证据排除规则

非法证据排除规则最早产生于美国，是指在刑事诉讼中，以非法手段取得的证据，不得被采纳为认定被告人有罪的根据。

严禁刑讯逼供是我国刑诉法始终坚持的一项基本原则，并且在刑诉法中有明确的规定。但是，在司法实践中，由于受到破案率等考核因素的影响，侦查人员违法取证甚至刑讯逼供的现象屡禁不止，错案也时有发生，严重危及到司法的公信力。2012 年修订的《刑事诉讼法》明确规定了非法证据排除规则。《司法解释》对于非法证据排除规则做了进一步明确。

（一）非法证据的范围

《刑事诉讼法》第 56 条第 1 款明确规定了非法证据排除规则的适用范围："采用刑讯逼供等非法方法收集的犯罪嫌疑人、被告人供述和采用暴力、威胁等非法方法收集的证人证言、被害人陈述，应当予以排除。收集物证、书证不符合法定程序，可能严重影响司法公正的，应当予以补正或者作出合理解释；不能补正或者作出合理解释的，对该证据应当予以排除。"

《司法解释》对于非法证据排除规则做了进一步明确规定：

（1）采用下列非法方法收集的被告人供述，应当予以排除：

①采用殴打、违法使用戒具等暴力方法或者变相肉刑的恶劣手段，使被告人遭受难以忍受的痛苦而违背意愿作出的供述；

②采用以暴力或者严重损害本人及其近亲属合法权益等相威胁的方法，使被告人遭受难以忍受的痛苦而违背意愿作出的供述；

③采用非法拘禁等非法限制人身自由的方法收集的被告人供述。

（2）采用刑讯逼供方法使被告人作出供述，之后被告人受该刑讯逼供行为影响而作出的与该供述相同的重复性供述，应当一并排除，但下列情形除外：

①调查、侦查期间，监察机关、侦查机关根据控告、举报或者自己发现等，确认或者不能排除以非法方法收集证据而更换调查、侦查人员，其他调查、侦查人员再次讯问时告知有关权利和认罪的法律后果，被告人自愿供述的；

②审查逮捕、审查起诉和审判期间，检察人员、审判人员讯问时告知诉讼权利和认罪的法律后果，被告人自愿供述的。

（3）采用暴力、威胁以及非法限制人身自由等非法方法收集的证人证言、被害人陈述，应当予以排除。

（4）收集物证、书证不符合法定程序，可能严重影响司法公正的，应当予以补正或者作出合理解释；不能补正或者作出合理解释的，对该证据应当予以排除。

认定"可能严重影响司法公正"，应当综合考虑收集证据违反法定程序以及所造成后果的严重程度等情况。

（二）非法证据的处理

根据《刑事诉讼法》《司法解释》《诉讼规则》的规定，对于非法证据，作出如下处理：

（1）在侦查、审查起诉、审判阶段发现有应当排除的证据的，应当依法予以排除，不得作为起诉意见、起诉决定和判决的依据。

（2）人民检察院接到报案、控告、举报或者发现侦查人员以非法方法收集证据的，应当进行调查核实。对于确有以非法方法收集证据情形的，应当提出纠正意见；构成犯罪的，依法追究刑事责任。

人民检察院可以采取以下方式对非法取证行为进行调查核实：讯问、询问、听取、调取、检查、鉴定等方式。

人民检察院排除非法证据后，其他证据不能证明犯罪嫌疑人实施犯罪行为的：①侦查阶段：应当不批准或者决定逮捕。②审查起诉阶段：可以将案件退回侦查机关补充侦查或者作出不起诉决定。

人民检察院排除非法证据之后，仍应当将排除的非法证据随案移送法院，经过法院审查。因为法院才是审查、判断证据并对证据能力、证明力具有最终判断权力的机关。

（3）法庭审理过程中，审判人员认为可能存在以非法方法收集证据情形的，应当对证据收集的合法性进行法庭调查。

人民法院向被告人及其辩护人送达起诉书副本时，应当告知其申请排除非法证据的，应当在开庭审理前提出，但在庭审期间才发现相关线索或者材料的除外。

当事人及其辩护人、诉讼代理人有权申请人民法院对以非法方法收集的证据依法予以排除。申请排除以非法方法收集的证据的，应当提供相关线索或者材料（应当提供涉嫌非法取证的人员、时间、地点、方式、内容等相关线索或者材料）。

（4）在对证据收集的合法性进行法庭调查的过程中，人民检察院应当对证据收集的合法性加以证明。

法庭决定对证据收集的合法性进行调查的，可以由公诉人通过出示、宣读讯问笔录或者其他证据，有针对性地播放讯问过程的录音录像，提请法庭通知有关侦查人员或者其他人员出庭说明情况等方式，证明证据收集的合法性。

公诉人提交的取证过程合法的说明材料，应当经有关侦查人员签名，并加盖公章。未经有关侦查人员签名的，不得作为证据使用。上述说明材料不能单独作为证明取证过程合法的根据。

现有证据材料不能证明证据收集的合法性的，人民检察院可以提请人民法院通知有关侦查人员或者其他人员出庭说明情况；人民法院可以通知有关侦查人员或者其他人员出庭说明情况。有关侦查人员或者其他人员也可以要求出庭说明情况。经人民法院通知，有关人员应当出庭。

（5）对于经过法庭审理，确认或者不能排除存在刑诉法第五十四条规定的以非法方法收集证据情形的，对有关证据应当予以排除。

人民法院对证据收集的合法性进行调查后，应当将调查结论告知公诉人、当事人和辩护人、诉讼代理人。

（6）具有下列情形之一的，第二审人民法院应当对证据收集的合法性进行审查，并作出处理：

①第一审人民法院对当事人及其辩护人、诉讼代理人排除非法证据的申请没有审查，且以该证据作为定案根据的；

②人民检察院或者被告人、自诉人及其法定代理人不服第一审人民法院作出的有关证据收集合法性的调查结论，提出抗诉、上诉的；

③当事人及其辩护人、诉讼代理人在第一审结束后才发现相关线索或者材料，申请人民法院排除非法证据的。

项目五　刑事诉讼预防措施——强制措施

任务一　了解刑事强制措施

【案例 5-1】

某地公安机关在办理一起抢劫案件时，认为李某、刘某有作案嫌疑，遂分别将李某、刘某拘传至公安机关。经讯问，李某、刘某承认了犯罪事实。公安机关认为李某符合拘留条件，遂对其采取拘留措施。认为刘某情节较轻，对其采取取保候审措施。公安机关报请检察院对李某批准逮捕后，检察院认为李某、刘某均符合逮捕条件，遂在批准逮捕李某时，决定对刘某实施逮捕。公安机关按照检察院的批准决定，对李某、刘某执行了逮捕。

【应知应会】

一、强制措施的概念

刑事诉讼的强制措施，是指公安机关（含国家安全机关）、人民检察院、人民法院为保证刑事诉讼活动的顺利进行，防止现行犯、犯罪嫌疑人、被告人或者重大嫌疑分子继续危害社会，依法对其人身自由加以暂时限制或者剥夺的方法。

二、强制措施的特征

刑事诉讼的强制措施与实体法中的刑罚、行政处罚等，虽都是国家有关机关为打击违法和犯罪活动而采取的强制性方法，但有严格的区别。刑事诉讼强制措施具有以下特征：

（一）适用机关的特定性

根据我国刑事诉讼法的规定，适用刑事强制措施的法定机关有公安机关、人民检察院和人民法院。另外，国家安全机关、军队保卫部门和监狱，在侦查其管辖的案件时，也有权实施强制措施。除上述法定机关外，任何机关、团体和个人都无权实施强制措施。

我国刑事诉讼法规定的强制措施，因适用的主体不同，一般可以划分为三类：

（1）公、检、法三机关均有权适用的强制措施：拘传、取保候审、监视居住。

（2）只能由特定机关适用的强制措施：拘留只能由享有侦查权的公安机关、国家安全机关和人民检察院适用。

（3）必须由两个以上机关共同适用的强制措施：逮捕必须由人民检察院批准、决定或者人民法院决定，由公安机关或者国家安全机关执行。

（二）适用对象的特定性

特定的适用对象是指，总的方面，强制措施只能适用于犯罪嫌疑人、被告人，包括现行犯和重大嫌疑分子，对其他诉讼参与人、案外人和法人（单位）及物，即使其严重违反刑事诉讼程序或者有妨害刑事诉讼的行为，只要不构成犯罪，就无权对其适用强制措施，只能用其他方法对其做出相应的处理，决不能任意扩大范围。细的方面，是法律对特定的强制措施都规定了特定的适用对象，不同的强制措施适用对象不同。

（三）具有诉讼性

强制措施的适用是为了保障刑事诉讼活动的顺利进行，即防止被适用对象可能实施的逃跑、或毁灭、伪造证据及继续犯罪等妨碍刑事诉讼的行为。否则，就没有必要适用强制措施。

（四）适用期限的暂时性

采取刑事诉讼强制措施的目的，是为了保证刑事诉讼的顺利进行，因而只能在刑事诉讼的过程中适用。刑事诉讼活动结束后，不论是否追究了犯罪嫌疑人、被告人的刑事责任，均应对其解除已采取的强制措施。在刑事诉讼中，采取任何一种强制措施都有时间限制，如取保候审最长不得超过 12 个月；监视居住最长不得超过 6 个月等。强制措施到期或者情况发生变化，就应撤销或者变更。

（五）程序上的合法性

强制措施必须依照法律规定适用。即强制措施必须依照法律规定的种类、条件、程序、期限等适用。我国刑事诉讼法对拘传、取保候审、监视居住、拘留和逮捕的适用条件及期限等都有具体规定。适用时必须按法定的条件、程序及期限进行，否则是违法的。

（六）适用方法的强制性

公安司法机关根据案件需要，可对认为符合条件的犯罪嫌疑人、被告人采取强制措施，被采用人不得拒绝。

（七）适用范围的非普遍性

并非所有案件的犯罪嫌疑人、被告人均采用。只有符合相应条件的犯罪嫌疑人、被告人才能适用。

（八）不确定性和不稳定性

刑事诉讼强制措施适用与否以及适用的种类随着案件的进程可能变更。

任务二　把握强制措施种类、适用情形、程序及法律文书制作

【应知应会】

根据刑事诉讼法的规定，强制措施按照由轻到重的次序包括拘传、取保候审、监视居住、拘留、逮捕五种。

一、拘传

（一）拘传的概念

拘传，是指在刑事诉讼中，公安机关、人民检察院、人民法院对于未被羁押的犯罪嫌疑人、被告人，依法强制其在指定时间到指定场所接受讯问或者审问的一种强制措施。

（二）拘传的特征

（1）拘传的实质，是强制犯罪嫌疑人、被告人到案接受审讯。

（2）拘传的对象，只是适用于强制未被羁押的犯罪嫌疑人、被告人，包括未被采取任何强制措施或者已被采取取保候审、监视居住的犯罪嫌疑人、被告人，到案接受讯问或者审问。

对于已被公安司法机关羁押的犯罪嫌疑人、被告人，可以根据案件的需要随时进行提审，而不需要拘传。对于证人、被害人等其他诉讼参与人，即使拒不配合作证，公安司法机关也只能对其进行说服教育，促使其自愿作证，而不能采取拘传的方法强迫其作证。

（3）拘传的条件，一般是在传唤以后采用的，即犯罪嫌疑人、被告人经过合法传唤以后，无正当理由拒不到案接受审讯时，才使用拘传。所谓正当理由是指被传唤人患有重病、出门在外或因不可抗的理由被阻断交通等。但是在司法实践中，有时也可以根据案件的具体情况，不经传唤迳行强制犯罪嫌疑人、被告人到案，这种拘传在诉讼理论上又称为直接拘传。

（4）拘传的方法，是由执行拘传的公安司法人员强制犯罪嫌疑人、被告人在指定的时间到指定的场所接受审讯。被拘传者不得抗拒，若被拘传者抗拒拘传，拒不到案接受审讯，则可采取适当的强制手段强制其到案。

拘传虽具有强制性，但并非一定要对犯罪嫌疑人、被告人使用戒具，只要犯罪嫌疑人、被告人愿意接受拘传，并按要求在规定时间到指定场所接受审讯，能保证刑事诉讼活动得以顺利进行的，就不必对其人身实际施加强制。

（三）拘传的期限

根据《刑事诉讼法》第 119 条的规定，拘传持续的时间不得超过 12 小时；案情特别重大、复杂，需要采取拘留、逮捕措施的，拘传持续的时间不得超过 24 小时。不得以连续拘传的形式变相拘禁犯罪嫌疑人。拘传犯罪嫌疑人，应当保证犯罪嫌疑人的饮食和必要的休息时间（两次拘传间隔的时间一般不得少于十二小时）。

拘传可以多次适用，即在同一个案件里对同一个犯罪嫌疑人、被告人可以两次以上使用拘传的方法强制其到案，但是一次拘传应当在被拘传后的 12 小时（24 小时）以内讯问完毕。一次拘传审讯完毕即视为拘传强制措施的结束，每两次拘传之间必须要有时间的间隔。不得以连续拘传的方式变相超时限拘禁、羁押被拘传的人。这一规定的目的，就是既要保证及时审讯犯罪嫌疑人和被告人，又要保护犯罪嫌疑人、被告人的合法权利，防止公安司法机关以拘传为名长期羁押犯罪嫌疑人和被告人的违法现象发生。

因此，拘传没有羁押的效力，一般情况下，被拘传的人到案后，公安司法机关要立即进行审讯，审讯结束后应当立即将被拘传人放回。拘传结束后，公安司法机关如果认为符合其他强制措施条件的，应当及时报请本机关负责人批准，变更强制措施的种类。

（四）拘传的程序

（1）拘传的申请权。拘传应当由案件的经办人提出申请，填写《呈请拘传报告书》并经本部门负责人审核，报经本机关负责人批准。

（2）拘传的决定权。根据刑事诉讼法的规定，人民法院、人民检察院和公安机关有拘传的决定权；拘传必须经县（区）以上的人民法院院长、人民检察院检察长或者公安局局长批准签发《拘传证》（法院称《拘传票》）。

执行拘传时，应当向被拘传人出示并宣读《拘传证（票）》，由被拘传人在《拘传证（票）》上签字捺手印。

（3）拘传的执行权。人民法院、人民检察院和公安机关都有拘传的执行权。执行拘传的人员不得少于二人。对于抗拒拘传的，执行拘传的公安司法人员可以使用手铐、警棍、警绳等戒具，强制犯罪嫌疑人、被告人到案接受审讯。

（4）异地执行拘传时，应当在被拘传人所在的市、县内进行。公安机关、人民检察院或人民法院在本辖区以外拘传犯罪嫌疑人、被告人的，应当通知当地的公安机关、人民检察院或人民法院，当地的公安机关、人民检察院、人民法院应当予以协助。

（5）拘传后的讯问。被拘传的人到案后，应当责令其在《拘传证（票）》上填写到案时间。然后应当立即进行讯问，讯问结束后，应当由其在《拘传证（票）》上填写讯问结束时间。犯罪嫌疑人、被告人拒绝填写的，讯问人员应当在《拘传证（票）》上注明。

讯问结束后，如果被拘传人符合其他强制措施如拘留、逮捕条件的，应当依法采取其他强制措施。如果不需要采取其他强制措施的，应当将其放回，恢复其人身自由。

附：拘传流程图

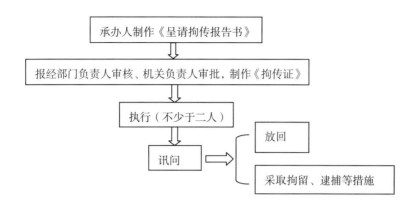

二、取保候审

（一）取保候审的概念

取保候审，是指在刑事诉讼中，公安机关、人民检察院、人民法院责令未被逮捕的犯罪嫌疑人、被告人，提供保证人或者交纳保证金，并出具保证书，保证随传随到的一种强制措施。

取保候审的性质，只是限制犯罪嫌疑人、被告人的人身自由，其功能在于防止犯罪嫌疑人、被告人逃避侦查、起诉和审判，保证随传随到。所以适用取保候审这一强制措施的，一般是罪行较轻、判刑不重或者虽然可能判处较重刑罚但不致发生社会危险性的犯罪嫌疑人和被告人。

（二）取保候审的适用对象

根据《刑事诉讼法》第67条、第91条、第98条及有关司法解释的规定，人民法院、人民检察院和公安机关对有下列情形之一的犯罪嫌疑人、被告人，可以取保候审：

（1）可能判处管制、拘役或者独立适用附加刑的；

（2）可能判处有期徒刑以上刑罚，采取取保候审不致发生社会危险性的；

（3）患有严重疾病、生活不能自理，怀孕或者正在哺乳自己婴儿的妇女，采取取保候审不致发生社会危险性的；

（4）对羁押中的犯罪嫌疑人、被告人，法定羁押期限届满，案件尚未办结，需要采取取保候审的。

（5）被公安机关拘留，证据不符合逮捕条件，以及提请逮捕后，检察机关对其作出不批准逮捕决定的犯罪嫌疑人，需要继续侦查，并且符合取保候审条件的，应当依法取保候审。

（6）再审程序中，原审被告人（原审上诉人）在押，再审可能改判无罪的，人民法院裁定中止执行原裁决后，可以取保候审。

为贯彻落实习近平法治思想，充分体现宽严相济刑事政策以及少捕慎诉慎押刑事司法政策，进一步规范取保候审工作，《最高人民法院、最高人民检察院、公安部、国家安全部关于印发〈关于取保候审若干问题的规定〉的通知》规定，"对于采取取保候审足以防止发生社会危险性的犯罪嫌疑人，应当依法适用取保候审。"可见，取保候审的对象范围在逐渐扩大。

司法实践中，公安司法机关对犯罪嫌疑人、被告人在决定能否适用取保候审时，应当根据犯罪的性质及危害程度、可能判处的刑罚及犯罪嫌疑人、被告人的个人情况（罪前、罪中、罪后表现等）进行综合分析评判。根据公安部《程序规定》，对以下犯罪嫌疑人一般不适用于取保候审：累犯；犯罪集团的主犯；以自伤、自残办法逃避侦查的犯罪嫌疑人；严重暴力犯罪以及其他严重犯罪的犯罪嫌疑人。但犯罪嫌疑人、被告人具有以下情形的除外：①患有严重疾病、生活不能自理，怀孕或者正在哺乳自己婴儿的妇女，采取取保候审不致发生社会危险性的；②羁押期限届满，案件尚未办结，需要继续侦查的。

（三）取保候审的种类

根据刑事诉讼法的规定，取保候审有"人保"和"财保"两种。对同一犯罪嫌疑人、被告人决定取保候审的，不得同时使用保证人保证和保证金保证。对未成年人取保候审的，应当优先适用保证人保证。

1. 人保

即由保证人保证。是指公安司法机关责令犯罪嫌疑人、被告人提供具备法定条件的保证人，由保证人以个人的身份向公安司法机关出具保证书，保证犯罪嫌疑人、被告人不逃避侦查、起诉和审判，随传随到。

由保证人为犯罪嫌疑人、被告人担保候审，是通过保证人与犯罪嫌疑人、被告人之间的亲朋关系，对他们实施心理上的强制，如果犯罪嫌疑人、被告人逃脱，则使保证人处于被法律追究的地步；而保证人的社会地位和亲朋威望，也会促使他们履行起监督、教育犯罪嫌疑人、被告人的义务。

根据《司法解释》第151条的规定："对下列被告人决定取保候审的，可以责令其提出一至二名保证人：①无力交纳保证金的；②未成年或者已满七十五周岁的；③不宜收取保证金的其他被告人。"由此可见，在取保候审的两种方式中，"财保"是首选。

（1）保证人的条件

根据刑诉法的规定，保证人应同时具备以下条件：

①与本案无牵连。与本案无牵连指的是在犯罪事实上，保证人不是共同作案人，并不是指保证人与被保证人在人身关系上没有牵连，恰恰相反，保证人与被保证人在人身关系上应当有比较密切的关系。

②有能力履行保证义务。要求保证人应具有：行为能力，品行良好，身体健康等条件。

③享有政治权利，人身自由未受限制。这里要求保证人一般应：年满18周岁，享有宪法规定的各项政治权利，享有人身自由权利。

④有固定的住处和收入。这是保证人履行保证责任的重要条件。要求保证人：不仅住处固定，而且收入固定。

（2）保证人应当履行的义务及违反的后果

①监督被保证人遵守《刑事诉讼法》第71条的规定；

②发现被保证人可能发生或者已经发生违反《刑事诉讼法》第71条规定的行为的，应当及时向执行机关报告。

保证人没有依法履行自己的上述义务，应当承担以下责任：

①罚款。如果保证人没有依法履行自己的义务，发生了被保证人违反《刑事诉讼法》第71条规定的行为，保证人未及时报告的，经查证属实后，由县级以上执行机关对保证人处1000元以上2万元以下罚款。

②追究刑事责任。根据案件事实，认为已经构成犯罪的犯罪嫌疑人、被告人在取保候审期间逃匿的，如果保证人与犯罪嫌疑人、被保证人串通，协助被取保候审人逃匿以及明知藏匿地点而拒绝向公安司法机关提供，构成犯罪的，将依法对保证人追究刑事责任。保证人可能构成的犯罪主要有：妨害作证罪，帮助毁灭、伪造证据罪和窝藏罪等。

对于保证人是否履行了保证义务，由公安机关认定；对于保证人的罚款决定，也由公安机关作出。

保证人不愿继续保证或者丧失保证条件的，保证人或者被取保候审人应当及时报告执行机关。执行机关应当在发现或者被告知该情形之日起三日以内通知决定机关。决定机关应当责令被取保候审人重新提出保证人或者交纳保证金，或者变更强制措施，并通知执行机关。

（3）被取保候审人的义务

①未经执行机关批准不得离开所居住的市、县。被取保候审的犯罪嫌疑人、被告人没有正当理由，不得离开所居住的市、县。如果有正当理由，需要离开所居住的市、县时，应当经执行机关批准；如果是人民检察院、人民法院决定的，还应当征得决定机关的同意。

②住址、工作单位和联系方式发生变动的，在二十四小时以内向执行机关报告。

③在传讯的时候及时到案。

④不得以任何形式干扰证人作证。包括不得以暴力、威胁等手段阻挠证人作证，或者以欺骗、利诱等方法让证人作伪证等。

⑤不得毁灭、伪造证据或者串供。

⑥人民法院、人民检察院和公安机关可以根据案件情况，责令被取保候审的犯罪嫌疑人、被告人遵守以下一项或者多项规定：不得进入特定的场所；不得与特定的人员会见或者通信；不得从事特定的活动；将护照等出入境证件、驾驶证件交执行机关保存。

公安司法机关应当综合考虑案件的性质、情节、社会影响、犯罪嫌疑人的社会关系等因素，确定特定场所、特定人员和特定活动的范围。

根据《最高人民法院、最高人民检察院、公安部、国家安全部关于印发〈关于取保候审若干问题的规定〉的通知》规定，"特定的场所"包括：可能导致其再次实施犯罪的场所；可能导致其实施妨害社会秩序、干扰他人正常活动行为的场所；与其所涉嫌犯罪活动有关联的场所；可能导致其实施毁灭证据、干扰证人作证等妨害诉讼活动的场所；其他可能妨害取保候审执行的特定场所。"特定的人员"包括：证人、鉴定人、被害人及其法定代理人和近亲属；同案违法行为人、犯罪嫌疑人、被告人以及与案件有关联的其他人员；可能遭受被取保候审人侵害、滋扰的人员；可能实施妨害取保候审执行、影响诉讼活动的人员。"特定的活动"包括：可能导致其再次实施犯罪的活动；可能对国家安全、公共安全、社会秩序造成不良影响的活动；与所涉嫌犯罪相关联的活动；可能妨害诉讼的活动；其他可能妨害取保候审执行的特定活动。

2. 财保

即采取交纳保证金保证。是指公安司法机关责令犯罪嫌疑人、被告人交纳一定数量的保证金，并签订保证书，保证不离开所居住的市、县，不妨碍侦查、起诉和审判，随传随到。

公安司法机关应当综合考虑保证诉讼活动正常进行的需要，被取保候审人的社会危险性，案件的性质、情节，可能判处刑罚的轻重，被取保候审人的经济状况等情况，确定保证金的数额。

①采取财保形式的，保证金应当以人民币的形式交纳。保证金的起点额为人民币1000元，对于未成年犯罪嫌疑人可以责令交纳500元以上的保证金。

②保证金由县级以上公安机关统一收取和管理。县级以上公安机关应当在其指定的银行设立取保候审保证金专门账户，委托银行代为收取和保管保证金。提供保证金的人，应当一次性将保证金存入取保候审保证金专门账户。

③没收或者退还保证金的决定，都应当由县级以上公安机关作出。

④犯罪嫌疑人、被告人在取保候审期间未违反规定的，取保候审结束的时候，凭解除取保候审的通知或者有关法律文书到银行领取退还的保证金。

（四）取保候审的期限

根据《刑事诉讼法》第79条的规定，公安机关、人民检察院、人民法院对犯罪嫌疑人、被告人取保候审最长不得超过12个月。

在取保候审期间，不得中断对案件的侦查、起诉和审理。取保候审的期限届满，或者发现了有《刑事诉讼法》第16条规定不应当追究刑事责任情形的，或者案件已经办结的，应当及时解除取保候审，或者作出撤销取保候审的决定。

（五）取保候审的程序

1. 提起程序

取保候审提起的方式有两种。一是申请。被羁押的犯罪嫌疑人、被告人及其法定代理人、近亲属、律师辩护人，均有权提出取保候审的申请。申请取保候审应当采用书面形式。二是决定。公、检、法机关根据案件具体情况，可以直接主动地采用取保候审。

决定取保候审的，不得中断对案件的侦查、起诉和审理。严禁以取保候审变相放纵犯罪。

2. 办理

取保候审的决定机关是正在办理此案件的人民法院、人民检察院或公安机关。公安机关、人民检察院、人民法院，应当在收到取保候审书面申请后的 3 天之内作出是否同意的答复。

对符合取保候审法定条件，提出了保证人或者能够交纳保证金的，应当同意对犯罪嫌疑人、被告人取保候审；并应当报县级以上公安机关负责人、人民检察院检察长或者人民法院院长批准，在作出决定时，应当明确是采取哪一种取保候审；同时，签发《取保候审决定书》和《取保候审执行通知书》，依法办理取保候审的相关手续。决定机关并应当通知负责执行的公安机关。

对不符合取保候审法定条件，不同意对犯罪嫌疑人、被告人取保候审的，应当告知申请人，并说明不同意的理由。

3. 取保候审的执行

取保候审统一由公安机关执行。公安机关在执行时，应当向犯罪嫌疑人、被告人宣读《取保候审决定书》；责令其提供 1 至 2 名符合法定条件的保证人或者交纳指定数额的保证金；并签名或盖章。

公安机关决定取保候审的，应当及时通知被取保候审人居住地的派出所执行。被取保候审人居住地在异地的，应当及时通知居住地公安机关，由其指定被取保候审人居住地的派出所执行。必要时，办案部门可以协助执行。被取保候审人居住地变更的，执行取保候审的派出所应当及时通知决定取保候审的公安机关，由其重新确定被取保候审人变更后的居住地派出所执行。变更后的居住地在异地的，决定取保候审的公安机关应当通知该地公安机关，由其指定被取保候审人居住地的派出所执行。原执行机关应当与变更后的执行机关进行工作交接。

采取保证人担保形式的，应当同时送交有关法律文书、被取保候审人基本情况、保证人基本情况等材料。采取保证金担保形式的，应当同时送交有关法律文书、被取保候审人基本情况和保证金交纳情况等材料。

人民法院、人民检察院决定取保候审的，应当将取保候审决定书、取保候审执行通知书和其他有关材料一并送交所在地同级公安机关，由所在地同级公安机关依照规定交付执行。人民法院、人民检察院可以采用电子方式向公安机关送交法律文书和有关材料。负责执行的县级公安机关应当在收到法律文书和有关材料后二十四小时以内，指定被取保候审人居住地派出所执行，并将执行取保候审的派出所通知作出取保候审决定的人民法院、人民检察院。被取保候审人居住地变更的，由负责执行的公安机关通知变更后的居住地公安机关执行，并通知作出取保候审决定的人民法院、人民检察院。人民法院、人民检察院决定取保候审的，执行机关批准被取保候审人离开所居住的市、县前，应当征得决定机关同意。

4. 取保候审措施的变更

犯罪嫌疑人有下列违反取保候审规定的行为，人民检察院应当对犯罪嫌疑人予以逮捕；故意实施新的犯罪的；企图自杀、逃跑，逃避侦查、审查起诉的；实施毁灭、伪造证据，串供或者干扰证人作证，足以影响侦查、审查起诉工作正常进行的；对被害人、证人、举报人、控告人及其他人员实施打击报复的。

犯罪嫌疑人有下列违反取保候审规定的行为，人民检察院可以对犯罪嫌疑人予以逮捕：未经批准，擅自离开所居住的市、县，造成严重后果，或者两次未经批准，擅自离开所居住的市、县的；经传讯不到案，造成严重后果，或者经两次传讯不到案的；住址、工作单位和联系方式发生变动，未在二十四小时以内向公安机关报告，造成严重后果的；违反规定进入特定场所、与特定人员会见或者通信、从事特定活动，严重妨碍诉讼程序正常进行的。

需要对上述犯罪嫌疑人予以逮捕的，可以先行拘留；已交纳保证金的，同时书面通知公安机关没收保证金。

5. 取保候审的解除

犯罪嫌疑人、被告人在取保候审期间没有违反《刑事诉讼法》第71条的规定，也没有重新故意犯罪的，取保候审期间届满以后，负责执行的公安机关应将保证金退还给犯罪嫌疑人、被告人，或告知保证人解除担保。解除取保候审，应当及时通知被取保候审人和有关单位。

取保候审期限届满，决定机关应当作出解除取保候审或者变更强制措施的决定，并送交执行机关。决定机关未解除取保候审或者未对被取保候审人采取其他刑事强制措施的，被取保候审人及其法定代理人、近亲属或者辩护人有权要求决定机关解除取保候审。

对于发现不应当追究被取保候审人刑事责任并作出撤销案件或者终止侦查决定的，决定机关应当及时作出解除取保候审决定，并送交执行机关。

有下列情形之一的，取保候审自动解除，不再办理解除手续，决定机关应当及时通知执行机关：取保候审依法变更为监视居住、拘留、逮捕，变更后的强制措施已经开始执行的；人民检察院作出不起诉决定的；人民法院作出的无罪、免予刑事处罚或者不负刑事责任的判决、裁定已经发生法律效力的；被判处管制或者适用缓刑，社区矫正已经开始执行的；被单处附加刑，判决、裁定已经发生法律效力的；被判处监禁刑，刑罚已经开始执行的。

执行机关收到决定机关上述决定书或者通知后，应当立即执行，并将执行情况及时通知决定机关。

采取保证金方式保证的被取保候审人在取保候审期间没有违反刑事诉讼法第71条的规定，也没有故意实施新的犯罪的，在解除取保候审、变更强制措施或者执行刑罚的同时，公安机关应当通知银行如数退还保证金。

被取保候审人或者其法定代理人可以凭有关法律文书到银行领取退还的保证金。被取保候审人不能自己领取退还的保证金的，经本人出具书面申请并经公安机关同意，由公安机关书面通知银行将退还的保证金转账至被取保候审人或者其委托的人提供的银行账户。

在侦查或者审查起诉阶段已经采取取保候审的，案件移送至审查起诉或者审判阶段时，需要继续取保候审、变更保证方式或者变更强制措施的，受案机关应当在7日内作出决定，并通知移送案件的机关和执行机关。

受案机关作出取保候审决定并执行后，原取保候审措施自动解除，不再办理解除手续。对继续采取保证金保证的，原则上不变更保证金数额，不再重新收取保证金。受案机关变更的强制措施开始执行后，应当及时通知移送案件的机关和执行机关，原取保候审决定自动解除，不再办理解除手续，执行机关应当依法退还保证金。

取保候审期限即将届满，受案机关仍未作出继续取保候审或者变更强制措施决定的，移送案件的机关应当在期限届满15日前书面通知受案机关。受案机关应当在取保候审期限届满前作出决定，并通知移送案件的机关和执行机关。

（六）被取保候审人违反规定的处理

被取保候审人违反《刑事诉讼法》第71条规定的，已交纳保证金的，没收部分或者全部保证金，并且区别情形，责令犯罪嫌疑人、被告人具结悔过、重新交纳保证金、提出保证人，或者监视居住、予以逮捕。

对违反取保候审规定，需要予以逮捕的，可以对犯罪嫌疑人、被告人先行拘留。

需要没收保证金的，经过严格审核后，报县级以上公安机关负责人批准，制作没收保证金决定书。决定没收五万元以上保证金的，应当经设区的市一级以上公安机关负责人批准。

没收保证金的决定，公安机关应当在三日以内向被取保候审人宣读，并责令其在没收保证金决定书上签名、捺指印；被取保候审人在逃或者具有其他情形不能到场的，应当向其成年家属、法定代理人、辩护人或者单位、居住地的居民委员会、村民委员会宣布，由其成年家属、法定代理人、辩护人或者单位、居住地的居民委员会或者村民委员会的负责人在没收保证金决定书上签名。

被取保候审人或者其成年家属、法定代理人、辩护人或者单位、居民委员会、村民委员会负责人拒绝签名的，公安机关应当在没收保证金决定书上注明。

公安机关在宣读没收保证金决定书时，应当告知如果对没收保证金的决定不服，被取保候审人或者其法定代理人可以在五日以内向作出决定的公安机关申请复议。公安机关应当在收到复议申请后七日以内作出决定。

被取保候审人或者其法定代理人对复议决定不服的，可以在收到复议决定书后五日以内向上一级公安机关申请复核一次。上一级公安机关应当在收到复核申请后七日以内作出决定。对上级公安机关撤销或者变更没收保证金决定的，下级公安机关应当执行。

没收保证金的决定已过复议期限，或者复议、复核后维持原决定或者变更没收保证金数额的，公安机关应当及时通知指定的银行将没收的保证金按照国家的有关规定上缴国库。人民法院、人民检察院决定取保候审的，还应当在三日以内通知决定取保候审的机关。

被取保候审人没有违反取保候审的规定，但在取保候审期间涉嫌重新故意犯罪被立案侦查的，负责执行的公安机关应当暂扣其交纳的保证金，待人民法院判决生效后，根据有关判决作出处理。

附：取保候审流程图

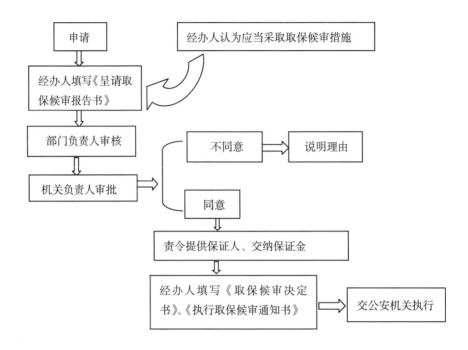

三、监视居住

（一）监视居住的概念

监视居住，是指在刑事诉讼中，公安机关、人民检察院、人民法院对未被逮捕的犯罪嫌疑人、被告人，责令其未经批准不得离开指定的区域，并对其行动进行监视的一种强制措施。

监视居住的实质，是在一定的区域内限制犯罪嫌疑人、被告人的人身自由，但并未予以剥夺。因此，不能假借监视居住而剥夺犯罪嫌疑人和被告人的人身自由，变监视居住为监禁。

（二）监视居住的适用对象

根据《刑事诉讼法》第74条和《程序规定》第109条的规定，监视居住的适用对象有四种：第一，对符合逮捕条件，有下列情形之一的犯罪嫌疑人、被告人，可以监视居住：①患有严重疾病、生活不能自理的；②怀孕或者正在哺乳自己婴儿的妇女；③系生活不能自理的人的唯一扶养人；④因为案件的特殊情况或者办理案件的需要，采取监视居住措施更为适宜的；⑤羁押期限届满，案件尚未办结，需要采取监视居住措施的。第二，对人民检察院决定不批准逮捕的犯罪嫌疑人，需要继续侦查，并且符合监视居住条件的，可以监视居住。第三，对符合取保候审条件，但犯罪嫌疑人、被告人不能提出保证人，也不交纳保证金的，可以监视居住。第四，被取保候审人违反取保候审规定的，可以监视居住。

（三）被监视居住人的义务

根据《刑事诉讼法》第77条的规定，被监视居住的犯罪嫌疑人、被告人应当遵守以下规定：

（1）未经执行机关批准不得离开执行监视居住的处所；

（2）未经执行机关批准不得会见他人或者通信；

（3）在传讯的时候及时到案；

（4）不得以任何形式干扰证人作证；

（5）不得毁灭、伪造证据或者串供。

（6）将护照等出入境证件、身份证件、驾驶证件交执行机关保存。

被监视居住的人如果违反了法律规定的义务，就应当承担相应的法律后果。《刑事诉讼法》第77条规定："被监视居住的犯罪嫌疑人、被告人违反前款规定，情节严重的，可以予以逮捕；需要予以逮捕的，可以对犯罪嫌疑人、被告人先行拘留。"因此，被监视居住的犯罪嫌疑人、被告人已证明其实施了逃避侦查、起诉和审判的行为，情节较轻的，执行机关可予以训诫、责令具结悔过；情节严重的，采取监视居住已不足以防止其社会危险性且有逮捕必要的，可撤销监视居住，直接予以逮捕羁押。

《程序规定》第121条规定，被监视居住人违反应当遵守的规定，公安机关应当区分情形责令被监视居住人具结悔过或者给予治安管理处罚。情节严重的，可以予以逮捕；需要予以逮捕的，可以对其先行拘留。人民法院、人民检察院决定监视居住的，被监视居住人违反应当遵守的规定，执行监视居住的县级公安机关应当及时告知决定机关。

（四）监视居住的地点

根据《刑事诉讼法》第75条的规定，监视居住应当在犯罪嫌疑人、被告人的住处执行；无固定住处的，可以在指定的居所执行；对于涉嫌危害国家安全犯罪、恐怖活动犯罪，在住处执行可能有碍侦查的，经上一级公安机关批准，也可以在指定的居所执行。但是，不得在羁押场所、专门的办案场所执行。

从刑诉法的规定可以看出，监视居住的地点有两个：一是犯罪嫌疑人、被告人的住处；二是指定居所。指定场所的监视居住仅适用于特定情形，不能普遍使用。指定场所的监视居住仅适用于以下情形：第一，无固定住处的；第二，涉嫌危害国家安全犯罪、恐怖活动犯罪，在住处执行可能有碍侦查的。

固定住处，是指被监视居住人在办案机关所在的市、县内生活的合法住处。指定的居所，是指公安机关根据案件情况，在办案机关所在的市、县内为被监视居住人指定的生活居所。

有下列情形之一的，属于有碍侦查：①可能毁灭、伪造证据，干扰证人作证或者串供的；②可能引起犯罪嫌疑人自残、自杀或者逃跑的；③可能引起同案犯逃避、妨碍侦查的；④在住处执行监视居住可能导致犯罪嫌疑人、被告人面临人身危险的；⑤犯罪嫌疑人、被告人的家属或者其所在单位的人员与犯罪有牵连的；⑥可能对举报人、控告人、证人及其他人员等实施打击报复的。

特殊案件指定场所的监视居住必须通过特定程序：经上一级公安机关批准。

指定场所的监视居住的场所限制：不得在羁押场所、专门的办案场所执行。指定的居所应当符合下列条件：①具备正常的生活、休息条件；②便于监视、管理；③保证安全。

采取指定居所监视居住的，不得在看守所、拘留所、监狱等羁押、监管场所以及留置室、讯问室等专门的办案场所、办公区域执行。

为防止这一措施在实践中被滥用，人民检察院对指定居所监视居住的决定和执行实行监督。

（五）监视居住的期限

根据《刑事诉讼法》第79条的规定，公安机关、人民检察院、人民法院对犯罪嫌疑人、被告人监视居住最长不得超过6个月。

同样，在监视居住期间，也不得中断对案件的侦查、起诉和审理。监视居住的期限届满，或者发现了有《刑事诉讼法》第16条规定不应当追究刑事责任情形的，或者案件已经办结的，应当及时解除监视居住，或者作出撤销监视居住的决定。

（六）监视居住的程序

（1）监视居住的决定权

公安机关、人民检察院和人民法院对于正在办理案件的犯罪嫌疑人和被告人，有权决定是否采取监视居住措施。

具体程序为：由案件的经办人员提出对案件的犯罪嫌疑人、被告人采取监视居住措施的意见，报本部门负责人审核，经本机关领导批准后，制作《监视居住决定书》。《监视居住决定书》应写明犯罪嫌疑人、被告人的姓名、住址等身份状况，被监视居住人应遵守的事项和违反规定的法律后果，执行机关的名称等内容。

（2）监视居住的执行权

监视居住由公安机关执行。公安机关在执行时，应当向犯罪嫌疑人、被告人宣读《监视居住决定书》，并由犯罪嫌疑人和被告人签名、捺指印。人民检察院、人民法院决定监视居住的，还应当在宣布后，将《监视居住决定书》和《监视居住执行通知书》送达执行机关。人民法院、人民检察院决定监视居住的，负责执行的县级公安机关应当在收到法律文书和有关材料后二十四小时以内，通知被监视居住人住处或者指定居所所在地的派出所，核实被监视居住人身份、住处或者居所等情况后执行。必要时，可以由人民法院、人民检察院协助执行。

（3）指定居所监视居住的通知

指定居所监视居住的，除无法通知的以外，应当在执行监视居住后二十四小时以内，通知被监视居住人的家属。确实无法通知的，应当记录在案。

有下列情形之一的，属于"无法通知"：不讲真实姓名、住址、身份不明的；没有家属的；提供的家属联系方式无法取得联系的；因自然灾害等不可抗力导致无法通知的。

无法通知的情形消失以后，应当立即通知被监视居住人的家属。

（4）对监视居住的解除、撤销和变更

对监视居住的解除、撤销和变更，其原因与取保候审相同，也要制作相关法律文书，并向有关个人和单位宣布和送达。

（七）监视居住的方法

《刑事诉讼法》第78条规定："执行机关对被监视居住的犯罪嫌疑人、被告人，可以采取电子监控、不定期检查等监视方法对其遵守监视居住规定的情况进行监督；在侦查期间，可以对被监视居住的犯罪嫌疑人的通信进行监控。"

（八）监视居住的后果

《刑事诉讼法》第76条规定："指定居所监视居住的期限应当折抵刑期。被判处管制的，监视居住一日折抵刑期一日；被判处拘役、有期徒刑的，监视居住二日折抵刑期一日。"

附：监视居住流程图

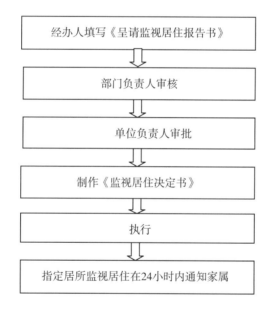

四、拘留

（一）拘留的概念

刑事诉讼的拘留，是指在刑事诉讼的侦查过程中，公安机关、检察机关对现行犯或重大犯罪嫌疑分子，在遇到法定的紧急情况时，所采取的临时剥夺其人身自由的一种强制措施。

刑事诉讼的拘留，又称为刑事拘留，只有享有刑事侦查权的公安机关、检察机关才能行使刑事拘留权。刑事拘留要求必须是在遇到"紧急情况"或突发事件，来不及办理逮捕手续时才能采取；如果没有紧急情况，有时间办理逮捕手续，就不应当采取拘留这种强制措施。

【扩展知识】刑事拘留与行政拘留、司法拘留的区别：①法律性质不同：刑事拘留是保障刑事诉讼顺利进行的强制措施，本身不具有惩罚性；司法拘留是对妨害民事诉讼行为的人采取的具有惩罚性质的措施；行政拘留是对违反治安管理处罚法的人采取的，具有处罚性质。②适用对象不同：刑事拘留的对象是现行犯或者重大嫌疑分子；司法拘留的对象是实施了妨害民事诉讼行为的人，既包括民事诉讼参与人，也包括案外人；行政拘留的对象是违反治安管理处罚法，尚不构成犯罪的人。③法律依据不同：刑事拘留依据的是《刑事诉讼法》；司法拘留依据的是《民事诉讼法》；行政拘留依据的是《治安管理处罚法》《行政处罚法》等行政法规。④适用目的不同：刑事拘留是防止犯罪嫌疑人逃跑、自杀或者继续危害社会，保证刑事诉讼的顺利进行；司法拘留是保障民事诉讼的顺利进行；行政拘留是惩罚一般的行政违法者。⑤适用机关不同：刑事拘留由公安机关、人民检察院决定，公安机关执行；司法拘留由人民法院决定，司法警察执行，交公安机关有关场所看管；行政拘留由公安机关决定。

（二）拘留的条件

为了保证拘留这一较为严厉的、剥夺其人身自由的强制措施得以正确行使，刑事诉讼法对拘留的条件作了明确、具体的规定。

1. 公安机关适用拘留的条件

刑事诉讼法明确规定了公安机关适用拘留必须具备的两个法定条件：

①拘留的适用对象，必须是现行犯或者重大嫌疑分子。即《刑事诉讼法》第82条规定，可以先行拘留的七种情形：第一，正在预备犯罪、实行犯罪或者在犯罪后即时被发觉的；第二，被害人或者在场亲眼看见的人指认他犯罪的；第三，在身边或者住处发现有犯罪证据的；第四，犯罪后企图自杀、逃跑或者在逃的；第五，有毁灭、伪造证据或者串供可能的；第六，不讲真实姓名、住址，身份不明的；第七，有流窜作案、多次作案、结伙作案重大嫌疑的。现行犯是指正在犯罪的人，如正在预备犯罪、实行犯罪或者犯罪后即时被发觉的。如果超出了从预备犯罪到犯罪后即时被发觉这段时间，就不能够称为现行犯。重大嫌疑分子是指该人犯罪的嫌疑重大，并非犯罪的案情重大，如果其犯罪案情并不重大，但其犯罪嫌疑重大，仍属于重大嫌疑分子。

②拘留的适用时限，必须是情况紧急，来不及办理逮捕手续。所谓情况紧急，就是要具备法定的以上七种紧急情形之一，如果此时不先行采取拘留，暂时剥夺其人身自由，就会给刑事诉讼造成困难。如果没有法定情形出现，就不应当先行拘留。

公安机关适用拘留的这两个条件，是统一不可分割的，必须同时具备。

2. 检察机关适用拘留的条件

刑事诉讼法虽然赋予了检察机关拘留犯罪嫌疑人的权力，但是，因为检察机关与公安机关在刑事诉讼的过程中侦查案件的范围不同，所以侦查中遇到的"紧急情况"也不一样。因此，检察机关有与公安机关不同的拘留条件。

根据《刑事诉讼法》第165条和《诉讼规则》第121条的规定，人民检察院对于有下列情形之一的犯罪嫌疑人，可以决定拘留：①犯罪后企图自杀、逃跑或者在逃的；②有毁灭、伪造证据或者串供可能的。既包括犯罪嫌疑人已经实施了这两种行为，也包括有证据证明犯罪嫌疑人可能要实施这两种行为的情况。

需要注意的是《刑事诉讼法》第170条第2款的规定："对于监察机关移送起诉的已采取留置措施的案件，人民检察院应当对犯罪嫌疑人先行拘留，留置措施自动解除。"此处的拘留是检察院采取逮捕措施前的临时措施，与一般意义上的刑事拘留的条件不同。

（三）拘留的期限

1. 公安机关拘留的期限

根据《刑事诉讼法》第91条规定，公安机关对被拘留的人，认为需要逮捕的，应当在拘留后的3日以内，提请人民检察院审查批准。在特殊情况下，提请审查批准的时间可以延长1日至4日；对于流窜作案、多次作案、结伙作案的重大嫌疑分子，提请审查批准的时间可以延长至30日。

人民检察院应当自接到公安机关提请批准逮捕书后的7日以内，作出批准逮捕或者不批准逮捕的决定。人民检察院不批准逮捕的，公安机关应当在接到通知后立即释放，并且将执行情况及时通知人民检察院。对于需要继续侦查，并且符合取保候审、监视居住条件的，依法取保候审或者监视居住。

根据上述法律规定，公安机关决定刑事拘留的期限，对于一般案件而言，最长期限不得超过10日（即提请审查批准的最长时间3日+作出批准逮捕或者不批准逮捕决定的最长时间7日）；特殊情况下，拘留的最长期限不得超过14日（即3日+4日+7日）；对于流窜作案、多次作案、结伙作案的重大嫌疑分子，拘留的最长期限不得超过37日（即30日+7日）。

2. 检察机关拘留的期限

根据《刑事诉讼法》第167条规定，人民检察院对直接受理的案件中被拘留的人，认为需要逮捕的，应当在14日以内作出决定。在特殊情况下，决定逮捕的时间可以延长1日至3日。对不需要逮捕的，应当立即释放；对需要继续侦查，并且符合取保候审、监视居住条件的，依法取保候审或者监视居住。

可见，检察机关决定刑事拘留的，一般情况下，拘留的最长期限为14日；特殊情况下，拘留的最长期限是17日。

需要注意的是《刑事诉讼法》第170条第2款的规定："对于监察机关移送起诉的已采取留置措施的案件……人民检察院应当在拘留后的10日以内作出是否逮捕、取保候审或者监视居住的决定。在特殊情况下，决定的时间可以延长1日至4日。"

（四）拘留的程序

根据刑事诉讼法的规定，公安机关、检察机关适用拘留强制措施时，应遵循如下程序：

1. 拘留的决定权

有权决定刑事拘留的机关是县级以上的公安机关、国家安全机关和人民检察院。

公安机关对于依法需要拘留的现行犯或者重大嫌疑分子，应首先审查被拘留的对象是否符合法定的拘留条件，是否可以适用其他强制措施来防止社会危险性的发生。认为符合拘留条件的，由承办人员填写《呈请拘留报告书》，经本部门负责人审核，报县（区）以上的公安机关负责人批准，签发《拘留证》。紧急情况下，对于符合拘留条件的，经出示人民警察证，可以将犯罪嫌疑人口头传唤至公安机关后立即审查，办理法律手续。

人民检察院直接立案侦查需要拘留的案件，应当由人民检察院的办案人员填写《呈请拘留报告书》，经本部门负责人审核后，报县（区）以上人民检察院检察长批准，依法作出拘留决定，制作《拘留决定书》。人民检察院作出拘留决定的，应当将《拘留决定书》送达公安机关执行。

2. 拘留的执行权

拘留的执行权属于公安机关和国家安全机关。人民检察院对于自侦案件决定拘留的，也送达公安机关执行，必要的时候，人民检察院可以协助公安机关执行拘留。

①执行拘留时，执行拘留的人员不得少于二人。执行拘留时，应当先向被拘留人出示《拘留证》并宣读，责令被拘留人在《拘留证》上签名或按手印。

执行拘留时，如遇有被拘留人员抗拒执行的，执行人员可以对其使用戒具，有必要时可以使用武器，但只是以使其就缚为限度。

②异地执行拘留时，应当通知被拘留人所在地的公安机关，被拘留人所在地的公安机关应当在人员、车辆、查找被拘留人等方面配合执行。

③对外国人、无国籍人执行刑事拘留时，应及时向当地有关外国人的主管部门通报，并报公安部、国家安全部或者最高人民检察院备案。同时按照有关规定通知外国人所在国的驻华外交机构，大使馆或者领事馆。

3. 拘留后的讯问和通知

①公安机关、人民检察院对于被拘留的人，应当在 24 小时以内进行讯问。发现有不应当拘留的情况时，应及时报请原决定机关负责人批准释放，并制作撤销强制措施决定书后立即释放，发给释放证明。对需要逮捕而证据还不充足的，可以依法取保候审或者监视居住，并按照规定办理取保候审或者监视居住手续。需要逮捕的，依法办理逮捕手续。

②拘留后，应当立即将被拘留人送看守所羁押，至迟不得超过二十四小时。异地执行拘留，无法及时将犯罪嫌疑人押解回管辖地的，应当在宣布拘留后立即将其送抓获地看守所羁押，至迟不得超过二十四小时。到达管辖地后，应当立即将犯罪嫌疑人送看守所羁押。除无法通知或者涉嫌危害国家安全犯罪、恐怖活动犯罪通知可能有碍侦查的情形以外，应当在拘留后二十四小时以内，通知被拘留人的家属。有碍侦查的情形消失以后，应当立即通知被拘留人的家属。

"有碍侦查"是指可能毁灭、伪造证据，干扰证人作证或者串供的；可能引起同案犯逃避、妨碍侦查的；犯罪嫌疑人的家属与犯罪有牵连的。

所谓无法通知，是指因客观原因，如地震、水灾造成交通中断；或被拘留人不讲真实姓名、住址、身份不明的；被拘留人的家属或者单位其他人同本案有牵连的等。当上述有碍侦查和无法通知的情形消除后，应当立即通知其家属。

③对于人民检察院决定拘留的案件，公安机关未能抓获被拘留人时，应当在24小时以内，将执行情况和未能抓获被拘留人的原因通知作出拘留决定的人民检察院。人民检察院应当及时向公安机关提供新的情况和线索。

4. 提请批准、决定逮捕

公安机关对被拘留的人，经讯问后，认为需要逮捕的，应当在拘留后3日以内，提请人民检察院审查批准。在特殊情况下，提请审查批准的时间可以延长1日至4日。对于流窜作案、多次作案、结伙作案的重大嫌疑分子，提请审查批准的时间可以延长至30日。人民检察院对直接受理的案件中被拘留的人，认为需要逮捕的，应当在10日以内作出决定。在特殊情况下，可以延长1日至4日。

公安机关对人民检察院不批准逮捕的决定，认为有错误的时候，可以要求复议，但是必须将被拘留的人立即释放。如果意见不被接受，可以向上一级人民检察院提请复核。上级人民检察院应当立即复核，作出是否变更的决定，并通知下级人民检察院和公安机关执行。

附：拘留流程图

（1）公安机关拘留流程图　　　　　　（2）人民检察院拘留流程图

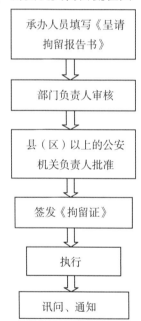

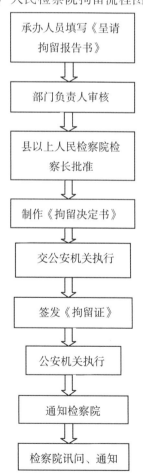

五、逮捕

(一) 逮捕的概念

逮捕，是指在刑事诉讼中，公安机关、人民检察院和人民法院依法暂时剥夺犯罪嫌疑人、被告人人身自由的一种强制措施。

逮捕，是刑事诉讼强制措施中最严厉的一种强制措施。被逮捕的人，人身自由被依法予以剥夺且羁押期限较长。为保证公安司法机关正确适用逮捕这种强制措施，法律要求必须由两个以上公安司法机关联合才能实施，逮捕的决定权和执行权是分离的。

(二) 逮捕的条件

《刑事诉讼法》第 81 条规定了五种逮捕的情形：

第一，有证据证明有犯罪事实；可能判处徒刑以上刑罚；采取取保候审尚不足以防止发生下列社会危险性的，应当予以逮捕。

这一类逮捕必须同时具备以下三个条件。

(1) 有证据证明有犯罪事实。根据《诉讼规则》第 128 条第 2 款规定，有证据证明有犯罪事实是指同时具备下列情形：①有证据证明发生了犯罪事实；②有证据证明该犯罪事实是犯罪嫌疑人实施的；③证明犯罪嫌疑人实施犯罪行为的证据已经查证属实的。犯罪事实既可以是单一犯罪行为的事实，也可以是数个犯罪行为中任何一个犯罪行为的事实。

根据《诉讼规则》第 138 条规定，对实施多个犯罪行为或者共同犯罪案件的犯罪嫌疑人，具有下列情形之一即符合上述"有证据证明有犯罪事实"条件：①有证据证明犯有数罪中的一罪的；②有证据证明实施多次犯罪中的一次犯罪的；③共同犯罪中，已有证据证明有犯罪事实的犯罪嫌疑人。

(2) 可能判处徒刑以上刑罚。这是关于犯罪严重程度的规定。根据我国刑法的有关规定，初步判定犯罪嫌疑人、被告人可能被判处有期徒刑以上的刑罚，而不是可能被判处管制、拘役、独立适用附加刑等轻刑或者可能被免除刑罚的，才符合逮捕条件。

(3) 采取取保候审尚不足以防止发生社会危险性。社会危险性包括以下五项的一个或多个：①可能实施新的犯罪的（即案发前或者案发后正在策划、组织或者预备实施新的犯罪的；扬言实施新的犯罪的；多次作案、连续作案、流窜作案的；一年内曾因故意实施同类违法行为受到行政处罚的；以犯罪所得为主要生活来源的；有吸毒、赌博等恶习的；其他可能实施新的犯罪的情形。）②有危害国家安全、公共安全或者社会秩序的现实危险的（即有案发前或者案发后正在积极策划、组织或者预备实施危害国家安全、公共安全或者社会秩序的重大违法犯罪行为的；曾因危害国家安全、公共安全或者社会秩序受到刑事处罚或者行政处罚的；在危害国家安全、黑恶势力、恐怖活动、毒品犯罪中起组织、策划、指挥作用或者积极参加的；其他有危害国家安全、公共安全或者社会秩序的现实危险的情形）。③可能毁灭、伪造证据，干扰证人作证或者串供的（即曾经或者企图毁灭、伪造、隐匿、转移证据的；曾经或者企图威逼、恐吓、利诱、收买证人，干扰证人作证的；有同案犯罪嫌疑人或者与其在事实上存在密切关联犯罪的犯罪嫌疑人在逃，重要证据尚未收集到位的；其他可能毁灭、伪造证据，干扰证人作证或者串供的情形。）。④可能对被害人、举报人、控告人实施打击报复的（即扬言或者准备、策划对被害人、举报人、控告人实施打击报复的；曾经对被害人、举报人、控告人实施打击、要挟、迫害等行为的；采取其他方式滋扰被害人、举报人、控告人的正常生活、工作的；其他可能对被害人、举报人、控告人实施打击报复的情形）。⑤企图自杀或者逃跑的（即着手准备自杀、自残或者逃跑的；曾经自杀、自残或者逃跑的；有自杀、自残或者逃跑的意思表示的；曾经以暴力、威胁手段抗拒抓捕的；其他企图自杀或者逃跑的情形）。批准或者决定逮捕，应当将犯罪嫌疑人、被告人涉嫌犯罪的性质、情节，认罪认罚等情况，作为是否可能发生社会危险性的考虑因素。

第二，有证据证明有犯罪事实，可能判处十年有期徒刑以上刑罚的。

第三，有证据证明有犯罪事实，可能判处徒刑以上刑罚，曾经故意犯罪的。

第四，有证据证明有犯罪事实，可能判处徒刑以上刑罚，身份不明的。

第五，被取保候审、监视居住的犯罪嫌疑人、被告人违反取保候审、监视居住规定，情节严重的。

（1）取保候审中的应当逮捕与可以逮捕

根据《诉讼规则》第101条，犯罪嫌疑人有下列违反取保候审规定的行为，人民检察院应当对犯罪嫌疑人予以逮捕：①故意实施新的犯罪；②企图自杀、逃跑；③实施毁灭、伪造证据，串供或者干扰证人作证，足以影响侦查、审查起诉工作正常进行；④对被害人、证人、鉴定人、举报人、控告人及其他人员实施打击报复。

犯罪嫌疑人有下列违反取保候审规定的行为，人民检察院可以对犯罪嫌疑人予以逮捕：①未经批准，擅自离开所居住的市、县，造成严重后果，或者两次未经批准，擅自离开所居住的市、县；②经传讯不到案，造成严重后果，或者经两次传讯不到案；③住址、工作单位和联系方式发生变动，未在24小时以内向公安机关报告，造成严重后果；④违反规定进入特定场所、与特定人员会见或者通信、从事特定活动，严重妨碍诉讼程序正常进行。

根据《程序规定》第135条的规定，被取保候审人违反取保候审规定，具有下列情形之一的，可以提请批准逮捕：①涉嫌故意实施新的犯罪行为的；②有危害国家安全、公共安全或者社会秩序的现实危险的；③实施毁灭、伪造证据或者干扰证人作证、串供行为，足以影响侦查工作正常进行的；④对被害人、举报人、控告人实施打击报复的；⑤企图自杀、逃跑，逃避侦查的；⑥未经批准，擅自离开所居住的市、县，情节严重的，或者两次以上未经批准，擅自离开所居住的市、县的；⑦经传讯无正当理由不到案，情节严重的，或者经两次以上传讯不到案的；⑧违反规定进入特定场所、从事特定活动或者与特定人员会见、通信两次以上的。

（2）监视居住中的应当逮捕与可以逮捕

根据《诉讼规则》第111条，犯罪嫌疑人有下列违反监视居住规定的行为，人民检察院应当对犯罪嫌疑人予以逮捕：①故意实施新的犯罪行为；②企图自杀、逃跑；③实施毁灭、伪造证据或者串供、干扰证人作证行为，足以影响侦查、审查起诉工作正常进行；④对被害人、证人、鉴定人、举报人、控告人及其他人员实施打击报复。

犯罪嫌疑人有下列违反监视居住规定的行为，人民检察院可以对犯罪嫌疑人予以逮捕：①未经批准，擅自离开执行监视居住的处所，造成严重后果，或者两次未经批准，擅自离开执行监视居住的处所；②未经批准，擅自会见他人或者通信，造成严重后果，或者两次未经批准，擅自会见他人或者通信；③经传讯不到案，造成严重后果，或者经两次传讯不到案。

根据《程序规定》第136条的规定，被监视居住人违反监视居住规定，具有下列情形之一的，可以提请批准逮捕：①涉嫌故意实施新的犯罪行为的；②实施毁灭、伪造证据或者干扰证人作证、串供行为，足以影响侦查工作正常进行的；③对被害人、举报人、控告人实施打击报复的；④企图自杀、逃跑，逃避侦查的；⑤未经批准，擅自离开执行监视居住的处所，情节严重的，或者两次以上未经批准，擅自离开执行监视居住的处所的；⑥未经批准，擅自会见他人或者通信，情节严重的，或者两次以上未经批准，擅自会见他人或者通信的；⑦经传讯无正当理由不到案，情节严重的，或者经两次以上传讯不到案的。

需要注意的是，上述五种逮捕情形，前四种是应当逮捕，第五种是可以逮捕。

（三）逮捕的决定或批准机关

1. 人民法院有权决定逮捕。人民法院对自诉案件的被告人和公诉案件中未被逮捕的被告人有权决定逮捕。

2. 人民检察院有权决定逮捕。人民检察院对自侦案件的犯罪嫌疑人有权决定逮捕；在审查起诉阶段，对于公安机关或国家安全机关移送的案件的犯罪嫌疑人有权决定逮捕；对于监察机关调查终结移送审查起诉的案件可以对犯罪嫌疑人决定逮捕。

3. 人民检察院对公安机关提请批准逮捕的案件有权审查批准：

（1）人民检察院审查批准逮捕犯罪嫌疑人由检察长决定；重大案件应当提交检察委员会决定。

（2）对于公安机关提请批准逮捕的犯罪嫌疑人，已被拘留的，人民检察院应当自接到公安机关提请批准逮捕书后的7日以内，作出批准逮捕或者不批准逮捕的决定；未被拘留的，应当自接到公安机关提请批准逮捕书后的15日以内，作出批准逮捕或者不批准逮捕的决定，重大、复杂的案件，不得超过20日。

（四）逮捕的执行权

1. 逮捕的执行权仅仅属于公安机关。

2. 人民检察院和人民法院都没有执行逮捕的权力。无论是人民检察院批准的逮捕，还是人民检察院或人民法院决定的逮捕，都必须交给公安机关执行。

3. 公安机关对于经过人民检察院批准逮捕的犯罪嫌疑人，有权释放或者变更逮捕措施，而不需要再经过人民检察院的批准，但应当通知原批准的人民检察院。

（五）逮捕的程序

1. 人民检察院批准逮捕的程序

《刑事诉讼法》第87条规定："公安机关要求逮捕犯罪嫌疑人的时候，应当写出提请批准逮捕书；连同案卷材料、证据，一并移送同级人民检察院审查批准。必要的时候，人民检察院可以派人参加公安机关对于重大案件的讨论。"可见，公安机关需要逮捕犯罪嫌疑人时，应当向同级人民检察院报批逮捕，并移送提请批准逮捕书和案卷材料、证据。犯罪嫌疑人自愿认罪认罚的，应当记录在案，并在提请批准逮捕书中写明有关情况。

根据《诉讼规则》的规定，人民检察院对公安机关提请批准逮捕的，应当按照下列规定办理：

（1）讯问犯罪嫌疑人

人民检察院办理审查逮捕案件，可以讯问犯罪嫌疑人；具有下列情形之一的，应当讯问犯罪嫌疑人：①对是否符合逮捕条件有疑问的；②犯罪嫌疑人要求向检察人员当面陈述的；③侦查活动可能有重大违法行为的；④案情重大、疑难、复杂的；⑤犯罪嫌疑人认罪认罚的；⑥犯罪嫌疑人系未成年人的；⑦犯罪嫌疑人是盲、聋、哑人或者是尚未完全丧失辨认或者控制自己行为能力的精神病人的。

讯问未被拘留的犯罪嫌疑人，讯问前应当听取公安机关的意见。

办理审查逮捕案件，对被拘留的犯罪嫌疑人不予讯问的，应当送达听取犯罪嫌疑人意见书，由犯罪嫌疑人填写后及时收回审查并附卷。经审查认为应当讯问犯罪嫌疑人的，应当及时讯问。

人民检察院讯问犯罪嫌疑人时，应当首先查明犯罪嫌疑人的基本情况，依法告知犯罪嫌疑人诉讼权利和义务，以及认罪认罚的法律规定，听取其供述和辩解。犯罪嫌疑人翻供的，应当讯问其原因。犯罪嫌疑人申请排除非法证据的，应当告知其提供相关线索或者材料。犯罪嫌疑人检举揭发他人犯罪的，应当予以记录，并依照有关规定移送有关机关、部门处理。

讯问犯罪嫌疑人应当制作讯问笔录，并交犯罪嫌疑人核对或者向其宣读。经核对无误后逐页签名或者盖章，并捺指印后附卷。犯罪嫌疑人请求自行书写供述的，应当准许，但不得以自行书写的供述代替讯问笔录。

讯问犯罪嫌疑人，应当由检察人员负责进行。检察人员或者检察人员和书记员不得少于二人。

犯罪嫌疑人被羁押的，讯问应当在看守所讯问室进行。

犯罪嫌疑人已经委托辩护律师的，可以听取辩护律师的意见。辩护律师提出要求的，应当听取辩护律师的意见。对辩护律师的意见应当制作笔录，辩护律师提出的书面意见应当附卷。对于辩护律师在审查逮捕阶段多次提出意见的，均应如实记录。

辩护律师提出犯罪嫌疑人不构成犯罪、无社会危险性、不适宜羁押或者侦查活动有违法犯罪情形等书面意见的，检察人员应当审查，并在相关工作文书中说明是否采纳的情况和理由。

（2）询问证人、被害人、鉴定人等诉讼参与人

办理审查逮捕案件，可以询问证人、被害人、鉴定人等诉讼参与人，并制作笔录附卷。询问时，应当告知其诉讼权利和义务。

对有重大影响的案件，可以采取当面听取侦查人员、犯罪嫌疑人及其辩护人等意见的方式进行公开审查。

询问被害人、证人、鉴定人，听取辩护人、被害人及其诉讼代理人的意见，应当由检察人员负责进行。检察人员或者检察人员和书记员不得少于二人。

直接听取辩护人、被害人及其诉讼代理人的意见有困难的，可以通过电话、视频等方式听取意见并记录在案，或者通知辩护人、被害人及其诉讼代理人提出书面意见。无法通知或者在指定期限内未提出意见的，应当记录在案。

（3）调取公安机关讯问犯罪嫌疑人的录音、录像

人民检察院在审查逮捕中发现存在以下情形，可以调取公安机关讯问犯罪嫌疑人的录音、录像，对证据收集的合法性以及犯罪嫌疑人供述的真实性进行审查。对于重大、疑难、复杂的案件，必要时可以审查全部录音、录像：

①认为讯问活动可能存在刑讯逼供等非法取证行为的；

②犯罪嫌疑人或者辩护人提出犯罪嫌疑人供述系非法取得，并提供相关线索或者材料的；

③犯罪嫌疑人提出讯问活动违反法定程序或者翻供，并提供相关线索或者材料的；

④犯罪嫌疑人或者辩护人提出讯问笔录内容不真实，并提供相关线索或者材料的；

⑤案情重大、疑难、复杂的。

人民检察院办理审查逮捕案件，不另行侦查，不得直接提出采取取保候审措施的意见。

（4）非法证据处理

犯罪嫌疑人及其辩护人申请排除非法证据，并提供相关线索或者材料的，人民检察院应当调查核实。发现侦查人员以刑讯逼供等非法方法收集证据的，应当依法排除相关证据并提出纠正意见。

审查逮捕期限届满前，经审查无法确定存在非法取证的行为，但也不能排除非法取证可能的，该证据不作为批准逮捕的依据。检察官应当根据在案的其他证据认定案件事实和决定是否逮捕，并在作出批准或者不批准逮捕的决定后，继续对可能存在的非法取证行为进行调查核实。经调查核实确认存在以刑讯逼供等非法方法收集证据情形的，应当向公安机关提出纠正意见。以非法方法收集的证据，不得作为提起公诉的依据。

审查逮捕期间，犯罪嫌疑人申请排除非法证据，但未提交相关线索或者材料，人民检察院经全面审查案件事实、证据，未发现侦查人员存在以非法方法收集证据的情形，认为符合逮捕条件的，可以批准逮捕。

（5）审查期限

对公安机关提请批准逮捕的犯罪嫌疑人，已经被拘留的，人民检察院应当在收到提请批准逮捕书后七日以内作出是否批准逮捕的决定；未被拘留的，应当在收到提请批准逮捕书后十五日以内作出是否批准逮捕的决定，重大、复杂案件，不得超过二十日。

（6）审查后的处理

①批准逮捕

对公安机关提请批准逮捕的犯罪嫌疑人，人民检察院经审查认为符合逮捕条件，应当作出批准逮捕的决定，连同案卷材料送达公安机关执行，并可以制作继续侦查提纲，送交公安机关。

人民检察院应当将批准逮捕的决定交公安机关立即执行，并要求公安机关将执行回执及时送达作出批准决定的人民检察院。如果未能执行，也应当要求其将回执及时送达人民检察院，并写明未能执行的原因。

②不批准逮捕

对公安机关提请批准逮捕的犯罪嫌疑人，人民检察院经审查认为不符合逮捕条件，应当作出不批准逮捕决定，说明理由，连同案卷材料送达公安机关执行。需要补充侦查的，应当制作补充侦查提纲，送交公安机关。

对于因犯罪嫌疑人没有犯罪事实、具有《刑事诉讼法》第16条规定的情形之一或者证据不足，人民检察院拟作出不批准逮捕决定的，应当经检察长批准。

对于人民检察院不批准逮捕的，应当要求公安机关在收到不批准逮捕决定书后，立即释放在押的犯罪嫌疑人或者变更强制措施，并将执行回执在收到不批准逮捕决定书后三日以内送达作出不批准逮捕决定的人民检察院。公安机关在收到不批准逮捕决定书后对在押的犯罪嫌疑人不立即释放或者变更强制措施的，人民检察院应当提出纠正意见。

对于没有犯罪事实或者犯罪嫌疑人具有《刑事诉讼法》第16条规定情形之一，人民检察院作出不批准逮捕决定的，应当同时告知公安机关撤销案件。

对于有犯罪事实需要追究刑事责任，但不是被立案侦查的犯罪嫌疑人实施，或者共同犯罪案件中部分犯罪嫌疑人不负刑事责任，人民检察院作出不批准逮捕决定的，应当同时告知公安机关对有关犯罪嫌疑人终止侦查。

公安机关在收到不批准逮捕决定书后超过十五日未要求复议、提请复核，也不撤销案件或者终止侦查的，人民检察院应当发出纠正违法通知书。公安机关仍不纠正的，报上一级人民检察院协商同级公安机关处理。

③遗漏应当逮捕的犯罪嫌疑人的处理

人民检察院办理公安机关提请批准逮捕的案件，发现遗漏应当逮捕的犯罪嫌疑人的，应当经检察长批准，要求公安机关提请批准逮捕。公安机关不提请批准逮捕或者说明的不提请批准逮捕的理由不成立的，人民检察院可以直接作出逮捕决定，送交公安机关执行。

（7）决定错误的救济

对已经作出的批准逮捕决定发现确有错误的，人民检察院应当撤销原批准逮捕决定，送达公安机关执行。

对已经作出的不批准逮捕决定发现确有错误，需要批准逮捕的，人民检察院应当撤销原不批准逮捕决定，并重新作出批准逮捕决定，送达公安机关执行。

对因撤销原批准逮捕决定而被释放的犯罪嫌疑人或者逮捕后公安机关变更为取保候审、监视居住的犯罪嫌疑人，又发现需要逮捕的，人民检察院应当重新办理逮捕手续。

（8）复议与复核

对于人民检察院不批准逮捕并通知补充侦查的，公安机关应当按照人民检察院的补充侦查提纲补充侦查。公安机关补充侦查完毕，认为符合逮捕条件的，应当重新提请批准逮捕。

对于人民检察院不批准逮捕而未说明理由的，公安机关可以要求人民检察院说明理由。

对于人民检察院决定不批准逮捕的，公安机关在收到不批准逮捕决定书后，如果犯罪嫌疑人已被拘留的，应当立即释放，发给释放证明书，并在执行完毕后三日以内将执行回执送达作出不批准逮捕决定的人民检察院。

公安机关对人民检察院不批准逮捕的决定，认为有错误需要复议的，应当在收到不批准逮捕决定书后五日以内制作要求复议意见书，报经县级以上公安机关负责人批准后，送交同级人民检察院复议。人民检察院负责捕诉的部门应当另行指派检察官或者检察官办案组进行审查，并在收到要求复议意见书和案卷材料后七日以内，经检察长批准，作出是否变更的决定，通知公安机关。

如果意见不被接受，公安机关认为需要复核的，应当在收到人民检察院的复议决定书后五日以内制作提请复核意见书，报经县级以上公安机关负责人批准后，连同人民检察院的复议决定书，一并提请上一级人民检察院复核。上一级人民检察院应当在收到提请复核意见书和案卷材料后十五日以内，经检察长批准，作出是否变更的决定，通知下级人民检察院和公安机关执行。需要改变原决定的，应当通知作出不批准逮捕决定的人民检察院撤销原不批准逮捕决定，另行制作批准逮捕决定书。必要时，上级人民检察院也可以直接作出批准逮捕决定，通知下级人民检察院送达公安机关执行。

对于经复议复核维持原不批准逮捕决定的，人民检察院向公安机关送达复议复核决定时应当说明理由。

人民检察院作出不批准逮捕决定，并且通知公安机关补充侦查的案件，公安机关在补充侦查后又要求复议的，人民检察院应当告知公安机关重新提请批准逮捕。公安机关坚持要求复议的，人民检察院不予受理。

对于公安机关补充侦查后应当提请批准逮捕而不提请批准逮捕的，人民检察院可以直接作出逮捕决定，送达公安机关执行。

（9）特别规定

人民检察院办理审查逮捕的危害国家安全犯罪案件，应当报上一级人民检察院备案。上一级人民检察院经审查发现错误的，应当依法及时纠正。

2. 人民检察院决定逮捕的程序

人民检察院办理直接受理侦查的案件，需要逮捕犯罪嫌疑人的，由负责侦查的部门制作逮捕犯罪嫌疑人意见书，连同案卷材料、讯问犯罪嫌疑人录音、录像一并移送本院负责捕诉的部门审查。犯罪嫌疑人已被拘留的，负责侦查的部门应当在拘留后七日以内将案件移送本院负责捕诉的部门审查。

对本院负责侦查的部门移送审查逮捕的案件，犯罪嫌疑人已被拘留的，负责捕诉的部门应当在收到逮捕犯罪嫌疑人意见书后七日以内，报请检察长决定是否逮捕，特殊情况下，决定逮捕的时间可以延长一日至三日；犯罪嫌疑人未被拘留的，负责捕诉的部门应当在收到逮捕犯罪嫌疑人意见书后十五日以内，报请检察长决定是否逮捕，重大、复杂案件，不得超过二十日。

对犯罪嫌疑人决定逮捕的，负责捕诉的部门应当将逮捕决定书连同案卷材料、讯问犯罪嫌疑人录音、录像移交负责侦查的部门，并可以对收集证据、适用法律提出意见。由负责侦查的部门通知公安机关执行，必要时可以协助执行。

对犯罪嫌疑人决定不予逮捕的，负责捕诉的部门应当将不予逮捕的决定连同案卷材料、讯问犯罪嫌疑人录音、录像移交负责侦查的部门，并说明理由。需要补充侦查的，应当制作补充侦查提纲。犯罪嫌疑人已被拘留的，负责侦查的部门应当通知公安机关立即释放。

对应当逮捕而本院负责侦查的部门未移送审查逮捕的犯罪嫌疑人，负责捕诉的部门应当向负责侦查的部门提出移送审查逮捕犯罪嫌疑人的建议。建议不被采纳的，应当报请检察长决定。

3. 人民法院决定逮捕的程序

人民法院在审判阶段决定逮捕被告人的，不论是公诉案件，还是自诉案件都较少适用，但认为有逮捕必要的，也可依法作出逮捕决定。人民法院决定逮捕被告人有两种情况：第一，对于自诉案件需要逮捕被告人时，应由办案人员提交本院院长决定；对于重大、疑难、复杂案件的被告人的逮捕，提交审判委员会讨论决定。第二，对于检察机关提起公诉的案件，人民法院认为未予逮捕的被告人有逮捕必要的，可依法决定予以逮捕。

人民法院决定逮捕，由本院院长签发《决定逮捕通知书》，通知公安机关执行。如果是公诉案件，还应当通知提起公诉的人民检察院。

4. 逮捕的特别程序

（1）逮捕人大代表的特别程序

人民检察院对担任县级以上各级人民代表大会代表的犯罪嫌疑人决定采取拘传、取保候审、监视居住、拘留、逮捕强制措施的，应当报请该代表所属的人民代表大会主席团或者常务委员会许可。

人民检察院对担任本级人民代表大会代表的犯罪嫌疑人决定采取强制措施的，应当报请本级人民代表大会主席团或者常务委员会许可。

对担任上级人民代表大会代表的犯罪嫌疑人决定采取强制措施的，应当层报该代表所属的人民代表大会同级的人民检察院报请许可。

对担任下级人民代表大会代表的犯罪嫌疑人决定采取强制措施的，可以直接报请该代表所属的人民代表大会主席团或者常务委员会许可，也可以委托该代表所属的人民代表大会同级的人民检察院报请许可。

对担任两级以上的人民代表大会代表的犯罪嫌疑人决定采取强制措施的，分别报请代表所属的人民代表大会主席团或者常务委员会许可。

对担任办案单位所在省、市、县（区）以外的其他地区人民代表大会代表的犯罪嫌疑人决定采取强制措施的，应当委托该代表所属的人民代表大会同级的人民检察院报请许可；担任两级以上人民代表大会代表的，应当分别委托该代表所属的人民代表大会同级的人民检察院报请许可。

对于公安机关提请人民检察院批准逮捕的案件，犯罪嫌疑人担任人民代表大会代表的，报请许可手续由公安机关负责办理。

担任县级以上人民代表大会代表的犯罪嫌疑人，经报请该代表所属人民代表大会主席团或者常务委员会许可后被刑事拘留的，适用逮捕措施时不需要再次报请许可。

担任县级以上人民代表大会代表的犯罪嫌疑人因现行犯被人民检察院拘留的，人民检察院应当立即向该代表所属的人民代表大会主席团或者常务委员会报告。

对担任乡、民族乡、镇的人民代表大会代表的犯罪嫌疑人决定采取强制措施的，由县级人民检察院向乡、民族乡、镇的人民代表大会报告。

（2）逮捕外国人、无国籍人的特别程序

外国人、无国籍人涉嫌危害国家安全犯罪的案件或者涉及国与国之间政治、外交关系的案件以及在适用法律上确有疑难的案件，需要逮捕犯罪嫌疑人的，按照刑事诉讼法关于管辖的规定，分别由基层人民检察院或者设区的市级人民检察院审查并提出意见，层报最高人民检察院审查。最高人民检察院认为需要逮捕的，经征求外交部的意见后，作出批准逮捕的批复；认为不需要逮捕的，作出不批准逮捕的批复。基层人民检察院或者设区的市级人民检察院根据最高人民检察院的批复，依法作出批准或者不批准逮捕的决定。层报过程中，上级人民检察院认为不需要逮捕的，应当作出不批准逮捕的批复。报送的人民检察院根据批复依法作出不批准逮捕的决定。基层人民检察院或者设区的市级人民检察院认为不需要逮捕的，可以直接依法作出不批准逮捕的决定。

外国人、无国籍人涉嫌其他犯罪案件，决定批准逮捕的人民检察院应当在作出批准逮捕决定后四十八小时以内报上一级人民检察院备案，同时向同级人民政府外事部门通报。上一级人民检察院经审查发现批准逮捕决定错误的，应当依法及时纠正。

5. 逮捕的执行程序

根据刑事诉讼法的规定，逮捕犯罪嫌疑人、被告人，一律由公安机关执行。公安机关执行逮捕的程序是：

①公安机关接到人民检察院批准或者决定、人民法院决定逮捕的通知后，应当由县（区）以上的公安机关负责人批准，签发《逮捕证》，并立即执行。并在执行完毕后三日以内将执行回执送达作出批准逮捕决定的人民检察院。如果未能执行，也应当将回执送达人民检察院，并写明未能执行的原因。

②执行逮捕的人员不得少于二人。执行逮捕时，应向被逮捕人出示《逮捕证》，宣布逮捕，并责令其在《逮捕证》上签字或按手印，并注明时间。被逮捕人拒绝在《逮捕证》上签字或按手印的，应在《逮捕证》上注明。被逮捕人如果拒捕，执行人员必要时可以使用戒具、武器。

③异地执行逮捕时，公安机关应携带《批准逮捕决定书》及其副本、《逮捕证》、介绍信以及被逮捕人犯罪的主要材料等，通知被逮捕人所在地的公安机关，当地公安机关应当协助执行。

④对外国人、无国籍人执行逮捕时，应及时向当地有关外国人的主管部门通报，并报请外国人、无国籍人所在的省、自治区、直辖市公安机关或者人民检察院批准；报公安部、国家安全部或者最高人民检察院备案。同时按照有关规定通知外国人所在国的驻华外交机构，大使馆或者领事馆。

⑤因被逮捕人死亡、逃跑等原因，不能执行逮捕或者未能抓获被逮捕人的，应当立即

通知原批准逮捕或者决定的人民检察院、原决定逮捕人民法院，以便采取相应的处置措施。

6. 逮捕后的讯问和通知

犯罪嫌疑人、被告人被逮捕后，提起批准逮捕的公安机关、决定逮捕的人民检察院或者人民法院，应当在24小时之内进行讯问，对于发现不应当逮捕的，立即释放，并发给释放证明。除无法通知的情形外，应将逮捕的原因和羁押的处所，在24小时之内通知被逮捕人的家属。不便通知的，应将不通知的原因在案卷中注明。

7. 逮捕的解除和变更

①公安机关在接到人民检察院不批准逮捕的通知后，应当立即释放被拘留的人。需要继续侦查，并且符合取保候审、监视居住条件的，依法取保候审或者监视居住。

②根据《刑事诉讼法》第94条规定，公检法机关对被逮捕的人，都必须在逮捕后的24小时以内进行讯问。在发现不应当逮捕的时候，必须立即释放，发给释放证明。

③根据《刑事诉讼法》第96条规定，人民法院、人民检察院和公安机关如果发现对犯罪嫌疑人、被告人采取强制措施不当的，应当及时撤销或者变更。公安机关释放被逮捕的人或者变更逮捕措施的，应当通知原批准的人民检察院。

④对应当逮捕的犯罪嫌疑人、被告人，发现患有严重疾病，或者是正在怀孕、哺乳自己婴儿的妇女，可以采用取保候审或者监视居住的办法。

（六）羁押必要性的审查

羁押必要性审查，是指人民检察院依据《刑事诉讼法》第95条规定，对被逮捕的犯罪嫌疑人、被告人有无继续羁押的必要性进行审查，对不需要继续羁押的，建议办案机关予以释放或者变更强制措施的监督活动。

根据《诉讼规则》的规定，犯罪嫌疑人、被告人被逮捕后，人民检察院仍应当对羁押的必要性进行审查。

1. 案件来源

人民检察院在办案过程中可以依职权主动进行羁押必要性审查。

犯罪嫌疑人、被告人及其法定代理人、近亲属或者辩护人可以申请人民检察院进行羁押必要性审查。申请时应当说明不需要继续羁押的理由，有相关证据或者其他材料的应当提供。

看守所根据在押人员身体状况，可以建议人民检察院进行羁押必要性审查。

负责捕诉的部门依法对侦查和审判阶段的羁押必要性进行审查。经审查认为不需要继续羁押的，应当建议公安机关或者人民法院释放犯罪嫌疑人、被告人或者变更强制措施。

审查起诉阶段，负责捕诉的部门经审查认为不需要继续羁押的，应当直接释放犯罪嫌疑人或者变更强制措施。

负责刑事执行检察的部门收到有关材料或者发现不需要继续羁押的，应当及时将有关材料和意见移送负责捕诉的部门。

办案机关对应的同级人民检察院负责控告申诉检察的部门或者负责案件管理的部门收

到羁押必要性审查申请后，应当在当日移送本院负责捕诉的部门。

其他人民检察院收到羁押必要性审查申请的，应当告知申请人向办案机关对应的同级人民检察院提出申请，或者在二日以内将申请材料移送办案机关对应的同级人民检察院，并告知申请人。

2. 审查方式

人民检察院可以采取以下方式进行羁押必要性审查：

①审查犯罪嫌疑人、被告人不需要继续羁押的理由和证明材料；

②听取犯罪嫌疑人、被告人及其法定代理人、辩护人的意见；

③听取被害人及其法定代理人、诉讼代理人的意见，了解是否达成和解协议；

④听取办案机关的意见；

⑤调查核实犯罪嫌疑人、被告人的身体健康状况；

⑥需要采取的其他方式。

必要时，可以依照有关规定进行公开审查。

3. 审查依据及处理

人民检察院应当根据犯罪嫌疑人、被告人涉嫌的犯罪事实、主观恶性、悔罪表现、身体状况、案件进展情况、可能判处的刑罚和有无再危害社会的危险等因素，综合评估有无必要继续羁押犯罪嫌疑人、被告人。

人民检察院发现犯罪嫌疑人、被告人具有下列情形之一的，应当向办案机关提出释放或者变更强制措施的建议：案件证据发生重大变化，没有证据证明有犯罪事实或者犯罪行为系犯罪嫌疑人、被告人所为的；案件事实或者情节发生变化，犯罪嫌疑人、被告人可能被判处拘役、管制、独立适用附加刑、免予刑事处罚或者判决无罪的；继续羁押犯罪嫌疑人、被告人，羁押期限将超过依法可能判处的刑期的；案件事实基本查清，证据已经收集固定，符合取保候审或者监视居住条件的。

人民检察院发现犯罪嫌疑人、被告人具有下列情形之一，且具有悔罪表现，不予羁押不致发生社会危险性的，可以向办案机关提出释放或者变更强制措施的建议：预备犯或者中止犯；共同犯罪中的从犯或者胁从犯；过失犯罪的；防卫过当或者避险过当的；主观恶性较小的初犯；系未成年人或者已满七十五周岁的人；与被害方依法自愿达成和解协议，且已经履行或者提供担保的；认罪认罚的；患有严重疾病、生活不能自理的；怀孕或者正在哺乳自己婴儿的妇女；系生活不能自理的人的唯一扶养人；可能被判处一年以下有期徒刑或者宣告缓刑的；其他不需要继续羁押的情形。

人民检察院向办案机关发出释放或者变更强制措施建议书的，应当说明不需要继续羁押犯罪嫌疑人、被告人的理由和法律依据，并要求办案机关在十日以内回复处理情况。

人民检察院应当跟踪办案机关对释放或者变更强制措施建议的处理情况。办案机关未在十日以内回复处理情况的，应当提出纠正意见。

对于依申请审查的案件，人民检察院办结后，应当将提出建议的情况和公安机关、人民法院的处理情况，或者有继续羁押必要的审查意见和理由及时书面告知申请人。

附：逮捕流程图

（1）人民检察院批准逮捕流程图

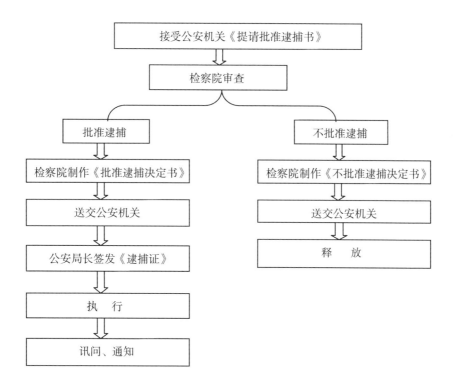

（2）决定逮捕流程图

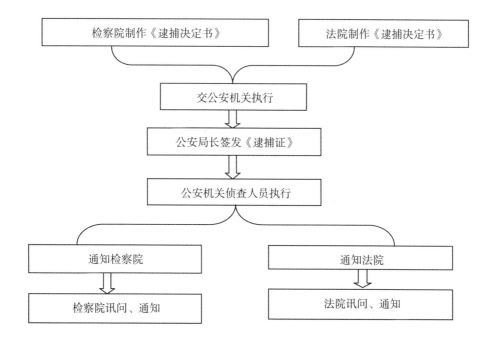

项目六　犯罪嫌疑人、被告人权益保障的重要制度——辩护与代理

任务一　了解刑事辩护

【案例 6-1】

某甲涉嫌与某丙共同抢劫，被某县公安局立案侦查。经县人民检察院依法批准，某甲被逮捕，并羁押于县看守所。某甲在侦查期间，聘请律师某乙为辩护人。某乙到看守所要求会见某甲，看守所以县人民检察院尚未决定提起公诉、县公安局未批准为由，不同意其会见某甲。某乙只好来到县公安局。县公安局要求某乙填写《会见犯罪嫌疑人申请表》。某乙填写之后，县公安局批准会见。会见时，县公安局派员在场，并对整个会见过程录像。某甲对律师某乙说他是被冤枉的，某乙便问他是否有无罪的证据。在场的民警以某乙违反会见规定为由，加以制止，并决定停止本次会见。某乙认为某甲不符合逮捕的条件，向公安机关申请变更强制措施，公安机关不予理睬。

县公安局侦查终结之后，将案件移送县人民检察院审查起诉。某乙受某甲的委托，继续为其担任辩护人。某甲还委托其叔叔某丁（没有律师资格）担任辩护人。某乙吸取了侦查阶段的教训，决定用通信的方式与某甲联系。结果，某乙写给某甲的信被看守所予以扣押。某丁要求会见某甲，县人民检察院在收到申请后的第5日，以某丁没有律师资格、本案的同案被告人在逃为由，作出不许可会见的决定。请思考，本案中办案机关的违法之处。

【应知应会】

一、辩护的概念和种类

（一）辩护的概念

辩护是指犯罪嫌疑人、被告人及其辩护人根据事实和法律，针对被控诉的一部分或全部内容，提出有利于犯罪嫌疑人、被告人的材料和意见，论证犯罪嫌疑人、被告人无罪、罪轻或者应当从轻、减轻、免除处罚，以维护犯罪嫌疑人、被告人合法权益的一种诉讼活动。

辩护是实现犯罪嫌疑人、被告人的辩护权及其他诉讼权利的基本方式。它能够反驳错误和不实的控告，防止公安司法机关及其工作人员出现主观片面性。

（二）辩护权的概念

辩护权是法律赋予受到刑事追诉的人针对所受到的指控进行反驳、辩解和申辩，以维护其合法权益的一项诉讼权利。辩护权是犯罪嫌疑人、被告人各项权利的核心权利，也是一项宪法权利。

刑事诉讼中存在着三大诉讼职能，即控诉、辩护和审判。控诉职能以侦查、指控、追究犯罪为根本任务，而辩护职能则以反驳控诉为基本内容，审判职能的运作则是在控、辩对抗的基础上裁判案件的是非曲直。三者缺一不可，共同推动着刑事诉讼的进程。辩护是与控诉相对应的一种诉讼活动。辩护随着控诉的出现而出现，以控诉为自己存在的前提，与控诉活动相始终。辩护活动不论是犯罪嫌疑人、被告人实施的，还是辩护人实施的，都根源于法律赋予犯罪嫌疑人、被告人的辩护权。如果没有关于辩护制度的法律规定，就不会有辩护的诉讼活动。

辩护制度具有以下意义：

第一，有利于发现真相和正确处理案件。辩护制度有利于侦查机关全面收集证据，有利于法官全面审查案件事实，防止主观片面。

第二，是实现程序正义的重要保障。辩护制度有利于被追诉者积极参与诉讼过程，全面保护被追诉者的诉讼权利，限制国家权力的行使。

第三，有利于法制宣传教育，使群众全面了解案件事实，增强对判决的认同程度，树立司法权威。

辩护权，归纳起来有以下几个特点：

（1）辩护权贯穿于整个刑事诉讼过程中。

（2）辩护权的行使主体既可以是犯罪嫌疑人、被告人本人，也可以是其委托的辩护人。

（3）辩护权不受犯罪嫌疑人、被告人是否有罪以及罪行轻重的限制。

（4）辩护权的行使与犯罪嫌疑人、被告人认罪态度无关。

（5）辩护权不受案件调查情况的限制。

（三）有效辩护的原则

辩护应当是实质意义上的，而不应当仅是形式上的，这是有效辩护原则的要求。

有效辩护原则至少应当包括以下三层意思：一是犯罪嫌疑人、被告人作为刑事诉讼当事人在诉讼过程中应当享有充分的辩护权。二是应当允许犯罪嫌疑人、被告人聘请合格的能够有效履行辩护义务的辩护人为其辩护，包括审前阶段的辩护和审判阶段的辩护，甚至还应当包括执行阶段提供的法律援助。三是国家应当保障犯罪嫌疑人、被告人自行辩护权充分行使，设立法律援助制度，确保犯罪嫌疑人、被告人获得律师的帮助。

（四）辩护的种类

我国刑事辩护分为自行辩护、委托辩护、指定辩护三种。

1. 自行辩护

自行辩护是犯罪嫌疑人、被告人针对有罪的指控，自己进行反驳、申辩和辩解的行为。

自行辩护是辩护权行使的最原始、最基本的形态。被追诉人是被指控犯有罪行的刑事诉讼当事人，对自己是否实施犯罪以及如何实施犯罪行为最为清楚，因此，恰当的行使自行辩护权不仅能够使遭受无根据指控的被追诉人及时摆脱诉讼负担，还有助于侦查机关、检察机关、审判机关正确确定侦查、指控以及审判方向。这种辩护不受诉讼阶段的限制，在整个刑事诉讼过程中，犯罪嫌疑人、被告人随时可以自行辩护。但是，由于犯罪嫌疑人、被告人在刑事诉讼中处于被追诉的地位，其人身自由可能会被限制，导致无法收集证据，或者因为不懂法律，或者因为恐惧心理等原因，导致无法自行辩护。

2. 委托辩护

委托辩护是指犯罪嫌疑人、被告人及其法定代理人、近亲属委托律师或者其他公民充当辩护人，协助其行使辩护权。

在刑事诉讼中，犯罪嫌疑人、被告人可以委托1至2人作为辩护人；犯罪嫌疑人、被告人在押的，也可以由其监护人、近亲属代为委托辩护人。

犯罪嫌疑人自被侦查机关第一次讯问或者采取强制措施之日起，有权委托辩护人；在侦查期间，只能委托律师作为辩护人。被告人有权随时委托辩护人。

侦查机关在第一次讯问犯罪嫌疑人或者对犯罪嫌疑人采取强制措施的时候，应当告知犯罪嫌疑人有权委托辩护人。人民检察院自收到移送审查起诉的案件材料之日起三日以内，应当告知犯罪嫌疑人有权委托辩护人。人民法院自受理案件之日起三日以内，应当告知被告人有权委托辩护人。犯罪嫌疑人、被告人在押期间要求委托辩护人的，人民法院、人民检察院和公安机关应当及时转达其要求。

自诉案件的被告人有权随时委托辩护人。也就是说，自诉案件的被告人一旦知道自己被他人提起刑事诉讼并被人民法院受理，即可以委托辩护人。人民法院自受理自诉案件之日起三日内，应当告知被告人有权委托辩护人。

3. 法律援助辩护

法律援助辩护是在刑事诉讼中，遇有法律规定的特定情形，法律援助机构指定承担法律援助义务的律师为犯罪嫌疑人、被告人辩护的一种形式。

根据刑诉法、法律援助法和有关司法解释的规定，法律援助辩护适用的情形包括以下几种：

①犯罪嫌疑人、被告人因经济困难或者其他原因没有委托辩护人的，本人及其近亲属可以向法律援助机构提出申请。对符合法律援助条件的，法律援助机构应当指派律师为其提供辩护。根据相关司法解释，主要包括如下几种情形：符合当地政府规定的经济困难标准的；本人确无经济来源，其家庭经济状况无法查明的；本人确无经济来源，其家属经多次劝说仍不愿为其承担辩护律师费用的；共同犯罪案件中，其他被告人已委托辩护人的；具有外国国籍的；案件有重大社会影响的；等等。

再审改判无罪请求国家赔偿，当事人申请法律援助的，不受经济困难条件的限制。

②犯罪嫌疑人、被告人是视力、听力、言语残疾人或者不能完全辨认自己行为的成年人，没有委托辩护人的，人民法院、人民检察院和公安机关应当通知法律援助机构指派律师为其提供辩护。

③犯罪嫌疑人、被告人可能被判处无期徒刑、死刑，没有委托辩护人的，人民法院、人民检察院和公安机关应当通知法律援助机构指派律师为其提供辩护。

④未成年犯罪嫌疑人、被告人没有委托辩护人的，人民法院、人民检察院、公安机关应当通知法律援助机构指派律师为其提供辩护。

⑤申请法律援助的死刑复核案件被告人，没有委托辩护人的，人民法院、人民检察院、公安机关应当通知法律援助机构指派律师为其提供辩护。

⑥人民法院缺席审判案件，被告人及其近亲属没有委托辩护人的，人民法院应当通知法律援助机构指派律师为其提供辩护。

⑦死刑缓期执行期间故意犯罪的案件，被告人没有委托辩护人的，应当通知法律援助机构指派律师为其提供辩护。

⑧法律法规规定的其他人员，没有委托辩护人的，人民法院、人民检察院、公安机关应当通知法律援助机构指派律师为其提供辩护。

其他适用普通程序审理的刑事案件，被告人没有委托辩护人的，人民法院可以通知法律援助机构指派律师担任辩护人。

具有下列情形之一，被告人没有委托辩护人的，人民法院可以通知法律援助机构指派律师为其提供辩护：

①共同犯罪案件中，其他被告人已经委托辩护人；

②有重大社会影响的案件；

③人民检察院抗诉的案件；

④被告人的行为可能不构成犯罪；

⑤有必要指派律师提供辩护的其他情形。

为全面贯彻习近平法治思想，落实以人民为中心发展思想，推进全面依法治国，依法保障人民权益。2017 年 10 月，最高人民法院、司法部印发《关于开展刑事案件律师辩护全覆盖试点工作的办法》，在北京等 8 个省（直辖市）开展刑事案件审判阶段律师辩护全覆盖试点工作。2018 年 12 月，最高人民法院、司法部印发通知，将试点工作扩大至全国，对于审判阶段被告人没有委托辩护人的案件，由人民法院通知法律援助机构指派律师为其提供辩护或者由值班律师提供法律帮助，切实保障被告人合法权益。试点工作开展以来，各地加强统筹部署，理顺沟通衔接机制，加强法律援助质量监管，取得了积极成效。

2022 年 1 月 1 日起，《中华人民共和国法律援助法》正式施行，标志着我国法律援助事业进入了高质量发展的新阶段。法律援助法对扩大通知辩护范围、发挥值班律师法律帮助作用等作出了明确规定。为落实法律援助法，2022 年 10 月 12 日最高人民法院、最高人民检察院、公安部、司法部发布了《关于进一步深化刑事案件律师辩护全覆盖试点工作的意见》（以下简称《试点意见》）。《试点意见》规定，深化刑事案件律师辩护全覆盖试点工作，在审判阶段全覆盖基础上，逐步把全覆盖延伸到审查起诉阶段，能更好发挥值班律师法律帮助作用，为犯罪嫌疑人、被告人提供更广泛、更深入、更有效的刑事辩护或法律帮助，让每一名犯罪嫌疑人、被告人都能在刑事诉讼中感受到公平正义。

《试点意见》明确，犯罪嫌疑人没有委托辩护人，且具有可能判处三年以上有期徒刑、本人或其共同犯罪嫌疑人拒不认罪、案情重大复杂、可能造成重大社会影响情形之一的，人民检察院应当通知法律援助机构指派律师为其提供辩护。

具体工作程序是，人民检察院自收到移送审查起诉的案件材料之日起 3 日内，应当告知犯罪嫌疑人有权委托辩护人。犯罪嫌疑人具有意见第 7 条规定情形的，人民检察院应当告知其如果不委托辩护人，将通知法律援助机构指派律师为其提供辩护。犯罪嫌疑人决定不自行委托辩护人的，人民检察院应当记录在案并将通知辩护公函送交法律援助机构。通知辩护公函应当载明犯罪嫌疑人的姓名、涉嫌的罪名、羁押场所或者住所、通知辩护的理由、检察人员姓名和联系方式等。法律援助机构应当自收到通知辩护公函之日起3日内，确定承办律师并将辩护律师姓名、所属单位及联系方式函告人民检察院。

辩护律师职责是，辩护律师依照刑事诉讼法、律师法等规定，依法履行辩护职责。在审查起诉阶段，辩护律师应当向犯罪嫌疑人释明认罪认罚从宽的法律规定和法律后果，依法向犯罪嫌疑人提供法律咨询、程序选择建议、申请变更强制措施、提出羁押必要性审查申请等法律帮助。犯罪嫌疑人自愿认罪认罚的，辩护律师应当对刑事诉讼法第173条第二款规定的事项提出意见。法律援助机构指派的辩护律师应当自接到指派通知之日起及时阅卷、会见犯罪嫌疑人。对人民检察院拟建议适用速裁程序办理的犯罪嫌疑人认罪认罚案件，辩护律师应当在人民检察院办案期限内完成阅卷、会见。

人民检察院应当依法保障辩护律师会见、阅卷等诉讼权利，为辩护律师履行职责提供便利。人民检察院作出退回补充侦查、延长审查起诉期限、提起公诉、不起诉等重大程序性决定的，应当依法及时告知辩护律师，及时向辩护律师公开案件的流程信息。

检察院应当及时安排阅卷。辩护律师提出阅卷要求的，人民检察院应当及时安排阅卷，因工作等原因无法及时安排的，应当向辩护律师说明，并自即日起3个工作日内安排阅卷，不得限制辩护律师合理的阅卷次数和时间。有条件的地方可以设立阅卷预约平台，推行电子化阅卷，允许下载、刻录案卷材料。

做好法律帮助衔接。犯罪嫌疑人没有委托辩护人的，也不属于本意见第七条规定由法律援助机构指派律师提供辩护情形的，人民检察院应当及时通知法律援助机构安排值班律师提供法律帮助。

属于法律援助法第25条第一款、《试点意见》第7条规定的应当通知辩护情形，犯罪嫌疑人拒绝法律援助机构指派的律师为其辩护的，人民检察院应当查明原因。理由正当的，应当准许，但犯罪嫌疑人必须另行委托辩护人；犯罪嫌疑人未另行委托辩护人的，应当书面通知法律援助机构另行指派律师为其提供辩护。犯罪嫌疑人拒绝法律援助机构指派的律师为其辩护，坚持自己行使辩护权，人民检察院准许的，法律援助机构应当作出终止法律援助的决定；对于有正当理由要求更换律师的，法律援助机构应当另行指派律师为其提供辩护。

《试点意见》要求，完善值班律师派驻。人民法院、人民检察院、公安机关应当为法律援助工作站提供必要办公场所和设施，加快推进法律援助工作站建设。司法行政机关和法律援助机构应当根据当地律师资源状况、法律帮助需求灵活采用现场值班、电话值班、网络值班等多种形式，确保值班律师法律帮助全覆盖。

人民法院、人民检察院、公安机关应当在侦查、审查起诉、审判各阶段分别告知没有辩护人的犯罪嫌疑人、被告人有权约见值班律师获得法律帮助，并为犯罪嫌疑人、被告人约见值班律师提供便利。前一诉讼程序犯罪嫌疑人、被告人拒绝值班律师法律帮助的，后一诉讼程序的办案机关仍需告知其有权获得值班律师法律帮助，有关情况应当记录在案。

犯罪嫌疑人、被告人没有委托辩护人，法律援助机构也没有指派律师提供辩护的，犯罪嫌疑人、被告人申请约见值班律师的，人民法院、人民检察院、公安机关可以直接送达现场派驻的值班律师或即时通知电话、网络值班律师。不能直接安排或即时通知的，应当在二十四小时内将法律帮助通知书送达法律援助机构。法律援助机构应当在收到法律帮助通知书之日起两个工作日内确定值班律师，并将值班律师姓名、单位、联系方式告知办案机关。除通知值班律师到羁押场所提供法律帮助的情形外，人民检察院、人民法院可以商法律援助机构简化通知方式和通知手续。办案机关应当为值班律师与犯罪嫌疑人、被告人会见提供便利。

犯罪嫌疑人、被告人没有辩护人的，人民法院、人民检察院、公安机关应当在侦查、审查逮捕、审查起诉和审判阶段分别听取值班律师意见，充分发挥值班律师在各个诉讼阶段的法律帮助作用。人民法院、人民检察院、公安机关应当依法保障值班律师会见等诉讼权利。涉嫌危害国家安全犯罪、恐怖活动犯罪案件，在侦查期间，犯罪嫌疑人会见值班律师的，应当经侦查机关许可；侦查机关同意值班律师会见的，应当及时通知值班律师。值班律师会见犯罪嫌疑人、被告人时不被监听。案件移送审查起诉后，值班律师可以查阅案卷材料，了解案情，人民检察院、人民法院应当及时安排，并提供便利。已经实现卷宗电子化的地方，人民检察院、人民法院可以安排在线阅卷。对于值班律师数量有限、案件量较大的地区，值班律师可采取集中查阅案卷方式。

值班律师提供法律帮助应当充分了解案情，对于案情较为复杂的案件，应当在查阅案卷材料并向犯罪嫌疑人、被告人充分释明相关诉讼权利和程序规定后对案件处理提出意见。犯罪嫌疑人、被告人自愿认罪认罚的，值班律师应当结合案情向犯罪嫌疑人、被告人释明认罪认罚的性质和法律规定，对人民检察院指控的罪名、量刑建议、诉讼程序适用等提出意见，在犯罪嫌疑人签署具结书时在场。

值班律师在提供法律帮助过程中，认为人民法院、人民检察院、公安机关及其工作人员明显违反法律规定，阻碍其依法提供法律帮助，侵犯律师执业权利的，有权向同级或者上一级人民检察院申诉或者控告。人民检察院对申诉或者控告应当及时审查，情况属实的，通知有关机关予以纠正。

《试点意见》要求，健全完善衔接配合机制。一是健全协调会商机制。人民法院、人民检察院、公安机关、司法行政机关要加强协同配合，建立健全联席会议、定期会商通报等协调机制，明确刑事案件律师辩护全覆盖试点工作联络员，及时沟通工作进展情况，协调解决工作中的困难问题。二是建立信息共享机制。人民法院、人民检察院、公安机关、司法行政机关要及时共享重要业务数据，建立工作台账，统一统计口径，做好统计分析，加强业务指导。三是提高衔接效率。加强信息化建设，推动实现律师辩护全覆盖试点工作通知、指派等各项流程电子化，进一步提高工作效率，给律师开展工作留出必要充足时间，为辩护律师、值班律师履职创造积极条件。四是强化律师权利保障。人民法院、人民检察院、公安机关、司法行政机关要切实保障辩护律师、值班律师各项权利，不得阻碍或变相阻碍辩护律师、值班律师依法行使诉讼权利。

（五）法律援助值班律师

法律援助值班律师，是指法律援助机构在看守所、人民检察院、人民法院等场所派驻的，为犯罪嫌疑人、被告人提供法律咨询、程序选择、申请变更强制措施等法律帮助的律师。法律援助值班律师制度的主要目的是为进入刑事诉讼程序的犯罪嫌疑人或者被告人提供即时初步的服务，以其广覆盖、便利性等特点很好地体现了保障司法人权的刑事司法理念。

《刑事诉讼法》第 36 条规定了值班律师提供法律帮助的条件和方式，最高人民法院、司法部《关于开展刑事案件律师辩护全覆盖试点工作的办法》，最高人民法院、最高人民检察院、公安部、国家安全部、司法部《关于适用认罪认罚从宽制度的指导意见》《法律援助值班律师工作办法》《关于开展法律援助值班律师工作的意见》详细规定了值班律师的条件、机构、工作程序以及工作职责。

值班律师提供的服务具有以下几个特点：

一是初步性。从服务内容看，值班律师主要提供法律咨询、申请变更强制措施等初步、低限度服务。值班律师不提供出庭辩护服务，也就是说，值班律师不能取代辩护律师对案件办理作实质性深度介入。

二是广覆盖。值班律师服务对象是所有的犯罪嫌疑人、被告人。犯罪嫌疑人、被告人获得值班律师的帮助无任何条件的限制，不考虑当事人的经济状况、涉及的罪名、可能被判处的刑罚等。

三是多样性。在提供法律咨询、转交法援申请以外，在认罪认罚从宽制度中值班律师还帮助进行程序选择、申请变更强制措施、对检察机关定罪量刑建议提出意见，犯罪嫌疑人签署认罪认罚具结书时值班律师应当在场；在严格排除非法证据中，值班律师为犯罪嫌疑人、被告人提供法律帮助，对刑讯逼供、非法取证情形代理申诉、控告。

二、辩护人的范围

（一）可以被委托担任辩护人的范围

1. 律师

律师是指依法取得律师执业证书，接受委托或者指定，为当事人提供法律服务的执业人员。

2. 人民团体或者犯罪嫌疑人、被告人所在单位推荐的人

犯罪嫌疑人、被告人可以向人民团体（比如妇联、工会、共青团等团体）提出请求，由这些团体推荐人员为其提供法律帮助。也可以由犯罪嫌疑人、被告人所在的单位推荐的人为其提供法律帮助。通常被推荐的人应该是熟悉法律能胜任辩护工作，如果不具备这方面的能力，推荐他们做辩护人就起不到帮助犯罪嫌疑人、被告人行使辩护权的作用，犯罪嫌疑人、被告人也不会同意其充当辩护人。

3. 犯罪嫌疑人、被告人的监护人、亲友

未成年的犯罪嫌疑人、被告人的监护人是其父母，父母已经死亡或者没有监护能力的，其祖父母、外祖父母、兄、姐或者关系密切的其他亲属可以作为监护人。精神有问题的犯罪嫌疑人、被告人的监护人是配偶、父母、子女或者关系密切的其他亲属。至于亲友，是指犯罪嫌疑人、被告人的亲朋好友，包括犯罪嫌疑人、被告人的亲属以及与之有比较密切关系的朋友。

（二）不能担任辩护人的范围

（1）正在被执行刑罚或者处于缓刑、假释考验期间的人。正在被执行刑罚包括执行主刑和附加刑，即使主刑已经执行完毕但仍在被执行剥夺政治权利的人，也不得担任辩护人。在管制期间、缓刑考验期间、暂予监外执行期间、假释期间、被剥夺政治权利期间都不可以担任辩护人。

（2）依法被剥夺、限制人身自由的人。

（3）无行为能力或限制行为能力的人。

（4）人民法院、人民检察院、监察机关、公安机关、国家安全机关、监狱的现职人员。

（5）人民陪审员。

（6）与本案审理结果有利害关系的人。

（7）外国人或者无国籍人。

（8）被开除公职和被吊销律师、公证员执业证书的人。

（9）审判人员（检察人员）和人民法院其他工作人员从人民法院（人民检察院）离任后2年内，不得以律师身份担任辩护人。

（10）审判人员（检察人员）和人民法院其他工作人员从人民法院（人民检察院）离任后，不得担任原任职法院（检察院）办理案件的辩护人，但作为被告人的监护人、近亲属进行辩护的除外。

（11）审判人员和人民法院其他工作人员的配偶、子女或者父母不得担任其任职法院所审理案件的辩护人，但系被告人的监护人、近亲属的除外。

检察人员的配偶、子女不得担任该检察人员所任职检察院办理案件的辩护人。

注意：上述不得担任辩护人的范围中第4—8项的人员，如果是被告人的监护人、近亲属，由被告人委托担任辩护人的，可以准许。

一名辩护人不得为两名以上的同案被告人，或者未同案处理但犯罪事实存在关联的被告人辩护。

三、辩护人的诉讼地位与任务

（一）辩护人的诉讼地位

1. 辩护人具有独立的诉讼地位

律师担任辩护人，应当依法独立履行辩护职责。

需要注意的是，律师的独立辩护是有限的独立。律师在辩护活动中，应当在法律和事实的基础上尊重当事人意见，按照有利于当事人的原则开展工作，不得违背当事人的意愿提出不利于当事人的辩护意见。首先，独立辩护原则对于当事人之外的其他任何人，都可以适用。即律师独立行使辩护权，不受除当事人之外的任何人的影响和干扰。其次，律师的辩护活动要受当事人的干预，不能按照自己的想法"独立"进行辩护活动。律师毕竟是当事人的委托人，律师一切工作的出发点都是要维护当事人的合法权益。

2. 辩护人不是完全的刑事诉讼主体

辩护人基于委托、指定参加刑事诉讼；与案件的审理结果没有利害关系，没有独立上诉权、申诉权。

3. 辩护人在刑事诉讼中只承担辩护职能

辩护人是犯罪嫌疑人、被告人合法权益的专门维护者。在刑事诉讼中，辩护人一般不能检举、揭发犯罪嫌疑人、被告人已经实施的犯罪行为。

（二）辩护人的任务

（1）依法进行辩护。

（2）根据事实和法律，提出犯罪嫌疑人、被告人无罪、罪轻或者减轻、免除其刑事责任的材料和意见，维护犯罪嫌疑人、被告人的诉讼权利和其他合法权益。

（3）弘扬社会主义法制，对全社会进行法制宣传、教育。

四、辩护人的诉讼权利和义务

（一）辩护人的诉讼权利

在刑事诉讼中，律师与其他辩护人的诉讼权利不同，律师参与刑事诉讼在不同诉讼阶段的诉讼权利也不完全相同。

（1）辩护律师在侦查期间可以为犯罪嫌疑人提供法律帮助；代理申诉、控告；申请变更强制措施；向侦查机关了解犯罪嫌疑人涉嫌的罪名和案件有关情况，提出意见。

受委托的律师有权为被逮捕的犯罪嫌疑人申请取保候审；侦查机关对犯罪嫌疑人采取强制措施超过法定期限的，受委托的律师有权要求侦查机关解除。

（2）会见和通信权。辩护律师可以同在押的犯罪嫌疑人、被告人会见和通信。其他辩护人经人民法院、人民检察院许可，也可以同在押的犯罪嫌疑人、被告人会见和通信。

辩护律师持律师执业证书、律师事务所证明和委托书或者法律援助公函要求会见在押的犯罪嫌疑人、被告人的，看守所应当及时安排会见，至迟不得超过四十八小时。危害国家安全犯罪、恐怖活动犯罪案件，在侦查期间辩护律师会见在押的犯罪嫌疑人，应当经侦查机关许可。上述案件，侦查机关应当事先通知看守所。

辩护律师会见在押的犯罪嫌疑人、被告人，可以了解案件有关情况，提供法律咨询等；自案件移送审查起诉之日起，可以向犯罪嫌疑人、被告人核实有关证据。辩护律师会见犯罪嫌疑人、被告人时不被监听。

辩护律师同被监视居住的犯罪嫌疑人、被告人会见、通信，适用前述规定。

根据《诉讼规则》第48条的规定，人民检察院自对案件审查起诉之日起，律师以外的辩护人向人民检察院申请同在押、被监视居住的犯罪嫌疑人会见和通信的，由人民检察院负责捕诉的部门进行审查并作出是否许可的决定，在三日以内书面通知申请人。人民检察院许可律师以外的辩护人同在押或者被监视居住的犯罪嫌疑人通信的，可以要求看守所或者公安机关将书信送交人民检察院进行检查。律师以外的辩护人申请同在押、被监视居住的犯罪嫌疑人会见和通信，具有下列情形之一的，人民检察院可以不予许可：①同案犯罪嫌疑人在逃的；②案件事实不清，证据不足，或者遗漏罪行、遗漏同案犯罪嫌疑人需要补充侦查的；③涉及国家秘密或者商业秘密的；④有事实表明存在串供、毁灭、伪造证据或者危害证人人身安全可能的。

辩护律师会见在押犯罪嫌疑人、被告人应当遵守看守所依法作出的有关规定。未经允许，不得直接向犯罪嫌疑人、被告人传递药品、财物、食物等物品，不得将通讯工具提供给犯罪嫌疑人、被告人使用，不得携带犯罪嫌疑人、被告人亲友会见。辩护律师可以接受犯罪嫌疑人、被告人提交的与辩护有关的书面材料，也可以向犯罪嫌疑人、被告人提供与辩护有关的文件与材料。

（3）阅卷权。辩护律师自人民检察院对案件审查起诉之日起，可以查阅、摘抄、复制本案的案卷材料。其他辩护人经人民法院、人民检察院许可，也可以查阅、摘抄、复制上述材料。复制案卷材料可以采用复印、拍照、扫描等方式。

根据《诉讼规则》第49条的规定，辩护律师或者经过许可的其他辩护人到人民检察院查阅、摘抄、复制本案的案卷材料，由负责案件管理的部门及时安排，由办案部门提供案卷材料。因办案部门工作等原因无法及时安排的，应当向辩护人说明，并自即日起三个工作日以内安排辩护人阅卷，办案部门应当予以配合。

人民检察院应当为辩护人查阅、摘抄、复制案卷材料设置专门的场所或者电子卷宗阅卷终端设备。必要时，人民检察院可以派员在场协助。

辩护人复制案卷材料可以采取复印、拍照、扫描、刻录等方式，人民检察院不收取费用。

对于律师以外的辩护人申请查阅、摘抄、复制案卷材料，具有下列情形之一的，人民检察院可以不予许可：①同案犯罪嫌疑人在逃的；②案件事实不清，证据不足，或者遗漏罪行、遗漏同案犯罪嫌疑人需要补充侦查的；③涉及国家秘密或者商业秘密的；④有事实表明存在串供、毁灭、伪造证据或者危害证人人身安全可能的。

（4）申请调取证据权。辩护人认为在侦查、审查起诉期间公安机关、人民检察院收集的证明犯罪嫌疑人、被告人无罪或者罪轻的证据材料未提交的，有权申请人民检察院、人民法院调取。

（5）调查收集证据的权利。辩护律师经证人或者其他有关单位和个人同意，可以向他们收集与本案有关的材料；经人民检察院或者人民法院许可，并且经被害人或者其近亲属、被害人提供的证人同意，可以向他们收集与本案有关的材料。

需要注意，辩护律师调查收集证据只能在审查起诉和审判阶段，在侦查阶段不得行使。

（6）申请收集、调取证据或者申请通知证人出庭作证的权利。辩护律师可以申请人民检察院、人民法院收集、调取证据，或者申请人民法院通知证人出庭作证。

（7）获得通知权。根据刑诉法的规定，公安机关侦查终结的案件，应当将案件移送情况告知辩护律师；在开庭十日以前，人民法院应当将起诉书副本送达辩护人；在开庭三日以前，人民法院应当将开庭通知书送达辩护人；人民法院应当将判决书送达辩护人。

（8）参加法庭调查、辩论的权利。根据刑诉法的规定，辩护人有权参加法庭调查、辩论。经审判长许可，辩护人可以向被告人、证人、鉴定人发问；有权向法庭出示物证；有权对在法庭上出示、宣读的证据发表意见；有权申请通知新的证人到庭、调取新的物证、重新鉴定或者勘验；在法庭辩论阶段，辩护人可以对证据和案件情况发表意见并且可以和控方展开辩论。

（9）提出意见权。根据刑诉法的规定，人民检察院审查批准逮捕，可以听取辩护律师的意见，辩护律师提出要求的，应当听取辩护律师的意见；对于未成年人审查批捕，必须听取辩护人意见；在案件侦查终结前，辩护律师提出要求的，侦查机关应当听取辩护律师的意见，并记录在案，辩护律师提出书面意见的，应当附卷；人民检察院审查起诉，应当听取辩护人的意见，辩护人提出书面意见的，应当附卷；第二审案件依法不公开审理的，应当听取辩护人的意见；最高人民法院复核死刑案件，辩护律师提出要求的，应当听取辩护律师的意见。

（10）申诉或者控告权。根据刑诉法的规定，辩护人对于审判人员、检察人员和侦查人员侵犯公民诉讼权利和人身侮辱的行为，有权提出控告；辩护人认为公安机关、人民检察院、人民法院及其工作人员阻碍其依法行使诉讼权利的，有权向同级或者上一级人民检察院申诉或者控告

（11）对委托人涉案信息的保密权。辩护律师对在执业活动中知悉的委托人的有关情况和信息，有权予以保密。但是，辩护律师在执业活动中知悉委托人或者其他人，准备或者正在实施危害国家安全、公共安全以及严重危害他人人身安全的犯罪的，应当及时告知司法机关。

（12）拒绝辩护权。根据《律师法》的规定，委托人委托事项违法或者利用律师提供的服务从事违法活动或者向律师隐瞒重要事实的，辩护律师有权拒绝辩护。律师与当事人或者委托人就辩护方案产生严重分歧，不能达成一致的，可以代表律师事务所与委托人协商解除委托关系。

非律师辩护人与律师辩护人在刑事诉讼中的诉讼权利主要有以下区别：

（1）参与案件的阶段不同：在侦查阶段，只有律师才有权被委托担任辩护人，而非律师在此阶段无权被委托为犯罪嫌疑人的辩护人。

（2）阅卷权的行使不同：律师辩护人在审查起诉和审判阶段阅卷不需要人民检察院和人民法院的许可，而非律师辩护人必须经过人民检察院和人民法院的许可才能行使该权利。

（3）会见、通讯权的行使不同：律师辩护人在刑事诉讼中行使会见、通讯权不需要公安机关、人民检察院和人民法院的许可，而非律师辩护人在审查起诉、审判阶段行使会见、通讯权，必须经过人民检察院和人民法院的许可。

（4）非律师辩护人不享有调查和申请调查的权利。

（5）非律师辩护人不享有申请取保候审的权利。

（二）辩护人的诉讼义务

（1）依法进行辩护。辩护人，特别是辩护律师在接受犯罪嫌疑人、被告人的委托后，有义务为其进行辩护，没有特殊情况不得中途拒绝。

（2）忠于事实和法律。辩护人进行辩护根据客观事实和法律进行，不能歪曲事实，曲解法律。更不能帮助犯罪嫌疑人、被告人隐匿、毁灭、伪造证据或者串供，也不得威

胁、引诱证人改变证言或者作伪证以及进行其他干扰司法机关诉讼活动的行为。违反规定的，应当依法追究法律责任。《刑法》第306条规定，在刑事诉讼中，辩护人毁灭、伪造证据，帮助当事人毁灭、伪造证据，威胁、引诱证人违背事实改变证言或者作伪证的，处3年以下有期徒刑或者拘役；情节严重的，处3年以上7年以下有期徒刑。

辩护人涉嫌犯罪的，应当由办理辩护人所承办案件的侦查机关以外的侦查机关办理。辩护人是律师的，应当及时通知其所在的律师事务所或者所属的律师协会。

（3）保密。辩护律师对在执业活动中知悉的委托人的有关情况和信息，有权予以保密。但是，辩护律师在执业活动中知悉委托人或者其他人，准备或者正在实施危害国家安全、公共安全以及严重危害他人人身安全的犯罪的，应当及时告知司法机关。

（4）辩护人收集的有关犯罪嫌疑人不在犯罪现场、未达到刑事责任年龄、属于依法不负刑事责任的精神病人的证据，应当及时告知公安机关、人民检察院。

（5）遵守执业纪律、服从法庭指挥。特别是律师，在执业活动中要遵守《律师法》规定的义务，比如：不得私自接受委托，私自向委托人收取费用和财物，不得违反规定会见法官、检察官，影响案件的公正进行等。

任务二　了解刑事诉讼中的代理

【案例 6-2】

某故意伤害案被害人李某，在犯罪嫌疑人张某被移送检察院审查起诉后，委托律师王某作为诉讼代理人参与诉讼。王律师在查阅案卷材料后，进行了调查取证，并在此基础上向检察院提出了李某的行为应当是故意杀人（未遂）的代理意见。案件起诉到法院后，王律师继续接受李某的委托作为诉讼代理人参与了庭审，发表了代理意见。最终，法院采纳了王律师的意见，以故意杀人（未遂）对被告人张某作出判决。

【应知应会】

一、刑事诉讼代理的概念

刑事诉讼中的代理，是指诉讼代理人接受公诉案件的被害人及其法定代理人或者近亲属、自诉案件的自诉人及其法定代理人、附带民事诉讼的当事人及其法定代理人的委托，以被代理人的名义，在被代理人授权的范围内，为维护其合法权益所进行的诉讼活动。

刑事诉讼中的代理人，又称诉讼代理人，是指接受当事人或者近亲属的委托，代为参加诉讼的人。代理人可以是律师，也可以是律师以外的其他公民。但是，正在被执行刑罚，或者依法被剥夺、限制人身自由的人，不能充当代理人。

二、刑事辩护与刑事诉讼代理的区别

刑事辩护和刑事诉讼代理有某些类似之处，即刑事辩护人和刑事诉讼代理人都与案件的处理结果无法律上的利害关系，都不是基于本人利益参加诉讼。但两者有本质的区别，这种区别主要表现在：

（1）刑事辩护是根据犯罪嫌疑人、被告人的委托或者法院的指定；而刑事代理只能是当事人及其法定代理人、近亲属的委托。

（2）刑事辩护人具有独立的诉讼地位，不受犯罪嫌疑人、被告人的意志左右；而刑事代理人则依附于被代理人。

（3）刑事辩护适用于犯罪嫌疑人、被告人；而刑事代理适用公诉案件的被害人、自诉案件的自诉人、附带民事诉讼的当事人。

（4）刑事辩护承担的是辩护职能；而刑事代理是维护被代理人的合法权益。

（5）刑事辩护的权限是由法律赋予且以自己名义进行，享有广泛权利；而刑事代理则是一种授权以被代理人的名义进行，不能超越被代理人的授权权限，受被代理人意志的约束。

三、刑事诉讼代理的分类

（一）刑事自诉案件的代理

刑事自诉案件的代理，也称自诉人代理，是指诉讼代理人接受自诉人及其法定代理人的委托，协助自诉人进行诉讼活动。

根据刑诉法的规定，自诉人有权随时委托代理人。

（二）公诉案件中被害人的代理

公诉案件中被害人代理，是指诉讼代理人接受被害人及其法定代理人或者近亲属的委托，协助被害人依法行使控诉权，维护被害人的合法权益所进行的诉讼活动。

被害人及其法定代理人或者近亲属，自案件移送人民检察院审查起诉之日起，有权委托诉讼代理人。代理人的范围与辩护人范围相同，委托刑事代理人大多数是律师。

公诉案件被害人委托代理人的权利，根据法律规定，被害人的代理人在诉讼中只能代理行使法律赋予被害人的部分或者全部诉讼权利。至于每个案件具体的代理范围，要以委托代理协议为依据，既可以全权代理，也可以部分代理。同时代理律师应依法指导、协助或代理委托人行使程序权利。在法庭审理时，代理律师应与公诉人互相配合，依法行使控诉职能，与被告人及其辩护人展开辩论。代理意见与公诉人不一致的，代理律师应从维护被害人的合法权益出发，独立发表代理意见。

（三）刑事附带民事诉讼的代理

刑事附带民事诉讼代理，是指诉讼代理人接受刑事附带民事诉讼当事人及其法定代理人的委托，作为诉讼代理人而进行的活动。包括刑事附带民事诉讼原告人的代理和刑事附带民事诉讼被告人的代理。

刑事附带民事诉讼的代理应当明确的几个问题：

（1）无论是公诉案件还是自诉案件，附带民事诉讼的当事人及其法定代理人都有权委托诉讼代理人。

（2）自诉案件有委托权的人可以随时委托诉讼代理人。公诉案件只有在案件移送到人民检察院审查起诉之日，有委托权的人才可以委托诉讼代理人。

（3）律师在附带民事诉讼中的代理，实质上就是民事诉讼代理，但又不同于纯粹的民事诉讼代理。附带民事诉讼的代理，律师可以身兼数职，他既可能是刑事自诉案件中被告人的辩护人，又可能担任被告人反诉案件中自诉人的代理人，还可能是附带民事诉讼中的代理人。如果案情复杂，代理律师必须分清各种代理的权限、各种代理人的诉讼地位，以防止代理混乱，贻误诉讼。

四、诉讼代理人的权利和义务

诉讼代理人是受委托代理有关当事人进行刑事诉讼活动的人。一方面，要遵守法律的规定，另一方面，要在委托人授权的范围内进行活动。因此，诉讼代理人的权利和义务包括法定的权利、义务和约定的权利、义务。

诉讼代理人的法定权利主要包括：①代理律师可以查阅与本案有关的案卷材料；②代理律师可以调查收集证据；③代理律师在发现委托的事项违法、委托人利用律师提供的服务从事违法活动或者委托人向律师隐瞒事实时，可以拒绝代理；④在审查起诉阶段，被害人的诉讼代理人可以向人民检察院提交代理意见；⑤诉讼代理人在法庭上，经审判长许可，可以向被告人、证人、鉴定人发问；⑥诉讼代理人有权申请通知新的证人到庭，调取新的物证，申请重新鉴定或者勘验；⑦诉讼代理人有权对证据和案件情况发表意见；⑧诉讼代理人有法庭辩论的权利。

诉讼代理人的法定义务主要包括：①无正当理由不得拒绝代理；②应当遵守法庭秩序。

约定的权利和义务，是指在委托人与诉讼代理人之间达成委托代理协议时，双方协商一致确定的诉讼代理人的权利和义务。这些权利和义务，主要体现在委托人与接受委托的律师事务所之间签订的委托协议中。比如，公诉案件被害人可以委托代理律师代为向检察院提出抗诉申请；自诉案件的自诉人可以委托代理人行使撤诉权等。

项目七　刑事附带民事诉讼

【案例 7-1】

某故意伤害案，被害人李某住院治疗三个月，花费医疗费 5 万元。案件起诉到法院后，被害人向法院提起刑事附带民事诉讼，要求被告人赔偿医疗费、误工费、陪护费、精神损失费等共计人民币 9 万元。法院在审理过程中对附带民事部分进行了调解，由于双方争议差距较大，未能达成调解协议。法院在审理结束时做出刑事附带民事判决。

【应知应会】

任务一　了解刑事附带民事诉讼

一、刑事附带民事诉讼的概念

《刑事诉讼法》第 77 条规定："被害人由于被告人的犯罪行为而遭受物质损失的，在刑事诉讼过程中，有权提起附带民事诉讼。如果是国家财产、集体财产遭受损失的，人民检察院在提起公诉的时候，可以提起附带民事诉讼。"

刑事附带民事诉讼，简称附带民事诉讼，是指公安司法机关在刑事诉讼过程中，在解决被告人刑事责任的同时，附带解决因犯罪嫌疑人、被告人的犯罪行为所引起的物质损失的赔偿问题而进行的诉讼。

二、附带民事诉讼的特征

附带民事诉讼实质上是一种特殊的民事诉讼。其特征表现在：

1. 附带民事诉讼性质的特殊性

附带民事诉讼解决的是物质损害赔偿的问题，属于民事诉讼，但又不是单纯的民事诉讼，在刑事诉讼中提起，并由审理刑事案件的组织审理，同刑事案件一并判决。

2. 附带民事诉讼依据的复合性

附带民事诉讼在实体上，对损害事实的认定既要遵循刑法关于犯罪构成的规定，还要受民事法律规范的调整；在程序上，要受刑诉法和民诉法的调整。

3. 附带民事诉讼处理程序的附属性

附带民事诉讼以刑事诉讼为依托，如果不存在刑事诉讼，则附带民事诉讼也就失去了存在的可能。

4. 附带民事诉讼解决问题的有限性

附带民事诉讼所解决的物质损失是由犯罪嫌疑人、被告人的犯罪行为导致的直接物质损失，既不包括间接物质损失，也不解决精神损害赔偿问题。

三、附带民事诉讼的范围

1. 因人身权利受到侵犯而遭受物质损失的，可以提起附带民事诉讼。

2. 因财物被犯罪分子毁坏而遭受物质损失的，可以提起附带民事诉讼。

3. 对于被害人因犯罪行为遭受精神损失而提起附带民事诉讼的，人民法院一般不予受理。

4. 对于刑事案件被害人在该刑事案件审结以后，另行提起精神损害民事诉讼的，人民法院一般不予受理。

5. 物质损失只能是直接物质损失。具体包括：已经遭受的物质损失和必然遭受的物质损失。

四、附带民事诉讼成立的条件

附带民事诉讼的成立条件亦即起诉条件，包括以下六个方面：

（一）附带民事诉讼以刑事诉讼的成立为前提

附带民事诉讼是由刑事诉讼所追究的犯罪行为引起的，是在追究行为人的刑事责任的同时，附带追究行为人的损害赔偿责任。因此，附带民事诉讼必须以刑事诉讼的成立为前提，如果刑事诉讼不成立，附带民事诉讼就失去了存在的基础。

（二）提起附带民事诉讼的原告人符合法定条件

以下主体有权提起附带民事诉讼：

（1）被害人（一般情况下，附带民事诉讼的原告人是因犯罪行为直接遭受物质损失的公民、法人、企业事业单位、机关团体等）；

（2）已死亡的被害人的近亲属；

（3）无行为能力或限制行为能力人的被害人的法定代理人；

（4）人民检察院（如果是国家财产、集体财产遭受损失的，人民检察院在提起公诉时可以附带提起民事诉讼，成为附带民事诉讼的原告人）。

（三）有明确的被告人

附带民事诉讼的被告人，是指对其犯罪行为造成的损失依法负有赔偿责任的人。附带民事诉讼的被告人通常就是刑事被告人本人，也可以是依法负有赔偿责任的其他人。根据《司法解释》第180条规定，附带民事诉讼中依法负有赔偿责任的人包括：

（1）刑事被告人以及未被追究刑事责任的其他共同侵害人；

（2）刑事被告人的监护人；

（3）死刑罪犯的遗产继承人；

（4）共同犯罪案件中，案件审结前死亡的被告人的遗产继承人；

（5）对被害人的物质损失依法应当承担赔偿责任的其他单位和个人。

附带民事诉讼被告人的亲友自愿代为赔偿的，可以准许。

（四）有请求赔偿的具体要求和事实根据

附带民事诉讼原告人提起附带民事诉讼，不仅要求有明确的附带民事诉讼被告人，还必须有具体的诉讼请求，即提出应当赔偿的具体数额，同时对加害事实造成的物质损失，要有事实根据，并应承担举证责任。

（五）被害人的物质损失是由被告人的犯罪行为造成的

这里的犯罪行为是指被告人在刑事诉讼过程中被指控的犯罪行为，而不要求是人民法院以生效裁判确定犯罪的行为。

被害人所遭受的物质损失与被告人的犯罪行为之间存在因果关系。被害人遭受的物质损失包括已经遭受的实际损失和必然遭受的损失。已经遭受的实际损失又称为积极损失。必然遭受的损失又称消极损失，是指被害人将来必然遭受的物质利益的损失，如因伤残而必然导致的劳动收入的减少、继续治疗的费用等。但是不包括今后可能得到的物质利益。因被害人自己的过错造成的损失不应由被告人承担。

（六）属于人民法院受理附带民事诉讼的范围和受诉人民法院管辖

五、附带民事诉讼提起的时间

有权提起附带民事诉讼的人或机关在刑事诉讼过程中可以提起附带民事诉讼。所谓刑事诉讼过程中，就是指从刑事立案后到第一审判决宣告前。有权提起附带民事诉讼的人在第一审判决宣告以前没有提起附带民事诉讼的，第一审判决宣告以后不得再提起，但可以在刑事判决生效后另行提起民事诉讼。

只要是在刑事诉讼过程中，无论是在侦查阶段、审查起诉阶段还是审判阶段，被害人依法都可以提起附带民事诉讼。在侦查、预审、审查起诉阶段，有权提起附带民事诉讼的人向公安机关、人民检察院提出赔偿要求，已经公安机关、人民检察院记录在案的，刑事案件起诉后，人民法院应当按附带民事诉讼案件受理；经公安机关、人民检察院调解，当事人双方达成协议并已给付，被害人又坚持向法院提起附带民事诉讼的，人民法院也可以受理。

有权提起附带民事诉讼的人在侦查、审查起诉阶段提起附带民事诉讼的，人民检察院应当记录在案，并将原告人的诉讼请求和有关材料，在提起公诉的同时，一并移送人民法院。

如果是国家、集体财产遭受损失，受损失的单位未提起附带民事诉讼，人民检察院在提起公诉的时候，可以提起附带民事诉讼。

自诉案件中的被害人，应当在提起自诉后直接向人民法院提起附带民事诉讼。

六、附带民事诉讼提起的方式

有权提起附带民事诉讼的主体是公民个人的，提起附带民事诉讼可以是书面的，也可以是口头的。法人、人民检察院提起附带民事诉讼的，只能以书面方式进行。

任务二 附带民事诉讼的审理

根据《刑事诉讼法》第 104 条的规定，附带民事诉讼应当同刑事案件一并审判，只有为了防止刑事案件审判的过分迟延，才可以在刑事案件审判后，由同一审判组织继续审理附带民事诉讼。

该规定明确了附带民事诉讼案件审理的原则，即"一并审判"是原则，"分开审判"是例外。在分别审判时要注意：第一，只能先审刑事部分，后审附带民事部分，而不能先审附带民事部分，后审刑事部分；第二，必须由审理刑事案件的同一审判组织继续审理附带民事部分，不得另行组成合议庭；第三，附带民事部分判决对案件事实的认定不得同刑事判决相抵触；第四，附带民事诉讼部分的延期审理，一般不影响刑事判决的生效。

审理刑事附带民事诉讼案件除必须按照一般刑事案件的审判程序进行以外，还应当按照其特有的程序进行。根据《刑事诉讼法》《司法解释》的规定，审判刑事附带民事诉讼案件应当注意以下问题：

（1）人民法院受理刑事案件后，可以告知因犯罪行为遭受物质损失的被害人（公民、法人和其他组织）、已死亡被害人的近亲属、无行为能力或者限制行为能力被害人的法定代理人，有权提起附带民事诉讼。

（2）人民法院收到附带民事诉状后，应当进行审查，并在 7 日以内决定是否立案。

对于符合刑事诉讼法规定的起诉条件的，应当受理；不符合的，应当裁定驳回起诉。

（3）人民法院受理附带民事诉讼后，应当在 5 日内向附带民事诉讼的被告人送达附带民事诉讼起诉状副本，或者将口头起诉的内容及时通知附带民事诉讼的被告人，并制作笔录。被告人是未成年人的，应当将附带民事起诉状副本送达其法定代理人，或者将口头起诉的内容通知其法定代理人。人民法院送达附带民事起诉状副本时，应当根据刑事案件审理的期限，确定被告人或者其法定代理人提交民事答辩状的时间。

（4）附带民事诉讼的原告人有权提出先予执行的申请。对于先予执行的申请，人民法院应当依照民事诉讼法的有关规定，裁定先予执行或者驳回申请。

（5）附带民事诉讼案件的当事人对自己提出的主张，有责任提供证据。

（6）人民法院审理附带民事诉讼案件，在必要时，可以决定查封或者扣押被告人的财产。

（7）在刑事附带民事诉讼案件的审理中，被告人已经赔偿被害人物质损失的，人民法院可以作为量刑情节予以考虑。

犯罪分子非法占有、处置被害人财产而使其遭受物质损失的，人民法院应当依法予以追缴或者责令退赔。被追缴、退赔的情况，人民法院可以作为量刑情节予以考虑。经过追缴或者退赔仍不能弥补损失，被害人向人民法院民事审判庭另行提起民事诉讼的，人民法院可以受理。

（8）审理附带民事诉讼案件，除人民检察院提起的以外，可以调解。调解应当在自愿、合法的基础上进行。经调解达成协议的，审判人员应当及时制作调解书。调解书经双方当事人签收后即发生法律效力。调解达成协议并即时履行完毕的，可以不制作调解书，但应当制作笔录，经双方当事人、审判人员、书记员签名后即发生法律效力。调解未达成协议或者调解书签收前当事人反悔的，附带民事诉讼应当同刑事诉讼一并判决。开庭审理时，一般应当分阶段进行，先审理刑事部分，然后审理附带民事部分。

（9）对附带民事诉讼作出判决，应当根据犯罪行为造成的物质损失，结合案件具体情况，确定被告人应当赔偿的数额。

犯罪行为造成被害人人身损害的，应当赔偿医疗费、护理费、交通费等为治疗和康复支付的合理费用，以及因误工减少的收入。造成被害人残疾的，还应当赔偿残疾生活辅助器具费等费用；造成被害人死亡的，还应当赔偿丧葬费等费用。

驾驶机动车致人伤亡或者造成公私财产重大损失，构成犯罪的，依照《中华人民共和国道路交通安全法》第 76 条的规定确定赔偿责任。

附带民事诉讼当事人就民事赔偿问题达成调解、和解协议的，赔偿范围、数额不受前述规定的限制。

（10）人民检察院提起附带民事诉讼的，人民法院经审理，认为附带民事诉讼被告人依法应当承担赔偿责任的，应当判令附带民事诉讼被告人直接向遭受损失的单位作出赔偿；遭受损失的单位已经终止，有权利义务继受人的，应当判令其向继受人作出赔偿；没有权利义务继受人的，应当判令其向人民检察院交付赔偿款，由人民检察院上缴国库。

（11）审理刑事附带民事诉讼案件，人民法院应当结合被告人赔偿被害人物质损失的情况认定其悔罪表现，并在量刑时予以考虑。

（12）附带民事诉讼原告人经传唤，无正当理由拒不到庭，或者未经法庭许可中途退庭的，应当按撤诉处理。

刑事被告人以外的附带民事诉讼被告人经传唤，无正当理由拒不到庭，或者未经法庭许可中途退庭的，附带民事部分可以缺席判决。

刑事被告人以外的附带民事诉讼被告人下落不明，或者用公告送达以外的其他方式无法送达，可能导致刑事案件审判过分迟延的，可以不将其列为附带民事诉讼被告人，告知附带民事诉讼原告人另行提起民事诉讼。

（13）附带民事诉讼应当同刑事案件一并审判，只有为了防止刑事案件审判的过分迟延，才可以在刑事案件审判后，由同一审判组织继续审理附带民事诉讼；同一审判组织的成员确实不能继续参与审判的，可以更换。

（14）人民法院认定公诉案件被告人的行为不构成犯罪，对已经提起的附带民事诉讼，经调解不能达成协议的，可以一并作出刑事附带民事判决，也可以告知附带民事原告人另行提起民事诉讼。

人民法院准许人民检察院撤回起诉的公诉案件，对已经提起的附带民事诉讼，可以进行调解；不宜调解或者经调解不能达成协议的，应当裁定驳回起诉，并告知附带民事诉讼原告人可以另行提起民事诉讼。

（15）附带民事诉讼的赔偿是以被告人本人的财产为限。被告人没有经济赔偿能力的，不能让被告人的近亲属承担。

（16）共同犯罪案件，应根据共同犯罪人和其他参与犯罪的共同行为人对民事损害后果所起的作用和在共同民事损害中的地位，分别判定各自应当承担的赔偿数额，同时，共同犯罪人之间应当承担连带责任。

（17）第一审期间未提起附带民事诉讼，在第二审期间提起的，第二审人民法院可以依法进行调解；调解不成的，告知当事人可以在刑事判决、裁定生效后另行提起民事诉讼。

（18）人民法院审理附带民事诉讼案件，不收取诉讼费。

（19）被害人或者其法定代理人、近亲属在刑事诉讼过程中未提起附带民事诉讼，另行提起民事诉讼的，人民法院可以进行调解，或者根据《司法解释》第192条第2款、第3款的规定作出判决。

（20）人民法院审理附带民事诉讼案件，除刑法、刑事诉讼法以及刑事司法解释已有规定的以外，适用民事法律的有关规定。

（21）审理附带民事诉讼的上诉、抗诉案件，应当对全案进行审查。如果第一审判决的刑事部分并无不当，第二审人民法院只需就附带民事诉讼部分作出处理。如果第一审判决附带民事部分事实清楚，适用法律正确的，应当以刑事附带民事裁定维持原判，驳回上诉、抗诉。

（22）附带民事诉讼案件，只有附带民事诉讼的当事人和他们的法定代理人提出上诉的，第一审刑事部分的判决在上诉期满后即发生法律效力。应当送监执行的第一审刑事被告人是第二审附带民事诉讼被告人的，在第二审附带民事诉讼案件审结前，可以暂缓送监执行。

（23）第二审人民法院审理对刑事部分提出上诉、抗诉，附带民事诉讼部分已经发生法律效力的案件，如果发现第一审判决或者裁定中的民事部分确有错误，应当对民事部分按照审判监督程序予以纠正。

（24）第二审人民法院审理对附带民事诉讼部分提出上诉、抗诉，刑事部分已经发生法律效力的案件，如果发现第一审判决或者裁定中的刑事部分确有错误，应当对刑事部分按照审判监督程序进行再审，并将附带民事诉讼部分与刑事部分一并审理。

（25）在第二审案件附带民事部分审理中，第一审民事原告人增加独立的诉讼请求或者第一审民事被告人提出反诉的，第二审人民法院可以根据当事人自愿的原则就新增加的诉讼请求或者反诉进行调解，调解不成的，告知当事人另行起诉。

（26）人民法院审理附带民事诉讼案件，依法判决后，查明被告人确实没有财产可供执行的，应当裁定中止或者终结执行。附带民事判决中财产的执行，依照民事诉讼法和最高人民法院的有关规定办理。

（27）对附带民事诉讼的判决、裁定有执行财产内容的被告人，在本地无财产可供执行，原判人民法院可以委托其财产所在地人民法院代为执行。代为执行的人民法院执行后或者无法执行的，应当将有关情况及时通知委托的人民法院。需要退赔的财产，应当由执行的人民法院移交委托的人民法院依法退赔。

项目八　期间、送达

任务一　期间

【案例 8-1】

某地法院对刘某故意伤害案作出一审判决后，刘某不服，在接到判决书第十天通过看守所提交上诉状。但是，由于看守所人员的疏忽，直到第三天后才将上诉状交到法院。一审法院认为被告人没有在法定期限内提交上诉状，其上诉行为无效，一审判决生效。后经申诉，二审法院认定刘某的上诉行为有效。

【应知应会】

一、期间的概念和种类

（一）概念

期间，是指在刑事诉讼中法律规定的公安机关、人民检察院、人民法院以及诉讼参与人完成某种刑事诉讼活动所必须遵守的时间期限要求。

（二）种类

期间一般分为两种：即法定期间和指定期间；或者分为司法机关履行某种诉讼行为的

期间和诉讼参与人履行某种诉讼行为的期间。

二、法定期间

法定期间是指由法律明确规定的诉讼时间期限。根据刑诉法的规定，按期间的计算单位将法定期间归类如下：

1. 以时为计算单位的期间

12 小时	拘传持续的时间不得超过 12 小时；案情特别重大、复杂，需要采取拘留、逮捕措施的，拘传持续的时间不得超过 24 小时。
24 小时	①拘留后，应当立即将被拘留人送看守所羁押，至迟不得超过 24 小时。除无法通知或者涉嫌危害国家安全犯罪、恐怖活动犯罪通知可能有碍侦查的情形以外，应当在拘留后 24 小时以内，通知被拘留人的家属。 公安机关对被拘留的人，应当在拘留后的 24 小时以内进行讯问。在发现不应当拘留的时候，必须立即释放，发给释放证明。 ②人民法院、人民检察院对于各自决定逮捕的人，公安机关对于经人民检察院批准逮捕的人，都必须在逮捕后的 24 小时以内进行讯问。在发现不应当逮捕的时候，必须立即释放，发给释放证明。

2. 以日为计算单位的期间

3 日	①人民检察院自收到移送审查起诉的案件材料之日起 3 日以内，应当告知犯罪嫌疑人有权委托辩护人。人民法院自受理自诉案件之日起 3 日以内，应当告知被告人有权委托辩护人。 ②人民检察院自收到移送审查起诉的案件材料之日起 3 日以内，应当告知被害人及其法定代理人或者其近亲属、附带民事诉讼的当事人及其法定代理人有权委托诉讼代理人。人民法院自受理自诉案件之日起 3 日以内，应当告知自诉人及其法定代理人、附带民事诉讼的当事人及其法定代理人有权委托诉讼代理人。 ③公安机关对被拘留的人，认为需要逮捕的，应当在拘留后的 3 日以内，提请人民检察院审查批准。在特殊情况下，提请审查批准的时间可以延长 1 日至 4 日。 ④对于扣押的物品、文件、邮件、电报或者冻结的存款、汇款，经查明确实与案件无关的，应当在 3 日以内解除扣押、冻结，退还原主或者原邮电机关。 ⑤人民法院将开庭的时间、地点在开庭 3 日以前通知人民检察院、辩护人、诉讼代理人、证人、鉴定人、翻译人员。 ⑥被告人、自诉人、附带民事诉讼的原告人和被告人通过原审人民法院提出上诉的，原审人民法院应当在 3 日以内将上诉状连同案卷、证据移送上一级人民法院，同时将上诉状副本送交同级人民检察院和对方当事人。 ⑦被告人、自诉人、附带民事诉讼的原告人和被告人直接向第二审人民法院提出上诉的，第二审人民法院应当在 3 日以内将上诉状交原审人民法院送交同级人民检察院和对方当事人。

5日	①当事人由于不能抗拒的原因或者其他正当理由而耽误期限的，在障碍消除后5日以内，可以申请继续进行应当在期满以前完成的诉讼活动。 ②当庭宣告判决的，应当在5日以内将判决书送达当事人和提起公诉的人民检察院。 ③被害人及其法定代理人不服地方各级人民法院第一审的判决的，自收到判决书后5日以内，有权请求人民检察院提出抗诉。人民检察院自收到被害人及其法定代理人的请求后5日以内，应当作出是否抗诉的决定并且答复请求人。 ④不服裁定的上诉和抗诉的期限为5日，从接到裁定书的第2日起算。 ⑤公安机关在宣读没收保证金决定书时，应当告知如果对没收保证金的决定不服，被取保候审人或者其法定代理人可以在5日以内向作出决定的公安机关申请复议。公安机关应当在收到复议申请后7日以内作出决定。 被取保候审人或者其法定代理人对复议决定不服的，可以在收到复议决定书后5日以内向上一级公安机关申请复核一次。上一级公安机关应当在收到复核申请后7日以内作出决定。对上级公安机关撤销或者变更没收保证金决定的，下级公安机关应当执行。 ⑥决定对保证人罚款的，其如果对罚款决定不服，可以在5日以内向作出决定的公安机关申请复议。公安机关应当在收到复议申请后7日以内作出决定。 保证人对复议决定不服的，可以在收到复议决定书后5日以内向上一级公安机关申请复核一次。上一级公安机关应当在收到复核申请后7日以内作出决定。对上级公安机关撤销或者变更罚款决定的，下级公安机关应当执行。
7日	①人民检察院应当自接到公安机关提请批准逮捕书后的7日以内，作出批准逮捕或者不批准逮捕的决定。 ②对于有被害人的案件，决定不起诉的，人民检察院应当将不起诉决定书送达被害人。被害人如果不服，可以自收到决定书后7日以内向上一级人民检察院申诉，请求提起公诉。 ③对于人民检察院依照《刑事诉讼法》规定作出的酌定不起诉决定，被不起诉人如果不服，可以自收到决定书后7日以内向人民检察院申诉。 ④下级人民法院接到最高人民法院执行死刑的命令后，应当在7日以内交付执行。
10日	①一审法院要将人民检察院的起诉书副本至迟在开庭10日以前送达被告人、辩护人。 ②第二审人民法院必须在开庭10日以前通知人民检察院查阅案卷。 ③不服判决的上诉和抗诉的期限为10日，从接到判决书的第二日起算。 ④证人没有正当理由拒绝出庭或者出庭后拒绝作证的，予以训诫，情节严重的，经院长批准，处以10日以下的拘留。
15日	①在法庭审判过程中，如果诉讼参与人或者旁听人员违反法庭秩序，审判长应当警告制止。对不听制止的，可以强行带出法庭；情节严重的，处以1000元以下的罚款或者15日以下的拘留。 ②人民法院应当自收到自诉状或者口头告诉第二日起15日内决定是否立案。
20日	①适用简易程序审理案件，人民法院应当在受理后20日以内审结。 ②人民检察院认为人民法院减刑、假释的裁定不当，应当在收到裁定书副本后20日以内，向人民法院提出书面纠正意见。

30 日	对于流窜作案、多次作案、结伙作案的重大嫌疑分子，提请审查批准的时间可以延长至 30 日。

3. 以月为计算单位的期间

1 个月	①人民检察院对于公安机关移送起诉的案件，应当在 1 个月以内作出决定，重大、复杂的案件，可以延长半个月。 ②人民检察院审查案件，对于需要补充侦查的，可以退回公安机关补充侦查，也可以自行侦查。对于补充侦查的案件，应当在 1 个月以内补充侦查完毕。补充侦查以二次为限。补充侦查完毕移送人民检察院后，人民检察院重新计算审查起诉期限。 ③依照《刑事诉讼法》第 204 条第二项的规定延期审理的案件，人民检察院应当在 1 个月以内补充侦查完毕。 ④接受抗诉的人民法院按照审判监督程序审判抗诉的案件，审理期限适用前款规定；对需要指令下级人民法院再审的，应当自接受抗诉之日起 1 个月以内作出决定，下级人民法院审理案件的期限适用前款规定。 ⑤人民检察院认为暂予监外执行不当的，应当自接到通知之日起 1 个月以内将书面意见送交批准暂予监外执行的机关，批准暂予监外执行的机关接到人民检察院的书面意见后，应当立即对该决定进行重新核查。 ⑥人民检察院认为人民法院减刑、假释的裁定不当，应当在收到裁定书副本后 20 日以内，向人民法院提出书面纠正意见。人民法院应当在收到纠正意见后 1 个月以内重新组成合议庭进行审理，作出最终裁定。
2 个月	①对犯罪嫌疑人逮捕后的侦查羁押期限不得超过 2 个月。案情复杂、期限届满不能终结的案件，可以经上一级人民检察院批准延长 1 个月。 ②下列案件在刑诉法第 156 条规定的期限届满不能侦查终结的，经省、自治区、直辖市人民检察院批准或者决定，可以延长 2 个月：交通十分不便的边远地区的重大复杂案件；重大的犯罪集团案件；流窜作案的重大复杂案件；犯罪涉及面广，取证困难的重大复杂案件。 ③对犯罪嫌疑人可能判处十年有期徒刑以上刑罚，依照刑诉法第 158 条规定延长期限届满，仍不能侦查终结的，经省、自治区、直辖市人民检察院批准或者决定，可以再延长 2 个月。 ④人民法院审理公诉案件，应当在受理后 2 个月以内宣判，至迟不得超过 3 个月。对于可能判处死刑的案件或者附带民事诉讼的案件，以及有刑诉法第 158 条规定情形之一的，经上一级人民法院批准，可以延长 3 个月；因特殊情况还需要延长的，报请最高人民法院批准。 ⑤第二审人民法院受理上诉、抗诉案件，应当在 2 个月以内审结。对于可能判处死刑的案件或者附带民事诉讼的案件，以及有刑诉法第 156 条规定情形之一的，经省、自治区、直辖市高级人民法院批准或者决定，可以延长 2 个月；因特殊情况还需要延长的，报请最高人民法院批准。

3个月	人民法院按照审判监督程序重新审判的案件，应当在作出提审、再审决定之日起3个月以内审结，需要延长期限的，不得超过6个月。
6个月	人民法院、人民检察院和公安机关对犯罪嫌疑人、被告人监视居住最长不得超过6个月。
12个月	人民法院、人民检察院和公安机关对犯罪嫌疑人、被告人取保候审最长不得超过12个月。

三、期间的计算

（一）期间的计算单位

《刑事诉讼法》第105条规定，期间有时、日、月三种计算单位。

（二）期间的计算方法

（1）以时为计算单位的期间。从期间开始的下一时起算，期间开始的时不计算在期间以内。其届满以法定期间的最后一时完了为止。如犯罪嫌疑人3月1日9时30分被逮捕，通知其家属的期间，应从10时开始计算。

（2）以日为计算单位的期间。从期间开始的次日起算，期间开始的日不计算在期间以内。其届满以法定期间的最后一日为止。如被告人在3月15日15时接到一审判决书，其上诉期间就从3月16日开始计算，往后数10日，即到3月25日届满。

（3）以月计算的期间，自本月某日至下月同日为一个月；期限起算日为本月最后一日的，至下月最后一日为一个月；下月同日不存在的，自本月某日至下月最后一日为一个月；半个月一律按十五日计算。

（三）期间计算的一些特别规定

（1）节假日期间的计算。期间的最后一日为节假日的，以节假日后的第一日为期满日期，但犯罪嫌疑人、被告人或者罪犯在押期间，应当至期满之日为止，不得因节假日而延长。

（2）扣除路途上的时间。上诉状或其他文件在诉讼期满前已经交邮的（以当地邮局邮戳为准），即使文书到达司法机关的时间超过法定期限，仍然认为有效，不算过期。

（3）犯罪嫌疑人不讲真实姓名、住址，身份不明的，侦查羁押期限自查清其身份之日起计算。但是不能停止对其犯罪行为的侦查取证。

（4）犯罪嫌疑人、被告人在押的案件，对犯罪嫌疑人、被告人作司法精神病鉴定的期间，不计入侦查羁押、审理期限。

（5）刑期的计算规则。以年计算的刑期，自本年本月某日至次年同月同日的前一日为一年；次年同月同日不存在的，自本年本月某日至次年同月最后一日的前一日为一年。以月计算的刑期，自本月某日至下月同日的前一日为一个月；刑期起算日为本月最后一的，至下月最后一日的前一日为一个月；下月同日不存在的，自本月某日至下月最后一日的前一日为一个月；半个月一律按十五日计算。

四、期间的恢复

期间的恢复，是指当事人由于不能抗拒的原因或者有其他正当的理由而耽误期限的，在障碍或原因消除后的 5 日内，可以向人民法院提出申请，请求继续进行应当在期限届满以前完成的诉讼活动。

《刑事诉讼法》第 106 条规定了期间恢复的条件：

（1）申请的主体。只有当事人才有权提出恢复诉讼期间的申请，其他诉讼参与人无权提出这种申请。

（2）申请的理由。必须是由于不能抗拒的原因或者有其他正当的理由而耽误期限的。

（3）申请的时间。必须在障碍或原因消除后的 5 日内提出申请。

（4）裁定批准。对当事人的申请，需经受理本案的人民法院裁定批准后，才能恢复。

五、期间的延长

期间的延长，是指公安司法机关在规定的办案期限内，未能完成应予完成的诉讼任务，而延长该期限的活动。刑事诉讼法对公安司法机关延长办案期限规定了两个办法：

（1）允许公安司法机关自动延长办案期限，但刑事诉讼法明确规定了延长的最长时间。如《刑事诉讼法》第 172 条第 1 款的规定，人民检察院对于监察机关、公安机关移送起诉的案件，应当在一个月以内作出决定，重大、复杂的案件，可以延长 15 日；犯罪嫌疑人认罪认罚，符合速裁程序适用条件的，应当在十日以内作出决定，对可能判处的有期徒刑超过一年的，可以延长至 15 日。

（2）报经一级机关批准或者决定延长办案期限。刑事诉讼法明确规定了批准或者决定的机关以及延长的最长时间。如《刑事诉讼法》第 156 条的规定，对于犯罪嫌疑人逮捕后的侦查羁押期限不得超过 2 个月。案情重大复杂、期限届满不能终结的案件，可以经上一级人民检察院批准延长 1 个月。

六、期间的重新计算

期间的重新计算，是指发生了法定的情况，原来已进行的期间无效，应按新依据重新计算诉讼期限。刑诉法规定了重新计算期间的情况：

（1）侦查期间发现犯罪嫌疑人另有重要罪行的，自发现之日起，重新计算侦查羁押期限。

（2）公安机关或者检察机关补充侦查完毕后移送人民检察院或者人民法院的，人民检察院或者人民法院从补充侦查完毕移送人民检察院或者人民法院之日起，重新计算审查起诉或者审理期限。

（3）人民检察院或者人民法院改变管辖的公诉案件，从改变后人民检察院或者人民法院收到案件之日起，收到案件的机关重新计算办案期限。

（4）第二审人民法院发回原审人民法院重新审判的案件，原审人民法院从收到发回的案件之日起，重新计算审理期限。

（5）中止审理的期限、延期审理的期限不计入审理期限。

任务二 送达

【案例8-2】

某地法院审理一起交通肇事案件，作出刑事附带民事判决后，将判决书直接送达被羁押在看守所的被告人，并通过邮寄方式向附带民事原告人送达了判决书。

【应知应会】

一、送达的概念

刑事诉讼中的送达，是指公安机关、人民检察院和人民法院按照法定的程序和方式，将诉讼文件送交诉讼参与人和有关单位的诉讼活动。

送达从形式上看是公安司法机关向收件人交付诉讼文件，而实质上是公安司法机关的告知行为。在刑事诉讼中公安司法机关需要送达的诉讼文书是多种多样的，主要有：传票、通知书、起诉书、判决书、裁定书等，每种诉讼文书都有一定的法律效力。必须按照法定的方式和程序正确及时的送达，以使诉讼参与人和有关单位了解诉讼文书的内容，行使诉讼权利，履行诉讼义务，确保诉讼活动的顺利进行。

二、送达的方式和程序

根据《刑事诉讼法》第107条的规定和司法实践经验，送达的方式主要有：

1. 直接送达

送达诉讼文书，应当直接送交收件人本人。收件人是公民的，如果本人不在，可以交给他的成年家属签收；受送达人是法人或者其他组织的，应当由法人的法定代表人、其他组织的主要负责人或者该法人、组织中负责收发文件的人员代收；收件人有诉讼代理人的，可以送交其诉讼代理人签收；收件人已向人民法院指定代收人的，可以送交代收人签收。收件人或者代收人在送达回证上签收的日期为送达日期。

公安司法机关送达诉讼文书，一般应以直接送达为原则。特别是将要产生重要的法律后果的诉讼文件，通常均采取直接送达的方式送达。

2. 留置送达

是指收件人或者代收人拒绝签收的，送达人可以邀请见证人到场，说明情况，在送达回证上注明拒收的事由和日期，由送达人、见证人签名或者盖章，将诉讼文书留在收件人、代收人的住处或者单位；也可以把诉讼文书留在受送达人的住处，并采用拍照、录像等方式记录送达过程，即视为送达。

留置送达与直接送达具有同等的法律效力。但对调解书不适用留置送达，因为调解必须自愿，当事人不接受调解书说明当事人"不自愿"。

3. 转交送达

也称为特别送达，是指对特殊的收件人，由有关部门转交诉讼文书。特别送达主要包括：

①收件人是军人的，可以通过其所在部队团级以上单位的政治部门转交；

②收件人是正在服刑的人，可以通过执行机关转交；

③收件人正在接受专门矫治教育等的，可以通过相关机构转交。

由有关部门、单位代为转交诉讼文书的，应当请有关部门、单位收到后立即交收件人签收，并将送达回证及时寄送人民法院。

4. 委托送达

是指收件人不在本地，由承办的公安司法机关委托收件人所在地的公安司法机关代为送达诉讼文书。

委托送达的，应当将委托函、委托送达的诉讼文书及送达回证寄送受托公安司法机关。受托公安司法机关收到后，应当登记，在十日内送达收件人，并将送达回证寄送委托公安司法机关；无法送达的，应当告知委托公安司法机关，并将诉讼文书及送达回证退回。

5. 邮寄送达

是指公安司法机关通过挂号邮寄的方式，将诉讼文书送达收件人。邮寄送达的，应当将诉讼文书、送达回证邮寄给收件人。签收日期为送达日期。

【单元思考题】

一、单项选择题

1. 我国刑事诉讼法的立法依据是(　　　)。

　　A. 宪法　　　　　　B. 立法法　　　　　C. 刑法　　　　　D. 监察法

2. 2018 年修订的《刑事诉讼法》在基本原则部分新增的一项内容是(　　　)。

　　A. 无罪推定　　　　　　　　　　B. 尊重和保障人权

　　C. 非法证据排除　　　　　　　　D. 认罪认罚从宽处理

3. 法院在审理张某抢劫一案中，被告人因病死亡，根据庭审情况，指控被告人犯罪的证据不足。法院应当(　　　)。

　　A. 终止审理　　　B. 撤销案件　　　C. 作出无罪判决　　D. 要求检察院撤诉

4. 法院在审理一起故意伤害案件时，由于被告人不足 18 周岁，法院应当(　　　)。

　　A. 应当通知其法定代理人参加诉讼

　　B. 可以通知其法定代理人参加诉讼

　　C. 不能通知其所在学校老师参与庭审

　　D. 只要被告人没有意见，可以公开审理

5. 上海市某区法院审理一起盗窃案件时，由于被告人是藏族，不会讲汉语，法院为其配备了翻译人员，在这种情况下，翻译人员的费用应当由谁支付？(　　　)

　　A. 被告人支付　　　　　　　　　B. 法院支付

　　C. 检察院支付　　　　　　　　　D. 被告人的律师支付

6. 某法院刑事审判庭法官李某在下班途中遇到一起抢劫案件。李某与被害人一起将犯罪嫌疑人抓获扭送到公安局。案件起诉到法院后，刑事审判庭庭长指定由李某主审此案。下列哪种处理是正确的(　　)。

　　A. 李某只能是证人，不能主审此案

　　B. 李某既不能做证人，也不能主审此案

　　C. 李某既能做本案证人，也能主审此案

　　D. 李某主审此案，不能做本案证人

7. 某公安机关在侦查一起故意伤害案件时，被害人王某认为该局局长与犯罪嫌疑人的父亲是战友，申请该局长回避，对于该申请，应当(　　)。

　　A. 由该公安局领导集体研究是否同意该局长回避

　　B. 由该公安局所在地的人民检察院检察委员会讨论决定

　　C. 由上一级公安机关决定是否回避

　　D. 该局长认为自己公正无私，直接驳回被害人申请

8. 在公诉案件中，指控被告人有罪的证明责任由(　　)承担。

　　A. 人民检察院承担　　　　　　　B. 人民法院承担

　　C. 被告人承担　　　　　　　　　D. 证人承担

9. 直接证据与间接证据的分类标准是(　　)。

　　A. 是否直接来源于案件事实

　　B. 是否可以单独证明案件事实

　　C. 没有经过转述等中间环节的证据是直接证据

　　D. 言词证据都是直接证据

10. 下列证据中，既属于直接证据又属于原始证据的是(　　)。

　　A. 犯罪嫌疑人承认自己有罪的供述

　　B. 被害人证明被人从背后袭击受伤的陈述

　　C. 证人证明看到被害人被一年轻人抢劫的证言

　　D. 杀人凶器

11. 犯罪嫌疑人在刑事诉讼中行使辩护权的主要途径是(　　)。

　　A. 委托律师担任辩护人　　　　　B. 自行辩护

　　C. 值班律师为其提供法律帮助　　D. 申请法律援助

12. 刑事附带民事诉讼提起的时间是(　　)。

　　A. 立案后，一审宣判前　　　　　B. 法院审理期间

　　C. 立案后，一审裁判生效前　　　D. 立案之前

13. 采取财保形式取保候审的，保证金的起点额为人民币(　　)元，对于未成年犯罪嫌疑人可以责令交纳(　　)元以上的保证金。

　　A. 1000　500　　　　　　　　　B. 5000　1000

　　C. 2000　200　　　　　　　　　D. 10000　1000

14. 我国刑事诉讼基本原则体系中最基本、最核心的原则是(　　)。

　　A. 公民在适用法律上一律平等的原则

　　B. 未经人民法院依法判决，对任何人都不得确定有罪原则

　　C. 以事实为根据，以法律为准绳原则

D. 司法机关分工负责，互相配合，互相制约原则

15. 刘某因涉嫌强奸罪被公安机关依法拘留，经侦查后提请检察机关审查批捕，负责审查批捕的办案人员认为刘某强奸被害人的证据不足，对此检察机关应作出（　　）。

　　A. 不批准逮捕决定　　　　　　B. 暂不批准逮捕决定

　　C. 报请检察委员会讨论决定　　D. 提请上级检察院复核

二、多项选择题

1. 在刑事诉讼中，哪些人有权委托诉讼代理人？（　　）

　　A. 公诉案件的被害人及其法定代理人、近亲属

　　B. 附带民事诉讼的当事人及其法定代理人

　　C. 自诉案件的自诉人及其法定代理人

　　D. 自诉案件的被告人及其法定代理人

2. 犯罪嫌疑人、被告人有下列情形之一的可以取保候审（　　）。

　　A. 可能判处管制、拘役或者独立适用附加刑的

　　B. 可能被判处有期徒刑以上刑罚，但采取取保候审不致发生社会危险的

　　C. 拘留、逮捕超过法定期限需要释放，但又需限制一定人身自由的

　　D. 罪应逮捕，但确实有不宜关押情形的

3. 被害人刘某生前对医生高某说："王某赖账杀人灭口"，高某将此情况写成书面材料交给侦查人员，这个书面材料是（　　）。

　　A. 被害人陈述　　B. 证人证言　　C. 书证　　　　　D. 直接证据

4. 人民法院对没有委托辩护人的下列被告人，应当为他指定辩护人（　　）。

　　A. 盲、聋、哑人　　　　　　　B. 审判时未成年人

　　C. 限制行为能力人　　　　　　D. 犯罪时未成年人

5. 下列人员中，哪些一律不得担任辩护人（　　）。

　　A. 被宣告缓刑和刑罚尚未执行完毕的人

　　B. 依法被剥夺、限制人身自由的人

　　C. 人民陪审员

　　D. 无行为能力或限制行为能力人

6. 根据刑事诉讼法的规定，下列人员属于回避对象（　　）。

　　A. 侦查人员　　B. 检察人员　　C. 审判人员　　　D. 证人

7. 有权行使决定刑事拘留权的机关有（　　　　　）。

　　A. 公安机关　　B. 人民检察院　　C. 人民法院　　　D. 军队保卫部门

8. 保证人必须符合下列条件（　　）。

　　A. 与本案无牵连　　　　　　　B. 已成年人

　　C. 有能力履行保证义务　　　　D. 有固定住处

9. 有下列情况之一的，不追究刑事责任（　　）。

　　A. 犯罪已过追诉时效期限的

　　B. 经特赦令免除刑罚的

C. 依照刑法告诉才处理的犯罪，没有告诉或者撤回告诉的

D. 犯罪情节较轻的

10. 委托代理人可依据委托人在诉讼中的地位分为(　　)。

    A. 被害人代理人　　　　　　　B. 自诉人代理人

    C. 证人代理人　　　　　　　　D. 附带民事诉讼原告人或被告人代理人

三、简答题

1. 如何理解刑法与刑事诉讼法的关系？

2. 如何理解公检法三机关在刑诉中的关系？

3. 如何理解不予追诉原则？

4. 如何理解认罪认罚从宽处罚原则？

5. 刑事诉讼中回避的适用对象有哪些？回避的理由是什么？

6. 刑事证据的基本属性有哪些？

7. 如何理解证据分类在刑诉中的作用？

8. 如何理解非法证据排除规则？

9. 证据收集的基本要求是什么？

10. 如何理解各种强制措施的适用条件和程序？

11. 人民检察院审查逮捕的程序如何理解？

12. 律师辩护人在刑诉中的诉讼权利有哪些？

13. 哪些人不能担任辩护人？

14. 期间恢复、延长的情形有哪些？

四、综合训练

案例一

某县公安局对一起共同抢劫案件立案侦查，以公安局长韩某为首组成侦破小组，查获犯罪嫌疑人赵一、钱二、孙三涉嫌结伙拦路抢劫。在侦查过程中，孙三聘请的律师李某未与孙三商量，独自提出本案的侦查员张某与被害人是同住一个小区的邻居，关系密切，申请其回避。侦查科长立即停止了张某的侦查工作，为避免别人说闲话张某也立即退出了侦查活动；经审查，侦查科长认为不属于法定回避的理由，驳回了回避申请。接着钱二提出申请公安局长回避，理由是公安局长与犯罪嫌疑人孙三的父亲是老战友，关系密切。经上级公安机关作出了回避决定。本案经县检察院起诉至县法院，在审理期间，赵一提出书记员李丽原是本案侦查人员，后工作调动至法院，不应担任本案书记员；钱二提出出庭支持公诉的书记员陈某在案件审查起诉过程中曾经和被害人一起吃饭，应当回避；孙某提出陪审员王某相貌凶恶，语气严厉，不应参与案件的审判。审判长武某当庭决定准许陈某回避，驳回赵一、孙三的回避申请。

问题：本案回避程序有何违法之处？并说明理由。

要点提示：本案例主要考查回避问题。涉及申请回避的主体、回避决定作出前的处

理、回避的法定理由、回避决定主体等知识点。

案例二

2001 年 2 月 1 日晚，A 市和平区桃花路派出所接到被害人赵某报案，称其当晚22：20左右，在下班回家路过桃花路时被歹徒抢走提包，内有手机和 1200 元现金。派出所公安干警紧急出动，根据被害人指认，将犯罪嫌疑人刘某抓获。当夜，由派出所所长签发了《拘留证》，48 小时后，侦查人员对刘某进行了讯问。2 月 6 日，公安机关提请人民检察院对刘某批准逮捕。人民检察院在 7 日之内作出了不批准逮捕的决定，公安机关认为人民检察院的决定有错误，于是向上一级人民检察院提请复核，并将刘某继续关押。

问题：本案诉讼程序中有哪些错误之处？

要点提示：本案例主要考查拘留和逮捕问题。涉及拘留的适用条件、程序和期限；逮捕的适用条件、权限和程序等知识点。

案例三

2000 年 11 月 17 日凌晨，在甲市郊区的公路上，发生了一起交通肇事案件。接到报案后，甲市公安局迅速组织侦查人员赶往事故现场。现场有被害人的尸体和被害人骑的自行车，自行车已被摔坏，在尸体旁边留有被害人的大滩血迹。在离尸体不远处有汽车紧急刹车留下的磨擦痕迹。在被害人手腕上，带着一块上海牌手表，手表已经被摔坏，时针指在 6 点 05 分。事故现场不远处有里程碑证明事故发生地距甲市 15 公里。侦查人员对现场进行了勘验，拍摄了一张现场全景照片。经法医对被害人进行鉴定，作出的结论是：被害人系男性，35 岁左右，身高 177cm，根据其伤势可判断，被害人系被汽车撞击而死。公安局遂立案侦查。在侦查过程中，经过大量的调查取证工作，有位妇女张某对侦查人员说，她丈夫曾告诉过她，交通事故发生时，他刚好路过离事故现场 10 米处，目击一辆解放牌大卡车撞倒被害人后，司机打开车门看了看，然后飞速逃离现场，他看到司机是市化工厂驾驶员杨某。上学路过此处的某中学 13 岁学生王某证明，看到一辆解放牌大卡车撞人后逃跑。甲市交通管理局来往车辆登记记录查明，6 点 05 分左右曾有两辆解放牌大卡车经过事故现场处。其中有一辆为甲市化工厂车辆。经侦查人员查看，该车上有一漆皮新脱落的痕迹。厂调度员证明司机杨某 17 日早晨驾车从乙市返回甲市，下车后脸上神色慌张，出车登记表证明司机杨某 17 日 6 点 10 分回厂。侦查人员询问杨某与同车的陈某，两人均否认他们当天早上发生过交通事故。

问：请根据案情回答下列问题。

①本案侦查人员收集到的证据分别属于证据种类中的哪一种？

②本案侦查人员收集到的证据中属于直接证据的有哪些？属于传来证据的有哪些？

③本案侦查人员收集到的证据中属于无罪证据的有哪些？属于言词证据的有哪些？

④王某能否做证人？

要点提示：参考证据分类、证据种类、证人的条件以及证明责任的有关规定。

单元二 一般公诉案件诉讼程序

☞ **知识目标**

1. 明确一般公诉案件办案机关的范围及职责
2. 理解一般公诉案件的范围及办案机关之间的分工
3. 掌握一般公诉案件的基本诉讼程序
4. 了解辩护律师在不同诉讼阶段的基本职责
5. 了解一般公诉案件的审理程序
6. 了解简易程序、速裁程序的特点
7. 了解上诉不加刑原则
8. 了解死刑复核的程序要求
9. 掌握刑事再审程序的基本内容

☞ **能力目标**

1. 能准确把握刑事案件的管辖
2. 能准确开展刑事案件的立案、侦查、审查起诉及审判程序
3. 能准确制作刑诉活动中的各类法律文书
4. 能准确开展刑事辩护活动
5. 能按照认罪认罚从宽处罚的要求开展刑事诉讼活动
6. 具有提起刑事案件二审、开展二审的能力
7. 能进行死刑复核程序
8. 能开展刑事再审程序

☞ **素质目标**

1. 树立严格公正司法的理念
2. 培养追求正义的法律意识

项目一　了解一般公诉案件办案机关

在我国，刑事诉讼案件分为公诉案件和自诉案件。公诉案件是指由人民检察院向人民法院提起公诉的案件。自诉案件是由被害人直接向法院起诉，法院直接受理并审判的案件。办理公诉案件的专门机关主要包括公安机关、人民检察院、人民法院等，通常称为公

检法机关。根据《监察法》的规定，监察机关负责对国家公职人员职务犯罪案件进行调查，但是，由于监察机关不属于司法机关，监察机关的调查活动也不受刑事诉讼法的规制，因此，监察机关不是一般意义上的刑事案件办案机关，监察机关负责调查的这一部分案件也不属于本教材所讲的一般公诉案件。一般公诉案件的办案机关主要就是公检法机关。

公检法机关在国家机构中的性质和地位不同。公安机关是国家的行政机关，隶属于同级人民政府；人民检察院是国家的法律监督机关，监督国家法律的实施；人民法院是国家的审判机关，负责对刑事、民事等各类案件的审判。在我国，严格意义上的司法机关是人民法院和人民检察院，公安机关虽然行使部分司法职能，但就其性质而言，仍属于维护社会治安的行政机关。而在西方国家，司法机关仅指审判机关，也就是法院。

在我国刑事诉讼中，承担一定诉讼职能的专门机关除了公检法机关以外，还包括国家安全机关、军队保卫部门、中国海警局和监狱等。《刑事诉讼法》第4条规定："国家安全机关依照法律规定，办理危害国家安全的刑事案件，行使与公安机关相同的职权。"第308条规定："军队保卫部门对军队内部发生的刑事案件行使侦查权。中国海警局履行海上维权执法职责，对海上发生的刑事案件行使侦查权。对罪犯在监狱内犯罪的案件由监狱进行侦查。军队保卫部门、中国海警局、监狱办理刑事案件，适用本法的有关规定。"可见，国家安全机关、军队保卫部门、中国海警局、监狱也是刑事诉讼中的专门机关，承担某些特殊刑事案件的侦查职能。

任务一 明确公安机关在刑事诉讼中的职责

【应知应会】

一、公安机关的性质和组织体系

公安机关是国家的治安保卫机关，隶属于同级人民政府，是人民政府的职能部门，担负着保卫国家安全和维护社会治安的重任。在刑事诉讼中负责对案件进行侦查，是刑事诉讼中的主要侦查机关。公安机关不是司法机关，而是行政执法机关。

公安机关设置于各级人民政府中，中央人民政府即国务院设有公安部，是全国最高公安机关；省、自治区、直辖市的人民政府设有公安厅（局）；地区行政公署和自治州、省或者自治区辖市、盟的人民政府设有公安处（局）；县、自治县、县级市、旗的人民政府设有公安局，直辖市和其他设区的市的市辖区人民政府设有公安分局。铁路、民航、水运等系统的公安部门，是公安机关的组成部分。在乡、镇、城市街道和其他必要的地方设立的公安派出所是基层公安机关的派出机构。公安机关上下级之间是领导与被领导的关系，中华人民共和国公安部是国家的最高公安机关，负责领导和指挥全国的公安工作。地方各级公安机关接受的是双重领导，既要受上级公安机关领导，又要受同级人民政府的领导。

二、公安机关的职权

公安机关在刑事诉讼中的主要任务是负责刑事案件的侦查。《刑事诉讼法》第 19 条第 1 款规定："刑事案件的侦查由公安机关进行，法律另有规定的除外。"在刑事诉讼中，除人民检察院、国家安全机关、军队保卫部门、中国海警局、监狱等机关侦查的案件以外，绝大部分刑事案件都是由公安机关进行侦查的。

在刑事诉讼中，公安机关的主要职权有：

（1）立案、侦查权。公安机关对属于自己管辖的刑事案件有权立案，并采取讯问犯罪嫌疑人；询问被害人、证人；勘验、检查；搜查；扣押物证、书证；鉴定；技术侦查手段；通缉等侦查手段收集、调取证据，并有权向有关单位与个人收集、调取证据。

（2）依法决定、执行强制措施权。公安机关在侦查工作中有权决定、执行拘传、取保候审、监视居住和拘留。对于人民检察院批准或决定以及人民法院决定逮捕、监视居住及取保候审的犯罪嫌疑人或被告人执行逮捕、监视居住及取保候审。

（3）申请批捕权。公安机关在侦查案件的过程中，认为犯罪嫌疑人符合逮捕条件的，有权提请人民检察院批准逮捕。

（4）对依法不追究刑事责任的不予立案、已经追究的撤销案件的权利。公安机关对于符合《刑事诉讼法》第 16 条规定不予追究刑事责任的案件，在立案前有权决定不予立案；已经立案，经侦查发现不应对犯罪嫌疑人追究刑事责任的，则有权撤销案件。对不够刑事处罚的犯罪嫌疑人需要行政处理的，依法予以处理或者移送有关部门。

（5）提请人民检察院决定起诉的权利。公安机关对自己侦查终结的案件，认为应当追究刑事责任的，有权将犯罪嫌疑人移送人民检察院决定起诉。

（6）要求复议和提请复核权。公安机关对人民检察院作出的不批准逮捕、不起诉决定，认为有错误的，可以要求复议。如果意见不被接受，可以提请上一级人民检察院复核。

（7）执行权。对被判处有期徒刑的罪犯，在被交付执行刑罚前，剩余刑期在三个月以下的，代为执行刑罚；执行拘役、剥夺政治权利、驱逐出境；对没收财产的判决，在必要的时候，可以协助人民法院执行。

任务二　了解人民检察院在刑事诉讼中的职责

【应知应会】

一、人民检察院的性质、任务和组织体系

人民检察院是国家的法律监督机关，是代表国家行使检察权或者说法律监督权的国家机关。在我国的国家机构体制中，人民检察院是由全国和地方各级人民代表大会及其常委会产生并对其负责和报告工作、依法独立行使检察权的机关，属于国家的司法机关。检察权是国家权力的重要组成部分，在此，检察权和法律监督权同义。

根据宪法和人民检察院组织法的规定，人民检察院的组织体系包括最高人民检察院、

地方各级人民检察院和专门人民检察院。最高人民检察院是全国检察院的领导机关，领导地方各级人民检察院和专门人民检察院的工作。地方各级人民检察院分为省、自治区、直辖市人民检察院；省、自治区、直辖市人民检察院分院，自治州和省辖市人民检察院；县、市、自治县和市辖区人民检察院。专门人民检察院设置在特定的行业部门内。我国的专门人民检察院主要有：中国人民解放军军事检察院和铁路运输检察院。

人民检察院上下级之间是领导与被领导的关系。

二、人民检察院的职权

在刑事诉讼中，人民检察院的职权主要有：

（1）自行侦查权。对法律规定由其管辖的刑事案件行使立案、侦查权，并有权采取讯问、询问、搜查、扣押、勘验、鉴定、逮捕、监视居住、取保候审等措施。

（2）审查逮捕。人民检察院对于公安机关提请逮捕的犯罪嫌疑人有权审查批准逮捕，对于检察院自侦案件有权决定逮捕犯罪嫌疑人，对于监察机关移送的国家公职人员涉嫌职务犯罪已被采取留置措施的犯罪嫌疑人决定逮捕。

（3）提起公诉权。对公安机关等部门侦查终结后移送起诉的案件、监察机关移送的国家公职人员涉嫌职务犯罪的案件和检察院自行侦查终结的案件，有权进行审查，并依法做出提起公诉、不起诉的决定。决定提起公诉的，人民检察院有权派人出席法庭，支持公诉。

（4）法律监督权。依法对诉讼活动和刑罚执行活动进行监督。包括对公安机关的侦查活动、人民法院的审判活动、监狱等部门的刑罚执行活动进行监督。

三、人民检察院在办理刑事案件中的职责分工

根据《诉讼规则》的规定，检察院在办理刑事案件中，应当按照下列规定进行：

人民检察院办理刑事案件，由检察官、检察长、检察委员会在各自职权范围内对办案事项作出决定，并依照规定承担相应司法责任。

检察官在检察长领导下开展工作。重大办案事项，由检察长决定。检察长可以根据案件情况，提交检察委员会讨论决定。其他办案事项，检察长可以自行决定，也可以委托检察官决定。

对应当由检察长或者检察委员会决定的重大办案事项有明确规定的，依照规定。没有明确规定的，省级人民检察院可以制定有关规定，报最高人民检察院批准。

以人民检察院名义制发的法律文书，由检察长签发；属于检察官职权范围内决定事项的，检察长可以授权检察官签发。

重大、疑难、复杂或者有社会影响的案件，应当向检察长报告。

人民检察院办理刑事案件，根据案件情况，可以由一名检察官独任办理，也可以由两名以上检察官组成办案组办理。由检察官办案组办理的，检察长应当指定一名检察官担任主办检察官，组织、指挥办案组办理案件。

检察官办理案件，可以根据需要配备检察官助理、书记员、司法警察、检察技术人员等检察辅助人员。检察辅助人员依照法律规定承担相应的检察辅助事务。

人民检察院根据检察工作需要设置业务机构，在刑事诉讼中按照分工履行职责。业务机构负责人对本部门的办案活动进行监督管理。需要报请检察长决定的事项和需要向检察长报告的案件，应当先由业务机构负责人审核。业务机构负责人可以主持召开检察官联席会议进行讨论，也可以直接报请检察长决定或者向检察长报告。

检察长不同意检察官处理意见的，可以要求检察官复核，也可以直接作出决定，或者提请检察委员会讨论决定。

检察官执行检察长决定时，认为决定错误的，应当书面提出意见。检察长不改变原决定的，检察官应当执行。

对同一刑事案件的审查逮捕、审查起诉、出庭支持公诉和立案监督、侦查监督、审判监督等工作，由同一检察官或者检察官办案组负责，但是审查逮捕、审查起诉由不同人民检察院管辖，或者依照法律、有关规定应当另行指派检察官或者检察官办案组办理的除外。

人民检察院履行审查逮捕和审查起诉职责的办案部门，统称为负责捕诉的部门。

最高人民检察院领导地方各级人民检察院和专门人民检察院的工作，上级人民检察院领导下级人民检察院的工作。检察长统一领导人民检察院的工作。

上级人民检察院可以依法统一调用辖区的检察人员办理案件，调用的决定应当以书面形式作出。被调用的检察官可以代表办理案件的人民检察院履行出庭支持公诉等各项检察职责。

上级人民检察院对下级人民检察院作出的决定，有权予以撤销或者变更；发现下级人民检察院办理的案件有错误的，有权指令下级人民检察院予以纠正。下级人民检察院对上级人民检察院的决定应当执行。如果认为有错误的，应当在执行的同时向上级人民检察院报告。

任务三　了解人民法院在刑事诉讼中的职责

【应知应会】

一、人民法院的性质、任务和组织体系

根据《宪法》第 128 条和《人民法院组织法》第 1 条的规定，人民法院是国家的审判机关，代表国家独立行使审判权。人民法院属于国家司法机关，分别由本级人民代表大会及其常委会产生，并对其负责和报告工作，受本级人大及其常委会的监督。

《刑事诉讼法》第 3 条规定："审判由人民法院负责。"第 12 条规定："未经人民法院判决，对任何人不得确定有罪。"可见，人民法院是唯一有权审理刑事案件并定罪量刑的专门机关，而审判是刑事诉讼的核心和最重要的阶段，只有经过人民法院审判，才能确定被告人是否有罪，应否判处刑罚及判处何种刑罚。

根据人民法院组织法的规定，我国人民法院组织体系由最高人民法院、地方各级人民法院和专门人民法院组成。最高人民法院是国家的最高审判机关，监督地方各级人民法院和专门人民法院的审判工作。地方各级人民法院包括高级人民法院、中级人民法院和基层

人民法院。我国目前已经建立的专门人民法院有军事法院、铁路运输法院和海事法院，其中海事法院没有刑事案件的管辖权。

人民法院上下级之间是监督与被监督的关系。

二、人民法院的职权

人民法院在刑事诉讼中的具体职权主要有：

（1）对起诉进行审查，决定开庭审理，其中，对于自诉案件不符合起诉或开庭条件的，有权要求自诉人撤回自诉或裁定驳回。

（2）对被告人决定采取拘传、取保候审、监视居住、逮捕等强制措施。

（3）采取勘验、检查、扣押、鉴定、查询、冻结等手段以调查核实证据。

（4）依法通知法律援助机构为符合法定条件的被告人指定辩护人。

（5）指挥法庭审理活动，制止违反法庭秩序的行为，根据情况可以将有关人员带出法庭、罚款、拘留或追究刑事责任。

（6）经开庭审理，就被告人是否有罪、构成何罪及其刑事责任问题作出判决。

（7）依法收缴赃款、赃物，为保全附带民事诉讼，在必要时可以查封、扣押被告人的财产。

（8）依照审判监督程序对生效裁判进行再审。

（9）执行判处无罪、免予刑事处罚、死刑立即执行、罚金、没收财产的判决或裁定。对于没收财产，必要时也可以会同公安机关执行。

（10）依法对判处管制、拘役、有期徒刑、无期徒刑、死刑缓期二年执行的罪犯减刑、假释或决定暂予监外执行。

三、审判组织

审判组织是指具体代表人民法院依法行使国家审判权，对刑事案件进行审理和裁判的组织形式。我国人民法院审判案件的组织形式有三种，即独任庭、合议庭和审判委员会。

1. 独任庭

独任庭，是指由一名审判员代表人民法院对案件进行审判的组织形式。独任庭是一种与合议庭相对应的审判组织形式，其适用范围和条件有一定的限制。根据刑诉法的规定，在刑事诉讼中，只有基层人民法院适用简易程序、速裁程序的案件的第一审刑事案件，可由审判员独任审判。

2. 合议庭

合议庭，是由审判员或者由审判员和人民陪审员组成审判集体，对具体案件进行审判的组织。合议庭是一种审判人员集体审判案件的组织形式，是人民法院审判各类案件的基本组织形式。

合议庭的组成方式因审理案件的人民法院的级别和不同的审判程序而有所区别。根据《刑事诉讼法》第183条规定：

①基层人民法院、中级人民法院审判第一审案件，应当由审判员三人或者由审判员和人民陪审员共三人或者七人组成合议庭。

②高级人民法院审判第一审案件，应当由审判员三人至七人或者由审判员和人民陪审员共三人或者七人组成合议庭。

③最高人民法院审判第一审案件，应当由审判员三人至七人组成合议庭。

④中级以上人民法院审判上诉、抗诉案件，由审判员 3 人或者五人组成合议庭。

合议庭的成员人数应当是单数。

根据《司法解释》第 213 条第 2 款的规定，基层人民法院、中级人民法院、高级人民法院审判下列第一审刑事案件，由审判员和人民陪审员组成七人合议庭进行：①可能判处十年以上有期徒刑、无期徒刑、死刑，且社会影响重大的；②涉及征地拆迁、生态环境保护、食品药品安全，且社会影响重大的；③其他社会影响重大的。

合议庭在工作过程中遵循以下原则：

①合议庭工作由审判长组织、指挥。合议庭由一名法官担任审判长。院长或者庭长参加审理案件时，由自己担任审判长。人民陪审员不得担任审判长。

②人民陪审员参加三人合议庭审判案件，对事实认定、法律适用，独立发表意见，行使表决权。人民陪审员参加七人合议庭审判案件，对事实认定，独立发表意见，并与法官共同表决；对法律适用，可以发表意见，但不参加表决。

③合议庭评议案件应当按照多数人的意见作出决定，少数人的意见应当记入笔录。评议案件笔录由合议庭全体组成人员签名。

④对重大、疑难、复杂的案件提交审判委员会讨论。对于疑难、复杂、重大的案件，合议庭认为难以作出决定的，由合议庭提请院长决定提交审判委员会讨论决定。审判委员会的决定，合议庭应当执行。

3. 审判委员会

审判委员会，是指我国各级人民法院内部设立的对审判工作实行集体领导的组织形式。根据《人民法院组织法》的规定，我国各级人民法院设审判委员会。审判委员会的任务是总结审判经验，讨论重大或者疑难的案件和其他有关审判工作的问题。

根据我国《刑事诉讼法》《人民法院组织法》和其他有关规定，审判委员会有以下特点：

①审判委员会是人民法院内部的组织形式。审判委员会由院长、副院长和若干资深法官组成，成员应当为单数。

②审判委员会会议分为全体会议和专业委员会会议。中级以上人民法院根据审判工作需要，可以按照审判委员会委员专业和工作分工，召开刑事审判、民事行政审判等专业委员会会议。

③审判委员会履行下列职能：总结审判工作经验；讨论决定重大、疑难、复杂案件的法律适用；讨论决定本院已经发生法律效力的判决、裁定、调解书是否应当再审；讨论决定其他有关审判工作的重大问题。最高人民法院对属于审判工作中具体应用法律的问题进行解释，应当由审判委员会全体会议讨论通过；发布指导性案例，可以由审判委员会专业委员会会议讨论通过。

根据《司法解释》第 216 条第 2 款的规定，对下列案件，合议庭应当提请院长决定提交审判委员会讨论决定：高级人民法院、中级人民法院拟判处死刑立即执行的案件，以及中级人民法院拟判处死刑缓期执行的案件；本院已经发生法律效力的判决、裁定确有错误需要再审的案件；人民检察院依照审判监督程序提出抗诉的案件。

④审判委员会召开全体会议和专业委员会会议，应当有其组成人员的过半数出席。审判委员会会议由院长或者院长委托的副院长主持。审判委员会实行民主集中制。审判委员会举行会议时，同级人民检察院检察长或者检察长委托的副检察长可以列席。

任务四　了解刑事诉讼中的其他专门机关

【应知应会】

刑事诉讼中的专门机关除人民法院、人民检察院和公安机关以外，还有其他机关参与刑事诉讼活动，担负重要的刑事诉讼职能。

国家安全机关是国家的安全保卫机关，是各级人民政府的组成部分。国家安全机关在刑事诉讼中依法办理危害国家安全的刑事案件，行使与公安机关相同的职权。

中国人民解放军内部设立保卫部门，负责军队内部发生的刑事案件的侦查工作。军队保卫部门负责对现役军人犯罪的刑事案件进行侦查。

中国海警局负责海上刑事案件的侦查工作。

监狱是国家的刑罚执行机关，是实现人民法院的生效裁判，对罪犯进行劳动改造的主要场所。同时，对罪犯在监狱内的犯罪案件，由监狱进行侦查。

社区矫正机构是由司法行政机关为主组成的多部门的执行机构，对被判处管制、宣告缓刑、假释或者暂予监外执行的罪犯负责执行。

项目二　一般公诉案件范围

【案例 9-1】

某地看守所被羁押的刑事案件犯罪嫌疑人李某死亡。经公安机关侦查，发现李某死亡的原因是当地公安局侦查员刘某在讯问李某时实施了刑讯逼供行为，导致李某内脏破裂，失血过多死亡。公安机关遂将案件移交检察院侦查。

【应知应会】

任务一　了解检察院侦查案件范围

《刑事诉讼法》第 19 条第 2 款规定："人民检察院在对诉讼活动实行法律监督中发现的司法工作人员利用职权实施的非法拘禁、刑讯逼供、非法搜查等侵犯公民权利、损害司法公正的犯罪，可以由人民检察院立案侦查。对于公安机关管辖的国家机关工作人员利用职权实施的重大犯罪案件，需要由人民检察院直接受理的时候，经省级以上人民检察院决定，可以由人民检察院立案侦查。"

由此可知，检察院侦查的案件有以下特点：

1. 犯罪主体特定。犯罪主体是司法工作人员。即依照法律规定有侦查、检察、审判、监管职责的工作人员。

2. 案件范围特定。检察院侦查的案件主要涉及侵犯公民权利、损害司法公正的犯罪。具体包括14类犯罪：非法拘禁罪（刑法第238条）（非司法工作人员除外）；非法搜查罪（刑法第245条）（非司法工作人员除外）；刑讯逼供罪（刑法第247条）；暴力取证罪（刑法第247条）；虐待被监管人罪（刑法第248条）；滥用职权罪（刑法第397条）（非司法工作人员滥用职权侵犯公民权利、损害司法公正的情形除外）；玩忽职守罪（刑法第397条）（非司法工作人员玩忽职守侵犯公民权利、损害司法公正的情形除外）；徇私枉法罪（刑法第399条第1款）；民事、行政枉法裁判罪（刑法第399条第2款）；执行判决、裁定失职罪（刑法第399条第3款）；执行判决、裁定滥用职权罪（刑法第399条第3款）；私放在押人员罪（刑法第400条第1款）；失职致使在押人员脱逃罪（刑法第400条第2款）；徇私舞弊减刑、假释、暂予监外执行罪（刑法第401条）。

需要注意的是，上述14类犯罪既可以由检察院侦查，也可以由监察委员会立案调查。

除上述14类犯罪外，对于公安机关管辖的国家机关工作人员利用职权实施的重大犯罪案件，需要由人民检察院直接受理的，经省级以上人民检察院决定，可以由人民检察院立案侦查。

任务二 了解公安机关侦查案件范围

《刑事诉讼法》第19条第1款规定："刑事案件的侦查由公安机关进行，法律另有规定的除外。"这一规定表明，除由人民法院受理的刑事自诉案件和由人民检察院、国家安全机关、军队保卫部门、中国海警局和监狱依照法律规定的职权范围立案侦查的刑事案件外，大部分刑事案件都是由公安机关立案侦查。

法律的除外规定是指：

①监察机关管辖的职务犯罪案件；

②人民检察院管辖的在对诉讼活动实行法律监督中发现的司法工作人员利用职权实施的非法拘禁、刑讯逼供、非法搜查等侵犯公民权利、损害司法公正的犯罪，以及经省级以上人民检察院决定立案侦查的公安机关管辖的国家机关工作人员利用职权实施的重大犯罪案件；

③人民法院管辖的自诉案件。对于人民法院直接受理的被害人有证据证明的轻微刑事案件，因证据不足驳回起诉，人民法院移送公安机关或者被害人向公安机关控告的，公安机关应当受理；被害人直接向公安机关控告的，公安机关应当受理；

④军队保卫部门管辖的军人违反职责的犯罪和军队内部发生的刑事案件；

⑤监狱管辖的罪犯在监狱内犯罪的刑事案件；

⑥海警部门管辖的海（岛屿）岸线以外我国管辖海域内发生的刑事案件（对于发生在沿海港岙口、码头、滩涂、台轮停泊点等区域的，由公安机关管辖）；

⑦其他依照法律和规定应当由其他机关管辖的刑事案件。

【扩展知识】根据《中华人民共和国监察法》的规定，各级监察委员会是行使国家监察职能的专责机关，依法对所有行使公权力的公职人员进行监察，调查职务违法和职务犯罪。监察机关行使的是调查权，不同于侦查权。监察法规定的执法主体是与党的纪律检查机关合署办公的国家监察机关；监督调查对象是行使公权力的公职人员，而不是普通的刑事犯罪嫌疑人；调查的内容是职务违法和职务犯罪，而不是一般刑事犯罪行为。在案件调查过程中，既要严格依法收集证据，也要用党章党规党纪、理想信念宗旨做被调查人的思想政治工作，靠组织的关怀感化被调查人，让他们真心认错悔过，深挖思想根源，而不仅仅是收集证据，查明犯罪事实。

任务三 一般公诉案件管辖规定

【应知应会】

一、一般公诉案件管辖的概述

（一）一般公诉案件管辖的概念

一般刑事公诉案件的管辖是指公安机关和人民检察院在直接受理具体刑事案件上的权限划分以及人民法院系统内部在审理第一审刑事案件上的权限划分。它具体包括两个方面的内容：一个是人民检察院和公安机关二个系统之间直接立案受理具体案件上的分工，即立案管辖。立案管辖所要解决的是确定哪些刑事案件由公安机关或者人民检察院直接立案侦查；另一个是人民法院组织系统内部各级法院之间、普通人民法院与专门人民法院以及专门人民法院之间在审判第一审刑事案件上的分工，即审判管辖。审判管辖解决的是由人民法院审判的第一审刑事案件，哪些案件应由哪一种（普通或专门）、哪一级（基层，中级，高级或最高）人民法院审判，以及由同一级人民法院中的哪一个地区的人民法院审判上的分工问题。

（二）一般公诉案件管辖划分的原则和依据

管辖的确定直接关系到刑事诉讼能否顺利开展和进行，因此，我国刑事诉讼法在确定公安机关、人民检察院对刑事案件的侦查和人民法院内部审判的分工时，从有利于刑事诉讼顺利开展和进行、及时完成刑事诉讼任务的角度考虑，主要遵循以下五个原则：

1. 有利于及时、正确地处理刑事案件的原则

侦破刑事案件，查获犯罪分子，要求迅速、及时，所以确定刑事案件的管辖也一定要符合这个客观规律。我国刑事管辖的划分，首先是以行政区划为基础的。基层公安司法机关靠近发案地点，接近群众，便于及时就地调查了解案情，进行现场勘查，获取确实、充分的证据，群众也可以就近报案。所以大量的刑事案件是由基层公安机关和人民检察院立案侦查，决定起诉，并由犯罪地的基层人民法院进行一审。另外，公安司法机关处理刑事案件，不仅要快，还要做到正确、合法，这样才能有效地打击犯罪，保护公民的合法权益。所以根据这个原则，大多数普通刑事案件由基层人民法院进行一审，性质比较严重，案情比较复杂，影响面广的刑事案件，由中级人民法院、高级人民法院或最高人民法院进

行一审。也就是说，刑事案件越是重大、复杂，管辖的法院的级别也越高，因为上级人民法院的法官职业能力一般较强，具有比较丰富的办案经验。此外，还可以减轻基层人民法院的工作量，使基层人民法院能够集中力量处理一般刑事案件。这样既能使大量的一般刑事案件得到正确、及时的处理，又可以保证重大、复杂的刑事案件的审判质量。

2. 有利于公安司法机关充分发挥各自的职能作用

根据宪法的规定，人民法院是国家的审判机关，代表国家行使审判权；人民检察院是国家的检察机关，代表国家行使检察权；公安机关是各级人民政府中专门负责治安、保卫工作的部门，在刑事诉讼中行使侦查权。所以在划分一般公诉案件管辖时，将公安机关确定为一般刑事公诉案件的主要侦查机关；人民检察院的主要职责是法律监督，因此，它只能直接立案受理一少部分法律监督职权范围内的案件。

3. 有利于公安司法机关合理分工，均衡工作负担

在公、检、法三大系统内部，上下级之间的工作重点也有一定的分工。如：在人民法院系统内部，中级人民法院以上的法院，除承担审判工作任务外，还负有二审和对下级法院的审判监督的职责，因此，我国刑事诉讼法把绝大多数的一审刑事案件交由基层人民法院审理，中级人民法院以上的法院一审的案件只是极少数。

4. 有利于群众参与诉讼，节省人力、物力和时间，避免给诉讼参与人造成诉累

大量的第一审普通刑事案件都直接由犯罪发生地的公安机关、人民检察院和人民法院立案侦查、提起公诉和进行审判，既有利于公安司法机关更好地依靠群众就地进行调查、收集证据，又便利人民群众参加诉讼，同时，案发地的群众也可以就近旁听公开审判，直接受到法制教育。

5. 实行原则性与灵活性相结合的原则

哪类刑事案件应当由哪个公安司法机关管辖，法律必须作出具体、明确的规定，各公安司法机关才能主动履行自己的职责，有效地处理刑事案件，也可以使人民群众知道在案件发生后向哪个机关报案。但是刑事案件是复杂多样的，各地区的情况也不相同，所以划分刑事案件的管辖又不能绝对化，必须留有一定余地，允许在必要的情况下加以适当变通。《刑事诉讼法》第23条和第24条规定："上级人民法院在必要的时候，可以审判下级人民法院管辖的第一审刑事案件，下级人民法院认为案情重大、复杂需要由上级人民法院审判的第一审刑事案件，可以请示移送上一级人民法院审判。""刑事案件由犯罪地的人民法院管辖，如果由被告人居住地的人民法院审判更为适宜的，可以由被告人居住地的人民法院管辖。"如此规定，有利于减少、避免和及时解决管辖争议，防止不适当的束缚公安司法人员的手脚，确保准确打击犯罪。

二、检察院侦查案件的管辖规定

根据《诉讼规则》的规定，检察院侦查的案件，由设区的市级人民检察院立案侦查。基层人民检察院发现犯罪线索的，应当报设区的市级人民检察院决定立案侦查。设区的市级人民检察院也可以将案件交由基层人民检察院立案侦查，或者要求基层人民检察院协助侦查。对于刑事执行派出检察院辖区内与刑事执行活动有关的犯罪线索，可以交由刑事执行派出检察院立案侦查。最高人民检察院、省级人民检察院发现犯罪线索的，可以自行决

定立案侦查，也可以将案件线索交由指定的省级人民检察院或者设区的市级人民检察院立案侦查。

上级人民检察院在必要的时候，可以直接立案侦查或者组织、指挥、参与侦查下级人民检察院管辖的案件。下级人民检察院认为案情重大、复杂，需要由上级人民检察院立案侦查的案件，可以请求移送上级人民检察院立案侦查。

人民检察院办理直接受理侦查的案件，发现犯罪嫌疑人同时涉嫌监察机关管辖的职务犯罪线索的，应当及时与同级监察机关沟通。经沟通，认为全案由监察机关管辖更为适宜的，人民检察院应当将案件和相应职务犯罪线索一并移送监察机关；认为由监察机关和人民检察院分别管辖更为适宜的，人民检察院应当将监察机关管辖的相应职务犯罪线索移送监察机关，对依法由人民检察院管辖的犯罪案件继续侦查。人民检察院应当及时将沟通情况报告上一级人民检察院。沟通期间不得停止对案件的侦查。

人民检察院侦查的案件，由犯罪嫌疑人工作单位所在地的人民检察院管辖。如果由其他人民检察院管辖更为适宜的，可以由其他人民检察院管辖。

对管辖不明确的案件，可以由有关人民检察院协商确定管辖。

几个人民检察院都有权管辖的案件，由最初受理的人民检察院管辖。必要时，可以由主要犯罪地的人民检察院管辖。

对于下列案件，上级人民检察院可以指定管辖：①管辖有争议的案件；②需要改变管辖的案件；③需要集中管辖的特定类型的案件；④其他需要指定管辖的案件。对这四类案件的审查起诉指定管辖的，人民检察院应当与相应的人民法院协商一致。对这四类中的第三项案件的审查逮捕指定管辖的，人民检察院应当与相应的公安机关协商一致。

军事检察院等专门人民检察院的管辖以及军队与地方互涉刑事案件的管辖，按照有关规定执行。

三、公安机关侦查案件的管辖规定

根据公安部《程序规定》中关于管辖的要求，公安系统内部在立案侦查刑事案件上的具体分工为：

1. 上下级公安机关的分工

县级公安机关负责侦查发生在本辖区内的刑事案件。

设区的市一级以上公安机关负责重大的危害国家安全犯罪、恐怖活动犯罪、涉外犯罪、经济犯罪、集团犯罪、跨区域犯罪案件的侦查。

上级公安机关认为有必要的，可以侦查下级公安机关管辖的刑事案件；下级公安机关认为案情重大需要上级公安机关侦查的刑事案件，可以请求上一级公安机关管辖。

2. 不同地区公安机关的分工

刑事案件由犯罪地的公安机关管辖。如果由犯罪嫌疑人居住地的公安机关管辖更为适宜的，可以由犯罪嫌疑人居住地的公安机关管辖。法律、司法解释或者其他规范性文件对有关犯罪案件的管辖作出特别规定的，从其规定。

犯罪地包括犯罪行为发生地和犯罪结果发生地。犯罪行为发生地，包括犯罪行为的实施地以及预备地、开始地、途经地、结束地等与犯罪行为有关的地点；犯罪行为有连续、持续或者继续状态的，犯罪行为连续、持续或者继续实施的地方都属于犯罪行为发生地。犯罪结果发生地，包括犯罪对象被侵害地、犯罪所得的实际取得地、藏匿地、转移地、使用地、销售地。

居住地包括户籍所在地、经常居住地。经常居住地是指公民离开户籍所在地最后连续居住一年以上的地方，但住院就医的除外。单位登记的住所地为其居住地。主要营业地或者主要办事机构所在地与登记的住所地不一致的，主要营业地或者主要办事机构所在地为其居住地。

针对或者主要利用计算机网络实施的犯罪，用于实施犯罪行为的网络服务使用的服务器所在地，网络服务提供者所在地，被侵害的网络信息系统及其管理者所在地，以及犯罪过程中犯罪嫌疑人、被害人使用的网络信息系统所在地，被害人被侵害时所在地和被害人财产遭受损失地公安机关可以管辖。

行驶中的交通工具上发生的刑事案件，由交通工具最初停靠地公安机关管辖；必要时，交通工具始发地、途经地、到达地公安机关也可以管辖。

在中华人民共和国领域外的中国航空器内发生的刑事案件，由该航空器在中国最初降落地的公安机关管辖。

中国公民在中国驻外使、领馆内的犯罪，由其主管单位所在地或者原户籍地的公安机关管辖。

中国公民在中华人民共和国领域外的犯罪，由其入境地、离境前居住地或者现居住地的公安机关管辖；被害人是中国公民的，也可由被害人离境前居住地或者现居住地的公安机关管辖。

几个公安机关都有权管辖的刑事案件，由最初受理的公安机关管辖。必要时，可以由主要犯罪地的公安机关管辖。

具有下列情形之一的，公安机关可以在职责范围内并案侦查：①一人犯数罪的；②共同犯罪的；③共同犯罪的犯罪嫌疑人还实施其他犯罪的；④多个犯罪嫌疑人实施的犯罪存在关联，并案处理有利于查明犯罪事实的。

对管辖不明确或者有争议的刑事案件，可以由有关公安机关协商。协商不成的，由共同的上级公安机关指定管辖。

对情况特殊的刑事案件，可以由共同的上级公安机关指定管辖。

提请上级公安机关指定管辖时，应当在有关材料中列明犯罪嫌疑人基本情况、涉嫌罪名、案件基本事实、管辖争议情况、协商情况和指定管辖理由，经公安机关负责人批准后，层报有权指定管辖的上级公安机关。

上级公安机关指定管辖的，应当将指定管辖决定书分别送达被指定管辖的公安机关和其他有关的公安机关，并根据办案需要抄送同级人民法院、人民检察院。

原受理案件的公安机关，在收到上级公安机关指定其他公安机关管辖的决定书后，不再行使管辖权，同时应当将犯罪嫌疑人、涉案财物以及案卷材料等移送被指定管辖的公安机关。

对指定管辖的案件，需要逮捕犯罪嫌疑人的，由被指定管辖的公安机关提请同级人民检察院审查批准；需要提起公诉的，由该公安机关移送同级人民检察院审查决定。

3. 专门公安机关的管辖

铁路公安机关管辖铁路系统的机关、厂、段、院、校、所、队、工区等单位发生的刑事案件，车站工作区域内、列车内发生的刑事案件，铁路沿线发生的盗窃或者破坏铁路、通信、电力线路和其他重要设施的刑事案件，以及内部职工在铁路线上工作时发生的刑事案件。

铁路系统的计算机信息系统延伸到地方涉及铁路业务的网点，其计算机信息系统发生的刑事案件由铁路公安机关管辖。

对倒卖、伪造、变造火车票的案件，由最初受理案件的铁路公安机关或者地方公安机关管辖。必要时，可以移送主要犯罪地的铁路公安机关或者地方公安机关管辖。

在列车上发生的刑事案件，犯罪嫌疑人在列车运行途中被抓获的，由前方停靠站所在地的铁路公安机关管辖；必要时，也可以由列车始发站、终点站所在地的铁路公安机关管辖。犯罪嫌疑人不是在列车运行途中被抓获的，由负责该列车乘务的铁路公安机关管辖；但在列车运行途经的车站被抓获的，也可以由该车站所在地的铁路公安机关管辖。

在国际列车上发生的刑事案件，根据我国与相关国家签订的协定确定管辖；没有协定的，由该列车始发或者前方停靠的中国车站所在地的铁路公安机关管辖。

铁路建设施工工地发生的刑事案件由地方公安机关管辖。

民航公安机关管辖民航系统的机关、厂、段、院、校、所、队、工区等单位、机场工作区域内、民航飞机内发生的刑事案件。

重大飞行事故刑事案件由犯罪结果发生地机场公安机关管辖。犯罪结果发生地未设机场公安机关或者不在机场公安机关管辖范围内的，由地方公安机关管辖，有关机场公安机关予以协助。

海关走私犯罪侦查机构管辖中华人民共和国海关关境内发生的涉税走私犯罪和发生在海关监管区内的非涉税走私犯罪等刑事案件。

4. 交叉管辖的处理

（1）公安机关和军队互涉刑事案件的管辖分工

①军人在地方作案的，当地公安机关应当及时移交军队保卫部门侦查。

②地方人员在军队营区作案的，由军队保卫部门移交公安机关侦查。

③军人与地方人员共同在军队营区作案的，以军队保卫部门为主组织侦查，公安机关配合；共同在地方作案的，以公安机关为主组织侦查，军队保卫部门配合。

④现役军人入伍前在地方作案，依法应当追究刑事责任的，由公安机关侦查，军队保卫部门配合。

⑤军人退出现役后，发现其在服役期间在军队营区作案，依法应当追究刑事责任的，由军队保卫部门侦查，公安机关配合。

⑥军人退出现役后，在离队途中作案的，以及已经批准入伍尚未与军队办理交接手续的新兵犯罪的，由公安机关侦查。

⑦属于地方人民武装部门管理的民兵武器仓库和军队移交或者出租、出借给地方单位使用的军队营房、营院、仓库、机场、码头，以及军队和地方人员混居的军队宿舍区发生的非侵害军事利益和军人权益的案件，由公安机关侦查，军队保卫部门配合。

⑧军队在工商行政部门登记注册，实行企业化经营管理的公司、厂矿、宾馆、饭店、影剧院，以及军队和地方合资经营的企业发生的案件，由公安机关侦查，军队保卫部门配合。

这里所称的"军人"，是指现役军人、军队在编职工以及由军队管理的离、退休人员。

办理公安机关和军队互涉的刑事案件，公安机关和有关军队保卫部门应当及时互通情况，加强协作、密切配合；对管辖有争议的案件，应当共同研究协商，必要时可由双方的上级机关协调解决。

公安机关和武装警察部队互涉刑事案件的管辖分工，依照公安机关和军队互涉刑事案件的管辖分工的原则办理。

列入武装警察部队序列的公安边防、消防、警卫部门人员的犯罪案件，由公安机关管辖。

（2）公安机关和监察机关互涉案件的管辖分工

公安机关侦查的刑事案件的犯罪嫌疑人涉及监察机关管辖的案件时，应当及时与同级监察机关协商，一般应当由监察机关为主调查，公安机关予以协助。

（3）公安机关和人民检察院互涉刑事案件的管辖分工

公安机关侦查的刑事案件涉及人民检察院管辖的案件时，应当将属于人民检察院管辖的刑事案件移送人民检察院。涉嫌主罪属于公安机关管辖的，由公安机关为主侦查；涉嫌主罪属于人民检察院管辖的，公安机关予以配合。

（4）公安机关或人民检察院在侦查过程中，如果发现犯罪嫌疑人还犯有属于人民法院直接受理的案件时，应分别情况进行处理：

①对于属于告诉才处理的案件，可以告知被害人向人民法院直接提起诉讼；

②对于属于人民法院可以受理的其他类型的自诉案件的，可以立案进行侦查，然后在人民检察院提起公诉时，随同公诉案件移送人民法院，由人民法院合并审理；

③侦查终结后不提起公诉的，则应直接移送人民法院处理。

四、人民法院对公诉案件审判管辖的规定

（一）审判管辖的概念

我国共设置四级人民法院，即最高人民法院、高级人民法院、中级人民法院和基层人民法院，实行四级两审终审制。另外还有铁路运输、军事等专门人民法院。除了最高人民法院外，不同级别的地方人民法院，分布在全国各地。全国有这么多法院，又都依法享有审判权，那么，当一起刑事案件发生后，应当由哪一个人民法院来审判呢？这就需要对不同种类、不同级别和不同地区的人民法院的审判权限进行合理的分工，审判管辖就是要解决这个问题。

审判管辖，是指人民法院组织系统内部在审判第一审刑事案件上的分工。审判管辖包括级别管辖、地区管辖和专门管辖三个方面。

（二）级别管辖

1. 级别管辖的概念

我国基层人民法院、中级人民法院、高级人民法院和最高人民法院四级都承担了刑事案件的第一审任务。这就需要从法律上明确划分哪一些第一审刑事案件由哪一级人民法院审理。

级别管辖，就是指各级人民法院之间在审判第一审刑事案件权限上的分工。它解决的是人民法院内部不同级别人民法院之间在审判第一审刑事案件上的纵向分工问题。

2. 级别管辖的规定

（1）级别管辖原则规定

刑事诉讼法根据案件的性质、可能判处刑罚的轻重、案件涉及面和影响范围的大小，从保证及时、正确审判案件的根本目的出发，还考虑到各级人民法院的工作量的合理分担和诉讼程序的简便易行等情况，分别对基层人民法院、中级人民法院、高级人民法院和最高人民法院受理第一审刑事案件的范围作了明确规定。

①基层人民法院管辖的第一审刑事案件

《刑事诉讼法》第20条规定，基层人民法院管辖第一审普通刑事案件，但依照本法由上级人民法院管辖的除外。从刑事诉讼法的规定看，这里的普通刑事案件是指危害国家安全案件和判处无期徒刑以上刑罚的案件之外的案件。

②中级人民法院管辖的第一审刑事案件

《刑事诉讼法》第21条规定，中级人民法院管辖下列第一审刑事案件：危害国家安全、恐怖活动案件；可能判处无期徒刑、死刑的案件。

在此，应当明确：刑诉法规定的上述案件并不是说只能由中级人民法院一审，而是最低应由中级人民法院一审，高级人民法院、最高人民法院也可以对上述案件进行一审。

③高级人民法院管辖的第一审刑事案件。

《刑事诉讼法》第22条规定，高级人民法院管辖的第一审刑事案件，是全省（自治区、直辖市）性的重大刑事案件。至于全省性的重大刑事案件的标准，立法上没有规定，由高级人民法院认定和把握。

④最高人民法院管辖的第一审刑事案件。

《刑事诉讼法》第23条规定，最高人民法院管辖的第一审刑事案件，是全国性的重大刑事案件。这类案件是个别的、特殊的，是为数极少的。

（2）移送管辖（级别管辖的变通）

《刑事诉讼法》第20条、第21条、第22条、第23条对各级人民法院管辖的第一审刑事案件范围的划分，使各级人民法院对第一审刑事案件的受理分工有了基本的原则。但是，由于刑事案件的具体情况非常复杂，各地各级人民法院的实际情况也不一致，因此，《刑事诉讼法》第24条又对级别管辖作了变通性的规定："上级人民法院在必要的时候，可以审判下级人民法院管辖的第一审刑事案件；下级人民法院认为案情重大、复杂需要由上级人民法院审判的第一审刑事案件，可以请求移送上一级人民法院审判"。根据这条规定，这里有两种情况：

第一种情况，某些刑事案件本来应该由下级人民法院管辖，但如果上级人民法院认为由下级人民法院审判该案可能会影响公正审判和案件质量，有必要由自己作为第一审法院进行审理的时候，上级人民法院有权审判下级人民法院管辖的第一审刑事案件。

第二种情况，下级人民法院在特殊情况下，可以将自己受理的第一审刑事案件，请求移送上一级人民法院审判。基层人民法院对可能判处无期徒刑、死刑的第一审刑事案件，应当移送中级人民法院审判。基层人民法院对下列第一审刑事案件，可以请求移送中级人民法院审判：重大、复杂案件；新类型的疑难案件；在法律适用上具有普遍指导意义的案件。

另外，《司法解释》第 18 条规定：有管辖权的人民法院因案件涉及本院院长需要回避或者其他原因，不宜行使管辖权的，可以请求移送上一级人民法院管辖。上一级人民法院可以管辖，也可以指定与提出请求的人民法院同级的其他人民法院管辖。

根据刑事诉讼法级别管辖的规定，现实当中还可能出现三种情况：一种是检察机关认为需要判处无期徒刑以上刑罚向中级人民法院提起公诉的普通刑事案件，中级人民法院受理以后认为不需要判处无期徒刑以上刑罚的，案件由中级法院审理，不再交给下级法院进行审理。第二种情况是同一个被告人犯有数罪，有的罪重，有的罪轻，换句话说，有的犯罪要由上级法院管辖，有的犯罪要由下级法院管辖，这种情况下不能够分案审理，必须由对重罪有管辖权的上级法院对全案集中审判。第三种情况是，如果检察机关认为某个普通刑事案件不够判无期徒刑以上，向基层法院提起公诉，而基层法院认为应当判处无期徒刑以上刑罚，应当请求移送中级人民法院。

适用移送管辖应注意以下几个问题：

①属于上级人民法院管辖的第一审刑事案件，上级人民法院不能移送下级人民法院管辖，只允许提高审级，不允许降低审级。

②上级人民法院审判下级人民法院管辖的第一审刑事案件，可以由上级人民法院以职权自行决定，但是只能在"必要的时候"对个别案件适用。

③一人犯有数罪或者共同犯罪的案件，应合并一案进行审理，但如果其罪行分别属于不同级别法院管辖时，应采取就高不就低的办法，只要其中一罪或一人属上级人民法院管辖，全案由上级法院管辖。

（三）地区管辖

1. 地区管辖的概念

级别管辖只解决了上、下级人民法院之间对第一审刑事案件的分工。但是，同一级的地方人民法院有若干个，仅仅明确了级别管辖，还不能确定一起刑事案件归哪一个人民法院审判。还必须确定地区管辖。

地区管辖，是指同级人民法院之间，在审判第一审刑事案件上的分工。级别管辖从纵向解决各类第一审刑事案件由哪一级人民法院审理，而地区管辖则是从横向解决刑事案件由同一级人民法院中的哪一个法院审判。只有解决纵横两方面的管辖问题，案件的管辖权才能落实到一个具体的人民法院。

2. 地区管辖的规定

（1）地区管辖的原则分工

《刑事诉讼法》第 25 条、第 26 条规定了确定地区管辖的两个原则。具体为：

①以犯罪地人民法院管辖为主，被告人居住地人民法院管辖为辅的原则

《刑事诉讼法》第 25 条规定："刑事案件由犯罪地的人民法院管辖。如果由被告人居住地的人民法院审判更为适宜的，可以由被告人居住地的人民法院管辖。"司法实践中，也会遇到案件由犯罪地的人民法院管辖反为不便，而由被告人居住地的人民法院管辖更适宜的情况，为此，刑诉法规定，如果由被告人居住地的人民法院审判更为适宜的，可以由被告人居住地的人民法院管辖。被告人居住地一般是指被告人被起诉时的地址，既可以是户籍所在地，也可以是被告人工作、学习的地方。由被告人居住地的人民法院管辖更为适宜的情况，一般包括：被告人流窜作案，犯罪地难于确定，而其居住地的群众更多地了解案件的情况；犯罪地难以确定或者虽能确定，但不送回犯罪地，被告人居住地的人民法院也能查明案情，而且不需要送回犯罪地以平民愤的；被告人在居住地民愤极大，当地群众强烈要求在居住地审判的；可能对被告人适用缓刑、管制或者单独适用剥夺政治权利等刑罚，因而需要在其居住地执行的；临时外出的组织成员之间相互进行侵犯的。

②以最初受理的人民法院审判为主，主要犯罪地人民法院审判为辅的原则

如果犯罪行为只涉及到一个地区，由犯罪地人民法院管辖，但有些案件涉及到两个以上的犯罪地，被告人又没有固定的居住地，这样就会出现几个地区的同级法院对同一案件都有管辖权的现象。为解决这一问题，《刑事诉讼法》第 26 条规定："几个同级人民法院都有权管辖的案件，由最初受理的人民法院审判，在必要的时候，可以移送主要犯罪地的人民法院审判。"这就是说，几个同级人民法院都有权管辖的案件，由最初受理的人民法院审判，其他对此案本来也有管辖权的同级人民法院就无权再对该案进行审判。最初受理的意思就是最先受理。法律如此规定，主要是为了防止人民法院之间因互相推诿或争夺管辖权而造成审判拖延；同时，由于最初受理的人民法院对案件已经进行了一些工作，对案情有了一定了解，由它对案件进行审判，有利于及时审结案件。为了适应刑事案件的复杂情况和司法审判的客观需要，刑诉法同时规定，在必要的时候，最初受理的人民法院可以将案件移送主要犯罪地的人民法院审判。"在必要的时候"一般是指，被告人的主要犯罪事实不是发生在最初受理案件的人民法院管辖区域内，而由最初受理案件人民法院查清主要犯罪事实确有实际困难，难以保证案件得到及时、正确处理的情况。主要犯罪地包括两层意思：一个是如果有多起犯罪的时候以最重大这起犯罪发生地为主要犯罪地；另外一种情况就是一起案件涉及多个地点，那么对于这起犯罪的成立起主要作用的行为地为主要犯罪地。

应注意，适用这一原则必须从是否有利于准确、及时地查明案情，正确处理案件，是否有利于发挥审判的法制宣传教育功能，是否有利于同犯罪作斗争等多个方面的因素综合衡量后做出决定，而不能随意扩大适用情形。

（2）指定管辖

司法实践中，往往会发生管辖争议和管辖不明的情况，甚至会出现某个案件不宜由有管辖权的人民法院审判的问题。为此，《刑事诉讼法》第 27 条规定："上级人民法院可以指定下级人民法院审判管辖不明的案件，也可以指定下级人民法院将案件移送其他人民法

院审判。"从这一规定可知，指定管辖是指上级人民法院依照法律规定，指定其辖区内的下级人民法院对某一案件行使管辖权。其实质是法律赋予上级人民法院在一定情况下变更或者确定案件管辖法院的机动权，以弥补立法的不足。

结合《司法解释》的规定，刑事诉讼中的指定管辖有两种情况：一种情况就是案件的管辖不明，下级法院有争议。这种情况下，由争议的法院的共同的上一级法院来指定这个案件的管辖权。这种指定管辖，概括起来，须遵守三个条件：一是存在管辖不明；二是争议法院协商不成时分别逐级报请至共同上一级法院进行指定；三是上一级法院只能在争议法院中确定一个管辖法院。第二种情况就是上级法院可以通过指定来改变这个案件的管辖权。它和第一种的区别就在于这个案件的管辖权本来很明确，没有争议，但是上级法院认为，由这个对本案有管辖权的法院来进行审理不适当，因此，指定由有管辖权的法院将案件移送至另一个没有管辖权的法院来进行审理。《司法解释》第20条第2款规定："有关案件，由犯罪地、被告人居住地以外的人民法院审判更为适宜的，上级人民法院可以指定下级人民法院管辖。"这种指定管辖须遵守两个条件：一是上级法院只能在自己的辖区内进行指定；二是不能通过指定来改变案件的级别管辖。

根据《司法解释》第19条第2款、第20条、第21条、第22条的规定，管辖权发生争议的，应当在审理期限内协商解决；协商不成的，由争议的人民法院分别层报共同的上级人民法院指定管辖。上级人民法院在必要时，可以指定下级人民法院将其管辖的案件移送其他下级人民法院审判。上级人民法院指定管辖，应当将指定管辖决定书分别送达被指定管辖的人民法院和其他有关的人民法院。原受理案件的人民法院在收到上级人民法院改变管辖决定书、同意移送决定书或者指定其他人民法院管辖决定书后，对公诉案件，应当书面通知同级人民检察院，并将案卷材料退回，同时书面通知当事人。

（3）并案管辖

从实践来看，人民法院受理案件后，发现被告人还有其他犯罪的，主要包括以下情形：发现被告人还有犯罪被立案侦查、立案调查的；发现被告人还有犯罪被审查起诉的；发现被告人还有犯罪被起诉的。对于上述情形，应当区分情况进行处理。其中，对于起诉至人民法院的，可以并案审理；涉及同种罪的，一般应当并案审理。

并案审理不仅涉及人民法院，还涉及人民检察院。如果前后两案是起诉至同一人民法院的，并案处理相对容易操作；如果起诉至不同法院，特别是不同省份的法院的，并案处理就涉及两地法院、两地检察院的工作衔接和配合，具体操作程序繁杂、费时费力、十分困难。基于此，《司法解释》第24条第1款规定："人民法院发现被告人还有其他犯罪被起诉的，可以并案审理；涉及同种犯罪的，一般应当并案审理。"这里的"一般应当"并案审理的限于涉及同种罪的情形。从应然层面而言，对于同种罪，特别是分案处理可能导致对被告人刑罚裁量不利的，应当并案审理。有些案件，确实无法与原提起公诉的人民检察院、拟并案审理的人民法院对应的人民检察院以及上级人民检察院协商一致的，只能分案处理，在刑罚裁量时酌情考虑。故而，本条第1款使用的表述是"一般应当"而非"应当"；对于分案处理对被告人的刑罚裁量无实质不利影响（如一罪被判处死刑、无期徒刑，采用吸收原则进行并罚的）和确实无法就并案问题协商一致的，可以分案审理。

《司法解释》第 24 条第 2 款明确了人民法院发现被告人还有其他犯罪被审查起诉、立案侦查、立案调查的并案处理规则，规定："人民法院发现被告人还有其他犯罪被审查起诉、立案侦查、立案调查的，可以参照前款规定协商人民检察院、公安机关、监察机关并案处理，但可能造成审判过分迟延的除外。"据此，此种情形下，应当参照《司法解释》第 24 条第 1 款规定的原则协商人民检察院、公安机关、监察机关并案处理。实践中，如果确实协商不成的，可以继续审理。有些案件强行要求并案处理，可能导致审理时间过长，判前羁押时间人为加长，反而对被告人不利。

《司法解释》第 24 条第 3 款进一步明确了依照前两款规定并案处理后的管辖规则，规定："根据前两款规定并案处理的案件，由最初受理地的人民法院审判。必要时，可以由主要犯罪地的人民法院审判。"需要注意的是：①之所以规定"由最初受理地的人民法院审判"而非"由最初受理的人民法院审判"，主要考虑：如果最初受理的是基层法院，而还有罪行是由地市级检察院审查起诉，则并案时就不是由最初受理的基层法院，而是由最初受理地的中级人民法院管辖。②考虑到有些案件由主要犯罪地人民法院审判更为便利，故规定"必要时，可以由主要犯罪地的人民法院审判"。如果多个犯罪不属于同级人民法院管辖，一般可以认为属于中级人民法院管辖的犯罪属于主要犯罪，从而适用上述规定，由该中级人民法院并案处理。

（4）几种特殊案件的地区管辖

随着我国对外开放的扩大和国际交流的加强，以及社会生活的迅速发展等形势的出现，一些发生在特殊地区和场所的犯罪活动也有所增加，解决这类案件的管辖问题不能依据一般的地区管辖的原则。对此，《司法解释》作了明确的规定：

①在中华人民共和国内水、领海发生的刑事案件，由犯罪地或者被告人登陆地的人民法院管辖。由被告人居住地的人民法院审判更为适宜的，可以由被告人居住地的人民法院管辖。

②在列车上的犯罪，被告人在列车运行途中被抓获的，由前方停靠站所在地负责审判铁路运输刑事案件的人民法院管辖。必要时，也可以由始发站或者终点站所在地负责审判铁路运输刑事案件的人民法院管辖。

被告人不是在列车运行途中被抓获的，由负责该列车乘务的铁路公安机关对应的审判铁路运输刑事案件的人民法院管辖；被告人在列车运行途经车站被抓获的，也可以由该车站所在地负责审判铁路运输刑事案件的人民法院管辖。

③在国际列车上的犯罪，根据我国与相关国家签订的协定确定管辖；没有协定的，由该列车始发或者前方停靠的中国车站所在地负责审判铁路运输刑事案件的人民法院管辖。

④在中华人民共和国领域外的中国船舶内的犯罪，由该船舶最初停泊的中国口岸所在地或者被告人登陆地、入境地的人民法院管辖。

⑤在中华人民共和国领域外的中国航空器内的犯罪，由该航空器在中国最初降落地的人民法院管辖。

⑥中国公民在中国驻外使领馆内的犯罪，由其主管单位所在地或者原户籍地的人民法院管辖。

⑦中国公民在中华人民共和国领域外的犯罪，由其登陆地、入境地、离境前居住地或

者现居住地的人民法院管辖；被害人是中国公民的，也可以由被害人离境前居住地或者现居住地的人民法院管辖。

⑧外国人在中华人民共和国领域外对中华人民共和国国家或者公民犯罪，根据《中华人民共和国刑法》应当受处罚的，由该外国人登陆地、入境地或者入境后居住地的人民法院管辖，也可以由被害人离境前居住地或者现居住地的人民法院管辖。

⑨对中华人民共和国缔结或者参加的国际条约所规定的罪行，中华人民共和国在所承担条约义务的范围内行使刑事管辖权的，由被告人被抓获地、登陆地或者入境地的人民法院管辖。

⑩正在服刑的罪犯在判决宣告前还有其他罪没有判决的，由原审地人民法院管辖；由罪犯服刑地或者犯罪地的人民法院审判更为适宜的，可以由罪犯服刑地或者犯罪地的人民法院管辖。罪犯在服刑期间又犯罪的，由服刑地的人民法院管辖。罪犯在脱逃期间又犯罪的，由服刑地的人民法院管辖。但是，在犯罪地抓获罪犯并发现其在脱逃期间犯罪的，由犯罪地的人民法院管辖。

（四）专门管辖

1. 专门管辖的概念

专门管辖，就是指专门人民法院和普通人民法院之间，各种专门人民法院之间在审理第一审刑事案件范围上的分工。它所要解决的是确定哪些特殊的刑事案件，普通人民法院不能审判而由哪种专门人民法院审判的问题。

目前，我国已经设立的专门人民法院包括军事法院、海事法院、知识产权法院、金融法院等，其中海事法院、知识产权法院、金融法院不办理刑事案件。因而，我国具有刑事案件管辖权的专门人民法院只有军事法院。法律明确规定由专门法院管辖的刑事案件，普通法院无权管辖。

2. 专门管辖的具体规定

军事法院管辖的第一审刑事案件是现役军人的犯罪案件。具体包括：现役军人犯违反职责罪及现役军人、在军队编制内服务的无军职人员、普通公民危害与破坏国防军事的犯罪案件。

实践中，常常遇到军队和地方互相涉及的案件。根据规定，现役军人（含军内在编职工，下同）和非军人共同犯罪的，分别由军事法院和地方人民法院或者其他专门法院管辖；涉及国家军事秘密的，全案由军事法院管辖。对于下列案件由地方人民法院或者军事法院以外的其他专门法院管辖：①非军人、随军家属在部队营区内犯罪的；②军人在办理退役手续后犯罪的；③现役军人入伍前犯罪的（需与服役期内犯罪一并审判的除外）；④退役军人在服役期内犯罪的（犯军人违反职责罪的除外）。

项目三　一般公诉案件诉讼参与人

【案例9-2】

李某因琐事将王某打伤。案发时王某的妻子张某在场。经法医鉴定，王某的伤情为重伤。王某住院治疗花费医疗费 20000 元。在审理阶段，王某提出刑事附带民事诉讼，要求李某赔偿经济损失。李某委托律师刘某为辩护人和刑事附带民事诉讼代理人。本案中，李某为犯罪嫌疑人、被告人，王某为被害人，张某为证人，刘某为辩护人和刑事附带民事诉讼代理人。

【应知应会】

　　刑事诉讼中的诉讼参与人是指除侦查人员、检察人员、审判人员以外的，参加刑事诉讼并在诉讼中享有一定权利、承担一定义务的人。

　　根据《刑事诉讼法》第 108 条的规定，诉讼参与人包括当事人和其他诉讼参与人两类。

　　刑事诉讼中的当事人有被害人、自诉人、犯罪嫌疑人、被告人、附带民事诉讼的原告人和附带民事诉讼的被告人。当事人共有的诉讼权利有：

　　（1）以本民族语言文字进行诉讼。

　　（2）在具有法定理由时申请侦查人员、检察人员、审判人员或者书记员、鉴定人、翻译人员回避。

　　（3）对于驳回申请回避的决定，有权申请复议一次。

　　（4）对于侦查人员、检察人员、审判人员侵犯其诉讼权利或者对其人身进行侮辱的行为，有权提出控告。

　　（5）有权参加法庭调查和法庭辩论，向证人发问并质证，辨认物证和其他证据并就证据发表意见，申请通知新的证人到庭和调取新的物证，申请重新勘验或者鉴定，互相辩论等。

　　（6）对已经发生法律效力的判决、裁定不服的，向人民法院或者人民检察院提出申诉。

　　其他诉讼参与人是除了当事人以外的参与刑事诉讼活动并在诉讼中享有一定权利、承担一定义务的诉讼参加人。包括法定代理人、诉讼代理人、辩护人、证人、鉴定人和翻译人员。

　　其他诉讼参与人与诉讼结局并无直接利害关系，其参加刑事诉讼不是为了保护自己的实体权利，而是在某一环节或者某一方面协助刑事诉讼的进行。其他诉讼参与人的诉讼行为并不能启动诉讼程序或者对诉讼进程产生直接影响。

任务一　了解公诉案件当事人的范围、诉讼地位

　　当事人是指与案件事实和诉讼结局有直接利害关系，为保护自身利益而参加诉讼的人。包括被害人、自诉人、犯罪嫌疑人、被告人、附带民事诉讼原告人和附带民事诉讼被告人。在公诉案件中，当事人包括被害人、犯罪嫌疑人、被告人、附带民事诉讼原告人和附带民事诉讼被告人。

一、被害人

被害人是其合法权益遭受犯罪行为直接侵害的人。一般来说，刑事诉讼法中所称的被害人仅指公诉案件的被害人。

我国刑事诉讼法将被害人确立为当事人，并赋予其一系列诉讼权利，这种规定既适用于自然人，也适用于法人和其他组织，即单位。

（一）被害人的诉讼权利

被害人在刑事诉讼中除享有当事人共有的诉讼权利以外，还有以下诉讼权利：

①对侵犯其人身权利、民主权利、财产权利的犯罪行为以及犯罪嫌疑人，有权向公安机关、人民检察院或者人民法院报案或者控告，要求公安司法机关依法追究犯罪、查获犯罪、惩罚犯罪，保护其合法权利。

②自刑事案件移送审查起诉之日起，有权委托诉讼代理人。

③对公安机关应当立案而不立案的，有权向人民检察院提出意见，请求人民检察院责令公安机关向检察机关说明不立案的理由。人民检察院应当要求公安机关说明不立案的理由。人民检察院认为其理由不能成立的，应当通知公安机关立案，公安机关则必须立案。

④对人民检察院作出的不起诉决定不服，有权向上一级人民检察院提出申诉。

⑤如有证据证明公安机关、人民检察院对于侵犯其人身权利、财产权利的行为应当追究刑事责任而不予追究的，有权直接向人民法院起诉。

⑥不服地方各级人民法院的第一审判决，有权请求人民检察院抗诉。

⑦在依法不负刑事责任的精神病人的强制医疗程序中，被害人对强制医疗决定不服的，有权向上一级人民法院申请复议。

（二）被害人的诉讼义务

在刑事诉讼中，被害人的诉讼义务主要有以下几个方面：

①如实向公安机关、人民检察院、人民法院及其工作人员作出陈述，如果故意捏造事实，提供虚假陈述，情节严重的，应当承担法律责任。

②接受传唤，按时出席法庭参加审判。

③遵守法庭纪律，回答提问并接受询问和调查。

二、犯罪嫌疑人、被告人

犯罪嫌疑人和被告人是对因涉嫌犯罪而受到刑事追诉的人在不同的刑事诉讼程序中的两种不同的称谓。在公诉案件中，因涉嫌犯罪而受到刑事追诉的人，在人民检察院向人民法院提起公诉以前是犯罪嫌疑人；在人民检察院向人民法院提起公诉以后，是被告人。

（一）犯罪嫌疑人、被告人的诉讼地位

①犯罪嫌疑人、被告人具有不可替代性。

②犯罪嫌疑人、被告人与刑事诉讼结局有着直接的利害关系。

由于我国刑法规定了单位犯罪，因此，在刑事诉讼中，单位可以独立地成为犯罪嫌疑人、被告人，与作为直接负责的主管人员和其他直接责任人员的自然人一起参与刑事诉讼。

（二）犯罪嫌疑人、被告人特有的诉讼权利

除与其他诉讼参与人共同享有的诉讼权利以外，犯罪嫌疑人、被告人特有的诉讼权利还有以下几个方面：

①辩护权。

②在被侦查机关第一次讯问或者被采取强制措施之日起，犯罪嫌疑人有权聘请律师担任辩护人，为其提供法律咨询、代理申诉和控告。犯罪嫌疑人被逮捕的，其聘请的律师还可以代为申请取保候审。

③有权拒绝辩护人继续为其辩护，有权另行委托辩护人。

④有权参加法庭调查和法庭辩论，就起诉书所指控的犯罪事实作出陈述和辩解。有权辩认或者鉴别证据，可以对证据发表意见。经审判长许可，被告人有权向证人、鉴定人等发问。有权申请通知新的证人到庭，调取新的物证，申请重新鉴定或者勘验。

⑤有最后陈述权。即在审判长宣布法庭辩论结束后，被告人有权发表最后意见。

⑥对于公安司法机关采取强制措施超过法定期限的，犯罪嫌疑人、被告人有权要求解除。

⑦在侦查中，对于侦查人员提问的与本案无关的问题，有权拒绝回答。

⑧对于地方各级人民法院所作的没有发生法律效力的第一审裁定或者判决，被告人有权提出上诉。

（三）犯罪嫌疑人、被告人的诉讼义务

①对于侦查人员的讯问，犯罪嫌疑人应当如实回答。

②接受公安司法机关及其工作人员依法进行的侦查、审查起诉和审判活动，不得逃避。

③不得进行毁灭、伪造证据或者串供，干扰证人作证等妨碍刑事诉讼的行为。

④按时出席法庭审判。

⑤执行人民法院已经发生法律效力的判决和裁定。

三、附带民事诉讼当事人

附带民事诉讼当事人包括附带民事诉讼原告人和附带民事诉讼被告人。

（一）附带民事诉讼原告人

在刑事附带民事诉讼中，因被告人的犯罪行为遭受物质损失而提起赔偿请求的人是附带民事诉讼原告人。被害人由于被告人的犯罪行为而遭受物质损失的，在刑事诉讼过程中，有权提起附带民事诉讼。被害人死亡或者丧失行为能力的，被害人的法定代理人、近亲属有权提起附带民事诉讼。除了自然人以外，法人及其他组织也可以成为附带民事诉讼原告人。《刑事诉讼法》第 101 条第 2 款规定："如果是国家财产、集体财产遭受损失的，人民检察院在提起公诉的时候，可以提起附带民事诉讼。"

1. 附带民事诉讼原告人的诉讼权利

①提起附带民事诉讼，要求赔偿物质损失。

②申请回避权。

③有权委托诉讼代理人。

④有权参加法庭调查，对于附带民事诉讼部分的事实和证据作出陈述和发表意见。有权参加法庭辩论。

⑤有权对地方各级人民法院第一审尚未发生法律效力的判决和裁定的附带民事诉讼部分提出上诉。

⑥有权请求人民法院主持调解或者与附带民事诉讼被告人自行和解。

2. 附带民事诉讼原告人的主要诉讼义务

①对于附带民事诉讼请求提供证据。

②如实陈述案情。

③按时出席法庭，参加审判活动。

（二）附带民事诉讼被告人

在刑事附带民事诉讼中，对其犯罪行为所造成的物质损失负有赔偿责任的人是附带民事诉讼被告人。附带民事诉讼中依法负有赔偿责任的人包括：刑事被告人以及未被追究刑事责任的其他共同侵害人；刑事被告人的监护人；死刑罪犯的遗产继承人；共同犯罪案件中，案件审结前死亡的被告人的遗产继承人；对被害人的物质损失依法应当承担赔偿责任的其他单位和个人。附带民事诉讼被告人的亲友自愿代为赔偿的，可以准许。

1. 附带民事诉讼被告人的主要诉讼权利

①申请回避权。

②参加法庭调查和法庭辩论。

③委托诉讼代理人。

④对于地方各级人民法院第一审尚未发生法律效力的判决、裁定的附带民事诉讼部分不服的，有权提出上诉。

⑤有权要求人民法院主持调解或者与附带民事诉讼原告人自行和解。

2. 附带民事诉讼被告人的主要诉讼义务

①如实陈述案情。

②按时出席法庭审判，接受调查。

③对自己的主张提供证据证明。

④执行已经发生法律效力的判决、裁定的附带民事诉讼部分。

四、单位当事人

（一）单位犯罪嫌疑人、被告人

在单位犯罪的情况下，单位可以独立成为犯罪嫌疑人、被告人，与作为自然人的直接负责的主管人员和其他直接责任人员一起参与刑事诉讼。

代表涉嫌单位参加刑事诉讼的诉讼代表人，应当是单位的法定代表人或者主要负责人；法定代表人或者主要负责人被指控为单位犯罪直接负责的主管人员的，应当由单位的其他负责人作为被告单位的诉讼代表人出庭。在审判阶段，被告单位的诉讼代表人与被指控为单位犯罪直接负责的主管人员是同一人的，人民法院应当要求人民检察院另行确定被告单位的诉讼代表人出庭。

单位犯罪嫌疑人、被告人的诉讼权利和诉讼义务，与自然人犯罪嫌疑人、被告人大致相同。

（二）单位被害人

被害人一般是指自然人，但单位也可以成为被害人。

单位被害人参与刑事诉讼时，应由其法定代表人作为代表参加刑事诉讼。根据刑事诉讼法的规定，法定代表人也可以委托诉讼代理人参加刑事诉讼。

单位被害人在刑事诉讼中的诉讼权利和诉讼义务，与自然人作为被害人时大体相同。

任务二　了解其他诉讼参与人的范围

其他诉讼参与人是指除当事人以外的诉讼参与人。包括法定代理人、诉讼代理人、辩护人、证人、鉴定人和翻译人员。其他诉讼参与人在诉讼中不是独立承担诉讼职能的诉讼主体，但他们同样依法享有参加诉讼活动所必须的诉讼权利，承担相应的诉讼义务。

一、法定代理人

法定代理人是由法律规定的对被代理人负有专门保护义务并代其进行诉讼的人。《刑事诉讼法》第 108 条第 3 项规定，"法定代理人的范围包括被代理人的父母、养父母、监护人和负有保护责任的机关、团体的代表。"

法定代理人参加刑事诉讼是依据法律规定，而不是基于委托关系。在刑事诉讼中，法定代理人具有独立的法律地位，法定代理人不受被代理人意志的约束，在行使代理权限时无须经过被代理人同意。

法定代理人参与刑事诉讼的职责是依法保护未成年人、无行为能力人或者限制行为能力人的人身权利、财产权利、诉讼权利以及其他一切合法权利，同时，法定代理人有责任监督被代理人的行为。在有多个法定代理人时，只能由其中一人参加刑事诉讼。法定代理人享有广泛的与被代理人相同的诉讼权利，但法定代理人不能代替被代理人作陈述，也不能代替被代理人承担与人身自由相关联的义务，比如服刑等。

法定代理人的诉讼权利还有：

（1）申请回避权。

（2）被告人的法定代理人，不服地方各级人民法院第一审的判决、裁定的，有权向上一级人民法院上诉。附带民事诉讼当事人的法定代理人，可以对地方各级人民法院第一审的判决、裁定中的附带民事诉讼部分，提出上诉。

（3）有权在对未成年被代理人进行询问、讯问时被通知到场。

二、诉讼代理人

基于委托关系而代表被代理人参与刑事诉讼的人是诉讼代理人。《刑事诉讼法》第108 条第 5 项规定："诉讼代理人是指公诉案件的被害人及其法定代理人或者近亲属、自诉案件的自诉人及其法定代理人委托代为参加诉讼的人和附带民事诉讼的当事人及其法定代理人委托代为参加诉讼的人。"

关于诉讼代理人的范围、诉讼权利和义务，在具体程序部分介绍。

三、辩护人

辩护人是在刑事诉讼中接受犯罪嫌疑人、被告人及其法定代理人、近亲属的委托，或者接受人民法院的指定，为犯罪嫌疑人、被告人依法进行辩护、帮助其行使辩护权，以维护其合法权益的人。

关于辩护人的范围、诉讼权利和义务，在具体程序部分介绍。

四、证人

在刑事诉讼中，证人是除了当事人以外的了解案件情况并向公安司法机关作出陈述的人。依据法律规定，在我国刑事诉讼中，凡是知道案件情况的人，都有作证的义务。证人不论其是否与当事人或者与案件有利害关系，均不妨碍其成为证人，依法都有作证的义务。法律规定只有生理上、精神上有缺陷或者年幼，不能辨别是非、不能正确表达的人，不能作证人。

证人由于其了解案件情况而成为诉讼参与人之一，这一特点决定了证人在刑事诉讼中是特定的，具有不可替代性。

证人只能是自然人。

（1）证人的诉讼权利

①有权用本民族语言文字进行诉讼。

②有权查阅证言笔录，并予以补充或者更改。

③对于公安司法机关工作人员侵犯其诉讼权利或者人身侮辱的行为，有权提出控告。

④对于其因作证而产生的交通费、住宿费、就餐费等经济损失，有权要求补偿。

⑤有权要求公安司法机关保证其本人以及其近亲属的安全，防止因作证而遭受不法侵害。

（2）证人的诉讼义务

①如实提供证言，如果有意作伪证或者隐匿罪证，应当承担法律责任。

②有义务回答公安司法人员以及当事人和其他诉讼参与人的询问，并接受质证。

③对于公安司法人员询问的内容予以保密。

五、鉴定人

刑事诉讼中的鉴定人是指接受公安司法机关的指派或者聘请，运用自己的专门知识或者技能对刑事案件中的专门性问题进行分析判断并提出书面鉴定意见的人。其所作书面鉴定意见是刑事诉讼法定证据之一。

（1）鉴定人的诉讼权利

①有权了解与鉴定有关的案件材料。

②有权要求指派或者聘请的机关提供足够的鉴定材料，在提供的鉴定材料不充分、不具备作出鉴定结论的条件时，有权要求有关机关补充材料，否则有权拒绝鉴定。

③有权收取鉴定费用。

（2）鉴定人的诉讼义务

①如实作出鉴定，不得故意作出虚假鉴定意见。如果故意作出虚假鉴定要承担相应的法律责任。

②对于因为作鉴定而了解的案件情况和有关人员的隐私，应当保密。

③在接到人民法院通知时，出庭接受公诉人、当事人和辩护人、诉讼代理人以及审判人员的发问、询问。

六、翻译人员

在刑事诉讼中，接受公安司法机关的指派或者聘请，为参与诉讼的外国人、少数民族人员、盲人、聋哑人等进行语言、文字翻译或者盲文、聋哑语翻译的人是翻译人员。翻译人员是刑事诉讼中独立的诉讼参与人。

项目四　一般公诉案件诉讼程序

【案例 9-3】

某地发生一起抢劫案。公安机关接到报案后迅速立案并开展侦查，在收集充分证据的基础上，将犯罪嫌疑人李某抓获并采取强制措施。公安机关在侦查中，李某委托了辩护律师王某为辩护人。王某在向办案人员了解案情后向公安机关提出了辩护意见。公安机关侦查结束后，将案件移交当地人民检察院审查起诉。人民检察院经审查，认为事实清楚，证据确实充分，遂向当地人民法院提起公诉。人民法院经公开开庭审理，对案件作出一审判决，被告人犯抢劫罪判处有期徒刑六年。被告人不服，提出上诉。二审法院经审理，裁定驳回上诉，维持原判。

【应知应会】

任务一　了解立案程序

一、立案的概念

立案是诉讼程序的开始阶段，是指公安机关、人民检察院或人民法院，对报案、控告、举报、自首等材料审查后，认为有犯罪事实发生、需要追究刑事责任时，依法决定作为刑事案件进行侦查或者审判的一种诉讼活动。

二、立案的特征

（一）立案是我国刑事诉讼活动的首要程序和必经程序。刑事案件只有立案后，才能进行公诉案件的侦查、起诉、审判和自诉案件的审判活动。司法实践中，"有案不立"、"先破后立"和"不破不立"的做法都是不符合法律规定的。人民检察院应当进行法律监督，发现上述问题，及时检查纠正。

（二）立案是国家赋予公安司法机关的专门职权，其他任何机关、团体、企事业单位和个人都无权行使此种权利。

（三）立案应依照我国刑事诉讼法的"职权"原则和"管辖"规定进行。

（四）立案应按我国刑事诉讼法规定的"立案条件"和公安司法机关对刑事案件的"立案标准"进行。

三、公安机关立案程序

【案例 9-4】

2010 年 5 月 10 日晚 11 点，王某在下班回家路上被人抢走提包一个，内有现金 1000 元及身份证等证件。王某随即到当地公安机关报案。接警人员在询问后，认为存在犯罪事实，需要追究行为人的刑事责任，决定立案。

【应知应会】

（一）公安机关立案的材料来源

立案的材料来源，是指案件线索和有关案件证据材料的出处。这些线索和材料是公安机关立案或者不立案的根据。立案材料的来源有以下几方面：

1. 被害人的报案和控告

《刑事诉讼法》第 110 条第 2 款规定："被害人对侵犯其人身、财产权利的犯罪事实或者犯罪嫌疑人，有权向公安机关、人民检察院或者人民法院报案或者控告。"

被害人是遭受犯罪行为直接侵害的单位或个人。由于被害人是案件的一方当事人，刑事诉讼是否启动与其有直接的利害关系，因此，遭受犯罪侵害的被害人往往具有较为强烈的追究犯罪的愿望。同时，由于被害人往往能够提供比较详细、具体的有关犯罪事实或者犯罪嫌疑人的情况，所以，被害人的报案或者控告便成为公安机关立案材料的重要来源。

注意报案与控告的区别。报案的内容只有犯罪事实，没有明确的犯罪嫌疑人；控告的内容既有犯罪事实，又有明确的犯罪嫌疑人。

2. 单位或个人的报案或举报

《刑事诉讼法》第 110 条第 1 款规定："任何单位和个人发现有犯罪事实或者犯罪嫌疑人，有权利也有义务向公安机关、人民检察院或者人民法院报案或者举报。"

报案是指机关、团体、企事业单位或者公民（包括被害人）发现发生刑事案件，向公安司法机关报告案件情况的行为。

举报是指机关、团体、企事业单位或者公民向公安司法机关揭露、报告犯罪事实和犯罪嫌疑人的行为。

注意报案与举报的区别。报案的内容只有犯罪事实，没有明确的犯罪嫌疑人；举报的内容既有犯罪事实，又有明确的犯罪嫌疑人。

3. 犯罪人的自首

自首，是指犯罪人实施犯罪以后自动投案、如实交代自己的犯罪事实，并接受公安司法机关的审查和裁判的行为。《刑事诉讼法》第110条第4款规定："犯罪人向公安机关、人民检察院或者人民法院自首的，适用第三款规定。"自首也是立案材料的来源之一。

4. 群众扭送

群众扭送是指公民将具有法定情形的人强制送至公检法机关处理的行为。《刑事诉讼法》第84条规定："对于有下列情形的人，任何公民都可以立即扭送公安机关、人民检察院或者人民法院处理：（一）正在实行犯罪或者在犯罪后即时被发觉的；（二）通缉在案的；（三）越狱逃跑的；（四）正在被追捕的。"扭送是法律赋予公民同犯罪行为作斗争的权利。群众扭送也是公安机关立案的来源之一。

5. 公安机关直接发现的犯罪事实或犯罪嫌疑人

《刑事诉讼法》第109条规定："公安机关或者人民检察院发现犯罪事实或者犯罪嫌疑人，应当按照管辖范围，立案侦查。"公安机关作为负有侦查职责的工作部门，对于公诉案件，应当积极、主动地发现、获取犯罪线索，不能坐堂等案、就案办案。司法实践表明，公安机关在日常的治安行政执法工作中，经常会自行、主动发现一些新的犯罪线索和事实材料。这些线索、材料是刑事立案材料的重要来源。

6. 党政机关、信访部门、上级机关及人大交办的案件以及新闻部门披露的与犯罪有关的线索。

（二）公安机关立案的条件

立案条件，是指案件在刑事诉讼中得以成立并进入诉讼程序所必须具备的法定要件。

有了立案材料的来源，只是给立案提供了事实上的依据，能不能立案，还要看是否符合立案的条件。《刑事诉讼法》第112条规定："人民法院、人民检察院或者公安机关对于报案、控告、举报和自首的材料，应当按照管辖范围，迅速进行审查，认为有犯罪事实需要追究刑事责任的时候，应当立案；认为没有犯罪事实，或者犯罪事实显著轻微，不需要追究刑事责任的时候，不予立案，并且将不立案的原因通知控告人。控告人如果不服，可以申请复议。"所以，决定立案必须同时具备两个条件：

1. 事实条件：认为有犯罪事实存在

认为有犯罪事实存在是立案的首要条件。

在理解这一条件时，应当注意"有犯罪事实"和"认为有犯罪事实"的区别。"有犯罪事实"是指符合刑法规定的犯罪构成要件的行为业已发生，或者犯罪正在实施过程当中和为实施犯罪准备工具、制造条件的预备阶段。作为立案事实条件的"认为有犯罪事实",则是对犯罪事实的主观认识,与客观上确实存在犯罪事实并不是一回事。

2. 法律条件:认为需要追究刑事责任

需要追究刑事责任是指根据刑事法律规定,对实施犯罪的行为人有追究刑事责任的必要,并需要启动侦查、起诉、审判程序。对于依照法律规定不需要追究刑事责任的,也就是说只要属于《刑事诉讼法》第16条规定的情形之一的,公安机关就不应当追究刑事责任,不予立案。

有观点认为,公安机关的立案条件还应包括管辖条件。本教材作者认为,管辖是公安机关办理案件的前提,是立案的应有之义,不应作为一个条件。

(三) 公安机关立案的程序

1. 对立案材料的接受

(1) 公安机关对于公民扭送、报案、控告、举报或者犯罪嫌疑人自动投案的,都应当立即接受,问明情况,并制作笔录,经核对无误后,由扭送人、报案人、控告人、举报人、投案人签名、捺指印。必要时,应当对接受过程录音录像。

(2) 公安机关对扭送人、报案人、控告人、举报人、投案人提供的有关证据材料等应当登记,制作接受证据材料清单,由扭送人、报案人、控告人、举报人、投案人签名,并妥善保管。必要时,应当拍照或者录音录像。

(3) 公安机关接受案件时,应当制作受案登记表和受案回执,并将受案回执交扭送人、报案人、控告人、举报人。扭送人、报案人、控告人、举报人无法取得联系或者拒绝接受回执的,应当在回执中注明。

(4) 公安机关接受控告、举报的工作人员,应当向控告人、举报人说明诬告应负的法律责任。但是,只要不是捏造事实、伪造证据,即使控告、举报的事实有出入,甚至是错告的,也要和诬告严格加以区别。

(5) 公安机关应当保障扭送人、报案人、控告人、举报人及其近亲属的安全。

扭送人、报案人、控告人、举报人如果不愿意公开自己的身份,应当为其保守秘密,并在材料中注明。

(6) 对接受的案件,或者发现的犯罪线索,公安机关应当迅速进行审查。发现案件事实或者线索不明的,必要时,经办案部门负责人批准,可以进行调查核实。

调查核实过程中,公安机关可以依照有关法律和规定采取询问、查询、勘验、鉴定和调取证据材料等不限制被调查对象人身、财产权利的措施。但是,不得对被调查对象采取强制措施,不得查封、扣押、冻结被调查对象的财产,不得采取技术侦查措施。

(7) 经过审查,认为有犯罪事实,但不属于自己管辖的案件,应当立即报经县级以上公安机关负责人批准,制作移送案件通知书,在二十四小时以内移送有管辖权的机关处理,并告知扭送人、报案人、控告人、举报人。对于不属于自己管辖而又必须采取紧急措施的,应当先采取紧急措施,然后办理手续,移送主管机关。

对不属于公安机关职责范围的事项,在接报案时能够当场判断的,应当立即口头告知扭送人、报案人、控告人、举报人向其他主管机关报案。

对于重复报案、案件正在办理或者已经办结的，应当向扭送人、报案人、控告人、举报人作出解释，不再登记，但有新的事实或者证据的除外。

（8）经过审查，对告诉才处理的案件，公安机关应当告知当事人向人民法院起诉。

对被害人有证据证明的轻微刑事案件，公安机关应当告知被害人可以向人民法院起诉；被害人要求公安机关处理的，公安机关应当依法受理。

人民法院审理自诉案件，依法调取公安机关已经收集的案件材料和有关证据的，公安机关应当及时移交。

（9）经过审查，对于不够刑事处罚需要给予行政处理的，依法予以处理或者移送有关部门。

2. 对立案材料的审查

对立案材料的审查是指公安机关对已经收集的控告、举报、自首等材料进行核对和调查的活动。

（1）事实审查。首先要审查有无事件发生，是否属于犯罪案件，是否需要追究行为人的刑事责任。立案阶段的事实审查重点在于是否有犯罪发生，而不要求查清全部犯罪事实，也不要求查明具体的犯罪嫌疑人。

（2）证据或证据线索审查。在审查中，可以向控告人、举报人、报案人或自首人进行询问，也可以派人到控告人、举报人或者报案人的单位、住所或案发地去了解情况。在立案阶段所进行的调查，其目的在于了解与犯罪有关的事实情况，应当限定在查明是否有犯罪事实的发生和应否追究刑事责任的范围内进行，不能扩大范围。在对线索进行初查时，公安机关只能使用询问、勘验、鉴定等一般调查方法，不能使用强制性措施。

3. 对立案材料的处理

（1）决定立案并办理相应的法律手续

公安机关接受案件后，经审查，认为有犯罪事实需要追究刑事责任，且属于自己管辖的，经县级以上公安机关负责人批准，予以立案。对行政执法机关移送的案件，公安机关应当自接受案件之日起三日以内进行审查，认为有犯罪事实，需要追究刑事责任，依法决定立案的，应当书面通知移送案件的行政执法机关。

公安机关立案的，先由承办人员填写《刑事案件立案报告书》；经县级以上公安机关负责人审批后，制作《立案决定书》；最后，由负责审批人签名或盖章，交由侦查部门侦查。

（2）决定不立案并办理相应的法律手续

公安机关接受案件后，经审查，认为没有犯罪事实，或者犯罪事实显著轻微不需要追究刑事责任，或者具有其他依法不追究刑事责任情形的，经县级以上公安机关负责人批准，不予立案。对于决定不立案的，承办人员应当制作《呈请不予立案报告书》，经县级以上公安机关负责人审批后，制作《不予立案通知书》，将不立案的原因通知控告人，并告知控告人如果不服可以申请复议。公安机关处理的案件，应报请上一级公安机关审核并作出答复。

对有控告人的案件，决定不予立案的，公安机关应当制作不予立案通知书，并在三日以内送达控告人。

控告人对不予立案决定不服的，可以在收到不予立案通知书后七日以内向作出决定的公安机关申请复议；公安机关应当在收到复议申请后三十日以内作出决定，并将决定书送达控告人。

控告人对不予立案的复议决定不服的，可以在收到复议决定书后七日以内向上一级公安机关申请复核；上一级公安机关应当在收到复核申请后三十日以内作出决定。对上级公安机关撤销不予立案决定的，下级公安机关应当执行。

案情重大、复杂的，公安机关可以延长复议、复核时限，但是延长时限不得超过三十日，并书面告知申请人。

决定不予立案后又发现新的事实或者证据，或者发现原认定事实错误，需要追究刑事责任的，应当及时立案处理。

对于那些虽然不具备立案条件，但是，需要其他部门给予一定处分的，应当将报案、控告或举报材料移送主管部门处理，并通知控告人。

对行政执法机关移送的案件，认为没有犯罪事实，或者犯罪事实显著轻微，不需要追究刑事责任，依法不予立案的，应当说明理由，并将不予立案通知书送达移送案件的行政执法机关，相应退回案件材料。

公安机关认为行政执法机关移送的案件材料不全的，应当在接受案件后二十四小时以内通知移送案件的行政执法机关在三日以内补正，但不得以材料不全为由不接受移送案件。

公安机关认为行政执法机关移送的案件不属于公安机关职责范围的，应当书面通知移送案件的行政执法机关向其他主管机关移送案件，并说明理由。

移送案件的行政执法机关对不予立案决定不服的，可以在收到不予立案通知书后三日以内向作出决定的公安机关申请复议；公安机关应当在收到行政执法机关的复议申请后三日以内作出决定，并书面通知移送案件的行政执法机关。

（3）移送有管辖权的机关

公安机关经立案侦查，认为有犯罪事实需要追究刑事责任，但不属于自己管辖或者需要由其他公安机关并案侦查的案件，经县级以上公安机关负责人批准，制作移送案件通知书，移送有管辖权的机关或者并案侦查的公安机关，并在移送案件后三日以内书面通知扭送人、报案人、控告人、举报人或者移送案件的行政执法机关；犯罪嫌疑人已经到案的，应当依照规定通知其家属。

案件变更管辖或者移送其他公安机关并案侦查时，与案件有关的法律文书、证据、财物及其孳息等应当随案移交。

移交时，由接收人、移交人当面查点清楚，并在交接单据上共同签名。

附：①公安机关具体案件立案程序

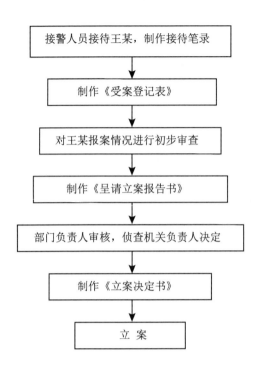

②公安机关立案程序具体法律文书

受 案 登 记 表

（受案单位名称和印章）　　　　　　　　　　　　×公(　　)受案字〔　　〕　　号

案件来源		□110 指令□工作中发现□报案□投案□移送□扭送□其他					
报案人	姓　名		性别		出生日期		
	身份证件种类		证件号码				
	工作单位		联系方式				
	现住址						
移送单位			移送人		联系方式		
接报民警			接报时间		年　月　日 时　分	接报 地点	
简要案情或者报案记录（发案时间、地点、简要过程、涉案人基本情况、受害情况等）以及是否接受证据：							

续表

受案意见	□属本单位管辖的行政案件，建议及时调查处理 □属本单位管辖的刑事案件，建议及时立案侦查 □不属于本单位管辖，建议移送_____处理 □不属于公安机关职责范围，不予调查处理并当场书面告知当事人 □其他_____ 受案民警：　　　　　　　　　　　　　年　月　日
受案审批	受案部门负责人：　　　　　　　　　　　年　月　日

一式两份，一份留存，一份附卷。

领导批示	
审核意见	
办案单位意见	

呈请　报告书

第一部分：犯罪嫌疑人的基本情况〔姓名、性别、出生日期、出生地、身份证件号码、民族、文化程度、职业或工作单位及职务、政治面貌（如是人大代表、政协委员，一并写明具体级、届代表、委员）、采取强制措施情况、简历等〕。尚未确定犯罪嫌疑人的，写明案件基本情况。如果涉及其他人员的，写明该人基本情况。

第二部分：呈请事项（立案，采取或解除强制措施、侦查措施，破案，侦查终结，撤销案件等需要领导批示的事项）。

第三部分：事实依据（详细叙述有关案件事实，并对有关证据进行分析）。

第四部分：法律依据（写明依据的具体法律规定）。

第五部分：结语和落款。

×××公安局

立 案 决 定 书

×公(　　)立字〔　　　〕　　号

　　根据《中华人民共和国刑事诉讼法》第一百零九条/第一百一十二条之规定，决定对＿＿＿＿＿＿＿＿＿＿＿＿＿＿＿＿＿＿案立案侦查。

公安局（印）

年　月　日

③公安机关立案流程图

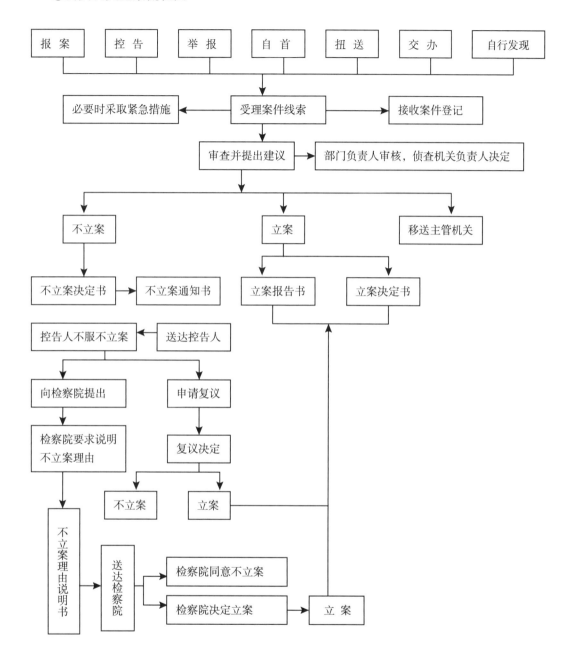

四、检察院自侦案件立案程序

【案例 9-5】

某地检察院接到群众举报，当地公安机关侦查人员刘某，在办理一起盗窃案件时，对犯罪嫌疑人王某进行了刑讯逼供，导致王某身受重伤。检察院经审查后，决定立案侦查。

【应知应会】

（一）人民检察院自侦案件立案材料的来源

人民检察院立案的材料来源主要包括：报案、控告、举报、申诉、犯罪嫌疑人投案自首、检察院自行发现以及党政机关、信访部门、上级机关及人大交办的案件以及新闻部门披露的与犯罪有关的线索。

（二）人民检察院审查受理

1. 人民检察院负责控告申诉检察的部门统一接受报案、控告、举报、申诉和犯罪嫌疑人投案自首，并依法审查，在七日以内作出以下处理：

（1）属于本院管辖且符合受理条件的，应当予以受理；

（2）不属于本院管辖的报案、控告、举报、自首，应当移送主管机关处理。必须采取紧急措施的，应当先采取紧急措施，然后移送主管机关。不属于本院管辖的申诉，应当告知其向有管辖权的机关提出；

（3）案件情况不明的，应当进行必要的调查核实，查明情况后依法作出处理。

负责控告申诉检察的部门可以向下级人民检察院交办控告、申诉、举报案件，并依照有关规定进行督办。

2. 控告、申诉符合下列条件的，人民检察院应当受理：

（1）属于人民检察院受理案件范围；

（2）本院具有管辖权；

（3）申诉人是原案的当事人或者其法定代理人、近亲属；

（4）控告、申诉材料符合受理要求。

控告人、申诉人委托律师代理控告、申诉，符合上述条件的，应当受理。

控告、申诉材料不齐备的，应当告知控告人、申诉人补齐。受理时间从控告人、申诉人补齐相关材料之日起计算。

3. 对于收到的群众来信，负责控告申诉检察的部门应当在七日以内进行程序性答复，办案部门应当在三个月以内将办理进展或者办理结果答复来信人。

4. 负责控告申诉检察的部门对受理的刑事申诉案件应当根据事实、法律进行审查，必要时可以进行调查核实。认为原案处理可能错误的，应当移送相关办案部门办理；认为原案处理没有错误的，应当书面答复申诉人。

5. 办案部门应当在规定期限内办结控告、申诉案件，制作相关法律文书，送达报案人、控告人、申诉人、举报人、自首人，并做好释法说理工作。

（三）立案审查

1. 人民检察院直接受理侦查案件的线索，由负责侦查的部门统一受理、登记和管理。负责控告申诉检察的部门接受的控告、举报，或者本院其他办案部门发现的案件线索，属于人民检察院直接受理侦查案件线索的，应当在七日以内移送负责侦查的部门。

负责侦查的部门对案件线索进行审查后，认为属于本院管辖，需要进一步调查核实的，应当报检察长决定。

2. 对于人民检察院直接受理侦查案件的线索，上级人民检察院在必要时，可以直接调查核实或者组织、指挥、参与下级人民检察院的调查核实，可以将下级人民检察院管辖的案件线索指定辖区内其他人民检察院调查核实，也可以将本院管辖的案件线索交由下级人民检察院调查核实；下级人民检察院认为案件线索重大、复杂，需要由上级人民检察院调查核实的，可以提请移送上级人民检察院调查核实。

3. 调查核实一般不得接触被调查对象。必须接触被调查对象的，应当经检察长批准。

4. 进行调查核实，可以采取询问、查询、勘验、检查、鉴定、调取证据材料等不限制被调查对象人身、财产权利的措施。不得对被调查对象采取强制措施，不得查封、扣押、冻结被调查对象的财产，不得采取技术侦查措施。

5. 负责侦查的部门调查核实后，应当制作审查报告。

调查核实终结后，相关材料应当立卷归档。立案进入侦查程序的，对于作为诉讼证据以外的其他材料应当归入侦查内卷。

（四）立案决定

1. 人民检察院对于直接受理的案件，经审查认为有犯罪事实需要追究刑事责任的，应当制作立案报告书，经检察长批准后予以立案。

符合立案条件，但犯罪嫌疑人尚未确定的，可以依据已查明的犯罪事实作出立案决定。

对具有下列情形之一的，报请检察长决定不予立案：

（1）具有刑事诉讼法第16条规定情形之一的；

（2）认为没有犯罪事实的；

（3）事实或者证据尚不符合立案条件的。

2. 对于其他机关或者本院其他办案部门移送的案件线索，决定不予立案的，负责侦查的部门应当制作不立案通知书，写明案由和案件来源、决定不立案的原因和法律依据，自作出不立案决定之日起十日以内送达移送案件线索的机关或者部门。

3. 对于控告和实名举报，决定不予立案的，应当制作不立案通知书，写明案由和案件来源、决定不立案的原因和法律依据，由负责侦查的部门在十五日以内送达控告人、举报人，同时告知本院负责控告申诉检察的部门。

控告人如果不服，可以在收到不立案通知书后十日以内向上一级人民检察院申请复议。不立案的复议，由上一级人民检察院负责侦查的部门审查办理。

人民检察院认为被控告人、被举报人的行为未构成犯罪，决定不予立案，但需要追究其党纪、政纪、违法责任的，应当移送有管辖权的主管机关处理。

4. 错告对被控告人、被举报人造成不良影响的，人民检察院应当自作出不立案决定之日起一个月以内向其所在单位或者有关部门通报调查核实的结论，澄清事实。

属于诬告陷害的，应当移送有关机关处理。

5. 人民检察院决定对人民代表大会代表立案，应当向该代表所属的人民代表大会主席团或者常务委员会进行通报。

附：①检察院自侦案件立案程序

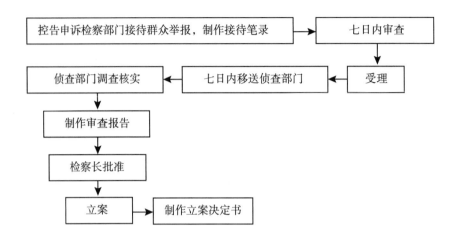

②检察院自侦案件立案阶段法律文书

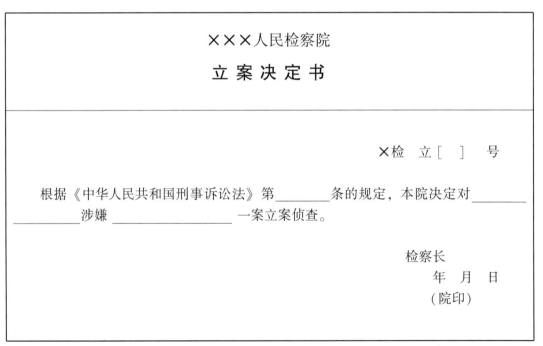

制作说明：本文书为检察长决定对案件立案侦查时使用。

③检察院自侦案件立案流程图

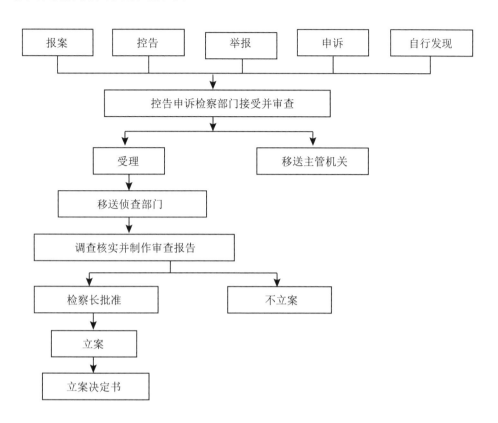

五、检察院立案监督程序

【案例 9-6】

　　某地检察院接到群众反映，其被他人打伤，在向公安机关报案后，公安机关没有立案。被害人向检察院申诉，检察院经审查认为该案公安机关应当立案。遂向公安机关发出要求说明不立案理由的通知书。公安机关提出，由于证据问题，该案无法立案。检察院认为理由不成立，通知公安机关立案。公安机关立案侦查。

【应知应会】

（一）对公安机关的立案监督

　　被害人及其法定代理人、近亲属或者行政执法机关，认为公安机关对其控告或者移送的案件应当立案侦查而不立案侦查，或者当事人认为公安机关不应当立案而立案，向人民检察院提出的，人民检察院应当受理并进行审查。

　　人民检察院发现公安机关可能存在应当立案侦查而不立案侦查情形的，应当依法进行审查。

　　人民检察院接到控告、举报或者发现行政执法机关不移送涉嫌犯罪案件的，经检察长批准，应当向行政执法机关提出检察意见，要求其按照管辖规定向公安机关移送涉嫌犯罪案件。

人民检察院负责控告申诉检察的部门受理对公安机关应当立案而不立案或者不应当立案而立案的控告、申诉，应当根据事实、法律进行审查。认为需要公安机关说明不立案或者立案理由的，应当及时将案件移送负责捕诉的部门办理；认为公安机关立案或者不立案决定正确的，应当制作相关法律文书，答复控告人、申诉人。

人民检察院经审查，认为需要公安机关说明不立案理由的，应当要求公安机关书面说明不立案的理由。

对于有证据证明公安机关可能存在违法动用刑事手段插手民事、经济纠纷，或者利用立案实施报复陷害、敲诈勒索以及谋取其他非法利益等违法立案情形，尚未提请批准逮捕或者移送起诉的，人民检察院应当要求公安机关书面说明立案理由。

人民检察院要求公安机关说明不立案或者立案理由，应当书面通知公安机关，并且告知公安机关在收到通知后七日以内，书面说明不立案或者立案的情况、依据和理由，连同有关证据材料回复人民检察院。

对人民检察院要求说明不立案理由的案件，公安机关应当在收到通知书后七日以内，对不立案的情况、依据和理由作出书面说明，回复人民检察院。公安机关作出立案决定的，应当将立案决定书复印件送达人民检察院。

公安机关说明不立案或者立案的理由后，人民检察院应当进行审查。认为公安机关不立案或者立案理由不能成立的，经检察长决定，应当通知公安机关立案或者撤销案件。

人民检察院通知公安机关立案的，公安机关应当在收到通知书后十五日以内立案，并将立案决定书复印件送达人民检察院。

人民检察院认为公安机关不立案或者立案理由成立的，应当在十日以内将不立案或者立案的依据和理由告知被害人及其法定代理人、近亲属或者行政执法机关。

人民检察院认为公安机关不应当立案而立案，提出纠正意见的，公安机关应当进行调查核实，并将有关情况回复人民检察院。

公安机关对当事人的报案、控告、举报或者行政执法机关移送的涉嫌犯罪案件受理后未在规定期限内作出是否立案决定，当事人或者行政执法机关向人民检察院提出的，人民检察院应当受理并进行审查。经审查，认为尚未超过规定期限的，应当移送公安机关处理，并答复报案人、控告人、举报人或者行政执法机关；认为超过规定期限的，应当要求公安机关在七日以内书面说明逾期不作出是否立案决定的理由，连同有关证据材料回复人民检察院。公安机关在七日以内不说明理由也不作出立案或者不立案决定的，人民检察院应当提出纠正意见。人民检察院经审查有关证据材料认为符合立案条件的，应当通知公安机关立案。

人民检察院通知公安机关立案或者撤销案件，应当制作通知立案书或者通知撤销案件书，说明依据和理由，连同证据材料送达公安机关，并且告知公安机关应当在收到通知立案书后十五日以内立案，对通知撤销案件书没有异议的应当立即撤销案件，并将立案决定书或者撤销案件决定书及时送达人民检察院。

人民检察院通知公安机关立案或者撤销案件的，应当依法对执行情况进行监督。

公安机关在收到通知立案书或者通知撤销案件书后超过十五日不予立案或者未要求复议、提请复核也不撤销案件的，人民检察院应当发出纠正违法通知书。公安机关仍不纠正的，报上一级人民检察院协商同级公安机关处理。

公安机关认为人民检察院撤销案件通知有错误，要求同级人民检察院复议的，人民检察院应当重新审查。在收到要求复议意见书和案卷材料后七日以内作出是否变更的决定，并通知公安机关。

公安机关不接受人民检察院复议决定，提请上一级人民检察院复核的，上级人民检察院应当在收到提请复核意见书和案卷材料后十五日以内作出是否变更的决定，通知下级人民检察院和公安机关执行。

上级人民检察院复核认为撤销案件通知有错误的，下级人民检察院应当立即纠正；上级人民检察院复核认为撤销案件通知正确的，应当作出复核决定并送达下级公安机关。

（二）对检察院自侦案件的立案监督

人民检察院负责捕诉的部门发现本院负责侦查的部门对应当立案侦查的案件不立案侦查或者对不应当立案侦查的案件立案侦查的，应当建议负责侦查的部门立案侦查或者撤销案件。建议不被采纳的，应当报请检察长决定。

附：①检察院对公安机关具体案件立案监督程序

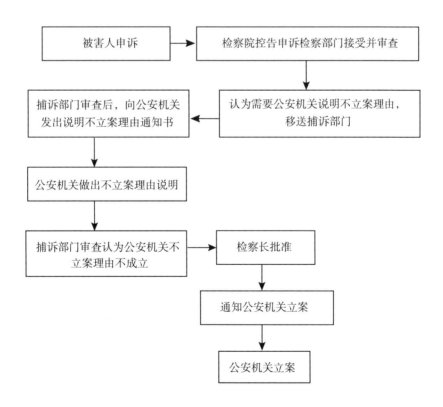

②检察院对公安机关立案监督流程图

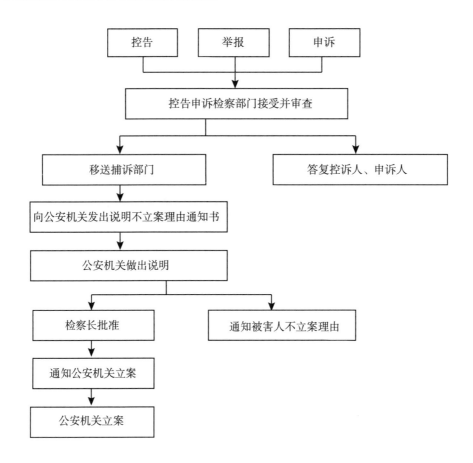

任务二 侦查程序

一、侦查的概念及特征

侦查是指公安机关、人民检察院对于刑事案件，依照法律进行的收集证据、查明案情的工作和有关的强制性措施。

侦查是公诉案件的必经程序，是公诉案件立案之后提起公诉之前的一个独立诉讼程序，有着独立的诉讼任务。侦查是发现和揭露犯罪的重要阶段，是提起公诉和审判的基础和前提。

侦查的法律特征：

（1）侦查主体具有特定性

侦查权只能由法定的国家侦查机关行使。在我国，享有侦查权的机关有公安机关、人民检察院、国家安全机关、军队保卫部门、监狱和中国海警局。

（2）侦查内容的法定性

根据刑事诉讼法的规定，侦查活动的内容是"收集证据、查明案情的工作和有关的强制性措施"。其中收集证据、查明案情的工作包括讯问犯罪嫌疑人、询问证人、被害人、勘验、检查、搜查、查封、扣押、查询、冻结、鉴定、技术侦查、辨认、通缉等活动。所谓有关的强制性措施是指为保证专门调查工作的顺利进行，侦查机关所采取的拘传、取保候审、监视居住、拘留和逮捕等强制性限制人身自由的措施以及进行专门调查工作中的有关强制性措施。

（3）适用范围特定性

侦查活动只适用于立案后的公诉案件，不适用于自诉案件。

（4）侦查活动必须严格依照法律规定进行

侦查的顺利进行，有利于侦查机关及时发现和收集与案件有关的各种证据，查明案件事实，并查获犯罪嫌疑人。同时，由于侦查是以国家强制力为后盾的，必然会形成对公民的人身、财产权益某种程度的影响，因此，侦查机关在进行侦查活动时，必须严格遵守法律规定。

二、公安机关侦查程序

【案例 9-7】

某县公安机关立案侦查一起故意伤害案件。公安机关在询问被害人后，将犯罪嫌疑人李某拘留到案，并进行了讯问。李某承认自己的犯罪事实。公安机关认为符合逮捕条件遂向检察院申请逮捕。在检察院批准逮捕后，公安机关又进行了询问证人、勘验检查、鉴定等侦查行为，最终查明了案情，将案件移送检察院审查起诉。

【应知应会】

（一）一般规定

1. 公安机关对已经立案的刑事案件，应当及时进行侦查，全面、客观地收集、调取犯罪嫌疑人有罪或者无罪、罪轻或者罪重的证据材料。

2. 公安机关经过侦查，对有证据证明有犯罪事实的案件，应当进行预审，对收集、调取的证据材料的真实性、合法性、关联性及证明力予以审查、核实。

3. 公安机关侦查犯罪，应当严格依照法律规定的条件和程序采取强制措施和侦查措施，严禁在没有证据的情况下，仅凭怀疑就对犯罪嫌疑人采取强制措施和侦查措施。

4. 公安机关开展勘验、检查、搜查、辨认、查封、扣押等侦查活动，应当邀请有关公民作为见证人。

下列人员不得担任侦查活动的见证人：

①生理上、精神上有缺陷或者年幼，不具有相应辨别能力或者不能正确表达的人；

②与案件有利害关系，可能影响案件公正处理的人；

③公安机关的工作人员或者其聘用的人员。

确因客观原因无法由符合条件的人员担任见证人的，应当对有关侦查活动进行全程录音录像，并在笔录中注明有关情况。

5. 公安机关侦查犯罪，涉及国家秘密、商业秘密、个人隐私的，应当保密。

6. 当事人和辩护人、诉讼代理人、利害关系人对于公安机关及其侦查人员有下列行为之一的，有权向该机关申诉或者控告：

①采取强制措施法定期限届满，不予以释放、解除或者变更的；

②应当退还取保候审保证金不退还的；

③对与案件无关的财物采取查封、扣押、冻结措施的；

④应当解除查封、扣押、冻结不解除的；

⑤贪污、挪用、私分、调换、违反规定使用查封、扣押、冻结的财物的。

受理申诉或者控告的公安机关应当及时进行调查核实，并在收到申诉、控告之日起三十日以内作出处理决定，书面回复申诉人、控告人。发现公安机关及其侦查人员有上述行为之一的，应当立即纠正。

上级公安机关发现下级公安机关存在上述五种违法行为或者对申诉、控告事项不按照规定处理的，应当责令下级公安机关限期纠正，下级公安机关应当立即执行。必要时，上级公安机关可以就申诉、控告事项直接作出处理决定。

（二）侦查行为

1. 讯问犯罪嫌疑人

讯问犯罪嫌疑人是指侦查人员依照法定程序以言词方式对犯罪嫌疑人进行追查讯问的侦查活动。讯问犯罪嫌疑人是刑事案件侦查中的必经程序，极有可能侵犯犯罪嫌疑人的合法权益，因此，在讯问时应遵循以下程序和要求：

（1）讯问的主体

讯问犯罪嫌疑人必须由侦查人员负责进行。讯问时，侦查人员不得少于 2 人。

（2）讯问的时间和地点

对被羁押的犯罪嫌疑人，应在拘留或逮捕后的 24 小时内进行讯问。

讯问犯罪嫌疑人，除下列情形以外，应当在公安机关执法办案场所的讯问室进行：①紧急情况下在现场进行讯问的；②对有严重伤病或者残疾、行动不便的，以及正在怀孕的犯罪嫌疑人，在其住处或者就诊的医疗机构进行讯问的。

对于已送交看守所羁押的犯罪嫌疑人，应当在看守所讯问室进行讯问。

对于正在被执行行政拘留、强制隔离戒毒的人员以及正在监狱服刑的罪犯，可以在其执行场所进行讯问。

对于不需要拘留、逮捕的犯罪嫌疑人，经办案部门负责人批准，可以传唤到犯罪嫌疑人所在市、县公安机关执法办案场所或者到他的住处进行讯问。

（3）讯问的步骤、方法

①告知犯罪嫌疑人对侦查人员有回避申请权；

②告知犯罪嫌疑人对侦查人员的提问，应当如实回答，但是对与本案无关的问题，如与案件无关的个人隐私、家庭生活等方面的问题，有拒绝回答的权利。是否与本案无关，应以是否对查明本案的全部事实情节，如时间、地点、方法、手段、动机、目的、作案人等情况有实际意义为准；

③告知犯罪嫌疑人享有的诉讼权利，如实供述自己罪行可以从宽处理以及认罪认罚的法律规定；

④侦查人员讯问犯罪嫌疑人时，应当首先讯问犯罪嫌疑人是否有犯罪行为，让他陈述有罪的情节或者无罪的辩解，然后向他提出问题。提出问题主要是针对供述或辩解不清楚、不充足、有意隐瞒或者矛盾的地方。

第一次讯问，应当问明犯罪嫌疑人的姓名、别名、曾用名、出生年月日、户籍所在地、现住地、籍贯、出生地、民族、职业、文化程度、政治面貌、工作单位、家庭情况、社会经历，是否属于人大代表、政协委员，是否受过刑事处罚或者行政处理等情况。

（4）对特殊犯罪嫌疑人讯问的特殊要求

①讯问聋、哑的犯罪嫌疑人，应当有通晓聋、哑手势的人参加，并在讯问笔录上注明犯罪嫌疑人的聋、哑情况，以及翻译人员的姓名、工作单位和职业。

②讯问不满18岁的未成年犯罪嫌疑人时，应当通知其法定代理人到场。无法通知、法定代理人不能到场或者法定代理人是共犯的，也可以通知未成年犯罪嫌疑人的其他成年亲属，所在学校、单位、居住地基层组织或者未成年人保护组织的代表到场，并将有关情况记录在案。到场的法定代理人可以代为行使未成年犯罪嫌疑人的诉讼权利。

③讯问不通晓当地语言文字的犯罪嫌疑人，应当配备翻译人员。

（5）讯问共同犯罪案件的犯罪嫌疑人时，应当分别进行。

（6）讯问犯罪嫌疑人严禁刑讯逼供或以威胁、引诱、欺骗以及其他非法方法进行。

（7）讯问犯罪嫌疑人时必须制作笔录。侦查人员应当将问话和犯罪嫌疑人的供述或者辩解如实地记录清楚。制作讯问笔录应当使用能够长期保持字迹的材料。讯问笔录应当交犯罪嫌疑人核对；对于没有阅读能力的，应当向他宣读。如果记录有遗漏或者差错，应当允许犯罪嫌疑人补充或者更正，并捺指印。笔录经犯罪嫌疑人核对无误后，应当由其在笔录上逐页签名、捺指印，并在末页写明"以上笔录我看过（或向我宣读过），和我说的相符"。拒绝签名、捺指印的，侦查人员应当在笔录上注明。

讯问笔录上所列项目，应当按照规定填写齐全。侦查人员、翻译人员应当在讯问笔录上签名。

（8）讯问犯罪嫌疑人，在文字记录的同时，可以对讯问过程进行录音录像。对于可能判处无期徒刑、死刑的案件或者其他重大犯罪案件，应当对讯问过程进行录音录像。

"可能判处无期徒刑、死刑的案件"，是指应当适用的法定刑或者量刑档次包含无期徒刑、死刑的案件。"其他重大犯罪案件"，是指致人重伤、死亡的严重危害公共安全犯罪、严重侵犯公民人身权利犯罪，以及黑社会性质组织犯罪、严重毒品犯罪等重大故意犯罪案件。

对讯问过程录音录像的，应当对每一次讯问全程不间断进行，保持完整性。不得选择性地录制，不得剪接、删改。

（9）犯罪嫌疑人请求自行书写供述的，应当准许；必要时，侦查人员也可以要求犯罪嫌疑人亲笔书写供词。犯罪嫌疑人应当在亲笔供词上逐页签名、捺指印。侦查人员收到后，应当在首页右上方写明"于某年某月某日收到"，并签名。

（10）对犯罪嫌疑人供述的犯罪事实、无罪或者罪轻的事实、申辩和反证，以及犯罪嫌疑人提供的证明自己无罪、罪轻的证据，公安机关应当认真核查；对有关证据，无论是否采信，都应当如实记录、妥善保管，并连同核查情况附卷。

（11）第一次讯问犯罪嫌疑人或对其采取强制措施后，在讯问结束时，侦查人员应告知其可以聘请律师辩护人。

2. 询问证人、被害人

询问证人、被害人，是指侦查人员以言词方式向刑事案件中的证人、被害人调查了解案情，以获取证人证言和被害人陈述的活动。

询问证人、被害人应当遵循以下程序和要求：

（1）询问的主体

询问证人、被害人只能由侦查人员进行。询问时，侦查人员不得少于2人。

（2）询问的地点

询问证人、被害人，可以在现场进行，也可以到证人、被害人所在单位、住处或者证人、被害人提出的地点进行。在必要的时候，可以书面、电话或者当场通知证人、被害人到公安机关提供证言。

在现场询问证人、被害人，侦查人员应当出示人民警察证。到证人、被害人所在单位、住处或者证人、被害人提出的地点询问证人、被害人，应当经办案部门负责人批准，制作询问通知书。询问前，侦查人员应当出示询问通知书和人民警察证。

（3）询问证人、被害人应当个别进行。

（4）询问证人、被害人的步骤、方法

①询问前，应当了解证人、被害人的身份，证人、被害人、犯罪嫌疑人之间的关系。

②为了保证证人、被害人如实提供证据，询问时，应当告知证人、被害人必须如实地提供证据、证言和有意作伪证或者隐匿罪证应负的法律责任。

③侦查人员询问证人、被害人，应当首先让他们把知道的案件情况连续的陈述出来，然后根据其叙述结合案件中应当判明的事实和有关情节，向证人、被害人提出问题，让其回答。对证人、被害人的陈述，应当问明来源和根据，并注意查明他们得知案件情况时的主观和客观情况。

④侦查人员不得向证人、被害人泄露案情或者表示对案件的看法，严禁采用暴力、威胁等非法方法询问证人、被害人。

（5）对特殊证人、被害人的询问

询问不满18岁的未成年证人，应当通知其法定代理人到场。询问聋、哑证人，应当有通晓聋、哑手势的人参加，并在询问笔录上注明聋、哑证人的聋、哑情况，以及翻译人员的姓名、工作单位和职业。

（6）询问证人、被害人应当如实制作笔录。笔录制作要求按照讯问犯罪嫌疑人的笔录制作要求。

（7）询问被害人时，对由于犯罪嫌疑人的行为而遭受损害的，还应当告知其有权提起附带民事诉讼。

3. 勘验、检查

侦查人员对于与犯罪有关的场所、物品、人身、尸体应当进行勘验或者检查，及时提取、采集与案件有关的痕迹、物证、生物样本等。在必要的时候，可以指派或者聘请具有专门知识的人，在侦查人员的主持下进行勘验、检查。

（1）勘验

勘验是指侦查人员在有关技术人员、见证人的参加下，对与案件有关的场所、物品、尸体等进行勘查、检验所进行的侦查活动。

1）勘验的主体

①侦查人员。侦查人员是勘验的主持者、指挥者。

②有关的技术人员。如法医专家、痕迹专家，也可能是侦查机关内部人员。

③现场保护人员。包括现场目击证人、公安人员等。主要是提供现场当时的情况，以及与案件有关的线索。

④见证人。勘验时，应当邀请两名与案件无关的见证人在场。主要是见证勘验的合法性、公正性。

2）勘验的目的：查明案情，收集证据。

3）勘验的对象：与案件有关的场所、物品、尸体。

（2）检查

检查是指侦查人员在其他人员的配合下，对犯罪嫌疑人、被告人、被害人的人身进行检查、检验所进行的诉讼活动。

1）检查的主体：侦查人员、医师、见证人。

2）检查的目的：确定犯罪嫌疑人、被害人的某些特征、伤害情况和生理状态。

3）检查的对象：犯罪嫌疑人、被告人、被害人的人身。

（3）勘验、检查的具体要求

司法实践中，勘验、检查共有6种。即现场勘验、物证检验、尸体检验、人身检查和侦查实验、复验复查。

1）现场勘验

现场勘验，是指侦查人员对与刑事案件有关的犯罪场所进行勘查和检验的一种侦查活动。犯罪现场是指发生犯罪的地点和留有犯罪痕迹和物证的场所。

现场勘验时除了对现场客体进行技术勘验、制作现场笔录、拍摄现场照片、绘制现场图外，还应当围绕现场及时进行调查访问。现场勘验时应当注意：

①对发现人的要求。一是保护现场；二是及时报告。发案地派出所、巡警等部门应当妥善保护犯罪现场和证据，控制犯罪嫌疑人，并立即报告公安机关主管部门。

②对侦查人员的要求。一是执行勘查的侦查人员接到通知后，应当立即赶赴现场；二是侦查人员勘验现场，应当持有刑事犯罪现场勘查证；三是公安机关对案件现场进行勘查，侦查人员不得少于二人。必要时可以指派或聘请具有专门知识的人在侦查人员的主持下进行。为了保证勘验的客观性，应当邀请2名与案件无关的见证人在场；四是在进行现场勘验时，应当及时向现场周围的群众、被害人、目击证人、报案人进行调查访问，以便了解发案前和发案当时的状况，发现和提取与案件有关的各种情况，并及时收集证据；五是勘查现场，应当拍摄现场照片、绘制现场图，制作笔录，由参加勘查的人和见证人签名。对重大案件的现场勘查，应当录音录像。

2）尸体检验

尸体检验，是指由侦查人员指派法医或聘请医师对非正常死亡的尸体进行全面检验解剖的一种侦查行为。尸体检验的目的在于确定死亡原因、致死手段、死亡时间等情况，为查明案情和犯罪嫌疑人提供根据，为侦查提供证据线索。

为了确定死因，经县级以上公安机关负责人批准，可以解剖尸体，并且通知死者家属到场，让其在解剖尸体通知书上签名。

死者家属无正当理由拒不到场或者拒绝签名的，侦查人员应当在解剖尸体通知书上注明。对身份不明的尸体，无法通知死者家属的，应当在笔录中注明。

对已查明死因，没有继续保存必要的尸体，应当通知家属领回处理，对于无法通知或者通知后家属拒绝领回的，经县级以上公安机关负责人批准，可以及时处理。

公安机关进行勘验、检查后，人民检察院要求复验、复查的，公安机关应当进行复验、复查，并可以通知人民检察院派员参加。

3）侦查实验

侦查实验，是指侦查人员为了确定与案件有关的某些事实或者现象在某种情况下能否发生以及是怎样发生的，在设定的同样环境条件下，将该事实或现象加以模拟演习的一种侦查行为。

进行侦查实验有严格的条件限制。只能适用于在使用其他手段确实无法查明案情的情况下，必须经县级以上公安机关负责人批准，并禁止一切足以造成危险、侮辱人格或者有伤风化的行为。进行侦查实验，应当全程录音录像，并制作侦查实验笔录，由参加实验的人签名。

4）人身检查

人身检查，是指为了确定被害人、犯罪嫌疑人的某些特征、伤害情况或生理状态，依法对其人身进行检验、查看的侦查行为。根据刑诉法的规定，为了确定被害人、犯罪嫌疑人的某些特征、伤害情况或者生理状态，可以对人身进行检查，依法提取、采集肖像、指纹等人体生物识别信息，采集血液、尿液等生物样本。被害人死亡的，应当通过被害人近亲属辨认、提取生物样本鉴定等方式确定被害人身份。

进行人身检查要特别注意以下问题：

①进行人身检查，必须由侦查人员进行，必要时邀请法医或医师参加。

②检查时必须遵守有关法律，不得侮辱被检查人的人格。

③对犯罪嫌疑人可以强制检查，对被害人不能强制检查。犯罪嫌疑人拒绝检查、提取、采集的，侦查人员认为必要的时候，经办案部门负责人批准，可以强制检查、提取、采集。

④检查妇女的身体，应由女工作人员或医师进行。

⑤检查的情况应当制作笔录，由参加检查的侦查人员、检查人员、被检查人员和见证人签名。被检查人员拒绝签名的，侦查人员应当在笔录中注明。

4. 搜查

（1）搜查的概念

搜查是指侦查人员为了收集犯罪证据、查获犯罪人，对犯罪嫌疑人以及可能隐藏罪犯或犯罪证据的人的身体、物品、住处或其他有关的地方进行搜索检查的侦查活动。

搜查的主体：侦查人员。

搜查的范围：一切可能隐藏罪犯或犯罪证据的地方。

搜查的目的：一是为发现并收集与案件有关的各种证据，二是为查获犯罪人。

（2）搜查的程序和要求

①搜查应经县级以上公安机关负责人批准，并开具搜查证。

②进行搜查时，必须向被搜查人出示搜查证，否则，被搜查人有权拒绝搜查。在执行拘留、逮捕的时候，遇有紧急情形，不用搜查证也可以进行搜查。紧急情况主要是指：可能随身携带凶器的；可能隐藏爆炸、剧毒等危险物品的；可能隐匿、毁弃、转移犯罪证据的；可能隐匿其他犯罪嫌疑人的；其他突然发生的紧急情况。

③搜查时，只能由侦查人员进行，且搜查人员不得少于两人。搜查应有被搜查人本人或他的成年家属以及邻居或其他见证人在场，以证明搜查的合法性。

④搜查妇女的身体，应当由女工作人员进行。

⑤应当制作搜查笔录。搜查的情况应当制作笔录，由搜查人员和被搜查人或他的成年家属、邻居或其他见证人签名或盖章。如果被搜查人拒绝签名，或者被搜查人在逃，他的家属拒绝签名或者不在场的，侦查人员应当在笔录中注明。

⑥侦查机关到本辖区以外执行搜查任务，办案人员应当携带搜查证、工作证以及写有主要案情、搜查目的、要求等内容的公函，与当地侦查机关联系。当地侦查机关应当配合、协助执行搜查。

（3）搜查障碍的排除

公安机关可以要求有关单位和个人交出可以证明犯罪嫌疑人有罪或者无罪的物证、书证、视听资料等证据。遇到阻碍搜查的，侦查人员可以强制搜查。

对以暴力、威胁方法阻碍搜查的，应当予以制止，或者由司法警察将其带离现场；对于构成犯罪的，应当依法追究刑事责任。

5. 查封、扣押物证、书证

查封、扣押物证、书证是指侦查机关对在侦查活动中发现的可用以证明犯罪嫌疑人有罪或者无罪的各种财物、文件，依法采取强制扣留的一项侦查措施。

（1）查封、扣押的主体

查封、扣押物证、书证的权利只能由县级以上侦查机关依法行使。

在侦查过程中需要扣押财物、文件的，应当经办案部门负责人批准，制作扣押决定书；在现场勘查或者搜查中需要扣押财物、文件的，由现场指挥人员决定；但扣押财物、文件价值较高或者可能严重影响正常生产经营的，应当经县级以上公安机关负责人批准，制作扣押决定书。

在侦查过程中需要查封土地、房屋等不动产，或者船舶、航空器以及其他不宜移动的大型机器、设备等特定动产的，应当经县级以上公安机关负责人批准并制作查封决定书。

（2）查封、扣押的目的

查封、扣押的目的是为了提取和保全证据，以准确认定案情。

（3）查封、扣押的范围

查封、扣押只限于在侦查活动中发现的可用于证明犯罪嫌疑人有罪或无罪的各种物品和文件，与案件无关的物品和文件不得查封、扣押。

（4）查封、扣押的要求

①在侦查过程中需要扣押财物、文件的，应当经办案部门负责人批准，制作扣押决定书；在现场勘查或者搜查中需要扣押财物、文件的，由现场指挥人员决定；但扣押财物、文件价值较高或者可能严重影响正常生产经营的，应当经县级以上公安机关负责人批准，制作扣押决定书。

在侦查过程中需要查封土地、房屋等不动产，或者船舶、航空器以及其他不宜移动的大型机器、设备等特定动产的，应当经县级以上公安机关负责人批准并制作查封决定书。

②执行查封、扣押的侦查人员不得少于二人，并出示有关法律文书。

③查封、扣押的情况应当制作笔录，由侦查人员、持有人和见证人签名。对于无法确定持有人或者持有人拒绝签名的，侦查人员应当在笔录中注明。

④对查封、扣押的财物和文件，应当会同在场见证人和被查封、扣押财物、文件的持有人查点清楚，当场开列查封、扣押清单一式三份，写明财物或者文件的名称、编号、数量、特征及其来源等，由侦查人员、持有人和见证人签名，一份交给持有人，一份交给公安机关保管人员，一份附卷备查。

对于财物、文件的持有人无法确定，以及持有人不在现场或者拒绝签名的，侦查人员应当在清单中注明。

依法扣押文物、贵金属、珠宝、字画等贵重财物的，应当拍照或者录音录像，并及时鉴定、估价。

执行查封、扣押时，应当为犯罪嫌疑人及其所扶养的亲属保留必需的生活费用和物品。能够保证侦查活动正常进行的，可以允许有关当事人继续合理使用有关涉案财物，但应当采取必要的保值、保管措施。

⑤对作为犯罪证据但不便提取或者没有必要提取的财物、文件，经登记、拍照或者录音录像、估价后，可以交财物、文件持有人保管或者封存，并且开具登记保存清单一式两份，由侦查人员、持有人和见证人签名，一份交给财物、文件持有人，另一份连同照片或者录音录像资料附卷备查。财物、文件持有人应当妥善保管，不得转移、变卖、毁损。

⑥扣押犯罪嫌疑人的邮件、电子邮件、电报，应当经县级以上公安机关负责人批准，制作扣押邮件、电报通知书，通知邮电部门或者网络服务单位检交扣押。

不需要继续扣押的时候，应当经县级以上公安机关负责人批准，制作解除扣押邮件、电报通知书，立即通知邮电部门或者网络服务单位。

⑦对查封、扣押的财物、文件、邮件、电子邮件、电报，经查明确实与案件无关的，应当在三日以内解除查封、扣押，退还原主或者原邮电部门、网络服务单位；原主不明确的，应当采取公告方式告知原主认领。在通知原主或者公告后六个月以内，无人认领的，按照无主财物处理，登记后上缴国库。

⑧有关犯罪事实查证属实后，对于有证据证明权属明确且无争议的被害人合法财产及其孳息，且返还不损害其他被害人或者利害关系人的利益，不影响案件正常办理的，应当在登记、拍照或者录音录像和估价后，报经县级以上公安机关负责人批准，开具发还清单返还，并在案卷材料中注明返还的理由，将原物照片、发还清单和被害人的领取手续存卷备查。

领取人应当是涉案财物的合法权利人或者其委托的人。委托他人领取的，应当出具委托书。侦查人员或者公安机关其他工作人员不得代为领取。

查找不到被害人，或者通知被害人后，无人领取的，应当将有关财产及其孳息随案移送。

⑨对查封、扣押的财物及其孳息、文件，公安机关应当妥善保管，以供核查。任何单位和个人不得违规使用、调换、损毁或者自行处理。

县级以上公安机关应当指定一个内设部门作为涉案财物管理部门，负责对涉案财物实行统一管理，并设立或者指定专门保管场所，对涉案财物进行集中保管。

对价值较低、易于保管，或者需要作为证据继续使用，以及需要先行返还被害人的涉案财物，可以由办案部门设置专门的场所进行保管。办案部门应当指定不承担办案工作的民警负责本部门涉案财物的接收、保管、移交等管理工作；严禁由侦查人员自行保管涉案财物。

⑩在侦查期间，对于易损毁、灭失、腐烂、变质而不宜长期保存，或者难以保管的物品，经县级以上公安机关主要负责人批准，可以在拍照或者录音录像后委托有关部门变卖、拍卖，变卖、拍卖的价款暂予保存，待诉讼终结后一并处理。

对于违禁品，应当依照国家有关规定处理；需要作为证据使用的，应当在诉讼终结后处理。

6. 鉴定

鉴定是指侦查机关指派或聘请具有专门知识的人，对案件中的某些专门性的问题进行分析鉴别、科学判断的一项侦查行为。

（1）鉴定的目的

刑事诉讼中的鉴定是为了查明案情、解决案件中的某些专门性的问题。

（2）鉴定的范围

根据《刑事技术鉴定规则》的规定，侦查程序中的鉴定仅限于与犯罪有关的物品、文件、痕迹、人身和尸体。

（3）鉴定的程序和要求

1）鉴定的提起

①侦查程序中的鉴定只能由侦查机关提起，当事人无权启动鉴定程序。

②公安机关指派或聘请鉴定人进行鉴定时，首先经过县级以上侦查机关负责人审批，然后由送检人填写《委托鉴定登记表》。聘请外单位的人进行鉴定的，由县级以上侦查机关发给《鉴定聘请书》。

③送检时，公安机关必须为鉴定人进行鉴定提供必要的条件，及时向鉴定人送交有关检材和对比样本等原始材料，介绍与鉴定有关的情况，并且明确提出要求鉴定解决的问

题。禁止暗示或者强迫鉴定人作出某种鉴定意见。

④鉴定只解决案件中的专门问题，不解决法律问题。侦查人员对鉴定意见有疑问时，可以提出问题，请鉴定人解释，或者要求其补充鉴定，或另外聘请他人重新鉴定。

2）鉴定人的确定

司法鉴定机构接受委托后，由司法鉴定机构指定的司法鉴定人或者由委托人申请并经司法鉴定机构同意的司法鉴定人完成委托事项。

3）司法鉴定的步骤、方法和要求

鉴定工作一般应按下列步骤进行：①审查鉴定委托书；②查验送检材料、客体，审查相关技术资料；③根据技术规范制定鉴定方案；④对鉴定活动进行详细记录；⑤出具鉴定文书。

对存在损耗检材的鉴定，应当向委托人说明。必要时，应由委托人出具检材处理授权书。检验取样和鉴定取样时，应当通知委托人、当事人或者代理人到场。司法鉴定过程中应当妥善保管送检材料，并依鉴定程序逐项建立档案。鉴定时若需耗尽检材或者损坏原物的，应当商请委托人同意。

4）鉴定的组织与监督

进行身体检查时，受检人、鉴定人互为异性的，应当增派一名女性工作人员在场。

5）鉴定过程与结果的记录

鉴定人应当按照鉴定规则，运用科学方法进行鉴定。鉴定后，应当出具鉴定意见，由两名以上具有鉴定资格的鉴定人签名，同时附上鉴定机构和鉴定人的资质证明或者其他证明文件。多人参加鉴定，鉴定人有不同意见的，应当注明。司法鉴定意见书应当加盖司法鉴定机构的司法鉴定专用章。

司法鉴定过程及其意见都应有相应的记录，记录资料应全部装入鉴定档案保存，以备查用。司法鉴定文书是鉴定过程和鉴定意见的书面表达形式（包括文字、数据、图表和照片等）。

司法鉴定文书分为司法鉴定书、司法鉴定检验报告书、司法鉴定文证审查意见书、司法鉴定咨询意见书等。

6）司法鉴定时限

司法鉴定机构应当自司法鉴定委托书生效之日起三十个工作日内完成鉴定。鉴定事项涉及复杂、疑难、特殊技术问题或者鉴定过程需要较长时间的，经本机构负责人批准，完成鉴定的时限可以延长，延长时限一般不得超过三十个工作日。鉴定时限延长的，应当及时告知委托人。司法鉴定机构与委托人对鉴定时限另有约定的，从其约定。

在鉴定过程中补充或者重新提取鉴定材料所需的时间，不计入鉴定时限。

7）鉴定意见的送达

对经审查作为证据使用的鉴定意见，公安机关应当及时告知犯罪嫌疑人、被害人或者其法定代理人。犯罪嫌疑人、被害人对鉴定意见有异议提出申请，以及办案部门或者侦查人员对鉴定意见有疑义的，可以将鉴定意见送交其他有专门知识的人员提出意见。必要时，询问鉴定人并制作笔录附卷。

8）对鉴定意见异议的处理

对人身伤害的医学鉴定有异议需要重新鉴定，或者对精神病的鉴定，由省级人民政府指定的医院进行。

法院审理期间，公诉人、当事人或者辩护人、诉讼代理人对鉴定意见有异议，经人民法院依法通知的，公安机关鉴定人应当出庭作证。鉴定人故意作虚假鉴定的，应当依法追究其法律责任。

9）对鉴定意见的补充鉴定和重新鉴定

经审查，发现有下列情形之一的，经县级以上公安机关负责人批准，应当补充鉴定：①鉴定内容有明显遗漏的；②发现新的有鉴定意义的证物的；③对鉴定证物有新的鉴定要求的；④鉴定意见不完整，委托事项无法确定的；⑤其他需要补充鉴定的情形。经审查，不符合上述情形的，经县级以上公安机关负责人批准，作出不准予补充鉴定的决定，并在作出决定后三日以内书面通知申请人。

经审查，发现有下列情形之一的，经县级以上公安机关负责人批准，应当重新鉴定：①鉴定程序违法或者违反相关专业技术要求的；②鉴定机构、鉴定人不具备鉴定资质和条件的；③鉴定人故意作虚假鉴定或者违反回避规定的；④鉴定意见依据明显不足的；⑤检材虚假或者被损坏的；⑥其他应当重新鉴定的情形。经审查，不符合上述情形的，经县级以上公安机关负责人批准，作出不准予重新鉴定的决定，并在作出决定后三日以内书面通知申请人。

重新鉴定，应当另行指派或者聘请鉴定人。

10）鉴定费用的承担

鉴定费用原则上由公安机关承担，犯罪嫌疑人的辩护人或者近亲属以犯罪嫌疑人有患精神病可能而申请对犯罪嫌疑人进行鉴定的，鉴定费用由请求方承担。

7. 技术侦查措施

技术侦查措施，是指公安机关根据侦查犯罪的需要，在经过严格的批准手续后，运用技术设备收集证据或查获犯罪嫌疑人的一种特殊侦查措施。如：公安机关负责技术侦查的部门实施的记录监控、行踪监控、通信监控、场所监控等措施。

技术侦查措施的适用对象是犯罪嫌疑人、被告人以及与犯罪活动直接关联的人员。

（1）可以适用技术侦查措施的案件

根据刑事诉讼法第 150 条的规定，公安机关技术侦查措施适用以下案件：

①公安机关在立案后，对于危害国家安全犯罪、恐怖活动犯罪、黑社会性质的组织犯罪、重大毒品犯罪或者其他严重危害社会的犯罪案件，根据侦查犯罪的需要，经过严格的批准手续，可以采取技术侦查措施。

②追捕被通缉或者批准、决定逮捕的在逃的犯罪嫌疑人、被告人，经过批准，可以采取追捕所必需的技术侦查措施。

根据《程序规定》第 263 条的规定，技术侦查措施适用以下案件：

①危害国家安全犯罪、恐怖活动犯罪、黑社会性质的组织犯罪、重大毒品犯罪案件；

②故意杀人、故意伤害致人重伤或者死亡、强奸、抢劫、绑架、放火、爆炸、投放危险物质等严重暴力犯罪案件；

③集团性、系列性、跨区域性重大犯罪案件；

④利用电信、计算机网络、寄递渠道等实施的重大犯罪案件，以及针对计算机网络实施的重大犯罪案件；

⑤其他严重危害社会的犯罪案件，依法可能判处七年以上有期徒刑的；

⑥公安机关追捕被通缉或者批准、决定逮捕的在逃的犯罪嫌疑人、被告人，可以采取追捕所必需的技术侦查措施。

（2）技术侦查的机关

①决定技术侦查的机关：公安机关、国家安全机关。

②实施技术侦查的机关：公安机关、国家安全机关。

（3）技术侦查的批准决定

刑事诉讼法规定，批准决定应当根据侦查犯罪的需要，确定采取技术侦查措施的种类和适用对象。批准决定自签发之日起三个月以内有效。对于不需要继续采取技术侦查措施的，应当及时解除；对于复杂、疑难案件，期限届满仍有必要继续采取技术侦查措施的，经过批准，有效期可以延长，每次不得超过三个月。

由此可见，技术侦查措施需要经过严格的批准程序。根据《程序规定》第265条，需要采取技术侦查措施的，应当制作呈请采取技术侦查措施报告书，报设区的市一级以上公安机关负责人批准，制作采取技术侦查措施决定书。

人民检察院等部门决定采取技术侦查措施，交公安机关执行的，由设区的市一级以上公安机关按照规定办理相关手续后，交负责技术侦查的部门执行，并将执行情况通知人民检察院等部门。

（4）隐匿身份侦查

为了查明案情，在必要的时候，经公安机关负责人决定，可以由有关人员隐匿其身份实施侦查。但是，不得诱使他人犯罪，不得采用可能危害公共安全或者发生重大人身危险的方法。

根据《程序规定》，为了查明案情，在必要的时候，经县级以上公安机关负责人决定，可以由侦查人员或者公安机关指定的其他人员隐匿身份实施侦查。隐匿身份实施侦查时，不得使用促使他人产生犯罪意图的方法诱使他人犯罪，不得采用可能危害公共安全或者发生重大人身危险的方法。

（5）控制下交付

对涉及给付毒品等违禁品或者财物的犯罪活动，公安机关根据侦查犯罪的需要，可以依照规定实施控制下交付。

根据《程序规定》，对涉及给付毒品等违禁品或者财物的犯罪活动，为查明参与该项犯罪的人员和犯罪事实，根据侦查需要，经县级以上公安机关负责人决定，可以实施控制下交付。

（6）技侦证据的调查与适用

依照规定采取侦查措施收集的材料在刑事诉讼中可以作为证据使用。如果使用该证据可能危及有关人员的人身安全，或者可能产生其他严重后果的，应当采取不暴露有关人员身份和使用的技术设备、侦查方法等保护措施。必要的时候，可以由审判人员在庭外对证据进行核实。

根据《程序规定》，采取技术侦查措施收集的材料，应当严格依照有关规定存放，只能用于对犯罪的侦查、起诉和审判，不得用于其他用途。

采取技术侦查措施收集的与案件无关的材料，必须及时销毁，并制作销毁记录。

侦查人员对采取技术侦查措施过程中知悉的国家秘密、商业秘密和个人隐私，应当保密。

公安机关依法采取技术侦查措施，有关单位和个人应当配合，并对有关情况予以保密。

8. 辨认

辨认，是指侦查机关为了查明案情，让被害人、犯罪嫌疑人或者证人对与犯罪有关的物品、文件、尸体、场所或者犯罪嫌疑人进行辨别、指认。

（1）辨认的程序

①辨认应当在侦查人员的主持下进行。主持辨认的侦查人员不得少于 2 人。

②在辨认前，侦查人员应当向辨认人详细询问被辨认人或者被辨认物的具体特征，禁止辨认人见到被辨认人或者被辨认物，并应当告知辨认人有意作假辨认应负的法律责任。

③辨认前，应当将辨认对象混杂在其他对象中，不得给辨认人任何暗示。

④辨认犯罪嫌疑人时，被辨认的人数不得少于 7 人；对犯罪嫌疑人照片进行辨认的，不得少于 10 人的照片。辨认物品时，混杂的同类物品不得少于 5 件；对物品的照片进行辨认的，不得少于 10 个物品的照片。

对场所、尸体等特定辨认对象进行辨认，或者辨认人能够准确描述物品独有特征的，陪衬物不受数量的限制。

⑤辨认经过和结果，应当制作辨认笔录，由侦查人员、辨认人、见证人签名。必要时，应当对辨认过程进行录音录像。

（2）辨认注意事项

①几名辨认人对同一辨认对象进行辨认时，应当个别进行。

②对犯罪嫌疑人的辨认，辨认人不愿意公开进行时，可以在不暴露辨认人的情况下进行，侦查人员应当为其保守秘密。

9. 通缉

通缉，是指公安机关通报一定地区的机关和公民协同缉捕在逃的犯罪嫌疑人的一项侦查措施。

（1）通缉的对象

公安机关通缉的对象是依法应当逮捕但下落不明的犯罪嫌疑人。

（2）通缉的形式

公安机关通缉犯罪嫌疑人应当发布通缉令。

（3）通缉令的发布机关

只有县级以上公安机关有权发布通缉令。

（4）通缉令的发布范围

各级公安机关在自己的管辖地区内，可以直接发布通缉令，超出自己的管辖范围的，应当报请有权决定的上级公安机关发布。

（5）通缉令的撤销

被通缉的犯罪嫌疑人一经捕获，捕获的机关应迅速通知发布通缉令的机关，原发布通缉令的机关应在发布范围内撤销通缉令。

（三）侦查终结

1. 侦查终结的概念

侦查终结是指公安机关对自己立案侦查的案件，经过一系列的侦查活动，根据已查明的案件事实和证据，依照法律规定，足以对案件作出起诉或者撤销案件的结论时而终结侦查的诉讼行为。

2. 侦查终结的条件

①犯罪事实、情节已经查清；

②证据确实、充分；

③犯罪性质和罪名认定正确（通常要把握三点：罪与非罪、此罪与彼罪、具体罪名）；

④无遗漏罪行和其他应当追究刑事责任的人；

⑤有应当提起附带民事诉讼的记载；

⑥案件的法律手续完备、合法（所有的侦查行为均应有相应的法律文书、法律手续予以反映。比如：讯问犯罪嫌疑人、询问证人、被害人要有笔录）；

⑦依法应当追究刑事责任。

3. 侦查终结的程序

案件经过侦查，认为符合侦查终结的条件时，应由承办人员制作侦查终结报告，由县级以上公安机关负责人批准；重大、复杂、疑难的案件应当经过集体讨论。

4. 侦查终结后对案件的处理

公安机关对侦查终结的案件，有两种决定：

（1）移送同级人民检察院审查起诉。条件是：犯罪事实清楚，证据确实、充分，依法应当追究刑事责任。移送人民检察院审查起诉的案件，公安机关应当制作起诉意见书，经县级以上公安机关负责人批准后，连同全部案卷材料、证据，以及辩护律师提出的意见，一并移送同级人民检察院审查决定；同时将案件移送情况告知犯罪嫌疑人及其辩护律师。

犯罪嫌疑人自愿认罪的，应当记录在案，随案移送，并在起诉意见书中写明有关情况；认为案件符合速裁程序适用条件的，可以向人民检察院提出适用速裁程序的建议。

对于犯罪嫌疑人在境外，需要及时进行审判的严重危害国家安全犯罪、恐怖活动犯罪案件，应当在侦查终结后层报公安部批准，移送同级人民检察院审查起诉。

在审查起诉或者缺席审理过程中，犯罪嫌疑人、被告人向公安机关自动投案或者被公安机关抓获的，公安机关应当立即通知人民检察院、人民法院。

共同犯罪案件的起诉意见书，应当写明每个犯罪嫌疑人在共同犯罪中的地位、作用、具体罪责和认罪态度，并分别提出处理意见。

被害人提出附带民事诉讼的，应当记录在案；移送审查起诉时，应当在起诉意见书末页注明。

（2）撤销案件。公安机关对于以下几类案件，应当作出撤销案件的决定：

①犯罪嫌疑人的行为实质上不构成犯罪。

②证据不足，难以定案。

③具有《刑事诉讼法》第16条规定情形之一的。

在案件侦查终结前，辩护律师提出要求的，侦查机关应当听取辩护律师的意见，并记录在案。辩护律师提出书面意见的，应当附卷。

（四）侦查羁押期限

侦查羁押期限是指侦查机关对犯罪嫌疑人采取逮捕强制措施之日起到侦查终结移送审查起诉之日的期限。

1. 首次羁押期限为2个月。

2. 侦查羁押期限的延长

（1）案情复杂、重大，两个月期限届满不能终结的案件，可以经上一级人民检察院批准延长一个月。

（2）下列案件在《刑事诉讼法》第156条规定的期限届满不能侦查终结的，经省、自治区、直辖市人民检察院批准或者决定，可以延长二个月：

①交通十分不便的边远地区的重大复杂案件；

②重大的犯罪集团案件；

③流窜作案的重大复杂案件；

④犯罪涉及面广，取证困难的重大复杂案件。

（3）对犯罪嫌疑人可能判处十年有期徒刑以上刑罚，五个月内仍不能侦查终结的，经省、自治区、直辖市人民检察院批准或者决定，可以再延长二个月。

（4）因为特殊原因，在较长时间内不宜交付审判的特别重大复杂的案件，由最高人民检察院报请全国人民代表大会常务委员会批准延期审理。

3. 侦查羁押期限的重新计算

（1）在侦查期间，发现犯罪嫌疑人另有重要罪行的，自发现之日起重新计算侦查羁押期限。

（2）犯罪嫌疑人不讲真实姓名、住址，身份不明的，侦查羁押期限自查清其身份之日起计算，但是不得停止对其犯罪行为的侦查取证。对于犯罪事实清楚，证据确实、充分的，也可以按其自报的姓名移送人民检察院审查起诉。

（3）对犯罪嫌疑人作精神病鉴定的期间不计入办案期限。

（五）补充侦查

1. 概念

补充侦查是指公安机关依照法定程序，在原有侦查工作的基础上，继续进行收集补充证据的一种侦查活动。

2. 种类

根据《刑事诉讼法》第 90 条、第 175 条、第 204 条和第 205 条的规定，补充侦查在程序上有三种，即审查批捕阶段的补充侦查、审查起诉阶段的补充侦查和法庭审理阶段的补充侦查。

（1）审查批捕阶段的补充侦查

根据《刑事诉讼法》第 90 条的规定，人民检察院对于公安机关提请批准逮捕的案件进行审查后，对于不批准逮捕的，人民检察院应当说明理由，需要补充侦查的，应当同时通知公安机关。

（2）审查起诉阶段的补充侦查

根据《刑事诉讼法》第 175 条规定，人民检察院审查案件，对于需要补充侦查的，可以退回公安机关补充侦查，也可以自行侦查。对于补充侦查的案件，应当在 1 个月以内补充侦查完毕。补充侦查以 2 次为限。补充侦查完毕移送人民检察院后，人民检察院重新计算审查起诉期限。对于补充侦查的案件，人民检察院仍然认为证据不足，不符合起诉条件的，可以作出不起诉的决定。

公安机关对人民检察院退回补充侦查的案件，根据不同情况，报县级以上公安机关负责人批准，分别作如下处理：

①原认定犯罪事实不清或者证据不够充分的，应当在查清事实、补充证据后，制作补充侦查报告书，移送人民检察院审查；对确实无法查明的事项或者无法补充的证据，应当书面向人民检察院说明情况；

②在补充侦查过程中，发现新的同案犯或者新的罪行，需要追究刑事责任的，应当重新制作起诉意见书，移送人民检察院审查；

③发现原认定的犯罪事实有重大变化，不应当追究刑事责任的，应当撤销案件或者对犯罪嫌疑人终止侦查，并将有关情况通知退查的人民检察院

④原认定犯罪事实清楚，证据确实、充分，人民检察院退回补充侦查不当的，应当说明理由，移送人民检察院审查。

（3）法庭审理阶段的补充侦查

根据《刑事诉讼法》第 204 条第 2 项和第 205 条的规定，在法庭审理过程中，检察人员发现提起公诉的案件需要补充侦查，并提出补充侦查建议的，人民法院可以延期审理，补充侦查应当在 1 个月以内完毕。

可见，法庭审理阶段补充侦查只有人民检察院依法提出建议，人民法院才能作出延期审理的决定。人民法院不能主动将案件退回人民检察院补充侦查。对于人民检察院提起公诉的案件，只要符合法律规定，人民法院就必须开庭审判。至于补充侦查的方式，一般由人民检察院自行侦查，必要时可以要求公安机关协助。补充侦查的期限不能超过 1 个月。

附：①公安机关具体案件侦查程序流程图

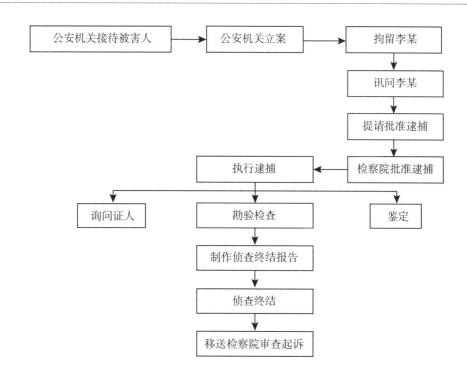

②公安机关侦查程序文书

×××公安局

拘　留　证

×公(　　)拘字〔　　〕　　　号

根据《中华人民共和国刑事诉讼法》第_____条之规定，兹决定对犯罪嫌疑人
_____(性别____，出生日期_____，住址_____)执
行拘留，送_____看守所羁押。

公安局（印）
年　月　日

本证已于____年____月____日_____时向我宣布。

被拘留人：　　　　　　（捺指印）

本证副本已收到，被拘留人_____于____年____月____日____时送至我所。

接收民警：　　　　看守所（印）

此联附卷

×××公安局

提 请 批 准 逮 捕 书

×公（　）提捕字〔　　〕　号

犯罪嫌疑人×××……〔犯罪嫌疑人姓名（别名、曾用名、绰号等），性别，出生日期，出生地，身份证件种类及号码，民族，文化程度，职业或工作单位及职务，居住地（包括户籍所在地、经常居住地、暂住地），政治面貌（如是人大代表、政协委员，一并写明具体级、届代表、委员），违法犯罪经历以及因本案被采取强制措施的情况（时间、种类及执行场所）。案件有多名犯罪嫌疑人的，应逐一写明。〕

辩护律师×××……〔如有辩护律师，写明其姓名，所在律师事务所或者法律援助机构名称，律师执业证编号。〕

犯罪嫌疑人涉嫌×××（罪名）一案，由×××举报（控告、移送）至我局（写明案由和案件来源，具体为单位或者公民举报、控告、上级交办、有关部门移送、本局其他部门移交以及工作中发现等）。简要写明案件侦查过程中的各个法律程序开始的时间，如接受案件、立案的时间。具体写明犯罪嫌疑人归案情况。

经依法侦查查明：……（应当根据具体案件情况，详细叙述经侦查认定的犯罪事实，并说明应当逮捕理由。）

（对于只有一个犯罪嫌疑人的案件，犯罪嫌疑人实施多次犯罪的犯罪事实应逐一列举；同时触犯数个罪名的犯罪嫌疑人的犯罪事实应该按照主次顺序分别列举；

对于共同犯罪的案件，写明犯罪嫌疑人的共同犯罪事实及各自在共同犯罪中的地位和作用后，按照犯罪嫌疑人的主次顺序，分别叙述各个犯罪嫌疑人的单独犯罪事实。）

认定上述事实的证据如下：

……（分列相关证据，并说明证据与犯罪事实的关系。）

综上所述，犯罪嫌疑人×××……（根据犯罪构成简要说明罪状），其行为已触犯《中华人民共和国刑法》第××条之规定，涉嫌×××罪，符合逮捕条件。依照《中华人民共和国刑事诉讼法》第七十九条、第八十五条之规定，特提请批准逮捕。

此致
×××人民检察院

公安局（印）
年　月　日

附：本案卷宗　　卷　　页

×××公安局

逮 捕 证

×公(　　)捕字〔　　〕　号

根据《中华人民共和国刑事诉讼法》第七十八条之规定，经_____ 批准/决定，兹由我局对涉嫌_____罪的_____（性别_____，出生日期_____，住址_____）执行逮捕，送_____看守所羁押。

公安局（印）
年 月 日

本证已于____年____月____日____时向我宣布。

被逮捕人：　　　　（捺指印）

本证副本已收到，被逮捕人_____已于____年____月____日送至我所（如先行拘留的，填写拘留后羁押时间）。

接收民警：　　　　看守所（印）
年 月 日

此联附卷

（行政刑事通用）　　　　　　　　　　第_____次

询问/讯问笔录

时间____年____月____日____时____分至____年____月____日____时____分

地点_____

询问/讯问人（签名）_____、_____工作单位_____

记录人（签名）_____工作单位_____

被询问/讯问人_____性别_____年龄_____出生日期_____

身份证件种类及号码_____

现住址_____联系方式_____

户籍所在地_____

（口头传唤/被扭送/自动投案的被询问/讯问人于____月____日____时____分到达，____月____日____时____分离开，本人签名：_____）。

问：_____

答：_____

_____

_____

_____

第　　页　共　　页

犯罪嫌疑人诉讼权利义务告知书

根据《中华人民共和国刑事诉讼法》的规定，在公安机关对案件进行侦查期间，犯罪嫌疑人有如下诉讼权利和义务：

1. 不通晓当地通用的语言文字时有权要求配备翻译人员，有权用本民族语言文字进行诉讼。

2. 对于公安机关及其侦查人员侵犯其诉讼权利和人身侮辱的行为，有权提出申诉或者控告。

3. 对于侦查人员、鉴定人、记录人、翻译人员有下列情形之一的，有权申请他们回避：（一）是本案的当事人或者是当事人的近亲属的；（二）本人或者他的近亲属和本案有利害关系的；（三）担任过本案的证人、鉴定人、辩护人、诉讼代理人的；（四）与本案当事人有其他关系，可能影响公正处理案件的。对于驳回申请回避的决定，可以申请复议一次。

4. 自接受第一次讯问或者被采取强制措施之日起，有权委托律师作为辩护人。如在押或者被监视居住，公安机关应当及时转达其委托辩护人的要求；也可以由其监护人、近亲属代为委托辩护人；依法同辩护律师会见和通信。因经济困难或者其他原因没有委托辩护人的，本人及其近亲属可以向法律援助机构提出申请。对于未成年人，盲、聋、哑人，尚未完全丧失辨认或者控制自己行为能力的精神病人，以及可能判处无期徒刑、死刑的犯罪嫌疑人，没有委托辩护人的，有权要求公安机关通知法律援助机构指派律师提供辩护。

犯罪嫌疑人没有委托辩护人，法律援助机构也没有指派律师提供辩护的，有权约见值班律师，获得法律咨询、程序选择建议、申请变更强制措施、对案件处理提出意见等法律帮助。

5. 在接受传唤、拘传、讯问时，有权要求饮食和必要的休息时间。

6. 本人及其法定代理人、近亲属或者辩护人有权申请变更强制措施；对于采取强制措施届满的，有权要求解除强制措施。

7. 对于侦查人员的提问，应当如实回答。但是对与本案无关的问题，有拒绝回答的权利。在接受讯问时有权为自己辩解。如实供述自己罪行的，可以从轻处罚；因如实供述自己罪行，避免特别严重后果发生的，可以减轻处罚。

8. 犯罪嫌疑人自愿如实供述自己的罪行，承认指控的犯罪事实，愿意接受处罚的，可以依法从宽处理.

9. 有核对讯问笔录的权利；如果没有阅读能力，侦查人员应当向其宣读笔录。笔录记载有遗漏或者差错，可以提出补充或者改正。可以请求自行书写供述。

10. 未成年犯罪嫌疑人在接受讯问时，有要求通知其法定代理人到场的权利。女性未成年犯罪嫌疑人有权要求讯问时有女性工作人员在场。

11. 聋、哑的犯罪嫌疑人在讯问时有要求通晓聋、哑手势的人参加的权利。

12. 有权知道用作证据的鉴定意见的内容，可以申请补充鉴定或重新鉴定。

13. 依法接受拘传、取保候审、监视居住、拘留、逮捕等强制措施和人身检查、搜查、扣押、鉴定等侦查措施。

14. 公安机关送达的各种法律文书经确认无误后，应当签名、捺指印。

15. 知悉案件移送审查起诉情况。

以上内容，我已看过/已向我宣读。

犯罪嫌疑人：

办案民警：
年　月　日

此告知书在第一次讯问犯罪嫌疑人或对其采取强制措施之日交犯罪嫌疑人，并在第一次讯问笔录中记明或责令犯罪嫌疑人在强制措施文书附卷联中签注。

现场勘验笔录

现场勘验单位：_____

指派/报告单位：_____时间：___年___月___日___时___分___

勘验事由：_____

现场勘验开始时间_____年_____月___日___时___分

现场勘验结束时间___年___月___日___时___分

现场地点：_____

现场保护情况：(空白处记载保护人、保护措施、是原始现场还是变动现场等情况)

天气：阴□/晴□/雨□/雪□/雾□，　温度：_____湿度：_____风向：_____

勘验前现场的条件：变动现场□/　原始现场□_____

现场勘验利用的光线：自然光□/　灯光□/_____

现场勘验指挥人：_____单位_____职务_____

现场勘验情况：(空白处记载现场勘验详细情况，包括现场方位和现场概貌、中心现场位置，现场是否有变动，变动的原因，勘验过程、提取痕迹物证情况、现场周边搜索情况、现场访问情况以及其他需要说明的情况)

现场勘验制图____张；照相____张；录像____分钟；录音____分钟。

现场勘验记录人员：

笔录人：_____

制图人：_____

照相人：_____

录像人：_____

录音人：_____

现场勘验人员：

本人签名：_____单位_____职务_____

本人签名：_____单位_____职务_____

现场勘验见证人：_____

本人签名_____性别_____出生日期_____，住址_____

本人签名_____性别_____出生日期_____，住址_____

年 月 日

×××公安局

起 诉 意 见 书

×公（ ）诉字〔 〕 号

犯罪嫌疑人×××……［犯罪嫌疑人姓名（别名、曾用名、绰号等），性别，出生日期，出生地，身份证件种类及号码，民族，文化程度，职业或工作单位及职务，居住地（包括户籍所在地、经常居住地、暂住地），政治面貌，违法犯罪经历以及因本案被采取强制措施的情况（时间、种类及执行场所）。案件有多名犯罪嫌疑人的，应逐一写明。］

辩护律师×××……［如有辩护律师，写明其姓名，所在律师事务所或者法律援助机构名称，律师执业证编号。］

犯罪嫌疑人涉嫌×××（罪名）一案，由×××举报（控告、移送）至我局（写明案由和案件来源，具体为单位或者公民举报、控告、上级交办、有关部门移送或工作中发现等）。简要写明案件侦查过程中的各个法律程序开始的时间，如接受案件、立案的时间。具体写明犯罪嫌疑人归案情况。最后写明犯罪嫌疑人×××涉嫌×××案，现已侦查终结。

经依法侦查查明：……（详细叙述经侦查认定的犯罪事实，包括犯罪时间、地点、经过、手段、目的、动机、危害后果等与定罪有关的事实要素。应当根据具体案件情况，围绕刑法规定的该罪构成要件，进行叙述。）

（对于只有一个犯罪嫌疑人的案件，犯罪嫌疑人实施多次犯罪的犯罪事实应逐一列举；同时触犯数个罪名的犯罪嫌疑人的犯罪事实应该按照主次顺序分别列举；

对于共同犯罪的案件，写明犯罪嫌疑人的共同犯罪事实及各自在共同犯罪中的地位和作用后，按照犯罪嫌疑人的主次顺序，分别叙述各个犯罪嫌疑人的单独犯罪事实。）

认定上述事实的证据如下：

……（分列相关证据，并说明证据与案件事实的关系）

上述犯罪事实清楚，证据确实、充分，足以认定。

　　犯罪嫌疑人×××……（具体写明是否有累犯、立功、自首、和解等影响量刑的从重、从轻、减轻等犯罪情节）

　　综上所述，犯罪嫌疑人×××……（根据犯罪构成简要说明罪状），其行为已触犯《中华人民共和国刑法》第××条之规定，涉嫌×××罪。依照《中华人民共和国刑事诉讼法》第一百六十二条之规定，现将此案移送审查起诉。（当事人和解的公诉案件，应当写明双方当事人已自愿达成和解协议以及履行情况，同时可以提出从宽处理的建议）。

　　此致
×××人民检察院

公安局（印）
年　月　日

附：1. 本案卷宗　　　卷　　页。
2. 随案移交物品　　件。
③公安机关侦查程序流程图

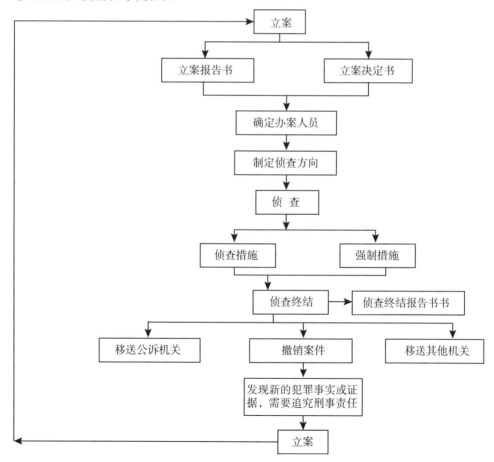

三、检察院自侦案件侦查程序

【案例 9-8】

某地检察院接到群众举报，当地公安机关侦查人员刘某，在办理一起盗窃案件时，对嫌疑人王某进行了刑讯逼供，导致王某身受重伤。检察院经审查后，决定立案侦查。侦查中，侦查人员询问了王某，讯问了刘某，调阅了刘某讯问王某时的录像，查询了王某出入看守所的体检记录，对王某的伤害程度进行了法医鉴定，最终查明了刘某涉嫌刑讯逼供罪的事实。对刘某采取了逮捕措施。侦查部门侦查终结后移送捕诉部门审查起诉。

【应知应会】

（一）人民检察院行使侦查权的特别规定

1. 原则规定

人民检察院对直接受理的案件的侦查，除法律明确规定的以外，适用《刑事诉讼法》有关公安机关侦查的规定。

2. 特殊规定

（1）根据《最高人民检察院关于在检察工作中防止和纠正超期羁押的若干规定》，检察机关直接受理的案件中，侦查人员在讯问时即应当把逮捕的原因、决定机关、羁押起止日期、羁押处所以及在羁押期间的权利、义务用犯罪嫌疑人能听（看）懂的语言和文书告知犯罪嫌疑人，侦查人员在发现不应当拘留、逮捕的时候，必须立即释放犯罪嫌疑人，并发给释放证明。

（2）人民检察院办理直接受理侦查的案件，应当在每次讯问犯罪嫌疑人时，对讯问过程实行全程录音、录像，并在讯问笔录中注明。讯问犯罪嫌疑人时，应当告知犯罪嫌疑人将对讯问进行全程同步录音、录像。告知情况应当在录音、录像中予以反映，并记明笔录。

（3）询问重大或者有社会影响的案件的重要证人，应当对询问过程实行全程录音、录像，并在询问笔录中注明。

（4）人民检察院自侦案件中，对于被扣押、冻结的债券、股票、基金份额等财产，在扣押、冻结期间权利人申请出售，经审查认为不损害国家利益、被害人利益，不影响诉讼正常进行的，以及扣押、冻结的汇票、本票、支票的有效期即将届满的，经检察长批准，可以在案件办结前依法出售或者变现，所得价款由人民检察院指定的银行账户保管，并及时告知当事人或者其近亲属。

（5）人民检察院为了查明案情，解决案件中某些专门性的问题，可以进行鉴定。鉴定由人民检察院有鉴定资格的人员进行。必要时，也可以聘请其他有鉴定资格的人员进行，但是应当征得鉴定人所在单位同意。

犯罪嫌疑人、被害人或被害人的法定代理人、近亲属、诉讼代理人提出申请，可以补充鉴定或者重新鉴定，鉴定费用由请求方承担。但原鉴定违反法定程序的，由人民检察院承担。

（6）人民检察院技术侦查措施的适用。

①适用范围

根据《刑事诉讼法》第150条的规定，人民检察院在立案后，对于利用职权实施的严重侵犯公民人身权利的重大犯罪案件，根据侦查犯罪的需要，经过严格的批准手续，可以采取技术侦查措施，按照规定交有关机关执行。

追捕被通缉或者决定逮捕的在逃的犯罪嫌疑人、被告人，经过批准，可以采取追捕所必需的技术侦查措施，不受案件范围的限制。

②人民检察院决定采取技术侦查措施的，交由公安机关执行。

（7）人民检察院决定采取通缉措施的，发布通缉令和执行通缉由公安机关完成。

（8）为防止犯罪嫌疑人等涉案人员逃往境外，需要在边防口岸采取边控措施的，人民检察院应当按照有关规定制作边控对象通知书，商请公安机关办理边控手续。

（9）人民检察院直接受理的案件中符合刑事诉讼法规定情形，需要逮捕、拘留犯罪嫌疑人的，由人民检察院作出决定，由公安机关执行。对被拘留的人，人民检察院认为需要逮捕的，应当在14日以内作出决定。在特殊情况下，决定逮捕的时间可以延长1日至3日。

（二）人民检察院对侦查终结案件的处理及程序

根据《刑事诉讼法》第168条的规定，人民检察院对侦查终结的案件，应当作出提起公诉、不起诉或者撤销案件的决定。具体而言：

1. 提起公诉。经过侦查，认为犯罪事实清楚，证据确实、充分，足以认定犯罪嫌疑人构成犯罪，依法应当追究刑事责任的，侦查人员应当写出侦查终结报告，并且制作起诉意见书，由侦查部门负责人审核，检察长批准后，移送本院负责捕诉的部门审查。

2. 不起诉。经过侦查，认为犯罪嫌疑人的行为构成犯罪，但犯罪情节轻微，依照刑法规定不需要判处刑罚或者应当免除刑罚的，侦查人员应当写出侦查终结报告，并且制作不起诉意见书，由侦查部门负责人审核，检察长批准后，移送本院负责捕诉的部门审查。

3. 撤销案件。经过侦查，发现具有下列情形之一的，负责侦查的部门应当制作拟撤销案件意见书，报请检察长决定：①具有《刑事诉讼法》第16条规定情形之一的；②没有犯罪事实的，或者依照刑法规定不负刑事责任或者不是犯罪的；③虽有犯罪事实，但不是犯罪嫌疑人所为的。

对于共同犯罪的案件，如有符合规定情形的犯罪嫌疑人，应当撤销对该犯罪嫌疑人的立案。

地方各级人民检察院决定撤销案件的，负责侦查的部门应当将撤销案件意见书连同本案全部案卷材料，在法定期限届满七日前报上一级人民检察院审查；重大、复杂案件在法定期限届满十日前报上一级人民检察院审查。

对于共同犯罪案件，应当将处理同案犯罪嫌疑人的有关法律文书以及案件事实、证据材料复印件等，一并报送上一级人民检察院。

上一级人民检察院负责侦查的部门应当对案件事实、证据和适用法律进行全面审查。必要时，可以讯问犯罪嫌疑人。

上一级人民检察院负责侦查的部门审查后，应当提出是否同意撤销案件的意见，报请检察长决定。

人民检察院决定撤销案件的，应当告知控告人、举报人，听取其意见并记明笔录。

上一级人民检察院审查下级人民检察院报送的拟撤销案件，应当在收到案件后七日以内批复；重大、复杂案件，应当在收到案件后十日以内批复。情况紧急或者因其他特殊原因不能按时送达的，可以先行通知下级人民检察院执行。

上一级人民检察院同意撤销案件的，下级人民检察院应当作出撤销案件决定，并制作撤销案件决定书。上一级人民检察院不同意撤销案件的，下级人民检察院应当执行上一级人民检察院的决定。

报请上一级人民检察院审查期间，犯罪嫌疑人羁押期限届满的，应当依法释放犯罪嫌疑人或者变更强制措施。

撤销案件的决定，应当分别送达犯罪嫌疑人所在单位和犯罪嫌疑人。犯罪嫌疑人死亡的，应当送达犯罪嫌疑人原所在单位。如果犯罪嫌疑人在押，应当制作决定释放通知书，通知公安机关依法释放。

人民检察院作出撤销案件决定的，应当在三十日以内报经检察长批准，对犯罪嫌疑人的违法所得作出处理。情况特殊的，可以延长三十日。

人民检察院撤销案件时，对犯罪嫌疑人的违法所得及其他涉案财产应当区分不同情形，作出相应处理：①因犯罪嫌疑人死亡而撤销案件，依照刑法规定应当追缴其违法所得及其他涉案财产的，按照《诉讼规则》第十二章第四节的规定办理。②因其他原因撤销案件，对于查封、扣押、冻结的犯罪嫌疑人违法所得及其他涉案财产需要没收的，应当提出检察意见，移送有关主管机关处理。③对于冻结的犯罪嫌疑人存款、汇款、债券、股票、基金份额等财产需要返还被害人的，可以通知金融机构、邮政部门返还被害人；对于查封、扣押的犯罪嫌疑人的违法所得及其他涉案财产需要返还被害人的，直接决定返还被害人。

（三）其他特殊规定

人民检察院侦查终结的案件，需要在异地起诉、审判的，应当在移送起诉前与人民法院协商指定管辖的相关事宜。

上级人民检察院侦查终结的案件，依照刑事诉讼法的规定应当由下级人民检察院提起公诉或者不起诉的，应当将有关决定、侦查终结报告连同案卷材料交由下级人民检察院审查。下级人民检察院认为上级人民检察院的决定有错误的，可以向上级人民检察院报告。上级人民检察院维持原决定的，下级人民检察院应当执行。

人民检察院直接受理侦查的案件，对犯罪嫌疑人没有采取取保候审、监视居住、拘留或者逮捕措施的，负责侦查的部门应当在立案后二年以内提出移送起诉、移送不起诉或者撤销案件的意见；对犯罪嫌疑人采取取保候审、监视居住、拘留或者逮捕措施的，负责侦查的部门应当在解除或者撤销强制措施后一年以内提出移送起诉、移送不起诉或者撤销案件的意见。

附：①检察院具体案件侦查程序流程

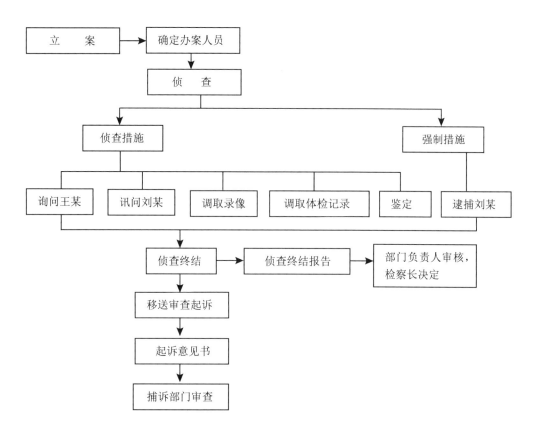

②检察院侦查程序文书

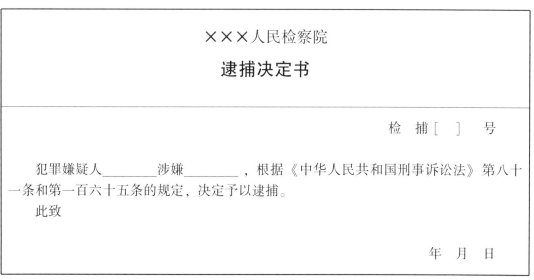

逮捕决定书制作说明

1. 本文书为人民检察院在办案过程中，决定逮捕犯罪嫌疑人时使用。

2. 本文书共四联，第一联统一保存备查，第二联附卷，第三联送达执行机关，第四联执行机关执行后退回附卷。

×××人民检察院

侦查终结报告

×ד检××侦终〔××××〕××号

一、犯罪人嫌疑人基本情况

犯罪嫌疑人_____，男（女），____年____月____日出生，身份证号码_____，____族，籍贯____，_____文化，政治面貌_____（是人大代表、政协委员的，写清其身份），工作单位_____，职务____，住址_____，前科情况等。

犯罪嫌疑人_____（犯罪单位），地址_____、组织机构代码_____、法定代表人_____、男（女）、身份证号码_____、联系方式_____等。

二、案件来源

犯罪嫌疑人××涉嫌××一案××

三、主要涉嫌犯罪事实

经依法侦查，查明：

××××

四、主要证据

认定上述事实的证据如下：

××××

上述事实清楚，证据确实、充分，足以认定。

五、需要说明的问题

六、定性、处理意见和法律依据

犯罪嫌疑人××，其行为涉嫌触犯《中华人民共和国刑法》第××条之规定，构成××罪，应依法追究其刑事责任。依据《中华人民共和国刑事诉讼法》第一百六十八条及《人民检察院刑事诉讼规则（试行）》_____的规定，拟将犯罪嫌疑人××涉嫌××一案移送审查起诉。鉴于××××，建议对犯罪嫌疑人××××（从重、从轻、减轻）处罚。

承办人：×××

××××年××月××日

起诉意见书

检　　移诉［　　］　　号

犯罪嫌疑人［犯罪嫌疑人姓名，性别，出生年月日，身份证号码，出生地，民族，文化程度、职业或工作单位及职务（作案时在何单位任何职务），政治面貌，如是人大代表、政协委员，一并写明具体级、届代表、委员及代表、委员号，现住址，犯罪嫌疑人简历及前科情况。案件有多名犯罪嫌疑人的，应逐一写明。

犯罪嫌疑人×××（姓名）涉嫌×××（罪名）一案，　　　　　　（写明案由和案件来源，具体为单位或者公民举报、上级交办、有关部门移送、本院其他部门移交以及办案中发现等。简要写明案件侦查过程中的各个法律程序开始的时间，如初查、立案、侦查终结的时间。具体写明采取的强制措施种类、采取的时间、强制措施变更情况及延长侦查羁押期限的情况等）。

犯罪嫌疑人×××（姓名）涉嫌×××（罪名）一案，现已侦查终结。

经依法侦查查明：　　　　　　　（概括叙写经检察机关侦查认定的犯罪事实，包括犯罪时间、地点、经过、手段、目的、动机、危害后果等与定罪有关的事实要素。应当根据具体案件情况，围绕刑法规定的该罪构成要件，特别是犯罪特征，简明扼要叙写。）

（对于只有一个犯罪嫌疑人的案件，犯罪嫌疑人实施多次犯罪的犯罪事实应逐一列举；同时触犯数个罪名的犯罪嫌疑人的犯罪事实应该按照主次顺序分类列举。对于共同犯罪的案件，写明犯罪嫌疑人的共同犯罪事实及各自在共同犯罪中的地位和作用后，按照犯罪嫌疑人的主次顺序，分别叙明各个犯罪嫌疑人的单独犯罪事实。）

认定上述事实的证据如下：

（针对上述犯罪事实，分列相关证据）

上述犯罪事实清楚，证据确实、充分，足以认定。

犯罪嫌疑人×××（姓名）（具体写明是否有立功、自首等影响量刑的从重、从轻、减轻等犯罪情节）。

综上所述，犯罪嫌疑人×××（姓名）（根据犯罪构成简要说明罪状），其行为已触犯《中华人民共和国刑法》第 X 条的规定，涉嫌×××犯罪。依照《中华人民共和国刑事诉讼法》第 X 条、《人民检察院刑事诉讼规则》第 X 条的规定，移送审查起诉。扣押的款物随案移送。

此致

捕诉部门

侦查部门（印）
年　月　日

附：

1. 随案移送案件材料、证据；

2. 犯罪嫌疑人现在处所；

3. 扣押物品、文件清单×份附后。

③检察院自侦案件侦查程序流程图

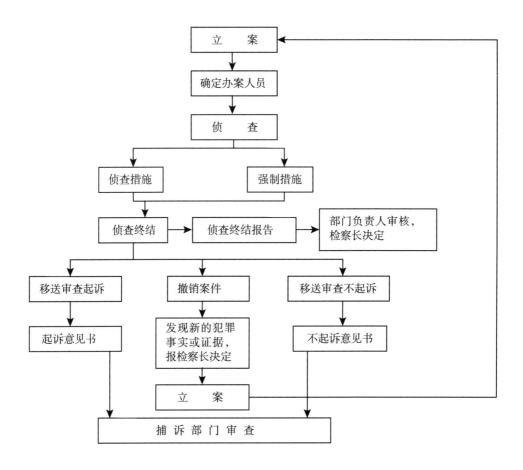

四、侦查阶段的律师辩护

【案例 9-9】

2018 年 12 月 8 日 18 时 30 分许，犯罪嫌疑人赵某驾驶车牌号为 A××××× 的小型轿车，在邢江市甲区 A 大街与 B 公路交叉口沿 A 大街由北向南行驶约 300 米处，同向三车道的中间车道，与驾驶二轮电动车同向行驶的被害人李某相撞，赵某随即拨打 120 急救电话。赵某又通过微信联系其堂妹赵某乙，到事故现场顶替其为肇事司机。李某受伤后经医院抢救无效于当日死亡。当日，在赵某儿子赵某甲的见证下由医生抽取了李某 2.5ml 血样；12 月 9 日交警大队事故科送检李某 3ml 血样至省 C 法医鉴定中心对血液酒精含量进行鉴定；省 C 法医鉴定中心收到李某约 2ml 血样，经检验，李某血样中未检出乙醇成分。2018 年 12 月 24 日赵某到交警大队投案自首。2019 年 1 月 1 日，交警大队出具事故认定书，认定赵某负事故的主要责任，李某负事故的次要责任。李某家属不服，提请邢江市公安局交通运输管理局复核。2019 年 1 月 14 日邢江市公安局交通运输管理局做出复核结论责令甲区交警大队对事故重新调查、认定，当日甲区交警大队委托 D 司法鉴定中心根据车辆痕迹对赵某在案发时的车速进行鉴定（经查该鉴定机构没有该项鉴定资质），鉴定结论是赵某的车速在案发时为 93km/h。2019 年 1 月 17 日甲区交警大队认定赵某存在逃逸情节，负事故的全部责任。公安机关在办理案件过程中，对赵某采取了逮捕措施。赵某的父亲委托律师高某做辩护人。

【应知应会】

（一）侦查阶段犯罪嫌疑人委托辩护人的时间

根据刑事诉讼法的规定，犯罪嫌疑人自被侦查机关第一次讯问或者采取强制措施之日起，有权委托律师担任辩护人。

公安机关在第一次讯问犯罪嫌疑人或者对犯罪嫌疑人采取强制措施的时候，应当告知犯罪嫌疑人有权委托律师作为辩护人，并告知其如果因经济困难或者其他原因没有委托辩护律师的，可以向法律援助机构申请法律援助。告知的情形应当记录在案。

对于同案的犯罪嫌疑人委托同一名辩护律师的，或者两名以上未同案处理但实施的犯罪存在关联的犯罪嫌疑人委托同一名辩护律师的，公安机关应当要求其更换辩护律师。

犯罪嫌疑人可以自己委托辩护律师。犯罪嫌疑人在押的，也可以由其监护人、近亲属代为委托辩护律师。

犯罪嫌疑人委托辩护律师的请求可以书面提出，也可以口头提出。口头提出的，公安机关应当制作笔录，由犯罪嫌疑人签名、捺指印。

在押的犯罪嫌疑人向看守所提出委托辩护律师要求的，看守所应当及时将其请求转达给办案部门，办案部门应当及时向犯罪嫌疑人委托的辩护律师或者律师事务所转达该项请求。

在押的犯罪嫌疑人仅提出委托辩护律师的要求，但提不出具体对象的，办案部门应当及时通知犯罪嫌疑人的监护人、近亲属代为委托辩护律师。犯罪嫌疑人无监护人或者近亲属的，办案部门应当及时通知当地律师协会或者司法行政机关为其推荐辩护律师。

符合下列情形之一，犯罪嫌疑人没有委托辩护人的，公安机关应当自发现该情形之日起三日以内通知法律援助机构为犯罪嫌疑人指派辩护律师：①犯罪嫌疑人是盲、聋、哑人，或者是尚未完全丧失辨认或者控制自己行为能力的精神病人；②犯罪嫌疑人可能被判处无期徒刑、死刑。

公安机关收到在押的犯罪嫌疑人提出的法律援助申请后，应当在二十四小时以内将其申请转交所在地的法律援助机构，并在三日以内通知申请人的法定代理人、近亲属或者其委托的其他人员协助提供有关证件、证明等相关材料。犯罪嫌疑人的法定代理人、近亲属或者其委托的其他人员地址不详无法通知的，应当在转交申请时一并告知法律援助机构。

犯罪嫌疑人拒绝法律援助机构指派的律师作为辩护人或者自行委托辩护人的，公安机关应当在三日以内通知法律援助机构。

辩护律师接受犯罪嫌疑人委托或者法律援助机构的指派后，应当及时告知公安机关并出示律师执业证书、律师事务所证明和委托书或者法律援助公函。

(二) 侦查阶段律师辩护人的职责

(1) 向侦查机关了解案件情况。侦查期间，律师接受委托后，自犯罪嫌疑人被第一次讯问或者采取强制措施之日起，可以向侦查机关了解案件情况，包括犯罪嫌疑人涉嫌的罪名、当时已查明的主要事实、犯罪嫌疑人被采取、变更、解除强制措施、延长侦查羁押期限等。

(2) 为犯罪嫌疑人提供法律帮助。所谓"提供法律帮助"，是指帮助犯罪嫌疑人了解有关法律规定，解释有关法律方面的问题。这是律师为犯罪嫌疑人进行法律帮助的最基本的内容。

辩护律师为犯罪嫌疑人提供法律咨询，应当告知其基本诉讼权利，主要包括以下内容：①犯罪嫌疑人有不被强迫证实自己有罪的权利；②犯罪嫌疑人有对办案机关侵权行为、程序违法提出申诉和控告的权利；③犯罪嫌疑人有申请侦查人员回避的权利；④犯罪嫌疑人有知悉鉴定意见和提出异议的权利；⑤犯罪嫌疑人有对刑事案件管辖提出异议的权利；⑥有关刑事和解的权利。

辩护律师为犯罪嫌疑人提供关于强制措施的法律咨询，主要包括以下内容：①强制措施的种类；②强制措施的条件、适用程序的法律规定；③强制措施期限的法律规定；④申请变更强制措施的权利及条件。

辩护律师为犯罪嫌疑人提供关于侦查机关讯问方面的法律咨询，主要包括以下内容：①犯罪嫌疑人对侦查人员的讯问有如实回答的义务，对与本案无关的问题有拒绝回答的权利；②犯罪嫌疑人对侦查人员制作的讯问笔录有核对、补充、更正的权利以及在确认笔录没有错误后应当签名的义务；③犯罪嫌疑人有要求自行书写供述和辩解的权利；④犯罪嫌疑人有如实供述犯罪事实可以获得从宽处罚的权利。

辩护律师为犯罪嫌疑人提供关于犯罪构成与证据方面的法律咨询，主要包括以下内容：①刑法及相关司法解释关于犯罪嫌疑人所涉嫌罪名的相关规定；②刑法及相关司法解释关于从重、从轻、减轻以及免予处罚的相关规定；③关于刑事案件的举证责任的相关规定；④关于证据的含义、种类及收集、使用的相关规定；⑤关于非法证据排除的相关规定。

(3) 代理申诉、控告。所谓"代理申诉、控告"，是指律师代替犯罪嫌疑人向有关部门诉说冤情、进行申辩，控告侦查机关及其他人员侵犯其合法权利的行为等。具体包括：

①采取强制措施法定期限届满，不予以解除、变更强制措施或者释放犯罪嫌疑人的；②应当退还取保候审保证金不予退还的；③对与案件无关的财物采取查封、扣押、冻结措施的；④应当解除查封、扣押、冻结不予解除的；⑤贪污、挪用、私分、调换或其他违反规定使用查封、扣押、冻结财物的。

辩护律师可以要求受理申诉或者控告的侦查机关及时处理，对不及时处理或对处理结果不服的，可以向同级人民检察院申诉；人民检察院直接受理的案件，可以向上一级人民检察院申诉。

代理申诉、控告时需要经过犯罪嫌疑人的委托。犯罪嫌疑人被采取强制措施后，人身自由受到一定的限制，也可能被错拘、错捕或者错误追诉。因此，凡法律规定侦查人员必须遵守的程序而没有遵守，或者侦查人员违反法律规定侵害了犯罪嫌疑人的人身权利、诉讼权利和其他合法权益（如刑讯逼供、报复陷害、非法拘禁、体罚虐待犯罪嫌疑人，以及有威胁、引诱、欺骗等违法违纪行为）时，受聘请的律师就应积极协助犯罪嫌疑人提出申诉、控告，以维护其合法权益，并使侦查机关和侦查人员的违法、错误行为得到切实纠正。

（4）申请变更强制措施。受委托的律师有权为被逮捕的犯罪嫌疑人申请取保候审；侦查机关对犯罪嫌疑人采取强制措施超过法定期限的，受委托的律师有权要求侦查机关解除。

（5）同在押的犯罪嫌疑人会见和通信。辩护律师持律师执业证书、律师事务所证明和委托书或者法律援助公函要求会见在押的犯罪嫌疑人的，看守所应当在查验其律师执业证书、律师事务所证明和委托书或者法律援助公函后，在四十八小时以内安排律师会见到犯罪嫌疑人，同时通知办案部门。

危害国家安全犯罪、恐怖活动犯罪案件，在侦查期间辩护律师会见在押或者被监视居住的犯罪嫌疑人，应当向办案部门提出申请。对辩护律师提出的会见申请，办案部门应当在收到申请后三日以内，报经县级以上公安机关负责人批准，作出许可或者不许可的决定，书面通知辩护律师，并及时通知看守所或者执行监视居住的部门。除有碍侦查或者可能泄露国家秘密的情形外，应当作出许可的决定。

公安机关不许可会见的，应当说明理由。有碍侦查或者可能泄露国家秘密的情形消失后，公安机关应当许可会见。

"有碍侦查"包括下列情形之一：①可能毁灭、伪造证据，干扰证人作证或者串供的；②可能引起犯罪嫌疑人自残、自杀或者逃跑的③可能引起同案犯逃避、妨碍侦查的；④犯罪嫌疑人的家属与犯罪有牵连的。

辩护律师会见在押或者被监视居住的犯罪嫌疑人需要聘请翻译人员的，应当向办案部门提出申请。办案部门应当在收到申请后三日以内，报经县级以上公安机关负责人批准，作出许可或者不许可的决定，书面通知辩护律师。如果翻译人员是本案的当事人或者是当事人的近亲属的；本人或者他的近亲属和本案有利害关系的；担任过本案的证人、鉴定人、辩护人、诉讼代理人的；与本案当事人有其他关系，可能影响公正处理案件的，作出不予许可的决定，并通知其更换。不具有相关情形的，应当许可。

翻译人员参与会见的，看守所或者监视居住执行机关应当查验公安机关的许可决定文书。

辩护律师会见在押或者被监视居住的犯罪嫌疑人时，看守所或者监视居住执行机关应当采取必要的管理措施，保障会见顺利进行，并告知其遵守会见的有关规定。辩护律师会见犯罪嫌疑人时，公安机关不得监听，不得派员在场。

辩护律师会见在押或者被监视居住的犯罪嫌疑人时，违反法律规定或者会见的规定的，看守所或者监视居住执行机关应当制止。对于严重违反规定或者不听劝阻的，可以决定停止本次会见，并及时通报其所在的律师事务所、所属的律师协会以及司法行政机关。

辩护律师会见在押的犯罪嫌疑人，可以了解案件有关情况，提供法律咨询等。

所谓"有关案件的情况"包括：①犯罪嫌疑人的自然情况；②是否参与以及怎样参与所涉嫌的案件；③如果承认有罪，陈述涉及定罪量刑的主要事实和情节；④如果否认犯罪，陈述无罪的辩解；⑤被采取强制措施的法律手续是否完备，程序是否合法；⑥被采取强制措施后其人身权利及诉讼权利是否受到侵犯；⑦其他需要了解的情况。通过了解以上内容，律师就可以对有关案件的情况有一个基本认识，从而使法律服务更加客观、全面和准确。

（6）向侦查机关提出意见。如果律师认为罪名不重或者犯罪嫌疑人没有这一犯罪嫌疑，就可以向侦查机关提出申诉，并对侦查机关的管辖不当及执法程序存在的问题提出异议，从而维护犯罪嫌疑人的合法权益。

侦查期间，辩护律师收集到有关犯罪嫌疑人不在犯罪现场、未达到刑事责任年龄、属于依法不负刑事责任的精神病人的证据材料时，应当及时向侦查机关提出无罪或不予追究刑事责任的辩护意见，并同时要求侦查机关释放犯罪嫌疑人或对其变更强制措施。在案件侦查期间和侦查终结前，辩护律师向侦查机关就实体和程序问题提出辩护意见的，可以口头或书面的方式提出。

对于非法证据，辩护律师可以提出予以排除的意见。

（7）对逮捕措施提出意见。在审查批捕过程中，辩护律师认为具备下列情形的，可以向检察机关提出不批准逮捕或不予逮捕的意见：①犯罪嫌疑人不构成犯罪；②可能被判处一年有期徒刑以下刑罚的；③无社会危险性；④不适宜羁押。

（三）侦查阶段律师辩护人的义务

（1）遵守法律规定，不得实施干扰诉讼活动行为。辩护人或者其他任何人在刑事诉讼中，违反法律规定，实施干扰诉讼活动行为的，应当依法追究法律责任。

辩护人实施干扰诉讼活动行为，涉嫌犯罪，属于公安机关管辖的，应当由办理辩护人所承办案件的公安机关报请上一级公安机关指定其他公安机关立案侦查，或者由上一级公安机关立案侦查。不得指定原承办案件公安机关的下级公安机关立案侦查。辩护人是律师的，立案侦查的公安机关应当及时通知其所在的律师事务所、所属的律师协会以及司法行政机关。

（2）保密义务。辩护律师对在执业活动中知悉的委托人的有关情况和信息，有权予以保密。但是，辩护律师在执业活动中知悉委托人或者其他人，准备或者正在实施危害国家安全、公共安全以及严重危害他人人身安全的犯罪的，应当及时告知司法机关。

附：①辩护律师在侦查阶段具体案件辩护工作流程

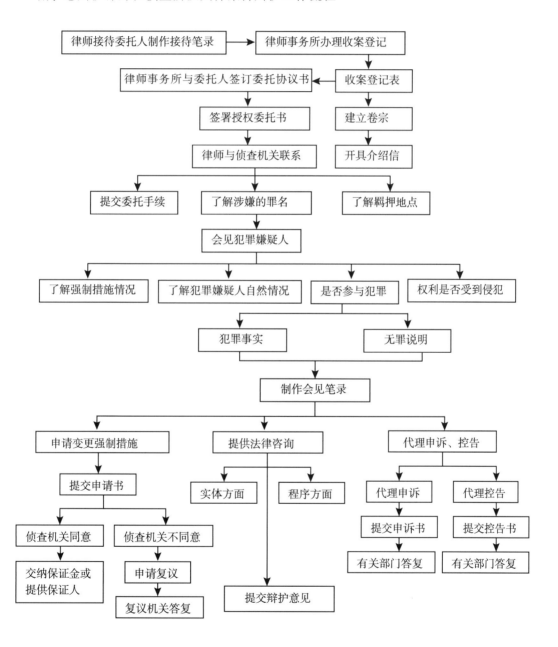

②辩护律师在侦查阶段辩护工作文书

律师事务所受理诉讼案件批办单

侦查机关			犯罪嫌疑人	
委　托　人		地址		
		电话		
		联系人		
承办律师		案号		收费额
案情简介：				
承办律师意　　见	签名：　　　　年　月　日			
批准人意　　见	签名：　　　　年　月　日			

＊名称项下均按全称填写

律师承办法律事务监督卡

编号：

受理时间		案由		收费额	
委托人		地址		电话	
受理法院			审级	主审法官	

执　业　报　告

（包括委托事项办理结果及在收案、收费、调查取证等环节上，在处理与本案执法人员、与委托人关系方面遵守职业道德、执业纪律的情况）

承办律师：　　　　　　年　月　日

委托人意见	(打"√"表示) 1. 律师执业执行情况是否属实　　　　　　　　　(是　否) 2. 有无告知该所的承诺及举报电话　　　　　　　(有　无) 3. 有无收费不开发票行为　　　　　　　　　　　(有　无) 4. 有无在收取代理费外又私自接受或索要钱物行为　(有　无) 5. 对承办律师的综合评价意见　　(满意　基本满意　不满意) 　　　对具体事实的陈述或其它意见 　　　　委托人签字或盖章：　　　　　　　年　月　日
律师事务所主任意见	 年　月　日

委 托 协 议

〔 〕第 号

委托人_____经与_____律师事务所协商，达成以下协议：

一、_____律师事务所指派_____律师担任_____案件的犯罪嫌疑人_____的辩护人。

二、根据《律师业务收费办法》的规定，委托人_____向律师事务所缴纳委托费用_____元。

三、本委托书有效期自双方签订之日起至侦查终结止。

四、本委托书如需变更，另行协议。

委托方：　　　　　　　　　　　　受托方：
（签字）　　　　　　　　　　　　律师事务所（章）
年　月　日　　　　　　　　　　　年　月　日

（注：本委托书一式二份，由委托人、律师事务所各持一份。）

授权委托书

[   ] 第   号

委托人_____根据法律的规定，特聘请_____律师事务所律师_____律师为涉嫌_____罪案件_____的辩护人。本委托书有效期自即日起至侦查终结之日止。

委托人：

年 月 日

注：本委托书一式三份，由委托人、律师事务所各持一份，交公安机关一份。

律师事务所函

[   ] 第   号

领函人：

交付：

事由：

批准人：

时间：

注：本函用于向侦查机关提交。

律师事务所函

[   ] 第   号

_____：

本所接受_____的委托，指派_____律师，担任_____案件犯罪嫌疑人_____的辩护人。

特此函告

（律师事务所章）

年 月 日

附：授权委托书一份。

律师会见在押犯罪嫌疑人专用介绍信

〔　〕第　号

领函人：
交付：
事由：
批准人：
时间：
注：本介绍信用于会见犯罪嫌疑人时向看守所、羁押场所提交。

律师会见在押犯罪嫌疑人专用介绍信

〔　〕第　号

_____看守所：

　　根据《中华人民共和国刑事诉讼法》第三十九条以及《中华人民共和国律师法》第三十条的规定，现指派我所_____律师前往你处会见_____案的在押犯罪嫌疑人_____。

　　时间：____年____月____日____时，请予安排。

　　特此函告

(律师事务所章)
年　月　日

会见在押犯罪嫌疑人申请书
(涉及国家秘密案件用)

〔　〕第　号

领函人：
交付：
事由：
批准人：
时间：
注：本函用于侦查阶段会见犯罪嫌疑人前向侦查机关提交。

会见在押犯罪嫌疑人申请书

(涉及国家秘密案件用)

[ ] 第 号

申请人：＿＿＿＿＿＿＿＿＿律师事务所＿＿＿＿律师

通信地址或联系方法：＿＿＿＿＿＿＿＿

申请事项：会见在押犯罪嫌疑人＿＿＿＿

申请理由：犯罪嫌疑人＿＿ ＿＿因涉嫌＿＿＿＿＿＿＿一案被拘留（逮捕）。我接受犯罪嫌疑人或其家属＿＿＿＿的聘请，拟会见在押犯罪嫌疑人。鉴于该案涉及国家秘密，根据《中华人民共和国刑事诉讼法》第三十九条规定，提出申请，请予批准。

此致

＿＿＿＿＿＿

申请人：

（律师事务所章）

年 月 日

刑事案件会见笔录

侦查阶段第×次

会见时间：＿＿年＿＿月＿＿日＿＿时＿＿分至＿＿时＿＿分

会见地点：＿＿＿＿＿看守所第＿＿＿＿号律师会见室

会见人：＿＿＿＿＿＿

工作单位：＿＿＿＿＿律师事务所律师

被会见人：＿＿＿＿＿

记录人：＿＿＿＿

（了解犯罪嫌疑人的自然情况；是否参与以及怎样参与所涉嫌的案件；如果承认有罪，陈述涉及定罪量刑的主要事实和情节；如果否认犯罪，陈述无罪的辩解；被采取强制措施的法律手续是否完备，程序是否合法；被采取强制措施后其人身权利及诉讼权利是否受到侵犯；其他需要了解的情况）

以上笔录我看过，和我说的相符。

（签名捺印）

年 月 日

③辩护律师在侦查阶段辩护流程图

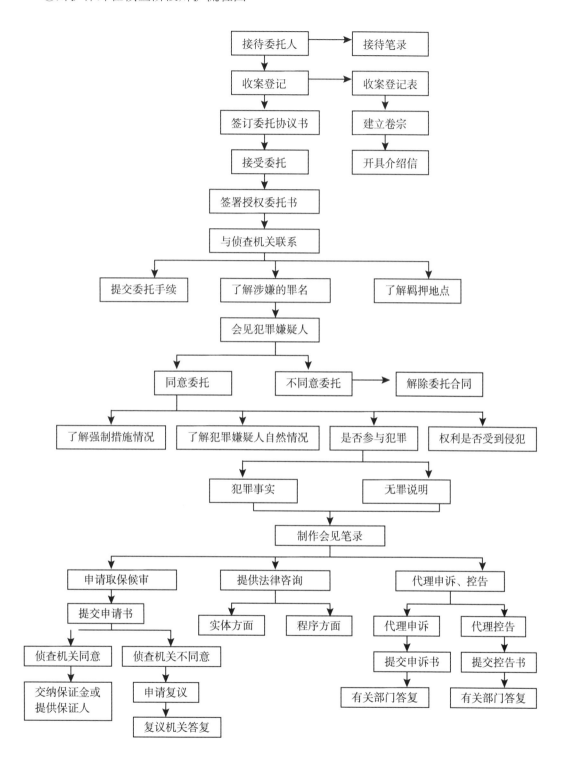

任务三 检察院审查起诉程序

一、审查起诉概述

审查起诉，是指人民检察院对于公安机关移送提起公诉的案件、自行侦查终结的案件以及监察委员会调查终结移送提起公诉的案件，进行全面的审查，以决定是否将犯罪嫌疑人作为被告人交付人民法院审判的诉讼活动。

《刑事诉讼法》第 169 条规定，凡需要提起公诉的案件，一律由人民检察院审查决定。这表明，提起公诉的决定权只能由人民检察院行使。无论是公安机关侦查终结的案件，还是人民检察院自行侦查终结的案件，亦或监察委员会调查终结的案件，决定提起公诉之前，都必须经过审查起诉的程序。

在我国刑事诉讼中，审查起诉的基本任务有三点：一是审查侦查活动的过程和结果，纠正侦查活动中的违法行为，对侦查活动中的偏差和遗漏问题予以补救；二是通过审查案件的事实问题和适用法律问题，合理斟酌影响案件处理的各种因素，作出正确的起诉或不起诉的决定；三是掌握案件的全面情况，为支持公诉做好准备。

审查起诉的案件来源有三：一是由公安机关、国家安全机关侦查终结移送提起公诉的案件；二是由人民检察院的侦查部门侦查终结移送捕诉部门审查决定是否提起公诉的案件；三是监察委员会对国家公职人员涉嫌职务犯罪调查终结后移送审查起诉的案件。

二、检察院审查起诉程序

（一）公安机关移送案件审查起诉程序

【案例 9-10】

2017 年 12 月 5 日，曹某某与王某在某市桥西区新华路留营大厦北侧草坪上，因关闭供热阀门的事二人发生厮打，厮打中致使王某右手第四掌骨完全骨折，2018 年 1 月 8 日王某伤情经某市公安局物证鉴定所鉴定为：轻伤二级。

此案被害人报案后，某市公安局桥西分局立案侦查，对曹某某采取了取保候审的强制措施。案件侦查终结后，于 2018 年 6 月 28 日移送桥西区人民检察院审查起诉。期间检察院退回补充侦查一次，后以故意伤害罪向桥西区人民法院提起公诉。桥西区人民法院以故意伤害罪判处被告人有期徒刑六个月，缓刑一年。桥西区检察院认为法院判决定性准确，但量刑畸轻，此案适用缓刑不当，向某市中级人民法院提出抗诉。某市中级人民法院经审理改判被告人曹某某有期徒刑六个月。

【应知应会】

1. 受理阶段的审查

（1）审查期限

人民检察院对于公安机关移送审查起诉的案件，应当在七日内进行审查。人民检察院对公安机关移送审查起诉的案件进行审查的期限，计入人民检察院审查起诉期限。

（2）审查内容

人民检察院对于公安机关移送审查起诉的案件，应当从以下几方面进行审查：

①案件是否属于本院管辖；

②起诉意见书以及案卷材料是否齐备，案卷装订、移送是否符合有关规定和要求，诉讼文书、技术性鉴定材料是否单独装订成卷；

③作为证据使用的实物是否随案移送及移送的实物与物品清单是否相符；

④犯罪嫌疑人是否在案及采取强制措施的情况。

（3）审查处理

①对具备受理条件的，填写受理审查起诉案件登记表。

②对移送的起诉意见书及其他材料不符合有关规定和要求或者有遗漏的，应要求公安机关按照要求制作后移送或者在 3 日内补送。

③对于犯罪嫌疑人在逃的，应要求公安机关采取措施保证在逃的犯罪嫌疑人到案后移送审查起诉。

④共同犯罪的部分犯罪嫌疑人在逃的，应要求公安机关采取措施保证在逃的犯罪嫌疑人到案后另案移送审查起诉，对在案的犯罪嫌疑人的审查起诉应当照常进行。

⑤有关管辖问题的处理。

各级人民检察院提起公诉，应当与人民法院审判管辖相适应。负责捕诉的部门收到移送起诉的案件后，经审查认为不属于本院管辖的，应当在发现之日起五日以内经由负责案件管理的部门移送有管辖权的人民检察院。

属于上级人民法院管辖的第一审案件，应当报送上级人民检察院，同时通知移送起诉的公安机关；属于同级其他人民法院管辖的第一审案件，应当移送有管辖权的人民检察院或者报送共同的上级人民检察院指定管辖，同时通知移送起诉的公安机关。

上级人民检察院受理同级公安机关移送起诉的案件，认为属于下级人民法院管辖的，可以交下级人民检察院审查，由下级人民检察院向同级人民法院提起公诉，同时通知移送起诉的公安机关。

一人犯数罪、共同犯罪和其他需要并案审理的案件，只要其中一人或者一罪属于上级人民检察院管辖的，全案由上级人民检察院审查起诉。

公安机关移送起诉的案件，需要依照刑事诉讼法的规定指定审判管辖的，人民检察院应当在公安机关移送起诉前协商同级人民法院办理指定管辖有关事宜。

监察机关移送起诉的案件，需要依照刑事诉讼法的规定指定审判管辖的，人民检察院应当在监察机关移送起诉二十日前协商同级人民法院办理指定管辖有关事宜。

2. 审查起诉的内容

人民检察院受理移送审查起诉案件，应当指定检察官或者经检察长批准代行检察官职务的检察官助理办理，也可以由检察长办理。办案人员接到案件后，应当阅卷审查，制作阅卷笔录。

根据《诉讼规则》第 330 条的规定，人民检察院审查移送起诉的案件，应当查明下列问题：

（1）犯罪嫌疑人身份状况是否清楚，包括姓名、性别、国籍、出生年月日、职业和单位等；单位犯罪的，单位的相关情况是否清楚。

（2）犯罪事实、情节是否清楚；实施犯罪的时间、地点、手段、危害后果是否明确。

（3）认定犯罪性质和罪名的意见是否正确；有无法定的从重、从轻、减轻或者免除处罚情节及酌定从重、从轻情节；共同犯罪案件的犯罪嫌疑人在犯罪活动中的责任认定是否恰当。

（4）犯罪嫌疑人是否认罪认罚。

（5）证明犯罪事实的证据材料是否随案移送；证明相关财产系违法所得的证据材料是否随案移送；不宜移送的证据的清单、复制件、照片或者其他证明文件是否随案移送。

（6）证据是否确实、充分，是否依法收集，有无应当排除非法证据的情形。

（7）采取侦查措施包括技术侦查措施的法律手续和诉讼文书是否完备。

（8）有无遗漏罪行和其他应当追究刑事责任的人。

（9）是否属于不应当追究刑事责任的。

（10）有无附带民事诉讼；对于国家财产、集体财产遭受损失的，是否需要由人民检察院提起附带民事诉讼；对于破坏生态环境和资源保护，食品药品安全领域侵害众多消费者合法权益，侵害英雄烈士的姓名、肖像、名誉、荣誉等损害社会公共利益的行为，是否需要由人民检察院提起附带民事公益诉讼。

（11）采取的强制措施是否适当，对于已经逮捕的犯罪嫌疑人，有无继续羁押的必要。

（12）侦查活动是否合法。

（13）涉案财物是否查封、扣押、冻结并妥善保管，清单是否齐备；对被害人合法财产的返还和对违禁品或者不宜长期保存的物品的处理是否妥当，移送的证明文件是否完备。

3. 审查起诉的步骤和方法

人民检察院审查起诉实行"专人审查、集体讨论、检察长决定"的办案制度。即对于审查起诉的案件，首先由承办人认真审查并拿出处理意见，经负责捕诉的部门集体讨论后，报检察长审批。重大、复杂的案件还应提交检察委员会讨论决定。审查起诉的步骤和方法如下：

（1）认真阅卷，并写出阅卷笔录

审阅案件材料是办案人员接到案卷后的第一步工作。公安机关移送的案卷材料是办案人员了解、掌握案情的基础，必须认真按照《刑事诉讼法》第171条和《诉讼规则》第330条的规定进行审阅。办案人员应通过阅卷，将起诉意见书认定的犯罪事实与证据相对照，审查犯罪事实的每个环节是否都有相应证据予以证明；将犯罪嫌疑人的各次口供相对照，以及口供与其他证据相对照，审查口供与口供之间，口供与其他证据之间是否一致；将犯罪事实与侦查机关认定的犯罪性质、罪名相对照，审查犯罪性质与罪名的认定是否正确；将犯罪嫌疑人的犯罪行为与有关法律规定相对照，审查犯罪嫌疑人的行为应否负刑事责任以及侦查机关的处理意见是否正确。阅卷审查后，应制作阅卷笔录。

（2）讯问犯罪嫌疑人

《刑事诉讼法》第173条规定："人民检察院审查案件，应当讯问犯罪嫌疑人。"可见讯问犯罪嫌疑人是审查起诉阶段的一个必经程序。

审查起诉阶段讯问犯罪嫌疑人，主要是为了直接听取犯罪嫌疑人的供述和辩解，进一步核实口供的可靠性，分析口供与其他证据之间有无矛盾，以便正确认定犯罪性质和罪名。同时了解和掌握犯罪嫌疑人的思想动态和认罪态度，为出庭公诉做好准备。通过讯问，还可以发现遗漏罪行、遗漏罪犯，发现侦查人员在侦查活动中有无刑讯逼供、诱供、骗供等违法情况。

犯罪嫌疑人认罪认罚的，人民检察院应当告知其享有的诉讼权利和认罪认罚的法律规定，听取犯罪嫌疑人对下列事项的意见，并记录在案：①涉嫌的犯罪事实、罪名及适用的法律规定；②从轻、减轻或者免除处罚等从宽处罚的建议；③认罪认罚后案件审理适用的程序；④其他需要听取意见的事项。

（3）听取被害人的意见

《刑事诉讼法》第173条规定，人民检察院审查案件，应当听取被害人意见。办案人员直接听取被害人的意见包括两个方面的内容：一是通过询问被害人进一步查清案件事实，核实其他证据；二是听取被害人关于案件处理的意见以及对惩罚犯罪的要求，告知被害人有权就因犯罪行为遭受的物质损害提起附带民事诉讼。

犯罪嫌疑人认罪认罚的，人民检察院应当听取被害人对下列事项的意见，并记录在案：①涉嫌的犯罪事实、罪名及适用的法律规定；②从轻、减轻或者免除处罚等从宽处罚的建议；③认罪认罚后案件审理适用的程序；④其他需要听取意见的事项。

（4）听取辩护人或者值班律师、诉讼代理人的意见，并记录在案。辩护人或者值班律师、诉讼代理人提出书面意见的，应当附卷。

刑事诉讼法规定，公诉案件自案件移送审查起诉之日起，犯罪嫌疑人有权委托辩护人，被害人及其法定代理人或者近亲属有权委托诉讼代理人，人民检察院自收到移送审查起诉的案件材料之日起3日内，应当告知犯罪嫌疑人、被害人及其法定代理人或近亲属享有上述权利。人民检察院直接听取犯罪嫌疑人的辩护人或者值班律师、诉讼代理人的意见，有利于检察人员全面客观地审查案件，保障人民检察院审查起诉活动的依法进行和审查后处理决定的质量。

犯罪嫌疑人认罪认罚的，人民检察院应当听取辩护人或者值班律师、诉讼代理人对下列事项的意见，并记录在案：①涉嫌的犯罪事实、罪名及适用的法律规定；②从轻、减轻或者免除处罚等从宽处罚的建议；③认罪认罚后案件审理适用的程序；④其他需要听取意见的事项。

人民检察院依照规定听取值班律师意见的，应当提前为值班律师了解案件有关情况提供必要的便利。

（5）进行必要的核实和调查

在阅卷和讯问犯罪嫌疑人、听取被害方和辩护方的意见之后，如果发现有疑问，办案人员可以调查核实有关证据。

人民检察院对证人证言笔录存在疑问或认为对证人询问不具体或有遗漏的，可以对证人询问并制作笔录。

人民检察院对物证、书证、视听资料、电子数据及勘验、检查、辨认、侦查实验等笔录存在疑问的，可以要求侦查人员提供获取、制作的有关情况，必要时也可以询问提供相关证据材料的人员和见证人并制作笔录附卷，对物证、书证、视听资料、电子数据进行鉴定。

人民检察院审查案件时，对公安机关的勘验、检查，认为需要复验、复查的，应当要求其复验、复查，人民检察院可以派员参加；也可以自行复验、复查，商请公安机关派员参加，必要时也可以指派检察技术人员或者聘请其他有专门知识的人参加。

人民检察院认为需要对案件中某些专门性问题进行鉴定而公安机关没有鉴定的，应当要求公安机关进行鉴定。必要时，也可以由人民检察院进行鉴定，或者由人民检察院聘请有鉴定资格的人进行鉴定。人民检察院自行进行鉴定的，可以商请公安机关派员参加，必要时可以聘请有鉴定资格或者有专门知识的人参加。

在审查起诉中，发现犯罪嫌疑人可能患有精神病的，人民检察院应当对犯罪嫌疑人进行鉴定。犯罪嫌疑人的辩护人或者近亲属以犯罪嫌疑人可能患有精神病而申请对犯罪嫌疑人进行鉴定的，人民检察院也可以对犯罪嫌疑人进行鉴定，鉴定费用由申请方承担。

人民检察院对鉴定意见有疑问的，可以询问鉴定人或者有专门知识的人并制作笔录附卷，也可以指派有鉴定资格的检察技术人员或者聘请其他有鉴定资格的人进行补充鉴定或者重新鉴定。人民检察院对鉴定意见等技术性证据材料需要进行专门审查的，按照有关规定交检察技术人员或者其他有专门知识的人进行审查并出具审查意见。

人民检察院在审查起诉中发现有应当排除的非法证据，应当依法排除，同时可以要求公安机关另行指派侦查人员重新取证。必要时，人民检察院也可以自行调查取证。

在审查起诉期间，人民检察院可以根据辩护人的申请，向公安机关调取在调查、侦查期间收集的证明犯罪嫌疑人、被告人无罪或者罪轻的证据材料。

（6）补充侦查

人民检察院认为犯罪事实不清、证据不足或者存在遗漏罪行、遗漏同案犯罪嫌疑人等情形需要补充侦查的，应当制作补充侦查提纲，连同案卷材料一并退回公安机关补充侦查。人民检察院也可以自行侦查，必要时可以要求公安机关提供协助。

退回公安机关补充侦查的案件，应当在一个月以内补充侦查完毕。补充侦查以二次为限。

补充侦查完毕移送起诉后，人民检察院重新计算审查起诉期限。

补充侦查期限届满，公安机关未将案件重新移送起诉的，人民检察院应当要求公安机关说明理由。人民检察院发现公安机关违反法律规定撤销案件的，应当提出纠正意见。

人民检察院在审查起诉中决定自行侦查的，应当在审查起诉期限内侦查完毕。

对于在审查起诉期间改变管辖的案件，改变后的人民检察院对于需要补充侦查的案件，可以经原受理案件的人民检察院协助，直接退回原侦查案件的公安机关补充侦查，也可以自行侦查。改变管辖前后退回补充侦查的次数总共不得超过二次。

人民检察院对已经退回公安机关二次补充侦查的案件，在审查起诉中又发现新的犯罪事实，应当将线索移送公安机关。对已经查清的犯罪事实，应当依法提起公诉。

（7）要求犯罪嫌疑人签署认罪认罚具结书

根据《刑事诉讼法》第174条的规定，犯罪嫌疑人自愿认罪，同意量刑建议和程序适用的，应当在辩护人或者值班律师在场的情况下签署认罪认罚具结书。

犯罪嫌疑人认罪认罚，有下列情形之一的，不需要签署认罪认罚具结书：①犯罪嫌疑人是盲、聋、哑人，或者是尚未完全丧失辨认或者控制自己行为能力的精神病人的；②未成年犯罪嫌疑人的法定代理人、辩护人对未成年人认罪认罚有异议的；③其他不需要签署认罪认罚具结书的情形。

4. 审查起诉的期限

根据《刑事诉讼法》第172条的规定，人民检察院对于公安机关移送起诉的案件，应当在一个月以内作出决定，重大、复杂的案件，可以延长十五日；犯罪嫌疑人认罪认罚，符合速裁程序适用条件的，应当在十日以内作出决定，对可能判处的有期徒刑超过一年的，可以延长至十五日。人民检察院审查起诉的案件，改变管辖的，从改变后的人民检察院收到案件之日起计算审查起诉期限。

根据《刑事诉讼法》第175条第3款的规定，补充侦查完毕移送人民检察院后，人民检察院重新计算审查起诉期限。

5. 审查起诉后的处理

人民检察院对案件进行审查后，应当依法作出起诉或者不起诉以及是否提起附带民事诉讼、附带民事公益诉讼的决定。

（1）提起公诉

提起公诉是指人民检察院对公安机关侦查终结的案件，经审查认为犯罪嫌疑人的犯罪事实已经查清，证据确实、充分，依法应当追究犯罪嫌疑人的刑事责任时，按照审判管辖的规定，将犯罪嫌疑人移交同级人民法院审判的诉讼活动。

人民检察院在办理公安机关移送起诉的案件中，发现遗漏罪行或者有依法应当移送起诉的同案犯罪嫌疑人未移送起诉的，应当要求公安机关补充侦查或者补充移送起诉。对于犯罪事实清楚，证据确实、充分的，也可以直接提起公诉。

1）提起公诉的条件

对提起公诉，人民检察院有一定的自由裁量权，然而，这种裁量权必须受到法律的限制。只有在符合法定条件的情况下，人民检察院才能提起公诉。《刑事诉讼法》第176条第1款规定："人民检察院认为犯罪嫌疑人的犯罪事实已经查清，证据确实、充分，依法应当追究刑事责任的，应当作出起诉决定，按照审判管辖的规定，向人民法院提起公诉。"由此，提起公诉的条件主要有以下几点：

①管辖条件。人民检察院提起公诉时，应当遵守刑事诉讼法关于管辖的规定，只能向有管辖权的同级人民法院提出，不得越级起诉。如果案件属于上级人民法院管辖，人民检察院应当将案件报送上级人民检察院，由上级人民检察院审查后向其同级人民法院提起公诉、支持公诉；如果案件属于下级人民法院管辖，应将案件移送下级人民检察院向其同级人民法院提起公诉。

② 事实条件。提起公诉时犯罪事实已经查清。因为事实是定罪量刑的基础，起诉指控的目的是通过审判定罪量刑，只有查清事实，才能达到起诉的目的。

具有下列情形之一的，可以认为犯罪事实已经查清：

a. 属于单一罪行的案件，查清的事实足以定罪量刑或者与定罪量刑有关的事实已经查清，不影响定罪量刑的事实无法查清的；

b. 属于数个罪行的案件，部分罪行已经查清并符合起诉条件，其他罪行无法查清的；

c. 无法查清作案工具、赃物去向，但有其他证据足以对被告人定罪量刑的；

d. 证人证言、犯罪嫌疑人供述和辩解、被害人陈述的内容主要情节一致，个别情节不一致，但不影响定罪的。

③证据条件。公诉的证明标准是提起公诉指控的全部犯罪事实和情节必须达到证据确实、充分。也就是公诉的犯罪事实必须以真实可靠的足够数量的证据为基础。

④法律条件。依法应当追究刑事责任。也就是犯罪嫌疑人的行为符合刑法规定的犯罪构成要件，且应当依法追究刑事责任。

2）提起公诉的程序

人民检察院提起公诉的具体程序是：第一，依法制作起诉书。第二，移送起诉。人民检察院起诉的案件，应将起诉书、案卷材料、证据移送人民法院。犯罪嫌疑人认罪认罚的，人民检察院应当就主刑、附加刑、是否适用缓刑等提出量刑建议，并随案移送认罪认罚具结书等材料。

起诉书应当一式八份，每增加一名被告人增加起诉书五份。

关于被害人姓名、住址、联系方式、被告人被采取强制措施的种类、是否在案及羁押处所等问题，人民检察院应当在起诉书中列明，不再单独移送材料；对于涉及被害人隐私或者为保护证人、鉴定人、被害人人身安全，而不宜公开证人、鉴定人、被害人姓名、住址、工作单位和联系方式等个人信息的，可以在起诉书中使用化名。但是应当另行书面说明使用化名的情况并标明密级，单独成卷。

人民检察院提起公诉的案件，可以向人民法院提出量刑建议。除有减轻处罚或者免除处罚情节外，量刑建议应当在法定量刑幅度内提出。建议判处有期徒刑、管制、拘役的，可以具有一定的幅度，也可以提出具体确定的建议。提出量刑建议的，可以制作量刑建议书，与起诉书一并移送人民法院。量刑建议书的主要内容应当包括被告人所犯罪行的法定刑、量刑情节、建议人民法院对被告人判处刑罚的种类、刑罚幅度、可以适用的刑罚执行方式以及提出量刑建议的依据和理由等。

（2）不起诉

不起诉是人民检察院审查案件的结果之一，具有终止诉讼的法律效果，它对保护公民的合法权益，保障无罪的人不受刑事追究，节省人力、物力，节省司法资源具有重要意义。

1）不起诉的种类

①法定不起诉

法定不起诉，也称绝对不起诉，是指人民检察院对于公安机关侦查终结移送起诉的案件进行审查后，认为犯罪嫌疑人的行为不构成犯罪的，或者有法定不追究刑事责任情形的，决定不将犯罪嫌疑人交付审判的诉讼活动。

适用情形：犯罪嫌疑人没有犯罪事实，或者符合《刑事诉讼法》第16条规定的情形之一。

作出不起诉决定应当经检察长批准。

需要注意：对于犯罪事实并非犯罪嫌疑人所为，需要重新侦查的，应当在作出不起诉决定后书面说明理由，将案卷材料退回公安机关并建议重新侦查。

②酌定不起诉

酌定不起诉，也称相对不起诉，是指人民检察院对于公安机关侦查终结移送起诉的案件进行审查后，认为犯罪嫌疑人的行为情节轻微，依照刑法不需要判处刑罚或者免除刑罚的，决定不将犯罪嫌疑人交付审判的诉讼活动。

适用情形：犯罪嫌疑人在我国领域外犯罪，依照我国刑法规定应当负刑事责任，但在外国已受到刑事处罚的；犯罪嫌疑人又聋又哑，或者是盲人的；正当防卫或紧急避险过当的；预备犯罪的；犯罪中止的；从犯；胁从犯；自首或有重大立功表现或自首后又重大立功表现。

相对不起诉也应当经检察长批准。

③存疑不起诉

存疑不起诉是指人民检察院对于公安机关侦查终结移送起诉的案件进行审查后，认为证据不足退回补充侦查，但是，经补充侦查仍证据不足，不符合起诉条件的，决定不将犯罪嫌疑人交付审判的诉讼活动。

适用情形：人民检察院对于二次退回补充补充侦查的案件，仍然认为证据不足，不符合起诉条件的；对于经过一次退回补充侦查的案件，认为证据不足，不符合起诉条件，且没有再次退回补充调查或者补充侦查必要的。

具有下列情形之一，不能确定犯罪嫌疑人构成犯罪和需要追究刑事责任的，属于证据不足，不符合起诉条件：

a. 犯罪构成要件事实缺乏必要的证据予以证明的；

b. 据以定罪的证据存在疑问，无法查证属实的；

c. 据以定罪的证据之间、证据与案件事实之间的矛盾不能合理排除的；

d. 根据证据得出的结论具有其他可能性，不能排除合理怀疑的；

e. 根据证据认定案件事实不符合逻辑和经验法则，得出的结论明显不符合常理的。

存疑不起诉也应当经检察长批准。

存疑不起诉的案件，人民检察院在发现新的证据，符合起诉条件时，可以提起公诉。

④特殊不起诉

根据《刑事诉讼法》第182条第1款的规定，"犯罪嫌疑人自愿如实供述涉嫌犯罪的事实，有重大立功或者案件涉及国家重大利益的，经最高人民检察院核准，公安机关可以撤销案件，人民检察院可以作出不起诉决定，也可以对涉嫌数罪中的一项或者多项不起诉。"

这是为了更加充分地体现"宽严相济"刑事政策，2018年修改《刑事诉讼法》时新增加的一种不起诉。

特殊不起诉需要具备三个条件：一是犯罪嫌疑人自愿如实供述涉嫌犯罪的事实；二是犯罪嫌疑人具有重大立功或者案件涉及国家重大利益的情形；三是需要经过最高人民检察院核准。

⑤附条件不起诉

根据《刑事诉讼法》第282条规定，附条件不起诉是指对于未成年人涉嫌侵犯公民人身权利、民主权利，侵犯财产、妨害社会管理秩序的犯罪，可能判处一年有期徒刑以下刑罚，符合起诉条件，但有悔罪表现，人民检察院可以作出附条件不起诉的决定。

附条件不起诉仅适用于未成年人犯罪案件。具体内容在未成年人刑事案件诉讼程序部分介绍。

2）不起诉的程序及救济

人民检察院决定不起诉的，制作不起诉决定书，送达公安机关、被不起诉人和所在单位、被害人。

人民检察院决定不起诉的案件，可以根据案件的不同情况，对被不起诉人予以训诫或者责令具结悔过、赔礼道歉、赔偿损失。

对被不起诉人需要给予行政处罚、政务处分或者其他处分的，经检察长批准，人民检察院应当提出检察意见，连同不起诉决定书一并移送有关主管机关处理，并要求有关主管机关及时通报处理情况。

人民检察院决定不起诉的案件，应当同时书面通知作出查封、扣押、冻结决定的机关或者执行查封、扣押、冻结决定的机关解除查封、扣押、冻结。

人民检察院决定不起诉的案件，需要没收违法所得的，经检察长批准，应当提出检察意见，移送有关主管机关处理，并要求有关主管机关及时通报处理情况。

不起诉的决定，由人民检察院公开宣布。公开宣布不起诉决定的活动应当记录在案。不起诉决定书自公开宣布之日起生效。

被不起诉人在押的，应当立即释放；被采取其他强制措施的，应当通知执行机关解除。

不起诉决定书应当送达公安机关、被害人或者其近亲属及其诉讼代理人、被不起诉人及其辩护人以及被不起诉人所在单位。

公安机关认为不起诉的决定有错误的，可申请复议，如意见不被接受，可向上一级人民检察院提请复核。

被害人如不服，可在7日内向上一级人民检察院申诉，也可直接向人民法院起诉。

被不起诉人如对酌量不起诉决定不服，可在7日内向作出不起诉决定的检察院申诉。

附：①检察院对公安机关移送的具体案件审查起诉程序流程

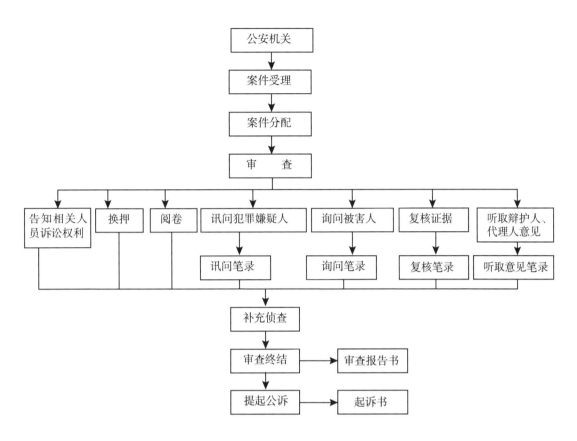

②检察院对公安机关移送案件审查起诉工作文书

××××人民检察院

犯罪嫌疑人诉讼权利义务告知书

（审查起诉阶段）

目前案件已经进入审查起诉阶段，根据《中华人民共和国刑事诉讼法》规定，人民检察院应当在一个月内作出决定，重大、复杂的案件，可以延长十五日；符合速裁程序适用条件的，应当在十日内作出决定，对可能判处有期徒刑超过一年的，可以延长至十五日。

对于监察机关移送起诉的已采取留置措施的案件，人民检察院应当对犯罪嫌疑人先行拘留，留置措施自动解除。人民检察院应当在拘留后的十日以内作出是否逮捕、取保候审或者监视居住的决定。在特殊情况下，决定的时间可以延长一日至四日。人民检察院决定采取强制措施的期间不计入审查起诉期限。

你在审查起诉阶段依法享有的诉讼权利和承担的诉讼义务如下：

一、诉讼权利

1. 认罪认罚获得从宽处理的权利

在接受讯问时，你自愿如实供述自己的罪行，承认指控的犯罪事实，愿意接受处罚的，可以依法从宽处理。

2. 约见值班律师的权利

犯罪嫌疑人有权约见值班律师，值班律师为犯罪嫌疑人提供法律咨询、程序选择建议、申请变更强制措施等法律帮助。

3. 辩护及获得法律援助的权利

你在被检察机关第一次讯问后或者采取强制措施之日起，可以聘请律师为你提供法律咨询，代理申诉、控告。你有权为自己辩护，也可以委托辩护人为你辩护。

如果你在押或者被监视居住，也可以由你的监护人、近亲属代为委托辩护人；在此期间你要求委托辩护人的，检察机关应当及时向你的监护人、近亲属或者指定的人员转达你的要求。

如果你因经济困难或者其他原因没有委托辩护人的，你及你的近亲属可以向法律援助机构申请指派律师提供辩护。

4. 使用本民族语言文字进行诉讼及获得翻译的权利

你有权使用本民族语言文字进行诉讼。如果你是聋、哑人或者不通晓当地通用语言文字，检察机关应当为你聘请通晓聋、哑手势或者当地通用语言文字且与本案无利害关系的人员为你提供翻译。

5. 申请回避的权利

你及你的法定代理人或者辩护人认为检察人员具有法定回避事由的，有权要求他们回避。你及你的法定代理人或者辩护人对检察机关驳回申请回避的决定，有权申请复议一次。

6. 核对笔录、讯问知情、亲笔书写供词的权利

讯问笔录应当交给你核对。如果你没有阅读能力，检察人员应当向你宣读。如果记载有遗漏或者差错，你有权要求补充或改正。

如果检察机关对讯问进行同步录音录像，检察人员应当向你告知。

如果你请求自行书写供述的，检察人员应当准许。

7. 知悉用作证据的鉴定意见及申请补充鉴定或者重新鉴定的权利

检察机关应当向你告知用作证据的鉴定意见。

对于用作证据的鉴定意见，你有权申请补充鉴定或者重新鉴定，但除原鉴定违反法定程序外，你应当承担补充鉴定或者重新鉴定的费用。

8. 同意适用速裁/简易程序的权利

对于可以适用速裁/简易程序审理的案件，检察机关在征得你的同意后，可以建议人民法院适用速裁/简易程序进行审理。

9. 申请变更及解除强制措施等权利

你及你的法定代理人、近亲属或者辩护人，有权申请变更强制措施；对于检察机关采取强制措施法定期限届满的，有权要求解除强制措施。

如果你被羁押，有权申请检察机关对羁押必要性进行审查。

10. 证明文件知悉权

如果你被传唤到指定地点或住处接受讯问，你有权要求检察人员出示证明文件。

11. 控告、申诉及获得国家赔偿的权利

对于检察人员侵犯你诉讼权利和人身侮辱的行为，或者办案机关及其工作人员的违法行为，你有权提出控告或者申诉。

对办案人员采用刑讯逼供等非法方法收集证据的行为，你有权提出控告。如果你能够提供涉嫌非法取证的人员、时间、地点、方式和内容等材料或者线索的，检察机关应当受理并审查。

如果你的人身权利、财产权利因检察机关及其工作人员违法行使职权而受到侵犯，你有权要求国家赔偿。

二、诉讼义务

1. 接受相关诉讼行为的义务

你应当遵守刑事诉讼法及有关规定，接受检察机关依法采取的强制措施及其他诉讼行为。

2. 不得干扰作证的义务

你在诉讼中不得隐匿、伪造、毁灭证据或者串供，不得威胁引诱证人作伪证以及进行其他干扰司法机关诉讼活动的行为；违反前述规定的，将被追究法律责任。

3. 接受讯问并在笔录上签名、按要求书写亲笔供词的义务

你对检察人员的讯问，应当如实回答。如果你认为讯问笔录没有错误，应当逐页签名、盖章或者捺指印。

必要的时候，经检察人员要求，你应当亲笔书写供述。

4. 接受检查、搜查的义务

你应当接受为确定你的某些特征或者生理状态而进行的人身检查、提取指纹信息，采集血迹、尿液等生物样本。

如果你拒绝，检察人员认为必要的时候，可以强制检查。如果你是女性，检查你的身体应当由女工作人员或者医师进行。

你应当接受检察人员为收集犯罪证据而进行的搜查。

××××人民检察院

认罪认罚从宽制度告知书

一、根据《中华人民共和国刑事诉讼法》第十五条的规定，犯罪嫌疑人、被告人自愿如实供述自己的罪行，承认指控的犯罪事实，愿意接受处罚的，可以依法从宽处理。

二、犯罪嫌疑人、被告人没有委托辩护人，法律援助机构没有指派律师为其提供辩护的，由值班律师为犯罪嫌疑人、被告人提供法律咨询、程序选择建议、申请变更强制措施、对案件处理提出意见等法律帮助，犯罪嫌疑人、被告人有权约见值班律师。

三、适用认罪认罚从宽制度，犯罪嫌疑人、被告人应当签署《认罪认罚从宽制度告知书》及《认罪认罚具结书》。《认罪认罚具结书》应由辩护人或值班律师签字确认。有下列情形之一的，不需要签署认罪认罚具结书：

（一）犯罪嫌疑人是盲、聋、哑人，或者是尚未完全丧失辨认或者控制自己行为能力的精神病人的；

（二）未成年犯罪嫌疑人的法定代理人、辩护人对未成年人认罪认罚有异议的；

（三）其他不需要签署认罪认罚具结书的情形。

四、《认罪认罚具结书》应载明：犯罪嫌疑人基本信息、认罪认罚情况、被指控的犯罪事实、罪名及适用的法律规定、检察机关对犯罪嫌疑人拟提出的从轻、减轻或者免除处罚等从宽处罚的建议；认罪认罚后案件审理适用的程序及其他需要听取意见的情形。

五、检察机关根据犯罪嫌疑人、被告人的犯罪事实、犯罪情节、认罪情形，就主刑、附加刑、是否适用缓刑等拟出量刑建议。犯罪嫌疑人、被告人或其辩护人/值班律师可以向检察机关提出从轻、减轻处罚等意见，检察机关根据案件情况，可以进行调整。

六、对于认罪认罚案件，除《中华人民共和国刑事诉讼法》第二百零一条规定的除外情形外，人民法院依法作出判决时，一般应当采纳人民检察院指控的罪名和量刑建议。

七、《认罪认罚具结书》签署后，犯罪嫌疑人、被告人提出异议或变更的，人民检察院将重新提出量刑建议。

八、经协商，犯罪嫌疑人、被告人如不同意检察机关的量刑建议，有权不签署《认罪认罚具结书》，不适用本制度。

本人已阅读并完全理解上述《认罪认罚从宽制度告知书》，并由本人签署后附卷留存。

签名：

年　月　日

本文书一式二份，一份留存附卷，一份交犯罪嫌疑人、被告人

认罪认罚具结书

（自然人）

一、犯罪嫌疑人身份信息

本人姓名 ＿＿＿＿＿＿ ，性别 ＿＿＿＿＿＿ ，＿＿＿＿＿＿年＿＿＿＿＿＿月＿＿＿＿＿＿日出生，公民身份号码：＿＿＿＿＿＿ ，民族＿＿＿＿＿＿ ，文化程度 ＿＿＿＿＿＿ ，职业＿＿＿＿＿＿ ，户籍所在地：＿＿＿＿＿＿ 。

二、权利知悉

本人已阅读《认罪认罚从宽制度告知书》，且理解并接受其全部内容，本人自愿适用认罪认罚从宽制度。

三、认罪认罚内容

本人知悉并认可如下内容：

1. ＿＿＿＿＿＿人民检察院指控本人犯罪事实：＿＿＿＿＿＿＿＿＿＿＿＿＿＿＿＿＿＿＿＿＿

_____
_____
_____
_____
_____

2. _____人民检察院指控本人构成_____罪。

3. _____人民检察院提出的量刑建议：_____
_____

（如在审理阶段具有赔偿被害人、取得谅解等情节的，将调整量刑建议或者给出具体预期刑期；如相对不起诉，可写鉴于×××情况，我院对你拟决定不起诉。）

4. 本人同意适用速裁程序/简易程序/普通程序。

四、自愿签署声明

本人就本具结书内容已经听取辩护人/值班律师的法律意见，知悉认罪认罚可能导致的法律后果。

本《认罪认罚具结书》是本人在知情和自愿的情况下签署，未受任何暴力、威胁或任何其他形式的非法影响，亦未受任何可能损害本人理解力和判断力的毒品、药物或酒精物质的影响，除了本《认罪认罚具结书》载明的内容，本人没有获得其他任何关于案件处理的承诺。

> 本人已阅读、理解并认可本《认罪认罚具结书》的每一项内容，上述内容真实、准确、完整。
> 　　本人签名：　　　　　　　　　　　年　月　日

本人系_____（单位）的律师，担任犯罪嫌疑人/被告人_____的辩护人/值班律师。本人证明，该犯罪嫌疑人/被告人已经阅读了《认罪认罚从宽制度告知书》及《认罪认罚具结书》，自愿签署了上述《认罪认罚具结书》。

辩护人/值班律师签名：_____
年　月　日

本文书一式二份，一份留存附卷，一份送人民法院

认罪认罚具结书
（单位）

一、犯罪嫌疑人身份信息

被告单位×××（写明单位名称、组织机构代码、住所地、法定代表人姓名、职

务等)

诉讼代表人×××（写明姓名、性别、出生日期、工作单位、职务）

二、权利知悉

本人已阅读《认罪认罚从宽制度告知书》，且理解并接受其全部内容，本人代表单位自愿适用认罪认罚从宽制度。

三、认罪认罚内容

本人知悉并认可如下内容：

1. _____人民检察院指控本单位犯罪事实：_____

_____

2. _____人民检察院指控本单位构成_____罪。

3. _____人民检察院提出的量刑建议：_____

_____

（如相对不起诉，可写鉴于×××，我院拟对××单位决定不起诉）

4. 本人代表单位同意适用速裁程序/简易程序/普通程序。

四、自愿签署声明

本人就本具结书内容已经听取辩护人/值班律师的法律意见，知悉认罪认罚可能导致的法律后果。

本《认罪认罚具结书》是本人在知情和自愿的情况下签署，未受任何暴力、威胁或任何其他形式的非法影响，亦未受任何可能损害本人理解力和判断力的毒品、药物或酒精物质的影响，除了本《认罪认罚具结书》载明的内容，本人没有获得其他任何关于案件处理的承诺。

> 本人已阅读、理解并认可本《认罪认罚具结书》的每一项内容，上述内容真实、准确、完整。
>
> 　　诉讼代表人签名：　　　　　　　　　　年　月　日

本人系_____（单位）的律师，担任犯罪嫌疑单位/被告单位_____的辩护人/值班律师。本人证明，该诉讼代表人已经阅读了《认罪认罚从宽制度告知书》及《认罪认罚具结书》，自愿签署了上述《认罪认罚具结书》。

辩护人/值班律师签名：_____
年　月　日

本文书一式二份，一份留存附卷，一份送人民法院

×××× 人民检察院

被害人诉讼权利义务告知书

(审查起诉阶段)

根据《中华人民共和国刑事诉讼法》的规定，你作为本案的被害人，在审查起诉阶段依法享有的诉讼权利和承担的诉讼义务如下：

一、诉讼权利

1. 要求提供作证条件和保密的权利

检察机关应当保证你有客观充分地提供证据的条件，并为你保守秘密。如果你的作证内容涉及国家秘密、商业秘密、个人隐私，你有权要求保密。

2. 委托诉讼代理人和发表诉讼意见的权利

你及你的法定代理人或者近亲属有权委托一至二名律师、人民团体或你所在单位推荐的人作为诉讼代理人，你的监护人、亲友也可以作为你的诉讼代理人。

检察机关审查案件应当听取你及你的诉讼代理人的意见。你及你的诉讼代理人有权向检察机关提出书面意见。

犯罪嫌疑人认罪认罚的，检察机关应当对下列事项听取你及你的诉讼代理人的意见：(1) 涉嫌的犯罪事实、罪名及适用的法律规定；(2) 从轻、减轻或者免除处罚等从宽处罚的建议；(3) 认罪认罚后案件审理适用的程序；(4) 其他需要听取意见的事项。

3. 使用本民族语言文字进行诉讼及获得翻译的权利

你有权使用本民族语言文字进行诉讼。

如果你是聋、哑人或者不通晓当地通用语言文字，检察机关应当为你聘请通晓聋、哑手势或者当地通用语言文字且与本案无利害关系的人员为你提供翻译。

4. 申请回避的权利

你及你的法定代理人或者诉讼代理人认为检察人员具有法定回避事由的，有权要求他们回避。

你及你的法定代理人或者诉讼代理人对检察机关驳回申请回避的决定，有权申请复议一次。

5. 知悉用作证据的鉴定意见及申请补充鉴定或者重新鉴定的权利

检察机关应当向你或者你的法定代理人、近亲属或诉讼代理人告知用作证据的鉴定意见。对于用作证据的鉴定意见，你或者你的法定代理人、近亲属、诉讼代理人有权申请补充鉴定或者重新鉴定，但除原鉴定违反法定程序外，你应当承担补充鉴定或者重新鉴定的费用。

6. 控告权

如果办案人员有侵犯你诉讼权利和人身侮辱的行为，或者采用羁押、暴力、威胁、引诱、欺骗等非法方法收集证据的行为，你有权提出控告。

7. 获得保护的权利

如果你因在诉讼中作证，你或者近亲属的人身安全面临危险，你有权请求检察机关予以保护。

如果你因在危害国家安全犯罪、恐怖活动犯罪、黑社会性质组织犯罪、毒品犯罪等案件中作证，你或者近亲属的人身安全面临危险，检察机关应当依法为你采取保护措施。

8. 知悉证明文件、核对笔录和亲笔书写陈述的权利

你有权要求对你进行询问的检察人员向你出示证明文件。

询问笔录应当交你核对。如果你没有阅读能力，检察人员应当向你宣读。如果记载有遗漏或者差错，你有权要求补充或改正。

你有权请求自行书写陈述，检察人员应当准许。

9. 提起附带民事诉讼的权利

如果你由于犯罪嫌疑人的犯罪行为而遭受物质损失，符合法定条件的，有权向人民法院提起附带民事诉讼。提起附带民事诉讼应交民事诉状正本一份、副本二份。

如果你向人民法院提起附带民事诉讼，在必要的时候，你有权申请人民法院采取保全措施。

10. 未成年被害人的特殊权利

你若未满十八周岁，询问时将通知你的法定代理人到场，法定代理人可以代为行使你的诉讼权利。无法通知，法定代理人不能到场或是共犯的，可以要求通知你的其他成年亲属，所在学校、单位或者居住地的村民委员会、居民委员会、未成年人保护组织的代表到场。

你若是未满十八周岁的女性，询问时应当有女工作人员在场。

二、诉讼义务

1. 作证的义务

凡是知道案件情况的人，都有作证的义务。

2. 如实提供证据、陈述的义务

你应当如实地提供证据、陈述，诬告陷害、有意作虚假陈述或者隐匿罪证，将承担相应的法律责任。

3. 在询问笔录上签字和按要求书写陈述的义务

经核对无误后，你应当在询问笔录上逐页签名、盖章或者捺指印。

必要的时候，经检察人员要求，你应当亲笔书写陈述。

4. 接受检查的义务

你应当接受为确定你的某些特征或者生理状态而进行的人身检查、提取指纹信息，采集血迹、尿液等生物样本。

如果你是女性，检查你的身体应当由女工作人员或者医师进行。

×××人民检察院
补充侦查决定书
（副 本）

×× 检 ×× 补侦［20××］×号

你＿＿＿于＿＿＿年＿＿＿月＿＿＿日以＿＿＿＿＿号文书移送起诉 的＿＿＿＿＿＿一案，经本院审查认为：＿＿＿＿＿＿＿＿。根据《中华人民共和国刑事诉讼法》第一百七十五条第二款的规定，现决定将此案退回你＿＿＿补充侦查。请在收到本决定书后一个月内将补充侦查材料移送本院。

此致

＿＿＿＿＿＿

20××年×月×日

（院印）

附件：补充侦查提纲

第二联 附卷

附件：

关于××一案的退回补充侦查提纲

＿＿＿＿＿＿＿（侦查机关名称）：

你＿＿＿＿＿＿＿（侦查机关简称）以＿＿＿＿＿＿＿号起诉意见书移送起诉的犯罪嫌疑人＿＿＿＿＿＿＿涉嫌＿＿＿＿＿＿＿＿＿＿一案，为有效地指控犯罪，根据《中华人民共和国刑事诉讼法》第＿＿＿＿＿＿＿条第＿＿＿＿＿＿＿款的规定，决定将案件退回你＿＿＿＿＿＿＿＿＿（侦查机关简称）补充侦查。

一、补充侦查的方向

本院审查认为……

二、补充侦查的主要事项和工作

根据上述情况，请你＿＿＿＿＿＿＿（侦查机关简称）查明以下事项，并重点做好相关工作：

1. 为查明……，调取（核查、询问、讯问、梳理）……
2. 为查明……，调取（核查、询问、讯问、梳理）……
3. 为核实……，调取（核查、询问、讯问、梳理）……
4. 为核实……，调取（核查、询问、讯问、梳理）……
……

三、相关工作要求

补充侦查过程中，注意以下问题：

1. ……

2. ……

联系人：

联系电话：

备注：本提纲供开展补充侦查工作参考，不得装入侦查案卷。

20××年×月×日

（院印）

××××人民检察院

提供证据材料通知书

××检××诉提证【20××】×号

＿＿＿＿＿＿＿＿＿（侦查机关名称）：

你＿＿＿＿＿＿（侦查机关简称）以＿＿＿＿＿＿号起诉意见书移送起诉（或者侦查）的犯罪嫌疑人＿＿＿＿＿＿涉嫌＿＿＿＿＿＿一案，为有效地指控犯罪，根据《中华人民共和国刑事诉讼法》第一百七十五条第一款的规定，请提供下列证据材料：

……（列出证据材料要求）。

20××年×月×日

（院印）

主管领导意见	
	签名　　年　月　日
科处领导意见	
	签名　　年　月　日

关于（犯罪嫌疑人姓名）涉嫌（罪名）一案的审查起诉报告

一、犯罪嫌疑人基本情况

二、案件由来

三、侦查机关指控的犯罪事实及证据

四、经审查查明的犯罪事实及证据

五、审查意见

妥否，请批示

检察员

年　月　日

起诉书格式（样本）一：自然人犯罪案件普通程序适用

××××人民检察院

起 诉 书

××检××刑诉【20××】×号

被告人……（写明姓名、性别、出生年月日、公民身份号码、民族、文化程度、职业或者工作单位及职务、是否系人大代表或政协委员、户籍地、住址、曾受到刑事处罚以及与本案定罪量刑相关的行政处罚的情况和因本案采取强制措施的情况等）

本案由（监察/侦查机关）调查/侦查终结，以被告人×××涉嫌×××罪，于（受理日期）向本院移送起诉。本院受理后，于××××年××月××日已告知被告人有权委托辩护人，××××年××月××日已告知被害人及其法定代理人（近亲属）、附带民事诉讼的当事人及其法定代理人有权委托诉讼代理人，依法讯问了被告人，听取了辩护人、被害人及其诉讼代理人的意见，审查了全部案件材料。本院于（一次退查日期、二次退查日期）退回侦查机关补充侦查，侦查机关于（一次重报日期、二次重报日期）补充侦查完毕移送起诉。本院于（一次延长日期、二次延长日期、三次延长日期）延长审查起诉期限 15 日。

经依法审查查明：……（写明经检察机关审查认定的犯罪事实包括犯罪时间、地点、经过、手段、目的、动机、危害后果等与定罪、量刑有关的事实要素。应当根据具体案件情况，围绕刑法规定的该罪的构成要件叙写。）

认定上述事实的证据如下：

1. 物证：…… 2. 书证：…… 3. 证人证言：证人×××的证言；4. 被害人陈述：被害人×××的陈述；5. 被告人供述和辩解：被告人×××的供述和辩解；6. 鉴定意见：…… 7. 勘验、检查、辨认、侦查实验等笔录：…… 8. 视听资料、电子数据：……

237

　　本院认为，被告人……（概述被告人行为的性质、危害程度、情节轻重），其行为触犯了《中华人民共和国刑法》第××条（引用罪状、法定刑条款），犯罪事实清楚，证据确实、充分，应当以××罪追究其刑事责任。根据《中华人民共和国刑事诉讼法》第一百七十六条的规定，提起公诉，请依法判处。

　　此致
×××人民法院

检　察　官　×××

检察官助理　×××

20××年×月×日

（院印）

　　附件：1. 被告人现在处所：具体包括在押被告人的羁押场所或监视居住、取保候审的处所

　　2. 案卷材料和证据××册

　　3. 证人、鉴定人、需要出庭的专门知识的人的名单，需要保护的被害人、证人、鉴定人的名单

　　4. 有关涉案款物情况

　　5. 被害人（单位）附带民事诉讼情况

　　6. 其他需要附注的事项

　　起诉书格式（样本）二：自然人犯罪案件认罪认罚适用

××××人民检察院

起　诉　书

××检××刑诉【20××】×号

　　被告人……（写明姓名、性别、出生年月日、公民身份号码、民族、文化程度、职业或者工作单位及职务、户籍地、住址、曾受到刑事处罚以及与本案定罪量刑相关的行政处罚的情况和因本案采取强制措施的情况等）

　　本案由×××（监察/侦查机关）调查/侦查终结，以被告人×××涉嫌××罪，于××××年××月××日向本院移送起诉。本院受理后，于××××年××月××日已告知被告人有权委托辩护人和认罪认罚可能导致的法律后果，××××年××月××日已告知被害人及其法定代理人（近亲属）、附带民事诉讼的当事人及其法定代理人有权委托诉讼代理人，依法讯问了被告人，听取了被告人及其辩护人（值班律师）、被害人及其诉讼代理人的意见，审查了全部案件材料……（写明退回补充调查/侦查、延长审查起诉期限等情况）。被告人同意本案适用速裁/简易/普通程序审理。

　　经依法审查查明：

……（写明经检察机关审查认定的犯罪事实包括犯罪时间、地点、经过、手段、目的、动机、危害后果，以及被告人到案后自愿如实供述自己的罪行，与被害人达成和解协议或者赔偿被害人损失，取得被害人谅解等与定罪、量刑有关的事实要素。应当根据具体案件情况，围绕刑法规定的该罪的构成要件叙写。）

（对于只有一个犯罪嫌疑人的案件，犯罪嫌疑人实施多次犯罪的，犯罪事实应逐一列举；同时触犯数个罪名的犯罪嫌疑人的犯罪事实应该按照主次顺序分类列举。对于共同犯罪的案件，写明犯罪嫌疑人的共同犯罪事实及各自在共同犯罪中的地位和作用后，按照犯罪嫌疑人的主次顺序，分别叙明各个犯罪嫌疑人的单独犯罪事实。）

认定上述事实的证据如下：

……（针对上述犯罪事实，列举证据，包括犯罪事实证据和量刑情节证据）

上述证据收集程序合法，内容客观真实，足以认定指控事实。被告人×××对指控的犯罪事实和证据没有异议，并自愿认罪认罚。

本院认为，……（概述被告人行为的性质、危害程度、情节轻重），其行为触犯了《中华人民共和国刑法》第××条（引用罪状、法定刑条款），犯罪事实清楚，证据确实、充分，应当以××罪追究其刑事责任。被告人××认罪认罚，依据《中华人民共和国刑事诉讼法》第十五条的规定，可以从宽处理。……（阐述认定的法定、酌定量刑情节，并引用相关法律条款），建议判处被告人×××……（阐述具体量刑建议，包括主刑、附加刑的刑种、刑期，以及刑罚执行方式；建议判处财产刑的，写明确定的数额。也可以单独附量刑建议书，量刑建议不在起诉书中表述）。根据《中华人民共和国刑事诉讼法》第一百七十六条的规定，提起公诉，请依法判处。

此致

×××人民法院

检　察　官　×××

检察官助理　×××

20××年×月×日

（院印）

附件：1. 被告人现在处所：具体包括在押被告人的羁押场所或监视居住、取保候审的处所

2. 案卷材料和证据××册

3.《认罪认罚具结书》一份

4.《量刑建议书》一份（单独制作量刑建议书时移送）

5. 有关涉案款物情况

6. 被害人（单位）附带民事诉讼情况

7. 其他需要附注的事项

起诉书格式（样本）三：单位犯罪案件普通程序适用

×××ｘ人民检察院

起　诉　书

×ｘ检×ｘ刑诉【20×ｘ】×号

　　被告单位……（写明单位名称、组织机构代码、住所地、法定代表人姓名、职务等）

　　诉讼代表人……（写明姓名、性别、出生日期、工作单位、职务）

　　被告人……（写明直接负责的主管人员、其他直接责任人员的姓名、性别、出生年月日、公民身份号码、民族、文化程度、职业或者工作单位及职务、户籍地、住址、曾受到刑事处罚以及与本案定罪量刑相关的行政处罚的情况和因本案采取强制措施的情况等）

　　本案由×××调查/侦查终结，以被告单位×××涉嫌×ｘ罪、被告人×××涉嫌×ｘ罪，于×××ｘ年×ｘ月×ｘ日向本院移送起诉。本院受理后，于×××ｘ年×ｘ月×ｘ日已告知被告单位和被告人有权委托辩护人，×××ｘ年×ｘ月×ｘ日已告知被害人及其法定代理人（近亲属）（被害单位及其诉讼代表人）、附带民事诉讼的当事人及其法定代理人有权委托诉讼代理人，依法讯问了被告人，听取了被告单位的辩护人、被告人的辩护人、被害人及其诉讼代理人的意见，审查了全部案件材料。……（写明退回补充侦查、延长审查起诉期限等情况）。

　　经依法审查查明：……（写明经检察机关审查认定的犯罪事实包括犯罪时间、地点、经过、手段、目的、动机、危害后果等与定罪、量刑有关的事实要素。应当根据具体案件情况，围绕刑法规定的该罪的构成要件叙写。）

　　认定上述事实的证据如下：

　　1. 物证：……2. 书证：……3. 证人证言：证人×××、×××的证言；4. 被害人陈述：被害人×××的陈述；5. 被告人供述和辩解：被告人×××（被告人姓名，如多个被告人，则分别提取各被告人的姓名）的供述与辩解；6. 鉴定意见：……7. 勘验、检查、辨认、侦查实验等笔录：现场勘验笔录，×××的辨认笔录等；8. 视听资料、电子数据：……

　　本院认为，……（分别概述被告单位、被告人行为的性质、危害程度、情节轻重），其行为触犯了《中华人民共和国刑法》第×ｘ条，犯罪事实清楚，证据确实、充分，应当以×ｘ罪追究其刑事责任。根据《中华人民共和国刑事诉讼法》第一百七十六条的规定，提起公诉，请依法判处。

　　此致

×××人民法院

检　察　官　×××

检察官助理　×××

20×ｘ年×月×日

（院印）

附件：1. 被告人现在处所：具体包括在押被告人的羁押场所或监视居住、取保候审的处所

2. 案卷材料和证据

3. 证人、鉴定人、需要出庭的专门知识的人的名单，需要保护的被害人、证人、鉴定人的名单

4. 有关涉案款物情况

5. 被害人（单位）附带民事诉讼情况

6. 其他需要附注的事项

起诉书格式（样本）四：单位犯罪案件认罪认罚适用

××××人民检察院

起 诉 书

××检××刑诉【20××】×号

被告单位……（写明单位名称、组织机构代码、住所地、法定代表人姓名、职务等）

诉讼代表人……（写明姓名、性别、出生日期、工作单位、职务）

被告人……（写明直接负责的主管人员、其他直接责任人员的姓名、性别、出生年月日、公民身份号码、民族、文化程度、职业或者工作单位及职务、户籍地、住址、曾受到刑事处罚以及与本案定罪量刑相关的行政处罚的情况和因本案采取强制措施的情况等）

本案由×××（监察/侦查机关）调查/侦查终结，以被告单位×××涉嫌××罪，被告人×××涉嫌××罪，于××××年××月××日向本院移送起诉。本院受理后，于××××年××月××日已告知被告单位、被告人有权委托辩护人和认罪认罚可能导致的法律后果，××××年××月××日已告知被害人及其法定代理人（近亲属）（被害单位及其诉讼代表人）、附带民事诉讼的当事人及其法定代理人有权委托诉讼代理人，依法讯问了被告人，听取了被告单位的辩护人（值班律师）、被告人的辩护人（值班律师）、被害人及其诉讼代理人的意见，审查了全部案件材料。……（写明退回补充调查/侦查、延长审查起诉期限等情况）。被告单位、被告人同意本案适用速裁/简易/普通程序审理。

经依法审查查明：……（写明经检察机关审查认定的犯罪事实包括犯罪时间、地点、经过、手段、目的、动机、危害后果，以及被告人到案后自愿如实供述自己的罪行，与被害人达成和解协议或者赔偿被害人损失，取得被害人谅解等与定罪、量刑有关的事实要素。应当根据具体案件情况，围绕刑法规定的该罪的构成要件叙写。）

认定上述事实的证据如下：

……（针对上述犯罪事实，分别列举证据，包括犯罪事实证据和量刑情节证据）

上述证据收集程序合法，内容客观真实，足以认定指控事实。被告人×××对指控的犯罪事实和证据没有异议，并自愿认罪认罚。

本院认为，……（分别概述被告单位、被告人行为的性质、危害程度、情节轻重），

其行为触犯了《中华人民共和国刑法》第××条（引用罪状、法定刑条款），犯罪事实清楚，证据确实、充分，应当以××罪追究其刑事责任。被告单位×××、被告人×××认罪认罚，依据《中华人民共和国刑事诉讼法》第十五条的规定，可以从宽处理。……（阐述认定的法定、酌定量刑情节，并引用相关法律条款），建议判处被告单位、被告人……（阐述具体量刑建议）。根据《中华人民共和国刑事诉讼法》第一百七十六条的规定，提起公诉，请依法判处。

此致
×××人民法院

检　察　官　×××
检察官助理　×××
20××年×月×日
（院印）

附件：1. 被告人现在处所：具体包括在押被告人的羁押场所或监视居住、取保候审的处所

2. 案卷材料和证据××册××页

3. 有关涉案款物情况

4. 被害人（单位）附带民事诉讼情况

5. 《认罪认罚具结书》一份

6. 其他需要附注的事项

起诉书格式（样本）五：附带民事诉讼案件适用

×××人民检察院

刑事附带民事起诉书

××检××刑附民诉【20××】×号

被告人……（写明姓名、性别、出生日期、民族、文化程度、职业、工作单位及职务、户籍地、住址、是否刑事案件被告人等）

（对于被告单位，写明单位名称、住所地、是否刑事案件被告单位、法定代表人姓名、职务等）

被害单位……（写明单位名称、所有制性质、住所地、法定代表人姓名、职务等）

诉讼请求：

……（写明具体的诉讼请求）

事实证据和理由：

……（写明检察机关审查认定的导致国家、集体财产损失的犯罪事实及有关证据）

本院认为，……（概述被告人应承担民事责任的理由），根据……（引用被告人应承

担民事责任的法律条款）的规定，应承担赔偿责任。因被告人×××的上述行为构成××罪，依法应当追究刑事责任，本院已于×年×月×日以××号起诉书向你院提起公诉。现根据《中华人民共和国刑事诉讼法》第一百零一条第二款的规定，提起附带民事诉讼，请依法裁判。

　　此致
×××人民法院

检　察　官　×××

检察官助理　×××

20××年×月×日

（院印）

附件：1. 刑事附带民事起诉书副本一式×份
2. 其他需要附注的事项

××××人民检察院

证人（鉴定人）名单

××检××诉证（鉴）人［20××］×号

　　案　由＿＿＿＿＿＿＿＿＿＿

序号	姓名	性别	出生日期	民族	职业	通信地址或者工作单位地址、联系方式

20××年×月×日

（院印）

×××× 人民检察院

申请证人（鉴定人、有专门知识的人）出庭名单

×× 检 ×× 诉出庭〔20××〕×号

案 由_____

序号	姓名	性别	出生日期	民族	职业	出庭身份	通信地址或者工作单位地址、联系方式

20××年×月×日

（院印）

③检察院对公安机关移送的案件审查起诉流程图

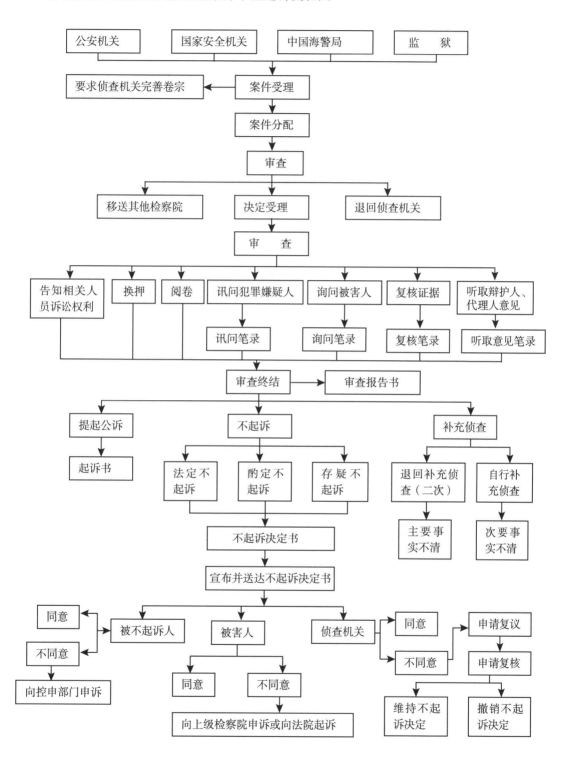

（二）人民检察院自侦案件审查起诉程序

【案例 9-11】

　　某地检察院侦查部门对当地公安机关侦查人员刘某涉嫌刑讯逼供一案侦查终结后移送捕诉部门审查起诉。捕诉部门讯问了犯罪嫌疑人刘某，询问了被害人，听取了辩护人周某律师的意见，对相关证据进行了核实。最终认为，犯罪嫌疑人刘某犯罪事实清楚、证据确实充分，应当追究其刑事责任。遂制作起诉书，将案件起诉到人民法院审理。

【应知应会】

　　人民检察院负责捕诉的部门受理本院侦查部门移送审查起诉的案件，应按照对公安机关移送案件审查起诉程序办理。

　　人民检察院自行侦查终结的案件，经审查后，应当分别情况作出提起公诉、不起诉、撤销案件的决定。不起诉包括法定不起诉、酌定不起诉两种；撤销案件适用经审查认为不构成犯罪或证据不足的案件。

　　人民检察院直接受理侦查的案件，拟作不起诉决定的，应当报请上一级人民检察院批准。

　　附：①检察院对具体自侦案件审查起诉程序

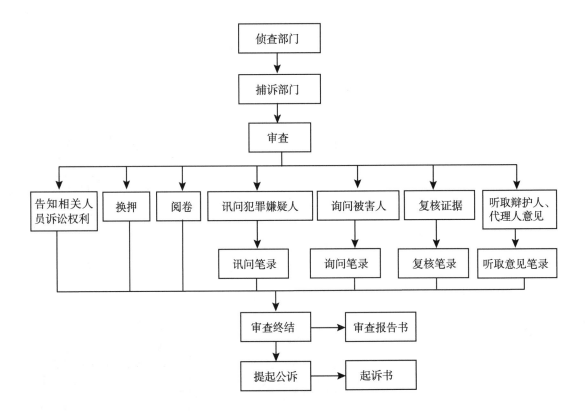

②检察院对自侦案件审查起诉流程图

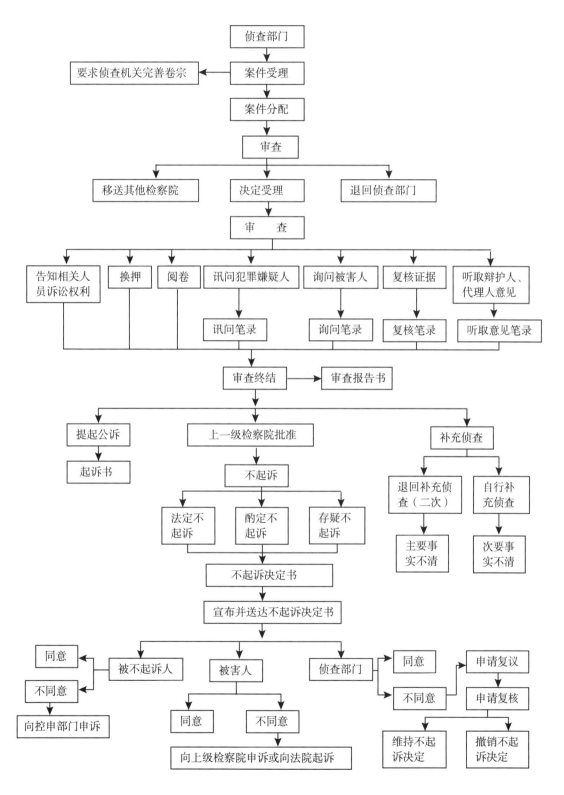

（三）监察委员会移送案件审查起诉程序

【案例 9-12】

某县监察委员会对李某涉嫌贪污犯罪案件调查终结，移送当地检察院审查起诉。由于李某已被监察委员会采取留置措施，检察院接到案件后，随即对其采取拘留措施，并在三日内对其逮捕。检察院经审查认为，李某涉嫌贪污案件证据不足，退回监察委员会补充调查。监察委员会补充调查后，再次移送检察院审查起诉。检察院经审查认为，李某涉嫌贪污事实清楚、证据确实充分，决定移送法院审判。

【应知应会】

根据《刑事诉讼法》第 170 条的规定，人民检察院对于监察机关移送起诉的案件，依照刑诉法和监察法的有关规定进行审查。

对于监察机关移送起诉的已采取留置措施的案件，人民检察院应当对犯罪嫌疑人先行拘留，留置措施自动解除。人民检察院应当在拘留后的十日以内作出是否逮捕、取保候审或者监视居住的决定。在特殊情况下，决定的时间可以延长一日至四日。人民检察院决定采取强制措施的期间不计入审查起诉期限。

人民检察院对于监察机关移送起诉的案件，认为需要补充调查的，应当退回监察机关补充调查。必要时，可以自行补充侦查。需要退回补充调查的案件，人民检察院应当出具补充调查决定书、补充调查提纲，写明补充调查的事项、理由、调查方向、需补充收集的证据及其证明作用等，连同案卷材料一并送交监察机关。人民检察院决定退回补充调查的案件，犯罪嫌疑人已被采取强制措施的，应当将退回补充调查情况书面通知强制措施执行机关。监察机关需要讯问的，人民检察院应当予以配合。

对于监察机关移送起诉的案件，具有下列情形之一的，人民检察院可以自行补充侦查：

①证人证言、犯罪嫌疑人供述和辩解、被害人陈述的内容主要情节一致，个别情节不一致的；

②物证、书证等证据材料需要补充鉴定的；

③其他由人民检察院查证更为便利、更有效率、更有利于查清案件事实的情形。

自行补充侦查完毕后，应当将相关证据材料入卷，同时抄送监察机关。人民检察院自行补充侦查的，可以商请监察机关提供协助。

涉监察委员会管辖问题的处理：

人民检察院立案侦查时认为属于直接受理侦查的案件，在审查起诉阶段发现属于监察机关管辖的，应当及时商监察机关办理。属于公安机关管辖，案件事实清楚，证据确实、充分，符合起诉条件的，可以直接起诉；事实不清、证据不足的，应当及时移送有管辖权的机关办理。

在审查起诉阶段，发现公安机关移送起诉的案件属于监察机关管辖，或者监察机关移送起诉的案件属于公安机关管辖，但案件事实清楚，证据确实、充分，符合起诉条件的，经征求监察机关、公安机关意见后，没有不同意见的，可以直接起诉；提出不同意见，或者事实不清、证据不足的，应当将案件退回移送案件的机关并说明理由，建议其移送有管辖权的机关办理。

人民检察院对监察委员会移送起诉的案件按照对公安机关侦查终结移送起诉的案件的审查步骤和方法进行审查起诉。进行审查后，分别情况作出提起公诉或者不起诉的决定。监察机关移送起诉的案件，拟作不起诉决定的，应当报请上一级人民检察院批准。

对于监察机关移送起诉的案件，人民检察院决定不起诉的，应当将不起诉决定书送达监察机关。监察机关认为不起诉的决定有错误，向上一级人民检察院提请复议的，上一级人民检察院应当在收到提请复议意见书后三十日以内，经检察长批准，作出复议决定，通知监察机关。

附：①检察院对监察委员会移送的具体案件审查起诉程序

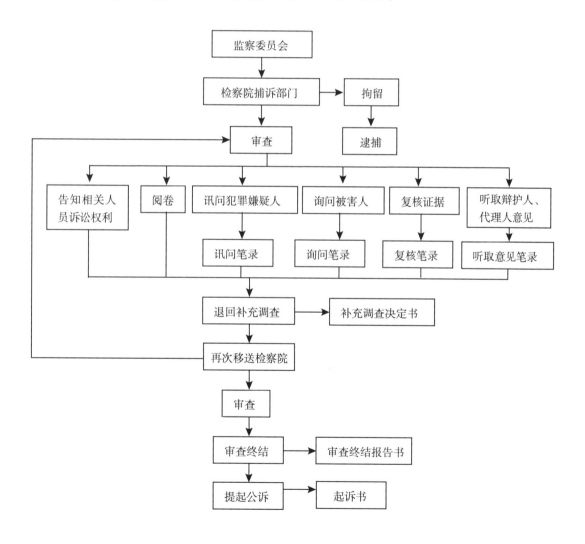

②检察院对监察委员会移送案件审查起诉流程图

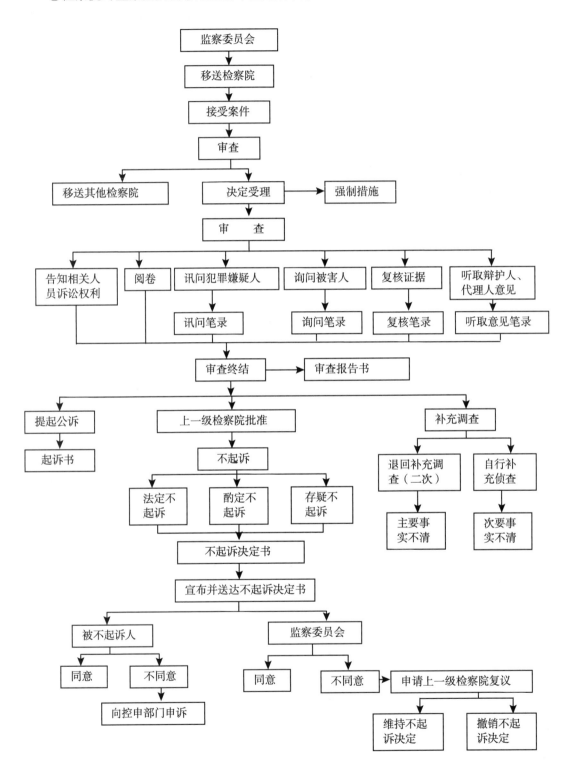

三、审查起诉阶段的律师辩护

【案例 9-13】

2018 年 12 月 8 日 18 时 30 分许，犯罪嫌疑人赵某驾驶车牌号为 A×××××的小型轿车，在邢江市甲区 A 大街与 B 公路交叉口沿 A 大街由北向南行驶约 300 米处，同向三车道的中间车道，与驾驶二轮电动车同向行驶的被害人李某相撞，赵某随即拨打 120 急救电话。赵某又通过微信联系其堂妹赵某乙，到事故现场顶替其为肇事司机。李某受伤后经医院抢救无效于当日死亡。当日，在赵某儿子赵某甲的见证下由医生抽取了李某 2.5ml 血样；12 月 9 日交警大队事故科送检李某 3ml 血样至省 C 法医鉴定中心对血液酒精含量进行鉴定；省 C 法医鉴定中心收到李某约 2ml 血样，经检验，李某血样中未检出乙醇成分。2018 年 12 月 24 日赵某到交警大队投案自首。2019 年 1 月 1 日，交警大队出具事故认定书，认定赵某负事故的主要责任，李某负事故的次要责任。李某家属不服，提请邢江市公安局交通运输管理局复核。2019 年 1 月 14 日邢江市公安局交通运输管理局做出复核结论责令甲区交警大队对事故重新调查、认定，当日甲区交警大队委托 D 司法鉴定中心根据车辆痕迹对赵某在案发时的车速进行鉴定（经查该鉴定机构没有该项鉴定资质），鉴定结论是赵某的车速在案发时为 93km/h。2019 年 1 月 17 日甲区交警大队认定赵某存在逃逸情节，负事故的全部责任。公安机关在办理案件过程中，对赵某采取了逮捕措施。赵某的父亲委托律师高某做辩护人。案件侦查终结后，公安机关将案件移送甲区人民检察院审查起诉。审查起诉期间，赵某的父亲继续委托律师高某做辩护人。律师高某在查阅案卷材料后，会见了犯罪嫌疑人、收集了相关证据、向检察院提交了辩护意见书。

【应知应会】

审查起诉阶段，辩护人既可以是律师，也可以是符合法律规定的其他人。在此阶段，辩护人的主要诉讼权利具体包括：

（1）会见和通信权。辩护律师可以同在押的犯罪嫌疑人会见和通信。其他辩护人经人民检察院许可，也可以同在押的犯罪嫌疑人会见和通信。

辩护律师会见在押的犯罪嫌疑人，可以向犯罪嫌疑人核实有关证据。辩护律师会见犯罪嫌疑人时不被监听。辩护律师同被监视居住的犯罪嫌疑人会见、通信，适用前述规定。

根据《诉讼规则》第 48 条的规定，自人民检察院对案件审查起诉之日起，律师以外的辩护人向人民检察院申请同在押、被监视居住的犯罪嫌疑人会见和通信的，由人民检察院负责捕诉的部门进行审查并作出是否许可的决定，在三日以内书面通知申请人。人民检察院许可律师以外的辩护人同在押或者被监视居住的犯罪嫌疑人通信的，可以要求看守所或者公安机关将书信送交人民检察院进行检查。对于律师以外的辩护人申请同在押、被监视居住的犯罪嫌疑人会见和通信，具有下列情形之一的，人民检察院可以不予许可：①同案犯罪嫌疑人在逃的；②案件事实不清，证据不足，或者遗漏罪行、遗漏同案犯罪嫌疑人需要补充侦查的；③涉及国家秘密或者商业秘密的；④有事实表明存在串供、毁灭、伪造证据或者危害证人人身安全可能的。

（2）阅卷权。辩护律师自人民检察院对案件审查起诉之日起，可以查阅、摘抄、复制本案的案卷材料。其他辩护人经人民检察院许可，也可以查阅、摘抄、复制上述材料。复制案卷材料可以采用复印、拍照、扫描等方式。

根据《诉讼规则》第 48 条的规定，对于律师以外的辩护人申请查阅、摘抄、复制案卷材料，具有下列情形之一的，人民检察院可以不予许可：①同案犯罪嫌疑人在逃的；②案件事实不清，证据不足，或者遗漏罪行、遗漏同案犯罪嫌疑人需要补充侦查的；③涉及国家秘密或者商业秘密的；④有事实表明存在串供、毁灭、伪造证据或者危害证人人身安全可能的。

（3）申请调取证据权。辩护人认为在侦查期间公安机关收集的证明犯罪嫌疑人无罪或者罪轻的证据材料未提交的，有权申请人民检察院调取。

（4）调查收集证据的权利。辩护律师经证人或者其他有关单位和个人同意，可以向他们收集与本案有关的材料；经人民检察院许可，并且经被害人或者其近亲属、被害人提供的证人同意，可以向他们收集与本案有关的材料。

（5）申请收集、调取证据或者申请通知证人出庭作证的权利。辩护律师可以申请人民检察院收集、调取证据或者申请通知证人出庭作证。

（6）提出意见权。根据刑诉法的规定，检察院审查起诉，应当听取辩护人的意见，辩护人提出书面意见的，应当附卷。

（7）申诉或者控告权。根据刑诉法的规定，辩护人对于检察人员侵犯公民诉讼权利和人身侮辱的行为，有权提出控告；辩护人认为人民检察院及其工作人员阻碍其依法行使诉讼权利的，有权向同级或者上一级人民检察院申诉或者控告。

（8）对委托人涉案信息的保密权。辩护律师对在执业活动中知悉的委托人的有关情况和信息，有权予以保密。但是，辩护律师在执业活动中知悉委托人或者其他人，准备或者正在实施危害国家安全、公共安全以及严重危害他人人身安全的犯罪的，应当及时告知司法机关。

（9）拒绝辩护权。根据《律师法》的规定，委托人委托事项违法或者利用律师提供的服务从事违法活动或者向律师隐瞒重要事实的，辩护律师有权拒绝辩护。

附：①辩护律师在审查起诉阶段对具体案件的辩护工作

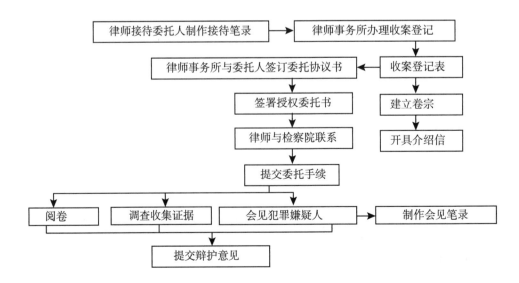

②辩护律师在审查起诉阶段辩护工作程序流程图

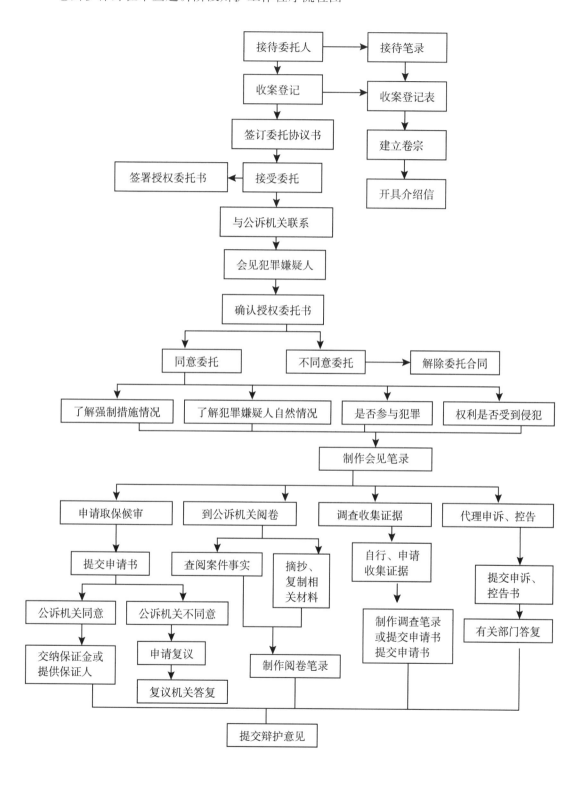

任务四　审判程序

【应知应会】

审判程序是审理和裁判案件的方式、方法和步骤的总称。根据刑事诉讼法的规定,审判程序分为普通审判程序和特殊审判程序。

普通审判程序是指人民法院审判一般案件的程序。普通审判程序包括第一审程序和第二审程序。

第一审程序,也称一审程序,是指第一审人民法院审判案件适用的程序,包括公诉案件的第一审普通程序、简易程序、速裁程序和自诉案件的第一审程序。

第二审程序,也称上诉审程序,是指上一级人民法院根据合法的上诉或抗诉,对下一级人民法院审结的判决、裁定尚未发生法律效力的案件进行重新审判所适用的程序。

特殊程序是人民法院审判特殊案件适用的程序。目前,特殊程序包括死刑复核程序;审判监督程序;未成年人案件刑事审判程序;涉外刑事案件审判程序;当事人和解的公诉案件诉讼程序;犯罪嫌疑人、被告人逃匿死亡案件违法所得的没收程序;依法不负刑事责任的精神病人的强制医疗程序;缺席审判程序。

一、一审程序

(一) 公诉案件一审普通程序

【案例 9-14】

某县人民法院受理县检察院提起公诉的被告人李某故意伤害一案,决定适用普通程序审理。首先组成了由庭长王某、审判员赵某、人民陪审员刘某为成员的合议庭;其次,向被告人送达了起诉书副本,向被害人送达了起诉书副本并通知其可以提起附带民事诉讼;根据人民检察院的建议,通知了证人高某、黄某出庭;发布了开庭公告;向被告人的辩护人送达了开庭通知书。被害人提起了刑事附带民事诉讼。经过公开审理并合议,法院认为,公诉机关指控的被告人犯故意伤害罪的罪名成立,依法判处有期徒刑三年,赔偿刑事附带民事诉讼原告人经济损失 2.5 万元。

【应知应会】

公诉案件的一审普通程序是一审人民法院组成合议庭,对检察院提起公诉的刑事案件进行审理适用的程序。具体分为三个阶段:对公诉案件的庭前审查、开庭前的准备和法庭审判。

1. 对公诉案件的庭前审查

(1) 概念

对公诉案件的庭前审查,是指人民法院对于人民检察院提起公诉的刑事案件进行庭前审查,以决定是否开庭审判的诉讼活动。它是公诉案件第一审程序中的一个必经程序。

（2）公诉案件庭前审查的法律性质与任务

对公诉案件的庭前审查是人民法院行使国家审判权的开始程序，其法律性质是对案件的接受和审查，而不是审判，其任务是解决是否将被告人交付法庭审判，案件是否符合开庭审判的条件，其本质是属于程序性审查，决不能把审查同审判混为一谈。

程序性审查是指法院审查的内容紧紧围绕是否符合开庭审判的条件，不从实体上解决案件的定性处理即事实是否清楚、证据是否充分、定性是否恰当等问题。

（3）庭前审查的内容和方法

根据《刑事诉讼法》第186条和《司法解释》第218条的规定，对公诉案件进行审查的内容，主要是围绕是否具备开庭条件，其具体内容是：

①案件是否属于本院管辖。

②起诉书是否写明被告人的身份，是否受过或者正在接受刑事处罚、行政处罚、处分，被采取留置措施的情况，被采取强制措施的时间、种类、羁押地点，犯罪的时间、地点、手段、后果以及其他可能影响定罪量刑的情节；有多起犯罪事实的，是否在起诉书中将事实分别列明。

③是否移送证明指控犯罪事实及影响量刑的证据材料，包括采取技术调查、侦查措施的法律文书和所收集的证据材料。

④是否查封、扣押、冻结被告人的违法所得或者其他涉案财物，查封、扣押、冻结是否逾期；是否随案移送涉案财物、附涉案财物清单；是否列明涉案财物权属情况；是否就涉案财物处理提供相关证据材料。

⑤是否列明被害人的姓名、住址、联系方式；是否附有证人、鉴定人名单；是否申请法庭通知证人、鉴定人、有专门知识的人出庭，并列明有关人员的姓名、性别、年龄、职业、住址、联系方式；是否附有需要保护的证人、鉴定人、被害人名单。

⑥当事人已委托辩护人、诉讼代理人或者已接受法律援助的，是否列明辩护人、诉讼代理人的姓名、住址、联系方式。

⑦是否提起附带民事诉讼；提起附带民事诉讼的，是否列明附带民事诉讼当事人的姓名、住址、联系方式，是否附有相关证据材料。

⑧监察调查、侦查、审查起诉程序的各种法律手续和诉讼文书是否齐全。

⑨被告人认罪认罚的，是否提出量刑建议、移送认罪认罚具结书等材料。

⑩有无《刑事诉讼法》第16条第二项至第六项规定的不追究刑事责任的情形。

对以上内容的审查，要侧重于程序性审查，即形式要件的审查，至于证据是否确实、充分，待庭审调查和辩论中加以解决。

审查的方法，原则上限于书面审查，即通过审阅移送的案卷材料，了解起诉书指控的案件事实和证据情况。人民法院在庭前审查中不宜提审被告人或询问有关证人、被害人，以避免形成先入为主的成见。

（4）审查后的处理

一审法院对提起公诉案件进行庭前审查后，应当根据不同情况分别处理：

①经审查认为符合开庭条件的，应当决定开庭审判。

②对于不属于本院管辖或者被告人不在案的，应当决定退回人民检察院。但是，对人

民检察院按照缺席审判程序提起公诉的，应当依照《司法解释》第二十四章的规定作出处理。

③对于不符合《司法解释》第218条第二项至第九项规定之一，需要补送材料的，应当通知人民检察院在三日内补送。

④依照《刑事诉讼法》第200条第三项规定宣告被告人无罪后，人民检察院根据新的事实、证据重新起诉的，人民法院应当依法受理。

⑤依照《司法解释》第296条规定，人民法院裁定准许人民检察院撤诉的案件，没有新的影响定罪量刑的事实、证据，重新起诉的，应当退回人民检察院。

⑥对于符合《刑事诉讼法》第16条第二项至第六项规定的情形的，应当退回人民检察院；属于告诉才处理的案件，应当同时告知被害人有权提起自诉。

⑦对于被告人真实身份不明，但符合《刑事诉讼法》第160条第2款规定的，人民法院应当依法受理。

⑧属于告诉才处理的案件，应当退回人民检察院，并告知被害人有权提起自诉。

人民法院对于按照普通程序审理的公诉案件，决定是否受理，应当在7日内审查完毕。人民法院对提起公诉的案件进行审查的期限，计入人民法院的审理期限。

2. 开庭前的准备

人民法院经审查决定开庭审判后，为了保证法庭审判工作的顺利进行，根据《刑事诉讼法》第187条的规定和审判工作的实际需要，须做以下各项准备工作：

（1）确定审判长及合议庭的组成人员。

（2）送达起诉书副本。开庭十日以前将起诉书副本送达被告人、辩护人，使被告人及早了解自己被控的罪名和有关情况，作好充分行使辩护权的准备；人民法院应当告知被告人可以委托辩护人；对于被告人未委托辩护人但符合应当指定辩护人的法定情形的，人民法院应当通知法律援助机构指派律师为其提供辩护。

（3）通知当事人、法定代理人、辩护人、诉讼代理人在开庭五日前提供证人、鉴定人名单，以及拟当庭出示的证据；申请证人、鉴定人、有专门知识的人出庭的，应当列明有关人员的姓名、性别、年龄、职业、住址、联系方式。

（4）开庭三日前将开庭的时间、地点通知人民检察院。

（5）开庭三日以前将传唤当事人的传票和通知辩护人、诉讼代理人、法定代理人、证人、鉴定人等出庭的通知书送达；通知有关人员出庭，也可以采取电话、短信、传真、电子邮件、即时通讯等能够确认对方收悉的方式；对被害人人数众多的涉众型犯罪案件，可以通过互联网公布相关文书，通知有关人员出庭。被害人人数众多，且案件不属于附带民事诉讼范围的，被害人可以推选若干代表人参加庭审。

（6）公开审理的案件，在开庭三日前公布案由、被告人姓名、开庭时间和地点。

（7）确定合并审理与分案审理。对一案起诉的共同犯罪或者关联犯罪案件，被告人人数众多、案情复杂，人民法院经审查认为，分案审理更有利于保障庭审质量和效率的，可以分案审理。分案审理不得影响当事人质证权等诉讼权利的行使。对分案起诉的共同犯罪或者关联犯罪案件，人民法院经审查认为，合并审理更有利于查明案件事实、保障诉讼权利、准确定罪量刑的，可以并案审理。

（8）召开庭前会议。案件具有下列情形之一的，审判人员可以召开庭前会议：①证据材料较多、案情重大复杂的；②控辩双方对事实、证据存在较大争议的；③社会影响重大的；④需要召开庭前会议的其他情形。

控辩双方可以申请人民法院召开庭前会议，提出申请应当说明理由。人民法院经审查认为有必要的，应当召开庭前会议；决定不召开的，应当告知申请人。

召开庭前会议，审判人员可以就下列问题向控辩双方了解情况，听取意见：①是否对案件管辖有异议；②是否申请有关人员回避；③是否申请不公开审理；④是否申请排除非法证据；⑤是否提供新的证据材料；⑥是否申请重新鉴定或者勘验；⑦是否申请收集、调取证明被告人无罪或者罪轻的证据材料；⑧是否申请证人、鉴定人、有专门知识的人、调查人员、侦查人员或者其他人员出庭，是否对出庭人员名单有异议；⑨是否对涉案财物的权属情况和人民检察院的处理建议有异议；⑩与审判相关的其他问题。

庭前会议中，人民法院可以开展附带民事调解。

对可能导致庭审中断的程序性事项，人民法院可以在庭前会议后依法作出处理，并在庭审中说明处理决定和理由。控辩双方没有新的理由，在庭审中再次提出有关申请或者异议的，法庭可以在说明庭前会议情况和处理决定理由后，依法予以驳回。

庭前会议情况应当制作笔录，由参会人员核对后签名。

庭前会议中，审判人员可以询问控辩双方对证据材料有无异议，对有异议的证据，应当在庭审时重点调查；无异议的，庭审时举证、质证可以简化。

庭前会议由审判长主持，合议庭其他审判员也可以主持庭前会议。

召开庭前会议应当通知公诉人、辩护人到场。庭前会议准备就非法证据排除了解情况、听取意见，或者准备询问控辩双方对证据材料的意见的，应当通知被告人到场。有多名被告人的案件，可以根据情况确定参加庭前会议的被告人。

庭前会议一般不公开进行。根据案件情况，庭前会议可以采用视频等方式进行。

人民法院在庭前会议中听取控辩双方对案件事实、证据材料的意见后，对明显事实不清、证据不足的案件，可以建议人民检察院补充材料或者撤回起诉。建议撤回起诉的案件，人民检察院不同意的，开庭审理后，没有新的事实和理由，一般不准许撤回起诉。

对召开庭前会议的案件，可以在开庭时告知庭前会议情况。对庭前会议中达成一致意见的事项，法庭在向控辩双方核实后，可以当庭予以确认；未达成一致意见的事项，法庭可以归纳控辩双方争议焦点，听取控辩双方意见，依法作出处理。

控辩双方在庭前会议中就有关事项达成一致意见，在庭审中反悔的，除有正当理由外，法庭一般不再进行处理。

（9）拟写庭审提纲。开庭审理前，合议庭可以拟出法庭审理提纲，提纲一般包括下列内容：①合议庭成员在庭审中的分工；②起诉书指控的犯罪事实的重点和认定案件性质的要点；③讯问被告人时需了解的案情要点；④出庭的证人、鉴定人、有专门知识的人、侦查人员的名单；⑤控辩双方申请当庭出示的证据的目录；⑥庭审中可能出现的问题及应对措施。

3. 法庭审判

根据刑事诉讼法的规定，法庭审判可以分为宣布开庭、法庭调查、法庭辩论、被告人最后陈述、评议和宣判五个阶段。

（1）宣布开庭

宣布开庭是法庭审理的开始。根据《刑事诉讼法》第190条和《司法解释》、最高人民法院《人民法院办理刑事案件第一审普通程序法庭调查规程（试行）》的有关规定，宣布开庭的具体程序包括：

①开庭审理前，书记员应当依次进行下列工作：受审判长委托，查明公诉人、当事人、辩护人、诉讼代理人、证人及其他诉讼参与人是否到庭；核实旁听人员中是否有证人、鉴定人、有专门知识的人；查明旁听人员是否有精神病人、醉酒的人、未经人民法院批准的未成年人以及其他不宜旁听的人；请公诉人、辩护人、诉讼代理人及其他诉讼参与人入庭；宣读法庭规则；请审判长、审判员、人民陪审员入庭；审判人员就座后，向审判长报告开庭前的准备工作已经就绪。

②由审判长宣布开庭并传唤当事人到庭。查明被告人的下列情况：姓名、出生日期、民族、出生地、文化程度、职业、住址，或者被告单位的名称、住所地、法定代表人、实际控制人以及诉讼代表人的姓名、职务；是否受过刑事处罚、行政处罚、处分及其种类、时间；是否被采取留置措施及留置的时间，是否被采取强制措施及强制措施的种类、时间；收到起诉书副本的日期；有附带民事诉讼的，附带民事诉讼被告人收到附带民事起诉状的日期。

被告人较多的，可以在开庭前查明上述情况，但开庭时审判长应当作出说明。

③审判长宣布案件来源、起诉案由、附带民事诉讼原告人和被告人的姓名以及是否公开审理，对不公开审理的案件宣布不公开审理的理由。

④审判长宣布合议庭组成人员、法官助理、书记员、公诉人的名单，以及辩护人、诉讼代理人、鉴定人、翻译人员等诉讼参与人的名单。

⑤告知当事人、法定代理人、辩护人、诉讼代理人在法庭审理过程中依法享有的诉讼权利。包括：可以申请合议庭组成人员、法官助理、书记员、公诉人、鉴定人和翻译人员回避；可以提出证据，申请通知新的证人到庭、调取新的证据，申请重新鉴定或者勘验；被告人可以自行辩护；被告人可以在法庭辩论终结后作最后陈述。

⑥审判长应当询问当事人及其法定代理人、辩护人、诉讼代理人是否申请回避、申请何人回避和申请回避的理由。当事人及其法定代理人、辩护人、诉讼代理人申请回避的，依照刑事诉讼法及司法解释的有关规定处理。同意或者驳回回避申请的决定及复议决定，由审判长宣布，并说明理由。必要时，也可以由院长到庭宣布。

⑦被告人认罪认罚的，审判长应当告知被告人享有的诉讼权利和认罪认罚的法律规定，审查认罪认罚的自愿性和认罪认罚具结书内容的真实性、合法性。

对共同犯罪案件，应当将各被告人同时传唤到庭，查明身份及基本情况后，集中告知依法享有的诉讼权利，询问是否申请回避，以避免重复，节省开庭时间。

（2）法庭调查

法庭调查阶段是法庭审判的中心环节，凡没有经过法庭调查核实的证据是不能作为定案的根据的。法庭调查的任务是查明案件事实，核实证据，为准确适用法律，正确进行判决奠定基础。具体程序是：

①开庭讯问、发问程序

审判长宣布法庭调查开始后，应当先由公诉人宣读起诉书；公诉人宣读起诉书后，审判长应当询问被告人对起诉书指控的犯罪事实和罪名有无异议。有附带民事诉讼的，公诉人宣读起诉书后，由附带民事诉讼原告人或者其法定代理人、诉讼代理人宣读附带民事起诉状。在审判长主持下，被告人、被害人可以就起诉书指控的犯罪事实分别陈述。

A. 对于召开庭前会议的案件，在法庭调查开始前，法庭应当宣布庭前会议报告的主要内容。对于庭前会议中达成一致意见的事项，法庭向控辩双方核实后当庭予以确认；对于未达成一致意见的事项，法庭可以归纳争议焦点，听取控辩双方意见，并依法作出处理。

有多起犯罪事实的案件，可以在有关犯罪事实的法庭调查开始前，分别宣布庭前会议报告的相关内容。

B. 公诉人宣读起诉书后，审判长应当询问被告人对起诉指控的犯罪事实和罪名是否有异议，并听取其供述和辩解。经审判长准许，公诉人可以就起诉书指控的犯罪事实讯问被告人，也可以先出示有关证据，再就有关犯罪事实讯问被告人。

经审判长准许，被害人及其法定代理人、诉讼代理人可以就公诉人讯问的犯罪事实补充发问；附带民事诉讼原告人及其法定代理人、诉讼代理人可以就附带民事部分的事实向被告人发问；被告人的法定代理人、辩护人，附带民事诉讼被告人及其法定代理人、诉讼代理人可以在控诉方、附带民事诉讼原告方就某一问题讯问、发问完毕后向被告人发问。

有多名被告人的案件，辩护人对被告人的发问，应当在审判长主持下，先由被告人本人的辩护人进行，再由其他被告人的辩护人进行。

根据案件情况，就证据问题对被告人的讯问、发问可以在举证、质证环节进行。

C. 有多名被告人的案件，讯问各名被告人应当分别进行。

同案被告人供述之间存在实质性差异的，法庭可以传唤有关被告人到庭对质。审判长可以分别讯问被告人，就供述的实质性差异进行调查核实。经审判长准许，控辩双方可以向被告人讯问、发问。审判长认为有必要的，可以准许被告人之间相互发问。

D. 申请参加庭审的被害人众多，且案件不属于附带民事诉讼范围的，被害人可以推选若干代表人参加庭审。

对被告人发问完毕后，其他证据出示前，在审判长主持下，被害人可以就起诉书指控的犯罪事实作出陈述。经审判长准许，控辩双方可以在被害人陈述后向被害人发问。

E. 为核实被告人是否自愿认罪，解决案件事实证据存在的疑问，审判人员可以讯问被告人，也可以向被害人、附带民事诉讼原告人发问。

F. 被告人庭前不认罪，当庭又认罪的，法庭核实被告人认罪的自愿性和真实性后，可以重点围绕量刑事实、证据进行调查。

被告人认罪后又当庭反悔的，法庭应当调查核实反悔的理由，并对与定罪和量刑有关的事实、证据进行全面调查。

②出庭作证程序

A. 公诉人可以提请法庭通知证人、鉴定人、有专门知识的人、调查人员、侦查人员或者其他人员出庭，或者出示证据。被害人及其法定代理人、诉讼代理人，附带民事诉讼原告人及其诉讼代理人也可以提出申请。

在控诉方举证后，被告人及其法定代理人、辩护人可以提请法庭通知证人、鉴定人、有专门知识的人、调查人员、侦查人员或者其他人员出庭，或者出示证据。

控辩双方申请证人出庭作证，出示证据，应当说明证据的名称、来源和拟证明的事实。法庭认为有必要的，应当准许；对方提出异议，认为有关证据与案件无关或者明显重复、不必要，法庭经审查异议成立的，可以不予准许。

B. 公诉人、当事人或者辩护人、诉讼代理人对证人证言有异议，且该证人证言对定罪量刑有重大影响，或者对鉴定意见有异议，人民法院认为证人、鉴定人有必要出庭作证的，应当通知证人、鉴定人出庭。

C. 控辩双方对侦破经过、证据来源、证据真实性或者合法性等有异议，申请调查人员、侦查人员或者有关人员出庭，人民法院认为有必要的，应当通知调查人员、侦查人员或者有关人员出庭。

D. 公诉人、当事人及其辩护人、诉讼代理人申请法庭通知有专门知识的人出庭，就鉴定意见提出意见的，应当说明理由。法庭认为有必要的，应当通知有专门知识的人出庭。

申请有专门知识的人出庭，不得超过二人。有多种类鉴定意见的，可以相应增加人数。

E. 为查明案件事实、调查核实证据，人民法院可以依职权通知证人、鉴定人、有专门知识的人、调查人员、侦查人员或者其他人员出庭。人民法院通知有关人员出庭的，可以要求控辩双方予以协助。

F. 证人具有下列情形之一，无法出庭作证的，人民法院可以准许其不出庭，可以通过视频等方式作证：庭审期间身患严重疾病或者行动极为不便的；居所远离开庭地点且交通极为不便的；身处国外短期无法回国的；有其他客观原因，确实无法出庭的。

G. 证人出庭的，法庭应当核实其身份、与当事人以及本案的关系，并告知其有关权利义务和法律责任。证人应当保证向法庭如实提供证言，并在保证书上签名。

H. 证人出庭后，一般先向法庭陈述证言；其后，经审判长许可，由申请通知证人出庭的一方发问，发问完毕后，对方也可以发问。

法庭依职权通知证人出庭的，发问顺序由审判长根据案件情况确定。

I. 向证人发问应当遵循以下规则：发问的内容应当与本案事实有关；不得以诱导方式发问；不得威胁证人；不得损害证人的人格尊严。

对被告人、被害人、附带民事诉讼当事人、鉴定人、有专门知识的人、调查人员、侦查人员或者其他人员的讯问、发问，适用前述规定。

控辩双方的讯问、发问方式不当或者内容与本案无关的，对方可以提出异议，申请审判长制止，审判长应当判明情况予以支持或者驳回；对方未提出异议的，审判长也可以根据情况予以制止。

J. 审判人员认为必要时，可以询问证人、鉴定人、有专门知识的人、调查人员、侦查人员或者其他人员。

K. 向证人、调查人员、侦查人员发问应当分别进行。

L. 证人、鉴定人、有专门知识的人、调查人员、侦查人员或者其他人员不得旁听对本案的审理。有关人员作证或者发表意见后，审判长应当告知其退庭。

③物证、书证等证据的举证、质证程序

A. 审判长应当驾驭庭审过程，组织控辩双方举证、质证，全面调查核实案件中可以影响定罪量刑的事实证据问题，准确查明案件事实。

起诉书指控的被告人的犯罪事实为两起以上的，法庭调查一般应当分别进行。

已经移送人民法院的案卷和证据材料，控辩双方需要出示的，可以向法庭提出申请，法庭可以准许。案卷和证据材料应当在质证后当庭归还。

需要播放录音录像或者需要将证据材料交由法庭、公诉人或者诉讼参与人查看的，法庭可以指令值庭法警或者相关人员予以协助。

B. 开庭讯问、发问程序结束后，公诉人先行举证。公诉人举证完毕后，被告人及其辩护人可以举证，公诉人出示某一证据后，经审判长准许，被告人及其辩护人可以出示证据予以反驳。

控辩一方举证后，对方可以发表质证意见。必要时，控辩双方可以对争议的证据进行多次质证。

被告人及其辩护人认为公诉人出示的有关证据对本方诉讼主张有利的，可以在发表质证意见时予以认可，或者在发表辩护意见时直接使用有关证据。

C. 对于控辩双方随案移送或者庭前提交，但没有当庭出示的证据，审判长可以进行必要的提示；对于其中可能影响定罪量刑的关键证据，审判长应当要求控辩双方出示。对于案件中可能影响定罪量刑的事实、证据存在疑问，控辩双方没有提及的，审判长应当引导控辩双方发表质证意见，并依法调查核实。

公诉人申请出示开庭前未移送或者提交人民法院的证据，辩护方提出异议的，审判长应当要求公诉人说明理由；理由成立并确有出示必要的，应当准许。辩护方提出需要对新的证据作辩护准备的，法庭可以宣布休庭，并确定准备辩护的时间。辩护方申请出示开庭前未提交的证据，参照适用前述规定。

当庭出示的证据，尚未移送人民法院的，应当在质证后当庭移交。

D. 法庭应当重视对证据收集合法性的审查，对证据收集的合法性有疑问的，应当调查核实证明取证合法性的证据材料。

对于被告人及其辩护人申请排除非法证据，依法提供有关线索或者材料，法庭对证据收集的合法性有疑问，决定进行调查的，应当先行当庭调查。

E. 对于可能影响定罪量刑的关键证据和控辩双方存在争议的证据，一般应当单独举证、质证。

对于控辩双方无异议的非关键性证据，可以仅就证据的名称及其证明的事项作出说明。

F. 对于物证、书证、视听资料、电子数据等证据应当出示原物、原件。取得原物、原件确有困难的，可以出示照片、录像、副本、复制件等足以反映原物、原件外形和特征以及真实内容的材料，并说明理由。

对于鉴定意见和勘验、检查、辨认、侦查实验等笔录，应当出示原件。

G. 控辩双方出示证据，应当重点围绕与案件事实相关内容或者控辩双方存在争议的内容进行。

出示证据时，可以借助多媒体设备等方式出示、播放或者演示证据内容。

H. 控辩双方对证人证言、被害人陈述、鉴定意见无异议，上述人员不需要出庭的，以及上述人员因客观原因无法出庭且无法通过视频等方式作证的，可以出示、宣读庭前收集的书面证据材料或者庭前制定的作证过程录音录像。

被告人当庭供述与庭前供述的实质性内容一致的，可以不再出示庭前供述；当庭供述与庭前供述存在实质性差异的，可以出示、宣读庭前供述中存在实质性差异的内容。

I. 采用技术侦查措施收集的证据，应当当庭出示。当庭出示、辨认、质证可能危及有关人员的人身安全，或者可能产生其他严重后果的，应当采取不暴露有关人员身份、不公开技术侦查措施和方法等保护措施。

法庭决定在庭外对技术侦查证据进行核实的，可以召集公诉人和辩护律师到场。在场人员应当在保密承诺书上签名，并履行保密义务。

J. 法庭对证据有疑问的，可以告知公诉人、当事人及其法定代理人、辩护人、诉讼代理人补充证据或者作出说明；必要时，可以宣布休庭，对证据进行调查核实。

对公诉人、当事人及其法定代理人、辩护人、诉讼代理人补充的和审判人员庭外调查核实取得的证据，应当经过当庭质证才能作为定案的根据。但是，对不影响定罪量刑的非关键证据、有利于被告人的量刑证据以及认定被告人有犯罪前科的裁判文书等证据，经庭外征求意见，控辩双方没有异议的除外。

有关情况，应当记录在案。

K. 控辩一方申请出示庭前未移送或提交人民法院的证据，对方提出异议的，申请方应当说明理由，审判长经审查认为理由成立并确有出示必要的，应当准许。

对方提出需要对新的证据作质证准备的，法庭应当宣布休庭，并确定准备的时间。

L. 法庭审理过程中，控辩双方申请通知新的证人到庭，调取新的证据，申请重新鉴定或者勘验的，应当提供证人的基本信息、证据的存放地点，说明拟证明的事项，申请重新鉴定或者勘验的理由。法庭认为有必要的，应当同意，并宣布休庭；根据案件情况，可以决定延期审理。

人民法院决定重新鉴定的，应当及时委托鉴定，并将鉴定意见告知人民检察院、当事人及其辩护人、诉讼代理人。

M. 公开审理案件时，控辩双方提出涉及国家秘密、商业秘密或者个人隐私的证据的，法庭应当制止。有关证据确与本案有关的，可以根据具体情况，决定将案件转为不公开审理，或者对相关证据的法庭调查不公开进行。

N. 审判期间，公诉人发现案件需要补充侦查，建议延期审理的，合议庭可以同意，但建议延期审理不得超过两次。

人民检察院将补充收集的证据移送人民法院的，人民法院应当通知辩护人、诉讼代理人查阅、摘抄、复制。辩护方提出需要对补充收集的证据作辩护准备的，法庭可以确定准备辩护的时间。

补充侦查期限届满后，人民检察院未将补充的证据材料移送人民法院的，人民法院可以根据在案证据作出判决、裁定。

O. 人民法院向人民检察院调取需要调查核实的证据材料，或者根据被告人、辩护人的申请，向人民检察院调取在调查、侦查、审查起诉期间收集的有关被告人无罪或者罪轻的证据材料，应当通知人民检察院在收到调取证据材料决定书后三日以内移交。

P. 法庭审理过程中，对与量刑有关的事实、证据，应当进行调查。

人民法院除应当审查被告人是否具有法定量刑情节外，还应当根据案件情况审查以下影响量刑的情节：案件起因；被害人有无过错及过错程度，是否对矛盾激化负有责任及责任大小；被告人的近亲属是否协助抓获被告人；被告人平时表现，有无悔罪态度；退赃、退赔及赔偿情况；被告人是否取得被害人或者其近亲属谅解；影响量刑的其他情节。

Q. 审判期间，合议庭发现被告人可能有自首、坦白、立功等法定量刑情节，而人民检察院移送的案卷中没有相关证据材料的，应当通知人民检察院在指定时间内移送。

审判期间，被告人提出新的立功线索的，人民法院可以建议人民检察院补充侦查。

R. 对被告人认罪的案件，在确认被告人了解起诉书指控的犯罪事实和罪名，自愿认罪且知悉认罪的法律后果后，法庭调查可以主要围绕量刑和其他有争议的问题进行。

对被告人不认罪或者辩护人作无罪辩护的案件，法庭调查应当在查明定罪事实的基础上，查明有关量刑事实。

S. 法庭审理过程中，应当对查封、扣押、冻结财物及其孳息的权属、来源等情况，是否属于违法所得或者依法应当追缴的其他涉案财物进行调查，由公诉人说明情况、出示证据、提出处理建议，并听取被告人、辩护人等诉讼参与人的意见。

案外人对查封、扣押、冻结的财物及其孳息提出权属异议的，人民法院应当听取案外人的意见；必要时，可以通知案外人出庭。

经审查，不能确认查封、扣押、冻结的财物及其孳息属于违法所得或者依法应当追缴的其他涉案财物的，不得没收。

T. 审理过程中，法庭认为有必要的，可以传唤同案被告人、分案审理的共同犯罪或者关联犯罪案件的被告人等到庭对质。

④认证规则

A. 对于控辩双方提出的事实证据争议，法庭应当当庭进行审查，经审查后当庭作出处理的，应当一并说明理由；需要庭后评议作出处理的，应当在裁判文书中说明理由。

B. 法庭经审查认定的非法证据，应当依法予以排除，不得出示、质证。

C. 对于经过控辩双方质证的证据，法庭应当结合控辩双方质证意见，从证据与待证事实的关联程度、证据之间的印证关系、证据自身的真实性程度等方面，综合判断证据能否作为定案的根据。

证据与待证事实不存在关联，或者证据自身存在无法解释的疑问，或者证据与待证事实以及其他证据存在无法排除的矛盾的，不得作为定案的根据。

D. 通过勘验、检查、搜查等方式搜集的物证、书证等证据，未通过辨认、鉴定等方式确定其与案件事实的关联的，不得作为定案的根据。

法庭对鉴定意见有疑问的，可以重新鉴定。

E. 收集证据的程序、方式不符合法律规定，严重影响证据真实性的，人民法院应当建议人民检察院予以补正或者作出合理解释；不能补正或者作出合理解释的，有关证据不能作为定案的根据。

F. 证人没有出庭作证，其庭前证言真实性无法确认的，不得作为定案的根据。

证人当庭作出的证言与其庭前证言矛盾，证人能够作出合理解释，并与相关证据印证的，应当采信其庭审证言；不能作出合理解释，而其庭前证言与相关证据印证的，可以采信其庭前证言。

G. 经人民法院通知，鉴定人拒不出庭作证的，鉴定意见不得作为定案的根据。

有专门知识的人当庭对鉴定意见提出质疑，鉴定人能够作出合理解释，并与相关证据印证的，可以采信鉴定意见；不能作出合理解释，无法确认鉴定意见可靠性的，有关鉴定意见不能作为定案的根据。

H. 被告人的当庭供述与庭前供述、自书材料存在矛盾，被告人能够作出合理解释，并与相关证据印证的，应当采信其当庭供述；不能作出合理解释，而其庭前供述、自书材料与相关证据印证的，可以采信其庭前供述、自书材料。

I. 法庭在庭审过程中审查认定或者排除的证据，应当当庭说明理由；庭后评议认定或者排除的证据，应当在裁判文书中说明理由。

J. 法庭认定被告人有罪，必须达到犯罪事实清楚，证据确实、充分，对于定罪事实应当综合全案证据排除合理怀疑。定罪证据不足的案件，不能认定被告人有罪，应当作出证据不足、指控的犯罪不能成立的无罪判决。定罪证据确实、充分，量刑证据存疑的，应当作出有利于被告人的认定。

法庭调查结束的标志：第一，对指控的每个事实、情节都已调查；第二，诉讼双方没有新的证据予以提供；第三，法官认为没有需要补充调查的内容。

（3）法庭辩论

合议庭认为案件事实已经调查清楚的，应当由审判长宣布法庭调查结束，开始进行法庭辩论。

法庭辩论是控辩双方在审判长主持下，在法庭调查的基础上，就定罪、量刑、涉案财物处理的事实、证据、适用法律等问题，发表意见，进行论证，互相辩驳的一种诉讼活动。控辩双方发言的目的，都在于说服审判人员采纳自己的意见，做到兼听则明，公正裁判。

发言的顺序是：公诉人发言；被害人及其诉讼代理人发言；被告人自行辩护；辩护人辩护；控辩双方进行辩论。

人民检察院可以提出量刑建议并说明理由；建议判处管制、宣告缓刑的，一般应当附有调查评估报告，或者附有委托调查函。当事人及其辩护人、诉讼代理人可以对量刑提出意见并说明理由。

对被告人认罪的案件，法庭辩论时，应当指引控辩双方主要围绕量刑和其他有争议的问题进行。对被告人不认罪或者辩护人作无罪辩护的案件，法庭辩论时，可以指引控辩双方先辩论定罪问题，后辩论量刑和其他问题。

附带民事部分的辩论应当在刑事部分的辩论结束后进行，先由附带民事诉讼原告人及其诉讼代理人发言，后由附带民事诉讼被告人及其诉讼代理人答辩。

法庭辩论过程中，审判长应当充分听取控辩双方的意见，对控辩双方与案件无关、重复或者指责对方的发言应当提醒、制止。

法庭辩论过程中，合议庭发现与定罪、量刑有关的新的事实，有必要调查的，审判长可以宣布恢复法庭调查，在对新的事实调查后，继续法庭辩论。

公诉人当庭发表与起诉书不同的意见，属于变更、追加、补充或者撤回起诉的，人民法院应当要求人民检察院在指定时间内以书面方式提出；必要时，可以宣布休庭。人民检察院在指定时间内未提出的，人民法院应当根据法庭审理情况，就起诉书指控的犯罪事实依法作出判决、裁定。人民检察院变更、追加、补充起诉的，人民法院应当给予被告人及其辩护人必要的准备时间。

经过一轮或几轮法庭辩论，案件事实已经查清，证据已经核实，合议庭认为控辩双方均已提不出新的意见，没有继续辩论必要时，审判长即终止双方的辩论发言，宣告法庭辩论结束。

（4）被告人最后陈述

被告人最后陈述，既是法庭审判的必经程序，也是被告人的一项重要的、不可剥夺的权利。

审判长在宣布法庭辩论结束后，立即宣布由被告人作最后陈述。对于被告人的最后陈述，审判人员应当认真听取，陈述的内容只要不超出本案范围，就不应限制其发言的时间，或随意打断其发言。被告人在最后陈述中多次重复自己的意见的，法庭可以制止；陈述内容蔑视法庭、公诉人，损害他人及社会公共利益，或者与本案无关的，应当制止。在公开审理的案件中，被告人最后陈述的内容涉及国家秘密、个人隐私或者商业秘密的，应当制止。

被告人在最后陈述中提出新的事实、证据，合议庭认为可能影响正确裁判的，应当恢复法庭调查；如果被告人提出新的辩解理由，合议庭认为可能影响正确裁判的，应当恢复法庭辩论。被告人最后陈述完毕后，由审判长宣布休庭。

（5）评议和宣判

被告人最后陈述后，审判长应当宣布休庭，合议庭进行评议。

评议是合议庭在庭审基础上，对案件事实的认定、法律适用进行讨论并作出处理决定的诉讼活动。合议庭评议应当在审判长的主持下进行。合议庭评议案件，应当根据已经查明的事实、证据和有关法律规定，在充分考虑控辩双方意见的基础上，确定被告人是否有罪、构成何罪，有无从重、从轻、减轻或者免除处罚情节，应否处以刑罚、判处何种刑罚，附带民事诉讼如何解决，查封、扣押、冻结的财物及其孳息如何处理等，并依法作出判决、裁定。

评议时，如果有意见分歧，应按多数人的意见作出决定，但少数人的意见应当写入笔录。对于疑难、复杂、重大的案件，合议庭成员意见分歧较大，难以对案件作出处理决定的，由合议庭提请院长决定提交审判委员会讨论。审判委员会的决定，合议庭应当执行。评议一律秘密进行，评议笔录不允许当事人及其他诉讼参与人查阅，合议庭成员也不得向外界泄露有关评议的情况。合议庭成员、法官助理、书记员应当在评议笔录上签名。

对第一审公诉案件，人民法院审理后，应当按照下列情形分别作出判决、裁定：

①起诉指控的事实清楚，证据确实、充分，依据法律认定指控被告人的罪名成立的，应当作出有罪判决。

②起诉指控的事实清楚，证据确实、充分，但指控的罪名不当的，应当依据法律和审理认定的事实作出有罪判决。人民法院应当在判决前听取控辩双方的意见，保障被告人、辩护人充分行使辩护权。必要时，可以再次开庭，组织控辩双方围绕被告人的行为构成何罪及如何量刑进行辩论。

③案件事实清楚，证据确实、充分，依据法律认定被告人无罪的，应当判决宣告被告人无罪。

④证据不足，不能认定被告人有罪的，应当以证据不足、指控的犯罪不能成立，判决宣告被告人无罪。⑤案件部分事实清楚，证据确实、充分的，应当作出有罪或者无罪的判决；对事实不清、证据不足部分，不予认定。

⑥被告人因未达到刑事责任年龄，不予刑事处罚的，应当判决宣告被告人不负刑事责任。

⑦被告人是精神病人，在不能辨认或者不能控制自己行为时造成危害结果，不予刑事处罚的，应当判决宣告被告人不负刑事责任；被告人符合强制医疗条件的，应当依照强制医疗程序的规定进行审理并作出判决。

⑧犯罪已过追诉时效期限且不是必须追诉，或者经特赦令免除刑罚的，应当裁定终止审理。

⑨属于告诉才处理的案件，应当裁定终止审理，并告知被害人有权提起自诉。

⑩被告人死亡的，应当裁定终止审理；但有证据证明被告人无罪，经缺席审理确认无罪的，应当判决宣告被告人无罪。

对涉案财物，人民法院应当根据审理查明的情况作出处理。

评议结束后，即可宣判。

裁判文书应当写明裁判依据，阐释裁判理由，反映控辩双方的意见并说明采纳或者不予采纳的理由。适用普通程序审理的被告人认罪的案件，裁判文书可以适当简化。

合议庭成员、法官助理、书记员应当在判决书、裁定书等法律文书上署名，加盖法院公章，写明判决日期、上诉期限和上诉的法院。

庭审结束后、评议前，部分合议庭成员不能继续履行审判职责的，人民法院应当依法更换合议庭组成人员，重新开庭审理。

评议后、宣判前，部分合议庭成员因调动、退休等正常原因不能参加宣判，在不改变原评议结论的情况下，可以由审判本案的其他审判员宣判，裁判文书上仍署审判本案的合议庭成员的姓名。

在开庭后、宣告判决前，人民检察院要求撤回起诉的，人民法院应当审查撤回起诉的理由，作出是否准许的裁定。

审判期间，人民法院发现新的事实，可能影响定罪量刑的，或者需要补查补证的，应当通知人民检察院，由其决定是否补充、变更、追加起诉或者补充侦查。人民检察院不同意或者在指定时间内未回复书面意见的，人民法院应当就起诉指控的事实，依法作出判决、裁定。

对于因证据不足，不能认定被告人有罪，作出证据不足、指控的犯罪不能成立的无罪判决后，人民检察院根据新的事实、证据重新起诉受理的案件，人民法院应当在判决中写明被告人曾被人民检察院提起公诉，因证据不足，指控的犯罪不能成立，被人民法院依法判决宣告无罪的情况；前案依照《刑事诉讼法》第 200 条第三项规定作出的证据不足、指控的犯罪不能成立的无罪判决不予撤销。

宣判是审判人员向当事人宣告判决的具体内容。宣判分为当庭宣判和定期宣判两种。当庭宣告判决的，应当宣布判决结果，并在 5 日内将判决书送达人民检察院、当事人、法定代理人、辩护人、诉讼代理人，并可以送达被告人的近亲属。定期宣告判决的，合议庭应当在宣判前，先期公告宣判的时间和地点，传唤当事人并通知公诉人、法定代理人、辩护人和诉讼代理人；判决宣告后应当立即将判决书送达人民检察院、当事人、法定代理人、辩护人、诉讼代理人，并可以送达被告人的近亲属。被害人死亡，其近亲属申请领取判决书的，人民法院应当及时提供。判决生效后，还应当送达被告人的所在单位或者户籍地的公安派出所，或者被告单位的注册登记机关。被告人系外国人，且在境内有居住地的，应当送达居住地的公安派出所。

宣告判决，一律公开进行。宣告判决结果时，法庭内全体人员应当起立。公诉人、辩护人、诉讼代理人、被害人、自诉人或者附带民事诉讼原告人未到庭的，不影响宣判的进行。

4. 有关庭审的几个问题

（1）法庭审判笔录

法庭审判笔录是全面记载法庭审判活动的诉讼文书。它既是合议庭分析研究案情、进行评议、对案件做出裁判的依据，又是二审程序、死刑复核程序和再审程序必不可少的材料，还是以后对案件进行复查等活动的依据。因此，书记员应当准确无误地做好审判笔录。

根据《刑事诉讼法》第 207 条的规定，法庭审判笔录的制作应当符合以下规定：

①开庭审理的全部活动，应当由书记员制作笔录；笔录经审判长审阅后，分别由审判长和书记员签名。

②法庭笔录应当在庭审后交由当事人、法定代理人、辩护人、诉讼代理人阅读或者向其宣读。

法庭笔录中的出庭证人、鉴定人、有专门知识的人、调查人员、侦查人员或者其他人员的证言、意见部分，应当在庭审后分别交由有关人员阅读或者向其宣读。

上述所列人员认为记录有遗漏或者差错的，可以请求补充或者改正；确认无误后，应当签名；拒绝签名的，应当记录在案；要求改变庭审中陈述的，不予准许。

（2）庭审时被告人服装及戒具使用要求

在押被告人出庭受审时，不着监管机构的识别服。

庭审期间不得对被告人使用戒具，但法庭认为其人身危险性大，可能危害法庭安全的除外。

（3）审判障碍

①中止审理

中止审理是指人民法院在审判过程中，因发现或者出现影响案件正常审理的情形，合议庭决定暂停审判的诉讼活动。

根据《刑事诉讼法》第 206 条的规定，在审判过程中，有下列情形之一，致使案件在较长时间内无法继续审理的，可以中止审理：被告人患有严重疾病，无法出庭的；被告人脱逃的；自诉人患有严重疾病，无法出庭，未委托诉讼代理人出庭的；由于不能抗拒的原因。

中止审理的原因消失后，应当恢复审理。中止审理的期间不计入审理期限。

②延期审理

延期审理是指人民法院在因故不能届时开庭或者在审理中遇有法定的正当理由及情形致使审判无法继续时，从而决定延展审期，待情形、理由消失后再行审理的诉讼活动。

根据《刑事诉讼法》第204条的规定，在法庭审判过程中，遇有下列情形之一，影响审判进行的，可以延期审理：需要通知新的证人到庭，调取新的物证，重新鉴定或者勘验的；检察人员发现提起公诉的案件需要补充侦查，提出建议的；由于申请回避而不能进行审判的。

另外，辩护人依照有关规定当庭拒绝继续为被告人进行辩护或者被告人当庭拒绝辩护人为其辩护，而被告人要求另行委托辩护人或者要求人民法院另行指定辩护律师，合议庭同意的，也可以延期审理。

延期审理只是推迟审理，是在审理期限内的延期，延期审理的期间应当计入审限。

③终止审理

终止审理是指人民法院遇有法定不予追诉情形之一的，终结审理的诉讼活动。

《刑事诉讼法》第16条第二项至第六项规定了应当终止审理的情形：犯罪已过追诉时效期限的；经特赦令免除刑罚的；依照刑法告诉才处理的犯罪，没有告诉或者撤回告诉的；被告人死亡的；其他法律规定免予追究刑事责任的。

延期审理、中止审理、终止审理的区别

	延期审理	中止审理	终止审理
性质	推迟审理	暂停审理	永远终止
条件	诉讼事件出现	无法预见	法定原因
再次开庭的预见性	可预见必然恢复审理	不可预见，可能恢复	不能恢复
排除方法	通过诉讼活动排除	诉讼外因素决定	不可排除
与期限的关系	计入审理期限	不计入审理期限	无关
作出决定的时间	庭审中作出	庭前准备阶段及庭审中	宣判前的任何阶段

（3）法庭秩序

法庭秩序是指《中华人民共和国人民法院法庭规则》所规定的诉讼参与人和旁听人员应当遵守的秩序和纪律。

庭审期间，全体人员应当服从法庭指挥，遵守法庭纪律，尊重司法礼仪，不得实施下列行为：鼓掌、喧哗、随意走动；吸烟、进食；拨打、接听电话，或者使用即时通讯工具；对庭审活动进行录音、录像、拍照或者使用即时通讯工具等传播庭审活动；其他危害法庭安全或者扰乱法庭秩序的行为。

旁听人员不得进入审判活动区，不得随意站立、走动，不得发言和提问。

记者经许可对庭审活动进行录音、录像、拍照或者使用即时通讯工具等传播庭审活动的行为，应当在指定的时间及区域进行，不得干扰庭审活动。

①对违反法庭秩序的处理

有关人员危害法庭安全或者扰乱法庭秩序的，审判长应当按照下列情形分别处理：

A. 情节较轻的，应当警告制止；根据具体情况，也可以进行训诫；

B. 训诫无效的，责令退出法庭；拒不退出的，指令法警强行带出法庭；

C. 情节严重的，报经院长批准后，可以对行为人处一千元以下的罚款或者十五日以下的拘留。

D. 未经许可对庭审活动进行录音、录像、拍照或者使用即时通讯工具等传播庭审活动的，可以暂扣相关设备及存储介质，删除相关内容。

E. 担任辩护人、诉讼代理人的律师严重扰乱法庭秩序，被强行带出法庭或者被处以罚款、拘留的，人民法院应当通报司法行政机关，并可以建议依法给予相应处罚。

辩护人严重扰乱法庭秩序，被责令退出法庭、强行带出法庭或者被处以罚款、拘留，被告人自行辩护的，庭审继续进行；被告人要求另行委托辩护人，或者被告人属于应当提供法律援助情形的，应当宣布休庭。

辩护人、诉讼代理人被责令退出法庭、强行带出法庭或者被处以罚款后，具结保证书，保证服从法庭指挥、不再扰乱法庭秩序的，经法庭许可，可以继续担任辩护人、诉讼代理人。

辩护人、诉讼代理人具有下列情形之一的，不得继续担任同一案件的辩护人、诉讼代理人：擅自退庭的；无正当理由不出庭或者不按时出庭，严重影响审判顺利进行的；被拘留或者具结保证书后再次被责令退出法庭、强行带出法庭的。

F. 实施下列行为之一，危害法庭安全或者扰乱法庭秩序，构成犯罪的，依法追究刑事责任：非法携带枪支、弹药、管制刀具或者爆炸性、易燃性、毒害性、放射性以及传染病病原体等危险物质进入法庭；哄闹、冲击法庭；侮辱、诽谤、威胁、殴打司法工作人员或者诉讼参与人；毁坏法庭设施，抢夺、损毁诉讼文书、证据；其他危害法庭安全或者扰乱法庭秩序的行为。

②对罚款、拘留处理的救济

有关人员对罚款、拘留的决定不服的，可以直接向上一级人民法院申请复议，也可以通过决定罚款、拘留的人民法院向上一级人民法院申请复议。通过决定罚款、拘留的人民法院申请复议的，该人民法院应当自收到复议申请之日起三日以内，将复议申请、罚款或者拘留决定书和有关事实、证据材料一并报上一级人民法院复议。复议期间，不停止决定的执行。

（4）第一审程序的审理期限

根据《刑事诉讼法》第208条的规定，第一审程序的审理期限应当按照下列规定执行：

①人民法院审理公诉案件，应当在受理后二个月以内宣判，至迟不得超过三个月。

②对于可能判处死刑的案件或者附带民事诉讼的案件，以及有《刑事诉讼法》第158条规定情形之一的，经上一级人民法院批准，可以延长三个月。因特殊情况还需要延长的，报请最高人民法院批准。

③人民法院改变管辖的案件，从改变后的人民法院收到案件之日起计算审理期限。

④人民检察院补充侦查的案件，补充侦查完毕移送人民法院后，人民法院重新计算审理期限。

（5）诉讼文书

①判决

判决是人民法院解决案件实体问题所作的决定。刑事判决是人民法院对刑事案件经过法庭审理，根据已查明的事实和证据，依照法律的有关规定，就被告人的行为是否构成犯罪，犯了什么罪，应否处以刑罚，处以何种刑罚及附带民事赔偿等实体问题所作的结论。

刑事判决从程序方面讲，标志着案件审理的结束；从内容方面讲，它最后解决了案件的实体问题。

生效的判决有三个特点：第一，强制性。判决一经发生法律效力，它所确定的内容就必须无条件地立即执行，且具有普遍的约束力，当事人必须切实遵守，其他任何单位和个人都无权干扰判决的执行，否则应当受到法律的追究。第二，稳定性。对于发生法律效力的判决，任何机关团体和个人都不能任意撤销和改变。即使判决在认定事实和适用法律上确有错误，也只能由人民法院依照审判监督程序予以撤销或变更。第三，排他性。一个案件只能有一个发生法律效力的判决，对于生效判决所确定的事实，当事人和人民检察院不能再行起诉，人民法院不能再行判决。

②裁定

裁定是人民法院在诉讼中或者判决执行过程中，解决诉讼程序问题或部分实体问题的一种处理决定。

③决定

决定是指人民法院在审理过程中，为专门解决某一程序性问题所作出的处理意见。

判决、裁定、决定的区别

种类	解决问题	适用主体	形式	救济方法	数量	上诉期限	效力
判决	实体	法院	书面	可上诉、抗诉	1个	10天	一审不立即生效
裁定	程序、部分实体	法院	书面、口头	个别可上诉、抗诉	若干	5天	除了驳回起诉裁定外，其余立即生效
决定	程序	公、检、法	口头、书面	申诉、申诉复议等	若干		立即生效

5. 人民检察院参与一审公诉程序

提起公诉的案件，人民检察院应当派员以国家公诉人的身份出席第一审法庭，支持公诉。

公诉人应当由检察官担任。检察官助理可以协助检察官出庭。根据需要可以配备书记员担任记录。

（1）出庭准备工作

人民法院决定开庭审判的，公诉人应当做好以下准备工作：①进一步熟悉案情，掌握证据情况；②深入研究与本案有关的法律政策问题；③充实审判中可能涉及的专业知识；④拟定讯问被告人、询问证人、鉴定人、有专门知识的人和宣读、出示、播放证据的计划并制定质证方案；⑤对可能出现证据合法性争议的，拟定证明证据合法性的提纲并准备相关材料；⑥拟定公诉意见，准备辩论提纲；⑦需要对出庭证人等的保护向人民法院提出建议或者配合工作的，做好相关准备。

（2）对非法证据问题的处理

人民检察院在开庭审理前收到人民法院或者被告人及其辩护人、被害人、证人等送交的反映证据系非法取得的书面材料的，应当进行审查。对于审查逮捕、审查起诉期间已经提出并经查证不存在非法取证行为的，应当通知人民法院、有关当事人和辩护人，并按照查证的情况做好庭审准备。对于新的材料或者线索，可以要求监察机关、公安机关对证据收集的合法性进行说明或者提供相关证明材料。

（3）参加庭前会议

人民法院通知人民检察院派员参加庭前会议的，由出席法庭的公诉人参加。检察官助理可以协助。根据需要可以配备书记员担任记录。

人民检察院认为有必要召开庭前会议的，可以建议人民法院召开庭前会议。

在庭前会议中，公诉人可以对案件管辖、回避、出庭证人、鉴定人、有专门知识的人的名单、辩护人提供的无罪证据、非法证据排除、不公开审理、延期审理、适用简易程序或者速裁程序、庭审方案等与审判相关的问题提出和交换意见，了解辩护人收集的证据等情况。

对辩护人收集的证据有异议的，应当提出，并简要说明理由。

公诉人通过参加庭前会议，了解案件事实、证据和法律适用的争议和不同意见，解决有关程序问题，为参加法庭审理做好准备。

当事人、辩护人、诉讼代理人在庭前会议中提出证据系非法取得，人民法院认为可能存在以非法方法收集证据情形的，人民检察院应当对证据收集的合法性进行说明。需要调查核实的，在开庭审理前进行。

（4）公诉人在法庭上的工作

公诉人在法庭上应当依法进行下列活动：①宣读起诉书，代表国家指控犯罪，提请人民法院对被告人依法审判；②讯问被告人；③询问证人、被害人、鉴定人；④申请法庭出示物证，宣读书证、未到庭证人的证言笔录、鉴定人的鉴定意见、勘验、检查、辨认、侦查实验等笔录和其他作为证据的文书，播放作为证据的视听资料、电子数据等；⑤对证据采信、法律适用和案件情况发表意见，提出量刑建议及理由，针对被告人、辩护人的辩护意见进行答辩，全面阐述公诉意见；⑥维护诉讼参与人的合法权利；⑦对法庭审理案件有无违反法律规定诉讼程序的情况记明笔录；⑧依法从事其他诉讼活动。

（5）法庭举证质证

人民检察院向人民法院移送全部案卷材料后，在法庭审理过程中，公诉人需要出示、宣读、播放有关证据的，可以申请法庭出示、宣读、播放。

人民检察院基于出庭准备和庭审举证工作的需要，可以取回有关案卷材料和证据。取回案卷材料和证据后，辩护律师要求查阅案卷材料的，应当允许辩护律师在人民检察院查阅、摘抄、复制案卷材料。在法庭审理中，公诉人应当客观、全面、公正地向法庭出示与定罪、量刑有关的证明被告人有罪、罪重或者罪轻的证据。

按照审判长要求，或者经审判长同意，公诉人可以按照以下方式举证、质证：①对于可能影响定罪量刑的关键证据和控辩双方存在争议的证据，一般应当单独举证、质证；②对于不影响定罪量刑且控辩双方无异议的证据，可以仅就证据的名称及其证明的事项、内容作出说明；③对于证明方向一致、证明内容相近或者证据种类相同，存在内在逻辑关系的证据，可以归纳、分组示证、质证。

公诉人出示证据时，可以借助多媒体设备等方式出示、播放或者演示证据内容。

定罪证据与量刑证据需要分开的，应当分别出示。

公诉人讯问被告人，询问证人、被害人、鉴定人，出示物证，宣读书证、未出庭证人的证言笔录等应当围绕下列事实进行：①被告人的身份；②指控的犯罪事实是否存在，是否为被告人所实施；③实施犯罪行为的时间、地点、方法、手段、结果，被告人犯罪后的表现等；④犯罪集团或者其他共同犯罪案件中参与犯罪人员的各自地位和应负的责任；⑤被告人有无刑事责任能力，有无故意或者过失，行为的动机、目的；⑥有无依法不应当追究刑事责任的情况，有无法定的从重或者从轻、减轻以及免除处罚的情节；⑦犯罪对象、作案工具的主要特征，与犯罪有关的财物的来源、数量以及去向；⑧被告人全部或者部分否认起诉书指控的犯罪事实的，否认的根据和理由能否成立；⑨与定罪、量刑有关的其他事实。

对于免证事实，公诉人不必举证。

讯问被告人、询问证人不得采取可能影响陈述或者证言客观真实的诱导性发问以及其他不当发问方式。

辩护人向被告人或者证人进行诱导性发问以及其他不当发问可能影响陈述或者证言的客观真实的，公诉人可以要求审判长制止或者要求对该项陈述或者证言不予采纳。

讯问共同犯罪案件的被告人、询问证人应当个别进行。

被告人、证人、被害人对同一事实的陈述存在矛盾的，公诉人可以建议法庭传唤有关被告人、通知有关证人同时到庭对质，必要时可以建议法庭询问被害人。

被告人在庭审中的陈述与在侦查、审查起诉中的供述一致或者不一致的内容不影响定罪量刑的，可以不宣读被告人供述笔录。被告人在庭审中的陈述与在侦查、审查起诉中的供述不一致，足以影响定罪量刑的，可以宣读被告人供述笔录，并针对笔录中被告人的供述内容对被告人进行讯问，或者提出其他证据进行证明。

公诉人对证人证言有异议，且该证人证言对案件定罪量刑有重大影响的，可以申请人民法院通知证人出庭作证。人民警察就其执行职务时目击的犯罪情况作为证人出庭作证，适用证人出庭作证规定。

公诉人对鉴定意见有异议的，可以申请人民法院通知鉴定人出庭作证。经人民法院通知，鉴定人拒不出庭作证的，公诉人可以建议法庭不予采纳该鉴定意见作为定案的根据，也可以申请法庭重新通知鉴定人出庭作证或者申请重新鉴定。必要时，公诉人可以申请法庭通知有专门知识的人出庭，就鉴定人作出的鉴定意见提出意见。

当事人或者辩护人、诉讼代理人对证人证言、鉴定意见有异议的，公诉人认为必要时，可以申请人民法院通知证人、鉴定人出庭作证。

证人应当由人民法院通知并负责安排出庭作证。对于经人民法院通知而未到庭的证人或者出庭后拒绝作证的证人的证言笔录，公诉人应当当庭宣读。对于经人民法院通知而未到庭的证人的证言笔录存在疑问，确实需要证人出庭作证，且可以强制其到庭的，公诉人应当建议人民法院强制证人到庭作证和接受质证。

证人在法庭上提供证言，公诉人应当按照审判长确定的顺序向证人发问。可以要求证人就其所了解的与案件有关的事实进行陈述，也可以直接发问。证人不能连贯陈述的，公诉人可以直接发问。向证人发问，应当针对证言中有遗漏、矛盾、模糊不清和有争议的内容，并着重围绕与定罪量刑紧密相关的事实进行。发问采取一问一答形式，提问应当简洁、清楚。证人进行虚假陈述的，应当通过发问澄清事实，必要时可以宣读在侦查、审查起诉阶段制作的该证人的证言笔录或者出示、宣读其他证据。当事人和辩护人、诉讼代理人向证人发问后，公诉人可以根据证人回答的情况，经审判长许可，再次向证人发问。

询问鉴定人、有专门知识的人参照上述规定进行。

必要时，公诉人可以建议法庭采取不暴露证人、鉴定人、被害人外貌、真实声音等出庭作证保护措施，或者建议法庭在庭外对证据进行核实。

对于鉴定意见、勘验、检查、辨认、侦查实验等笔录和其他作为证据的文书以及经人民法院通知而未到庭的被害人的陈述笔录，公诉人应当当庭宣读。

公诉人向法庭出示物证，一般应当出示原物。原物不易搬运、不易保存或者已返还被害人的，可以出示反映原物外形和特征的照片、录像、复制品，并向法庭说明情况及与原物的同一性。

公诉人向法庭出示书证，一般应当出示原件。获取书证原件确有困难的，可以出示书证副本或者复制件，并向法庭说明情况及与原件的同一性。

公诉人向法庭出示物证、书证，应当对该物证、书证所要证明的内容、获取情况作出说明，并向当事人、证人等问明物证的主要特征，让其辨认。对该物证、书证进行鉴定的，应当宣读鉴定意见。

在法庭审理过程中，被告人及其辩护人提出被告人庭前供述系非法取得，审判人员认为需要进行法庭调查的，公诉人可以通过出示讯问笔录、提讯登记、体检记录、采取强制措施或者侦查措施的法律文书、侦查终结前对讯问合法性进行核查的材料等证据材料，有针对性地播放讯问录音、录像，提请法庭通知调查人员、侦查人员或者其他人员出庭说明情况等方式，对证据收集的合法性加以证明。

审判人员认为可能存在《刑事诉讼法》第56条规定的以非法方法收集其他证据的情形，需要进行法庭调查的，公诉人可以对证据收集的合法性进行证明。公诉人不能当庭证明证据收集的合法性，需要调查核实的，可以建议法庭休庭或者延期审理。

在法庭审理期间，人民检察院可以要求监察机关或者公安机关对证据收集的合法性进行说明或者提供相关证明材料。必要时，可以自行调查核实。

公诉人对证据收集的合法性进行证明后，法庭仍有疑问的，可以建议法庭休庭，由人民法院对相关证据进行调查核实。人民法院调查核实证据，通知人民检察院派员到场的，人民检察院可以派员到场。

在法庭审理过程中，对证据合法性以外的其他程序事实存在争议的，公诉人应当出示、宣读有关诉讼文书、侦查或者审查起诉活动笔录。

对于搜查、查封、扣押、冻结、勘验、检查、辨认、侦查实验等活动中形成的笔录存在争议，需要调查人员、侦查人员以及上述活动的见证人出庭陈述有关情况的，公诉人可以建议合议庭通知其出庭。

在法庭审理过程中，合议庭对证据有疑问或者人民法院根据辩护人、被告人的申请，向人民检察院调取在侦查、审查起诉中收集的有关被告人无罪或者罪轻的证据材料的，人民检察院应当自收到人民法院要求调取证据材料决定书后三日以内移交。没有上述材料的，应当向人民法院说明情况。

在法庭审理过程中，合议庭对证据有疑问并在休庭后进行勘验、检查、查封、扣押、鉴定和查询、冻结的，人民检察院应当依法进行监督，发现上述活动有违法情况的，应当提出纠正意见。

人民法院根据申请收集、调取的证据或者在合议庭休庭后自行调查取得的证据，应当经过庭审出示、质证才能决定是否作为判决的依据。未经庭审出示、质证直接采纳为判决依据的，人民检察院应当提出纠正意见。

在法庭审理过程中，经审判长许可，公诉人可以逐一对正在调查的证据和案件情况发表意见，并同被告人、辩护人进行辩论。证据调查结束时，公诉人应当发表总结性意见。

（6）法庭辩论

在法庭辩论中，公诉人应发表公诉意见。公诉人与被害人、诉讼代理人意见不一致的，公诉人应当认真听取被害人、诉讼代理人的意见，阐明自己的意见和理由。

人民检察院向人民法院提出量刑建议的，公诉人应当在发表公诉意见时提出。

对认罪认罚案件，人民法院经审理认为人民检察院的量刑建议明显不当向人民检察院提出的，或者被告人、辩护人对量刑建议提出异议的，人民检察院可以调整量刑建议。

适用普通程序审理的认罪认罚案件，公诉人可以建议适当简化法庭调查、辩论程序。

（7）建议延期审理

在法庭审判过程中，遇有下列情形之一的，公诉人可以建议法庭延期审理：①发现事实不清、证据不足，或者遗漏罪行、遗漏同案犯罪嫌疑人，需要补充侦查或者补充提供证据的；②被告人揭发他人犯罪行为或者提供重要线索，需要补充侦查进行查证的；③发现遗漏罪行或者遗漏同案犯罪嫌疑人，虽不需要补充侦查和补充提供证据，但需要补充、追加起诉的；④申请人民法院通知证人、鉴定人出庭作证或者有专门知识的人出庭提出意见的；⑤需要调取新的证据，重新鉴定或者勘验的；⑥公诉人出示、宣读开庭前移送人民法院的证据以外的证据，或者补充、追加、变更起诉，需要给予被告人、辩护人必要时间进行辩护准备的；⑦被告人、辩护人向法庭出示公诉人不掌握的与定罪量刑有关的证据，需要调查核实的；⑧公诉人对证据收集的合法性进行证明，需要调查核实的。

在人民法院开庭审理前发现具有上述情形之一的，人民检察院可以建议人民法院延期审理。

法庭宣布延期审理后，人民检察院应当在补充侦查期限内提请人民法院恢复法庭审理或者撤回起诉。公诉人在法庭审理过程中建议延期审理的次数不得超过两次，每次不得超过一个月。

（8）补充侦查

在审判过程中，对于需要补充提供法庭审判所必需的证据或者补充侦查的，人民检察院应当自行收集证据和进行侦查，必要时可以要求监察机关或者公安机关提供协助；也可以书面要求监察机关或者公安机关补充提供证据。

（9）变更、追加、补充起诉

人民法院宣告判决前，人民检察院发现被告人的真实身份或者犯罪事实与起诉书中叙述的身份或者指控犯罪事实不符的，或者事实、证据没有变化，但罪名、适用法律与起诉书不一致的，可以变更起诉。发现遗漏同案犯罪嫌疑人或者罪行的，应当要求公安机关补充移送起诉或者补充侦查；对于犯罪事实清楚，证据确实、充分的，可以直接追加、补充起诉。

在法庭审理过程中，人民法院建议人民检察院补充侦查、补充起诉、追加起诉或者变更起诉的，人民检察院应当审查有关理由，并作出是否补充侦查、补充起诉、追加起诉或者变更起诉的决定。人民检察院不同意的，可以要求人民法院就起诉指控的犯罪事实依法作出裁判。

变更、追加、补充起诉应当以书面方式在判决宣告前向人民法院提出。

（10）撤回起诉

人民法院宣告判决前，人民检察院发现具有下列情形之一的，经检察长批准，可以撤回起诉：①不存在犯罪事实的；②犯罪事实并非被告人所为的；③情节显著轻微、危害不大，不认为是犯罪的；④证据不足或证据发生变化，不符合起诉条件的；⑤被告人因未达到刑事责任年龄，不负刑事责任的；⑥法律、司法解释发生变化导致不应当追究被告人刑事责任的；⑦其他不应当追究被告人刑事责任的。

对于撤回起诉的案件，人民检察院应当在撤回起诉后三十日以内作出不起诉决定。需要重新调查或者侦查的，应当在作出不起诉决定后将案卷材料退回监察机关或者公安机关，建议监察机关或者公安机关重新调查或者侦查，并书面说明理由。

对于撤回起诉的案件，没有新的事实或者新的证据，人民检察院不得再行起诉。新的事实是指原起诉书中未指控的犯罪事实。该犯罪事实触犯的罪名既可以是原指控罪名的同一罪名，也可以是其他罪名。新的证据是指撤回起诉后收集、调取的足以证明原指控犯罪事实的证据。

撤回起诉应当以书面方式在判决宣告前向人民法院提出。

6. 辩护人在一审公诉程序中的工作

审判阶段，辩护人既可以是律师，也可以是符合法律规定的其他人。在此阶段，辩护人的主要诉讼权利具体包括：

①会见和通信权。辩护律师可以同在押的被告人会见和通信。其他辩护人经人民法院许可，也可以同在押的被告人会见和通信。辩护律师会见在押的被告人，可以向被告人核实有关证据。辩护律师会见被告人时不被监听。

②阅卷权。审判阶段，辩护律师可以查阅、摘抄、复制本案的案卷材料。其他辩护人经人民法院许可，也可以查阅、摘抄、复制上述材料。复制案卷材料可以采用复印、拍照、扫描等方式。

③申请调取证据权。辩护人认为在审查起诉期间人民检察院收集的证明被告人无罪或

者罪轻的证据材料未提交的，有权申请人民法院调取。

④调查收集证据的权利。辩护律师经证人或者其他有关单位和个人同意，可以向他们收集与本案有关的材料；经人民法院许可，并且经被害人或者其近亲属、被害人提供的证人同意，可以向他们收集与本案有关的材料。

⑤申请收集、调取证据或者申请通知证人出庭作证的权利。辩护律师可以申请人民法院收集、调取证据或者申请通知证人出庭作证。

⑥参加法庭调查、法庭辩论权。辩护人有权参加法庭调查，对控方证据进行质证；经法庭许可，可以对被告人、被害人、证人、鉴定人发问；可以向法庭提供证明被告人无罪、罪轻的证据；可以申请通知新的证人到庭、调取新的物证，申请重新鉴定或勘验、检查。在法庭辩论阶段有权发表辩护意见。

⑦申诉或者控告权。根据刑诉法的规定，辩护人对于审判人员侵犯公民诉讼权利和人身侮辱的行为，有权提出控告；辩护人认为人民法院及其工作人员阻碍其依法行使诉讼权利的，有权向同级或者上一级人民检察院申诉或者控告。

⑧对委托人涉案信息的保密权。辩护律师对在执业活动中知悉的委托人的有关情况和信息，有权予以保密。但是，辩护律师在执业活动中知悉委托人或者其他人，准备或者正在实施危害国家安全、公共安全以及严重危害他人人身安全的犯罪的，应当及时告知司法机关。

⑨拒绝辩护权。根据《律师法》的规定，委托人委托事项违法或者利用律师提供的服务从事违法活动或者向律师隐瞒重要事实的，辩护律师有权拒绝辩护。

附：①人民法院适用普通程序对具体案件的审理程序

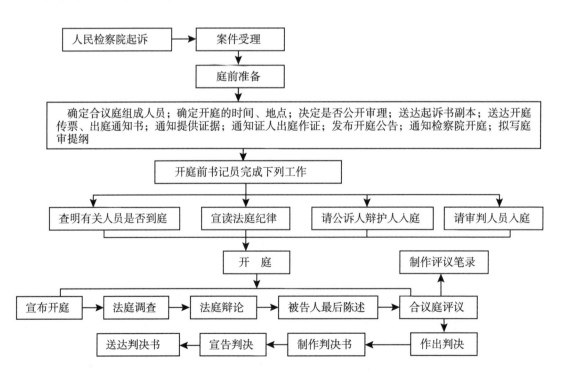

②人民法院适用普通程序一审审理文书

××人民法院
立案登记表

公诉机关			起诉书编号	检 诉〔　〕号
案　　由			收到起诉书日期	年　月　日
被告人姓名	性　别	出生日期	住址或羁押处所	
审查意见： 审查人： 年　月　日				
审查意见： 审查人： 年　月　日				
立案时间：　　　年　月　日			案件编号：（　　）　字第　　　号	
移交审判庭日期及接收人： 年　月　日			备注：	

立案登记表制作说明：

1. 本文书供第一审人民法院在收到公诉案件起诉书后，指定审判员进行审查时使用。

2. 表中"审查意见"栏，要按照司法解释规定的内容进行审查，并提出意见，送领导审批。如果需要人民检察院补充材料的，应当另行制作"补充材料函"；如果决定不予受理的，应当另行制作"不予受理决定书"；如果决定立案受理的，应当及时立案编号，并移交审判庭审理。

××人民法院
换押票

（　　）刑字第　　　号

＿＿＿＿＿＿看守所：

你所羁押的犯罪嫌疑人＿＿＿＿＿＿＿＿（性别＿＿＿＿，＿＿年＿＿月＿＿日出生，人民检察院指控其犯＿＿＿＿＿罪，向本院提起公诉，经审查，我院已依法受理，请予换押。

审判员：
书记员：
年　月　日

××人民法院

提　押　票

（　　）字第　　号

_____看守所：
　　下列被告人一名，请予提押。

审判员：

书记员：

年　月　日

被告人姓名	性别	出生日期	出生地
提出事由	提出时间及执行法警		还押时间和看守所值班民警
提出事由	年　月　日　时　分 执行法警：		年　月　日　时　分 值班民警：
提出事由	年　月　日　时　分 执行法警：		年　月　日　时　分 值班民警：
提出事由	年　月　日　时　分 执行法警：		年　月　日　时　分 值班民警：

送达起诉书副本笔录

时间：____年____月____日_____时

地点：

送达人：　　　　　　　　　　记录人：

送达人核对被告人姓名、性别、出生年月日、民族、出生地、文化程度等情况：

问：你何时被拘留？何时被逮捕？

答：

告知：_____人民检察院指控你犯有_____罪向本院提起公诉，我院已经受理。根据《中华人民共和国刑事诉讼法》第一百八十七条第一款的规定，现将_____人民检察院_____检_____诉［　　］_____号起诉书副本送达给你。我院即将开庭审理。除你自己行使辩护权外，还可以委托律师等辩护人为你辩护。

问：你听清了吗？有什么要说的？

答：

被告人：（签名）

××人民法院

传　　票

案　号	（　　　　　　　　）　字第　号
案　由	
当事人姓名	
工作单位或者住址	
传唤事由	
应到时间	年　月　日　时　分
应到处所	

注意事项：1. 被传唤人必须准时到达应到处所。

2. 被传唤人应携带本传票报到。

3. 被传唤人收到传票后，应在送达回证上签名或者盖章。

审判员：

书记员：

年　月　日

××人民法院

送 达 回 证

案　由		案号	（　　）　字第　号		
受送达人的姓名、住址					
送达的文书名称及件数	受送达人签收		代收人签收		送达人
	年　月　日		年　月　日		
	年　月　日		年　月　日		
	年　月　日		年　月　日		
备注：（如拒收，写明拒收的事由、送达时的见证人，并签字）					

法庭笔录（第　　　次）

时间：××××年××月××日×× 时××分至××时××分

地点：××××××××××××××××

是否公开审理：　　　　　　　　　　旁听人数：××××

审判人员：×××、×××、××

书记员：×××

在宣布开庭前，书记员应做好如下工作：

1. 查明公诉人、当事人、证人及其他诉讼参与人是否到庭。

2. 拟出庭作证的证人、鉴定人应安排在庭外休息，等候传唤。

3. 宣读法庭规则。

（1）未经允许不得录音、录像和摄影；

（2）未经允许不得进入审判区；

（3）不得发言、鼓掌、喧哗、吵闹，如对庭审活动有意见，可在庭审结束后提交书面材料；

（4）请关闭手机、呼机等通讯工具。

4. 请公诉人、诉讼代理人、辩护人入庭就座。

5. 全体起立。请审判长、审判员（人民陪审员）入庭。

6.（审判人员就座后，审判长宣布全体人员坐下）报告审判长，公诉人、诉讼代理人、辩护人已到庭，被告人已押到候审，其他诉讼参与人在庭外等候传唤，请指示。

审判长：××人民法院今天在这里依法公开（不公开）审理××人民检察院指控被告人（姓名和案由）一案。（对于不公开审理的，应说明理由）

：传被告人到庭。（被告人到庭后，原则上不使用戒具，但为保障安全秩序，确有必要的除外）

：现在查明被告人情况：（多个被告人的依次进行）

被告人姓名、出生年月、民族、出生地、文化程度、工作单位、职务、住址？

以前是否受过法律处罚、行政处罚、处分及其种类？是什么时间？

这次是什么时间、因为什么被拘留的？什么时间、因为什么被逮捕的？

是否收到检察院起诉书副本？是什么时间？

被害人到庭的，亦应由审判长先查明其姓名、年龄、职业、住址。

被告人×××的法定代理人的名字？年龄？住址？工作单位？与被告人关系？（其他诉讼参与人有法定代理人的也应当依次查明身份及与被代理人的关系）

如果有附带民事诉讼，还应查明附带民事诉讼各原告人和被告人的身份及附带民事诉讼被告人收到民事诉状的日期。

审判长：宣布法庭组成人员

合议庭由××××××（职务或职称）×××（姓名）担任审判长，和×××××× （职称）×××（姓名）、××××××（职称）××（姓名）组成合议庭，书记员×××担任法庭记录。××人民检察院指派×××（姓名、职务）出庭支持公诉。××

律师事务所×××律师为被告人×××辩护。由×××××× （单位及职称） ×××
（姓名） 出庭担任翻译，由×××××× （单位及职称） ××× （姓名） 出庭为本案技
术问题提出鉴定意见。

审判长：告知当事人、法定代理人及辩护人，在法庭审理过程中依法享有有如下主要
诉讼权利：

1. 可以申请合议庭组成人员、法官助理、书记员、公诉人、鉴定人和翻译人员回避；
2. 可以提出证据，申请通知新的证人到庭、调取新的证据，申请重新鉴定或者勘验；
3. 被告人可以自行辩护；
4. 被告人可以在法庭辩论终结后作最后陈述。

审判长：询问当事人、法定代理人是否申请回避，申请何人回避及理由。（如要申请
审判人员、出庭支持公诉的检察人员回避，合议庭认为符合法定情形的，应宣布休庭，依
照有关规定处理；认为不符合法定情形的，应当庭驳回，继续法庭审理；如果申请回避人
当庭申请复议，合议庭应当宣布休庭，待作出复议决定后，决定是否继续法庭审理。注
意：如果有多名被告人及其他当事人的，应分别询问）

审判长：告知法庭审理的主要阶段：法庭调查、法庭辩论、被告人最后陈述、评议及
宣判。

审判长：公诉人对法庭准备工作有无意见？（公诉人无意见之后）

审判长：请鉴定人退席到休息室听候通知。法庭准备工作结束。现在开始法庭调查。
由公诉人宣读起诉书。（有附带民事诉讼的，再由附带民事诉讼原告人或者其诉讼代理人
宣读民事诉状）

公诉人：（宣读）

（如系共同犯罪案件，审判长应当先将第一被告人留下庭审，将其他被告人带出法庭
候审。等第一被告人调查结束后，再将其带下，带其他被告人到庭进行调查。）

审判长：被告人，刚才宣读的起诉书是否听清了？

被告人：

审判长：与你收到的起诉书副本是否一致？

被告人：

审判长：你对起诉书指控的罪名是否有异议？

被告人：

审判长：你对起诉书指控的犯罪事实是否有异议？

被告人：

审判长：被告人你就起诉书对你的指控，向法庭作如实陈述。

被告人：

审判长：由公诉人对被告人进行讯问。

审判长：由辩护人对被告人发问。

（合议庭成员根据被告人的陈述情况，公诉人讯问情况，辩护人等询问、发问情况和
案件事实重点和定性要点，认为需要向被告人发问的，可以选择适当时机进行讯问）

（共同犯罪案件，法庭对每一名被告人进行调查后，将全部被告人带上法庭进行举

证、质证。)

　　审判长：由公诉人向法庭提供证据。

　　公诉人：请审判长通知证人×××出庭作证。

　　审判长：请值庭法警通知证人×××出庭。

　　：证人叫什么名字？出生年月日、民族、籍贯、文化程度、工作单位、职务、住址？与本案当事人是什么关系？

　　审判长：你出庭作证，应当向法庭如实提供证言，如有意作伪证或隐匿罪证要负法律责任，听清了吗？

　　：请值庭法警将保证书交证人签字。

　　：请值庭法警将保证书交还书记员。

　　审判长：公诉人对证人进行发问。

　　审判长：被告人对证人证言有什么意见，是否有发问？

　　被告人的辩护人对证人证言有什么意见，是否有发问？（合议庭成员根据案件事实和定性及被告人的陈述情况认为需要对证人发问，可以选择适当时机进行发问）

　　审判长：请书记员宣读证人证言笔录。

　　：证人×××刚才宣读的笔录与你的证言是否一致，有没有修改或补充？

　　：请值庭法警将证人证言交证人核对、签字。

　　：请值庭法警将证人证言交还书记员。

　　：证人退庭。

　　：由公诉人继续出示证据。

　　公诉人：审判长，下面要求宣读未到庭的证人证言。

　　审判长：可以宣读。

　　（公诉人宣读证人证言、被害人陈述、鉴定意见、勘验、检查、辨认、侦查实验笔录等，宣读完毕后，立即由被告人及辩护人进行质证，可以宣读一纷证据质证一次，也可以宣读几份同种类的证据后质证一次。）

　　审判长：由公诉人继续出示证据。

　　公诉人：审判长，下面要求出示有关物证、书证，由被告人辨认。

　　审判长：可以出示。

　　（公诉人出示物证、书证，应当首先说明证据的来源，物证的特征、书政的内容等，然后一证一出示，由值庭法警交由被告人、辩护人一一辨认。）

　　审判长：公诉人是否还有证据向法庭提供？

　　公诉人：审判长，控方证据提供完毕。

　　审判长：由被告人及辩护人向法庭提供证据。

　　被告人和辩护人：请审判长通知证人×××出庭作证。

　　审判长：请值庭法警通知证人×××到庭。

　　：证人叫什么名字？出生年月日、民族、籍贯、文化程度、工作单位、职务、住址？与本案被告人、被害人是什么关系？

　　：你出庭作证应当如实向法庭提供证言，如有意作伪证或隐匿罪证，要负法律责任，听清了吗?

：请值庭法警将保证书交证人签字。

：请值庭法警将保证书交还书记员。

审判长：由辩护人向证人进行发问。

：被告人对证人证言有什么意见，是否有发问?

：公诉人对证人证言有什么意见，是否有发问?（合议庭成员根据案件事实和定性及被告人的陈述情况，认为需要对证人发问的，可以选择适当时机进行发问）

审判长：请书记员宣读证人证言笔录。

：证人×××刚才宣读的笔录与你的证言是否一致，有没有修改和补充?

：请值庭法警将证人证言交证人核对、签字。

：请值庭法警将证人证言交还书记员。

：证人退庭。

：被告人及辩护人继续出示证据。

辩护人：审判长，下面宣读书面证据。

审判长：可以宣读。

（辩护人宣读的书面证据，宣读完毕后，对证据进行质证，可以宣读一份证据，质证一次，也可以宣读几份后，质证一次，因案而宜。）

：被告人及辩护人继续出示证据。

辩护人：审判长，我有物证（或书证）需要当庭出示。

审判长：可以出示。

（辩护人出示的物证、书证应当先说明证据的来源，物证的特征、书证的内容等，再让有关人员辨认，辨认结果要记录清楚。公诉人对物证、书证有异议，可以提出质询）

审判长：被告人及辩护人继续出示证据。

辩护人：审判长，辩方提供证据完毕。

审判长：公诉人，是否有未向法庭提供的证明被告人无罪、罪轻的证据?

：被告人及其辩护人，是否申请通知新的证人到庭，调取新的证据，进行重新鉴定或勘验、检查?

（法庭调查过程中，审判人员应注意如下内容：

1. 法庭调查应围绕指控的内容为主线，以审查、核实证据为中心，查明案件的事实，其他诉讼参与人提出或者人民法院发现有相关的新的事实或者新的证据，应当一并查清。指控多项犯罪事实的，应当逐项进行调查。

2. 控辩双方必须对自己的主张承担举证责任。需要运用证据证明的案件事实包括：

（1）被指控的犯罪行为是否存在；

（2）被指控的行为是否为被告人所实施；

（3）被告人的身份（特殊情况下可按其自报认定）；

（4）实施行为的时间、地点、手段、后果以及其他情节；

（5）共同被告人的责任分担及与其他同案人的关系；

（6）被告人有无罪过，行为的动机、目的；

（7）被告人的行为是否构成犯罪，有无法定或者酌定从重、加重、从轻、减轻处罚以及免除处罚的情节；

（8）赃款、赃物的来源、数量及其去向。有附带民事诉讼的，要证明被告人的行为是否已经给被害人造成损害，被害人对造成的损害结果有无过错以及被告人的赔偿能力；

（9）其他有关罪与非罪以及与定罪量刑有关的事实。

3. 审判人员应询问被告人、被害人对指控犯罪的事实有无异议，公诉人可以就异议部分进行讯问被告人。被告人全部或者部分否认犯有指控的罪行的，应充分听取其否认的根据和理由，但不能轻信，应着重于其他证据的证明。

被害人、附带民事诉讼原告人和辩护人、诉讼代理人经审判长许可，可以就具体事实、情节向被告人发问或互相发问。被告人、被害人经审判长许可，可以就指控的犯罪事实分别进行陈述。但对控辩双方讯问、发问、陈述的内容与本案无关或讯问发问方式不当的，审判长应当制止。对于控辩双方认为对方讯问、发问内容与本案无关或方式不当而提出异议的，审判长应当判明情况予以支持或者驳回。

审判人员认为有必要时，随时可以向被告人讯问，也可以向公诉人、被害人及附带民事诉讼原告人发问。审问共同犯罪案件的被告人应当分别进行，暂不审问的应押离法庭。合议庭认为必要时，可以传唤共同被告人同时到庭对质。

4. 对指控的每一项案件事实，经审判长准许，公诉人、被害人、附带民事诉讼原告人、被告人、辩护人、法定代理人、诉讼代理人可以提请审判长传唤证人、鉴定人和勘验、检查笔录制作人出庭作证，或者出示证据，宣读未出庭的被害人、证人、鉴定人和勘验、检查笔录制作人的书面陈述、证言、鉴定结论及勘验、检查笔录。控辩双方要求证人出庭作证，向法庭出示物证、书证、视听资料等证据，应当向审判长说明拟证明的事实，审判长同意的，即传唤证人或准许出示证据；审判长认为与案件无关或者明显重复、不必要的证据，可不予准许。

出示证据应当逐项进行：

（1）原则上要一事一证、一证一质；

（2）两起以上互不关联、性质不同的犯罪应分别进行举证、质证；

（3）两个以上行为连续实施，构成两个以上性质不同犯罪（如抢劫后绑架）的，应同时举证、质证；

（4）多起性质相同的犯罪应同时举证、质证；

（5）对前一犯罪行为举证、质证完毕后，再按照时间顺序对下一犯罪行为进行举证、质证。

5. 证人到庭后，审判人员应当先核实证人的身份、证人与当事人以及本案的关系；告知证人应当如实地提供证言和有意作伪证或者隐匿罪证要负的法律责任，并指令证人在如实作证的保证书上签名。向证人发问，应先由提请传唤的一方进行，另一方在对方发问完毕后经审判长准许也可以发问。

6. 鉴定人到庭后，审判人员应当先核实鉴定人的身份、与本案有无利害关系；告知鉴定人应当如实地提供鉴定意见和有意作虚假鉴定要负的法律责任。

鉴定人宣读鉴定结论后，要求传唤方可以提出发问，另一方经审判长许可也可以发问。

7. 审判人员认为有必要时，可以随时询问证人、鉴定人。

对于向证人、鉴定人发问的内容与本案无关或发问方式不当的，审判人员应当制止；对于控辩双方认为对方发问不当而提出异议的，审判人员应当判明情况予以支持或者驳回（可以不说明理由）。

传唤证人和鉴定人出庭作证应分别进行，发问、询问完毕后，审判长应当告其退庭，不得旁听对本案的审理。

8. 控辩双方出示、宣读未到庭的证人、鉴定人的证言笔录、鉴定意见时，审判长应告其先说明该证人、鉴定人的身份，取得该笔录的时间、地点、取证人、在场人及鉴定意见的来源。如笔录中有与案件无关的内容时，可只宣读有关部分，但是不得断章取义歪曲原意。宣读后即交付法庭，审判人员应询问另一方对该证据的意见。

9. 控辩双方出示其他书证及物证、视听资料时，应当先由出示方就所出示的证据的来源、内容、特征作必要的说明，然后当庭交付法庭。审判人员应当交另一方进行辨认和发表意见。控辩双方可以相互质问、辩论。

合议庭对于当庭出示、质证过的证据，认为可以当庭确认的，应当作出采纳与否的决定；认为不能当庭确认的，可宣布已质证清楚，待后判决。

在庭审过程中，合议庭对于证据有疑问的，可以宣布休庭，对该证据进行调查核实。调查核实证据可以进行勘验、检查、扣押、鉴定和查询、冻结。必要时，可以通知检察人员、辩护人到场。

10. 在庭审过程中，当事人和辩护人申请通知新的证人到庭，调取新的证据，申请重新鉴定或者勘验、检查的，应当提供证人的姓名、通讯地址、证据的存放地点，说明所要证明的案件事实、要求重新鉴定或者勘验、检查的理由。合议庭根据具体情况，认为可能影响案件事实认定的，应当同意申请，并宣布延期审理；不同意的，应当告知理由并继续开庭。

在庭审过程中，公诉人要求撤回起诉，或认为案件需要补充侦查，申请延期审理的，合议庭应当准许。但建议延期审理的次数不得超过两次。人民检察院在法定补充侦查期限内没有提请恢复法庭审理的，法庭将以撤诉结案。）

审判长：（合议庭认为案件事实已查清后）宣布法庭调查结束，开始就全案事实、证据、适用法律等问题进行法庭辩论。

法庭辩论应当在审判长的主持下，按照下列顺序进行：公诉人发言；被害人及其诉讼代理人发言；被告人自行辩护；辩护人辩护；控辩双方进行辩论。

（法庭辩论应注意：

1. 辩论的顺序应先控后辩，再互相辩论。多名被告人的，可逐个进行，但应允许其他被告人、辩护人穿插发言，多轮交锋。发现新的事实和证据，合议庭认为有必要查清的，审判长可以宣布暂停辩论，恢复法庭调查，待事实查清后再继续辩论。附带民事诉讼部分的辩论应当在刑事诉讼部分辩论结束后进行。

在法庭辩论过程中，审判长对于控辩双方与案件无关、重复意见或互相指责的发言应当制止。

2. 被告人当庭拒绝辩护人为其辩护并要求另行委托辩护人或者要求人民法院另行指定辩护律师，合议庭同意的，应宣布休庭延期审理。重新开庭后，被告人再次拒绝重新委托的辩护人或指定的辩护律师为其辩护的，合议庭应当分别情形作出处理：

（1）被告人是成年的，可以准许，但不得再行委托或者指定辩护人。

（2）被告人是盲、聋、哑，可能被判处无期以上刑罚或者限制行为能力的人、未成年人，没有正当理由，一般不予准许。

委托辩护人当庭拒绝继续为被告人进行辩护的，合议庭应当准许。指定辩护人提出拒绝辩护人的，一般不予许可。）

审判长：（经辩论，双方观点已明晰后）本案法庭辩论结束，根据法律规定，由被告人向法庭作最后陈述。

被告人：

（被告人的最后陈述应注意：

1. 法庭应当保证被告人充分行使最后陈述的权利。如果被告人多次重复自己的意见，审判长可以制止。如果陈述内容是蔑视法庭、公诉人，损害他人及社会公共利益或者与本案无关的，应当制止。在公开审理的案件中，被告人最后陈述的内容涉及国家秘密、商业秘密或者个人隐私，也应当制止。

2. 被告人在最后陈述阶段提出了新的事实、证据，可能影响正确裁判的，应当恢复法庭调查；如果被告人提出新的辩解理由，合议庭认为有必要的，可以恢复法庭辩论。

如有附带民事诉讼部分的可以在法庭辩论结束后当庭调解。附带民事诉讼原告人在宣告判决前可以同附带民事诉讼被告人自行和解或者撤回起诉。

审理附带民事诉讼应适用民事诉讼法，如与刑事诉讼法规定不一致的，应当适用刑事诉讼法的规定。）

审判长：休庭，休庭后被告人阅读笔录，公诉人、辩护人向法庭移交有关证据材料，合议庭进行评议。评议后继续开庭，将被告人带下去。（不当庭宣判的，则宣布：现在休庭，下次开庭时间、地点另行公告）

（评议后）

书记员：请大家坐好。

请公诉人、诉讼参与人入庭。

请审判长、审判员（人民陪审员）入庭。

审判长：继续开庭，传被告人到庭。

被告人×××休庭期间你阅读庭审笔录没有，是否签字？

被告人：

审判长：××人民检察院指控被告人××××××一案，经过法庭审理，听取了被告人的陈述，审查了公诉人、辩护人向法庭提供的有关证据，充分听取了控辩双方的辩论意见及被告人的最后陈述。经合议庭评议，认为公诉人出示或提供的×××证据（简要情节或证明的主要内容）、某物证、某书证（证明的主要事实），辩护人出示或提供的×××证据（简要情节或证明的主要内容），某物证、某书证（证明的主要事实）……本庭予以确认（或对哪些证据不予确认）。现在宣判。

书记员：全体起立。

（审判长站起来宣判认定的事实，适用法律的各项依据和判决结果）

审判长：本判决在闭庭后五日内送达。如不服本判决，可在接到判决书次日起10日内向本院或者直接向××人民法院提出上诉。

审判长：被告人×××，是否听清？

审判长：对本判决有无意见？是否上诉？

审判长：把被告人×××带出法庭，送回××看守所继续羁押。（未被羁押的，宣布把被告人×××带出法庭）

审判长：现在宣布闭庭。

关 于（被告人姓名和案由）
一 案 的 审 理 报 告

（　　）刑初字第　　　号

一、控辩双方和其他诉讼参与人的基本情况

公诉机关××人民检察院。

被害人（写明姓名、性别、出生年月日、民族、出生地、文化程度、职业或者工作单位和职务、住址，与被告人的关系和受害情况等）。

附带民事诉讼原告人（写明姓名、性别、出生年月日、民族、出生地、文化程度、职业或者工作单位和职务、住址等。）

委托（或者法定、指定）代理人（写明姓名、性别、职业或者工作单位和职务、住址以及与被代理人的关系等。此项系指被害人、自诉人、附带民事诉讼原告人的委托代理人和未成年当事人的法定代理人或者指定代理人。有此项的，应列在被代理人之后另起一行续写。）

被告人（首先写明姓名、性别、出生年月日、民族、出生地、文化程度、党派、职业或者工作单位和职务、住址，因本案被拘留、逮捕或者被采取其他强制措施的时间和情况，现羁押处所，其次写明何时、何地、何故受过何种处罚，包括行政拘留、犯罪判刑或者免刑和是否累犯等情况；再次写明被告人的其他情况，如有亲属侨居外国或者在台、港、澳的，亦应写明其情况）。

辩护人（写明姓名、工作单位和职务）。

如果被告人和其他诉讼参与人有多人的，应在其相关项目之后增项续写。

二、案件的由来和审理经过

被告人（写明其姓名和案由）一案，由××人民检察院于××××年××月××日以×检×诉［　］××号起诉书，向本院提起公诉。本院于××××年××月××日公开（或者不公开）开庭审理了本案。××人民检察院检察长或检察员×××出庭支持公诉，被害人×××及其诉讼代理人×××，被告人×××及其辩护人××，鉴定人×××、翻译人员×××等到庭参加诉讼（没有到庭参加诉讼的不写）。现已审理终结。

三、案件的侦破、揭发情况

（简要写明案件的发生、揭发或者侦查、破获过程的情况，包括时间、地点和方式方法以及涉及的主要人员等。有曲折过程、复杂情况和问题的，应当详细写明）。

四、控辩双方的主要控辩内容

（写明检察机关对被告人指控的罪名、犯罪事实、犯罪情节、证据、适用法律的意见、诉讼请求事项及其理由和根据。有附带民事诉讼的，应当一并写明原告人所诉的主要内容，包括事实、情节、请求事项及其理由和根据）。

五、审理查明的事实和证据

（写明经法庭审理查证后所认定的事实和具体证据。犯罪事实应包括作案的时间、地点、动机、目的、实施过程、犯罪情节、危害后果，以及被告人作案后的表现等。证据应是经过庭审查证属实的。证据要具体列举，并用括号注明其系控方举证还是辩方提供、所在的卷宗页次或者出处。对据以认定犯罪事实的有关物证、书证、证人证言、被害人陈述、勘验或者检查笔录、鉴定意见、视听资料、电子数据、同案人供述和被告人供述、辩解等证据及其与本案的联系，进行分析论证；证据之间有矛盾的，要在控辩双方举证、质证的基础上进行实事求是的分析认证；对不真实的或者不能采用的证据和不能认定的事实和情节，应当作出有根据有分析的说明，尤其有争议的事实和证据，更要重点分析论证）。

六、需要说明的问题

需要说明的问题，一般是属于涉及认定犯罪事实、情节、证据和定罪量刑而又不宜写入裁判文书的事实、理由等部分的问题，以及其他对案件的审判有影响的问题等。根据具体案件的实际情况，有什么需要说明的问题，就写明什么问题。例如，侦查中使用了不正当手段的；有诱供逼供，有伪证、假证的；被告人或者诉讼参与人的亲属有妨碍侦查、预审、审判活动的非法行为的；侦查、起诉和审判程序上有不合法之处的，开庭审理中出现不正常情况的；发现未起诉的漏罪、漏犯的；被告人检举揭发他人的罪行，提供他人犯罪的重要线索的；有较大争论而又难以认定或者否定的事实、情节的；有关方面对本案的意见，等等，都应当把问题的情况和意见如实地写明。案件本身没有什么问题需要说明的，此项就不写。

七、处理意见和理由

合议庭评议认为，（此项应当写明的内容，实际上就是判决书中的理由和判决两部分的内容。要根据法庭核实的证据和查明的事实与情节，依照有关法律、法规和司法解释等规定，运用有关法学理论，首先写明对控辩双方不同的意见及其理由的分析评论，哪些应予采纳；哪些不予采纳；其次写明对被告人行为的性质、情节、社会危害性大小，定罪的证据是否充分，能否认定被告人有罪，构成何种罪的分析论述，一案多名被告人的应当分别论述清楚；最后写明被告人是否应当负刑事责任及其责任的大小，有无法定从轻、减轻或者从重的情节和其他可以从宽、从严的情节，在法定量刑幅度的基础上应判处什么刑罚，还是应当免予刑事处分，或者应当宣告无罪。有附带民事诉讼的，要一并写明对被告人应否承担赔偿经济损失和赔偿多少的处理意见。提出处理实体问题的具体意见时，应当写明所适用的法律和司法解释规定的具体条款。需要提出司法建议的，应当写明其内容和向哪个单位提出建议。等等）。

附：制作审理报告的说明：

1. 本格式供各级人民法院审理第一审程序的刑事案件时使用。

2. 案件审理报告的标题要特定化，即公诉案件应当写明被告人的姓名和案由等。不能简化为"审理报告"或者"案件审理报告"，也不能写成"审结报告"。

3. 案件审理报告，是独任审判员或者合议庭在评议案件之后，报送审判委员会讨论决定案件的综合性书面材料，是在案件审理完毕之后，对前一段诉讼活动、审理过程、案情全貌作出的全面总结，并对案件的事实认定、定性处理提出意见。它既是案件在判处以前报送审判委员会讨论决定案件和制作裁判文书的基础，也是日后检查案件质量，总结审判工作经验教训的重要根据。

4. 案件审理报告写得是否符合要求，不仅影响着审判委员会的审议，而且直接影响着据以制作的裁判文书的质量。因此，要求制作审理报告时，要参阅样式规定的项目和内容要素，如实地反映审理阶段的诉讼活动、审理过程和案情全貌，并对事实的认定和定性处理认真提出意见，叙述事实要实事求是，不夸大、不缩小，能认定的事实才认定；不能认定的和存在的问题要做出分析说明。所提定性处理的意见，要严格依法办事。援引的法条要准确、完整、具体。审理报告的内容要兼收并蓄，它比同一审级程序的裁判文书的内容应更加全面、系统、丰富、具体，案件的来龙去脉、过程、情节和问题应当交代得更为清楚明白。对合议庭少数人的不同意见，应当一并写明。

5. 审理报告的尾部，由审理本案的独任审判员或者合议庭成员署名，并写明年月日。

6. 本文书系不公开的内部文书，应归入副卷，并注意保密。

××人民法院

刑　事　判　决　书

（一审公诉案件适用普通程序用）

（　　）　　刑初字第　　号

公诉机关××人民检察院。

被告人××（写明姓名、性别、出生年月日、民族、出生地、文化程度、职业或者工作单位和职务、住址和因本案所受强制措施情况等，现羁押处所）。

辩护人××（写明姓名、工作单位和职务）。

××人民检察院以 x 检 x 诉（××）××号起诉书指控被告人××犯××罪，于×××××年××月××日向本院提起公诉。本院依法组成合议庭，公开（或者不公开）开庭审理了本案。××人民检察院指派检察员××出庭支持公诉，被害人××及其法定代理人××、诉讼代理人×××、被告人××及其法定代理人××、辩护人××，证人××，鉴定人××，翻译人员××等到庭参加诉讼。现已审理终结。

××人民检察院指控，（概述人民检察院指控被告人犯罪的事实、证据和适用法律的意见)。

被告人××辩称，(概述被告人对指控的犯罪事实予以供述、辩解、自行辩护的意见和有关证据)。辩护人××提出的辩护意见是…(概述辩护人的辩护意见和有关证据)。

经审理查明，(首先写明经庭审查明的事实；其次写明经举证、质证定案的证据及其来源；最后对控辩双方有异议的事实、证据进行分析、认证)。

本院认为，(根据查证属实的事实、证据和有关法律规定，论证公诉机关指控的犯罪是否成立，被告人的行为是否构成犯罪，犯的什么罪，应否从轻、减轻、免除处罚或者从重处罚。对于控辩双方关于适用法律方面的意见，应当有分析地表示是否予以采纳，并阐明理由)。依照……(写明判决的法律依据)的规定，判决如下：

[写明判决结果。分三种情况：

第一种，定罪判刑的，表述为：

"一、被告人××犯××罪，判处……(写明主刑、附加刑)。

(刑期从判决执行之日起计算。判决执行以前先行羁押的，羁押一日折抵刑期一日，即自××××年××月××日起至××××年××月××日止)。

二、被告人××(写明决定追缴、退赔或者发还被害人、没收财物的名称、种类和数额)。"、

第二种，定罪免刑的，表述为：

"被告人××犯××罪，免予刑事处罚(如有追缴、退赔或者没收财物的，续写第二项)。"

第三种，宣告无罪的，无论是适用《中华人民共和国刑事诉讼法》第二百条第(二)项还是第(三)项，均应表述为：

"被告人××无罪"]

如不服本判决，可在接到判决书的第二日起十日内，通过本院或者直接向××人民法院提出上诉。书面上诉的，应当提交上诉状正本一份，副本×份。

审判长：××

审判员：××

审判员：××

年　月　日

(院印)

本件与原本核对无异

书记员：××

附：刑事判决书制作说明：

一、本判决书样式由首部、事实、理由、判决结果和尾部五个部分组成。

(一)首部

1. 法院名称，一般应与院印的文字一致，但是基层人民法院的名称前应冠以省、自治区、直辖市的名称，判处涉外案件时，各级人民法院均应冠以"中华人民共和国"的

国名。

2. 案号，由立案年度、制作法院、案件性质、审判程序的代字和案件的顺序号组成。案号写在文书名称下一行的右端，其最末一字与下面的正文右端各行看齐。案号上下各空一行。

3. 公诉机关，直接写"公诉机关××人民检察院"。在"公诉机关"与"人民检察院"之间不用标点符号，也不用空格。

4. 被害人和法定代理人、诉讼代理人出庭参加诉讼的，在审判阶段的"出庭人员"中写明（未出庭的不写）。

5. 被告人的基本情况有变化时，应在样式要求的基础上，根据不同情况作相应改动：

（1）被告人如有与案情有关的别名、化名，应在其姓名后面用括号加以注明。

（2）被告人的职业，一般应写工人、农民、个体工商户，等等；如有工作单位的，应写明其工作单位和职务。

（3）被告人的"出生年月日"，应写被告人准确的出生年月日；确实查不清出生年月日的，也可以写年龄。但对于未成年被告人，必须写出生年月日。

（4）被告人曾受过刑事处罚、行政处罚，或者在限制人身自由期间有逃跑等法定或者酌定从重处罚情节的，应当写明其事由和时间。

（5）因本案所受强制措施情况，应写明被拘留、逮捕等羁押时间，以便于折抵刑期。有被留置情况的也应写明。

（6）被告人项内书写的各种情况之间，一般可用逗号隔开；如果某项内容较多，可视行文需要，另行采用分号或者句号。

（7）被告人的住址应写住所所在地，住所所在地和经常居住地不一致的，写经常居住地。

（8）同案被告人有二人以上的，按主从关系的顺序列项书写。

（9）被告人是外国人的，应在其中文译名后甩括号写明其外文姓名、护照号码、国籍。

6. 被告人是未成年人的，应当在写明被告人基本情况之后，另行续写法定代表人的姓名、与被告人的关系、工作单位和职务以及住址。

7. 辩护人是律师的，只写姓名、工作单位和职务，即"辩护人，××律师事务所律师"，辩护人是人民固体或者被告人所在单位推荐的，只写姓名、工作单位和职务；辩护人是被告人的监护人、亲友的，还应写明其与被告人的关系；辩护人如果是人民法院指定的，写为"指定辩护人"，并在审判经过段中作相应的改动。同案被告人有二人以上并各有辩护人的，分别在各被告人项的下一行列项书写辩护人的情况。

8. 案件的由来和审判经过段中检察院的起诉日期为法院签收起诉书等材料的日期，出庭的被告人、辩护人有多人的，可以概写为"上列被告人及其辩护人"，出庭支持公诉的如系检察长、副检察长、助理检察员的，分别表述为"检察长"、"副检察长"、"代理检察员"。

9. 对于前案依据刑事诉讼法第二百条第（三）项规定作出无罪判决，人民检察院又起诉的，原判决不予撤销，但应在案件审判经过段"人民检察院以×检×诉（××）×

号起诉书"一句前，增写"被告人曾于××××年××月××日被人民检察院以××罪向人民法院提起公诉。因证据不足，指控的犯罪不能成立，被人民法院依法判决宣告无罪。"

10. 对于经第二审人民法院发回重审的案件，原审法院重审以后，在制作判决书时，在"开庭审理了本案"一句之后，增写以下内容："于××××年××月××日作出（××）刑初字第××号刑事判决，被告人提出上诉（或者人民检察院提出抗诉）。人民法院于××××年××月××日作出（××）刑终字第××号刑事裁定，撤销原判，发回重审。本院依法另行组成合议庭，公开（或者不公开）开庭审理了本案。"

（二）事实

事实是判决的基础，是判决理由和判决结果的根据。制作判决书，首先要把事实叙述清楚。书写判决事实时，应当注意以下几点：

1. 按照样式规定，事实部分包括四个方面的内容：人民检察院指控被告人犯罪的事实和证据；被告人的供述、辩解和辩护人的辩护意见；经法庭审理查明的事实和据以定案的证据，并分四个自然段书写，以充分体现控辩式的审理方式。

2. 叙述事实时，应当写明案件发生的时间、地点，被告人的动机、目的、手段，实施行为的过程、危害结果和被告人在案发后的表现等内容，并以是否具备犯罪构成要件为重点，兼叙影响定性处理的各种情节。依法公开审理的案件，案件事实未经法庭公开调查的，不能认定。

3. 叙述事实要层次清楚，重点突出。一般按时间先后顺序叙述；一人犯数罪的，应当按罪行主次的顺序叙述；一般共同犯罪案件，应当以主犯为主线进行叙述；集团犯罪案件，可以先综述集团的形成和共同的犯罪行为，再按首要分子、主犯、从犯、胁从犯或者罪重、罪轻的顺序分别叙述各个被告人的犯罪事实。

4. 认定事实的证据必须做到：（1）依法公开审理的案件，除无需举证的事实外，证明案件事实的证据必须经法庭公开举证、质证，才能认证；未经法庭公开举证、质证的，不能认证。（2）特别要注意通过对证据的具体分析、认证来证明判决所确认的犯罪事实。防止并杜绝用"以上事实，证据充分，被告也供认不讳，足以认定"的抽象、笼统的说法或者用简单的罗列证据的方法，来代替对证据的具体分析、认证。法官认证和采信证据的过程应当在判决书中充分体现出来。（3）证据要尽可能写得明确、具体。证据的写法，应当因案而异。案情简单或者控辩双方没有异议的，可以集中表述；案情复杂或者控辩双方有异议的，应当进行分析、认证；一人犯数罪或者共同犯罪案件，还可以分项或者逐人逐罪叙述证据或者对证据进行分析、认证。对控辩双方没有争议的证据，在控辩主张中可不予叙述，而只在"经审理查明"的证据部分具体表述，以避免不必要的重复。

5. 叙述证据时，应当注意保守国家秘密，保护报案人、控告人、举报人、被害人、证人的安全和名誉。

（三）理由

理由是判决的灵魂，是将犯罪事实和判决结果有机联系在一起的纽带。其核心内容是针对案情特点，运用法律规定、政策精神和犯罪构成理论，阐述公诉机关的指控是否成立，被告人的行为是否构成犯罪，犯的什么罪，依法应当如何处理，为判决结果打下基础。书写判决理由时，应当注意以下几点：

1. 理由的论述一定要有针对性，有个性。要注意结合具体案情，充分摆事实、讲道理。说理力求透彻，逻辑严密，无懈可击，使理由具有较强的思想性和说服力。防止理由部分不说理或者说理不充分，只引用法律条文，不阐明适用法律的道理，切忌说空话、套话，理由千篇一律，只有共性，没有个性。尽量使用法律术语，并注意语言精炼。

2. 确定罪名，应当以刑法和《最高人民法院关于执行〈中华人民共和国刑法〉确定罪名的规定》为依据。一人犯数罪的，一般先定重罪，后定轻罪；共同犯罪案件，应在分清各被告人在共同犯罪中的地位、作用和刑事责任的前提下，依次确定首要分子、主犯、从犯或者胁从犯、教唆犯的罪名。

3. 如果被告人具有从轻、减轻、免除处罚或者从重处罚等一种或者数种情节的，应当分别或者综合予以认定。

4. 对控辩双方适用法律方面的意见应当有分析地表明是否予以采纳，并阐明理由。

5. 判决的法律依据，根据《最高人民法院关于司法解释工作的若干规定》，应当包括司法解释在内。在引用法律条文时，应当注意：

（1）要准确、完整、具体。准确，就是要恰如其分地符合判决结果；完整，就是要把据以定性处理的法律规定和司法解释全部引用；具体，就是要引出法律依据条文外延最小的规定，即凡条下分款分项的，应写明第几条第几款第几项；有的条文只分项不分款的，则写明第几条第几项。

（2）要有一定的条理和顺序。一份裁判文书应当引用两条以上的法律条文的，应当先引用有关定罪与确定量刑幅度的条文，后引用从轻、减轻、免除处罚或者从重处罚的条文，判决结果既有主刑，又有附加刑内容的，应当先引用适用主刑的条文，后引用适用附加刑的条文；某种犯罪需要援引其他条款的法定刑处罚（即援引法定刑）的，应当先引用本条条文，再按本条的规定，引用相应的他罪条文；一人犯数罪的，应当逐罪引用法律条文，共同犯罪的，既可集中引用有关的法律条文，也可逐人逐罪引用有关的法律条文。

（3）引用的法律依据中，既有法律规定又有司法解释规定的，应当先引用法律规定，再引用相关的司法解释；同时适用修订前后刑法的，对修订前的刑法，称"1979《中华人民共和国刑法》"，对修订后的刑法，称"《中华人民共和国刑法》"。

（四）判决结果

判决结果（又称"主文"）是依照有关法律的具体规定，对被告人作出的定性处理的结论，应当字斟句酌，认真推敲。书写判决结果时，应当注意以下几点：

1. 判处的各种刑罚，应按法律规定写明全称。既不能随意简化，如将"判处死刑，缓期二年执行"的，简写为判处"死缓"，也不能"画蛇添足"，如将宣告缓刑的，写为"判处有期徒刑×年，缓期×年执行"。

2. 有期徒刑的刑罚应当写明刑种、刑期和主刑的折抵办法以及起止时间。本样式系按判处有期徒刑、拘役的模式设计起止时间的。如系判处死刑缓期二年执行的，起止时间表述为："死刑缓期二年执行的期间，从高级人民法院核准之日起计算"；如系判处管制的，表述为："刑期从判决执行之日起计算；判决执行以前先行羁押的，羁押一日折抵刑期二日，即自××××年××月××日起至××××年××月××日止"。

3. 关于对三类特殊案件判决结果的表述。根据《最高人民法院关于执行〈中华人民共和国刑事诉讼法〉的解释》第二百九十五条第（六）、（七）项的规定，对被告人因未达到刑事责任年龄不予刑事处罚和被告人是精神病人，在不能辨认或者不能控制自己行为的时候造成危害结果不予刑事处罚的，均应当在判决结果中宣告"被告人不负刑事责任"。依照本条第（十）项的规定，对被告人死亡的案件，根据已查明的案件事实和认定的证据材料，能够确认被告人无罪的，应当在判决结果中宣告"被告人无罪"。

4. 适用《中华人民共和国刑事诉讼法》第二百条第（三）项规定宣告被告人无罪的，应当将"证据不足，人民检察院指控的犯罪不能成立"，作为判决的理由，而不应当作为判决的主文。

5. 追缴、退赔和发还被害人、没收的财物，应当写明其名称、种类和数额。财物多、种类杂的，可以在判决结果中概括表述，另列清单，作为判决书的附件。

6. 数罪并罚的，应当分别定罪量刑（包括主刑和附加刑），然后按照刑法关于数罪并罚的原则，决定执行的刑罚，切忌综合（即"估堆"）量刑。

7. 一案多人的，应当以罪责的主次或者判处刑罚的轻重为顺序，逐人分项定罪判处。

（五）尾部

1. 如果适用《中华人民共和国刑法》第六十三条第二款的规定在法定刑以下判处刑罚的，应当在交待上诉权之后，另起一行写明："本判决依法报请最高人民法院核准后生效"。

2. 判决书的尾部应当由参加审判案件的合议庭组成人员或者独任审判员署名。合议庭成员有陪审员的，署名为人民陪审员"；合议庭成员有助理审判员的，署名为"代理审判员"；助理审判员担任合议庭审判长的，与审判员担任合议庭审判长一样，署名为"审判长"；院长（副院长）或者庭长（副庭长）参加合议庭的，应当担任审判长，均署名为"审判长"。

3. 判决书尾部的年月日，为作出判决的日期。当庭宣判的，应当写当庭宣判的日期；定期或者委托宣判的，应当写签发判决书的日期（裁定书亦同）。当庭宣告判决的，其不服判决的上诉和抗诉的期限，仍应当从接到判决书的第二日起计算。

4. 判决书原本上不写"本件与原本核对无异"。此句文字应制成专用印戳，由书记员将正本与原本核对无异之后，加盖在正本末页的年月日的左下方、书记员署名的左上方。

××人民法院

刑事附带民事判决书

（一审公诉案件适用普通程序用）

×刑初字（　　）××号

公诉机关××人民检察院。

附带民事诉讼原告人（写明姓名、性别、出生年月日、民族、出生地、文化程度、职业或者工作单位和职务、住址等）。

被告人×××（写明姓名、性别、出生年月日、民族、出生地、文化程度、职业或者工作单位和职务、住址和因本案所受强制措施情况等，现羁押处所）。

辩护人×××（写明姓名、工作单位和职务）。

××人民检察院以×检刑诉〔 〕××号起诉书指控被告人犯××罪，于×年×月×日向本院提起公诉。在诉讼过程中，附带民事诉讼原告人向本院提起附带民事诉讼。本院依法组成合议庭，公开（或者不公开）开庭进行了合并审理。人民检察院指派检察员×××出庭支持公诉，附带民事诉讼原告人及其法定（诉讼）代理人、被告人及其法定代理人、辩护人、证人×××、鉴定人×××、翻译人员×××等到庭参加诉讼。现已审理终结。

××人民检察院指控，_____（概述人民检察院指控被告人犯罪的事实、证据和适用法律的意见）。

附带民事诉讼原告人诉称，_____（概述附带民事诉讼原告人的诉讼请求和有关证据）。

被告人辩称，_____（概述被告人对人民检察院指控的犯罪事实和附带民事诉讼原告人的诉讼请求予以供述、辩解、自行辩护的意见和有关证据）。

辩护人提出的辩护意见是_____（概述辩护人的辩护意见和有关证据）。

经审理查明，_____（首先写明经法庭审理查明的事实，既要写明经法庭查明的全部犯罪事实，又要写明由于被告人的犯罪行为使被害人遭受经济损失的事实；其次写明据以定案的证据及其来源；最后对控辩双方有异议的事实、证据进行分析、认证）。

本院认为，……（根据查证属实的事实、证据和法律规定，论证公诉机关指控的犯罪是否成立，被告人的行为是否构成犯罪，犯的什么罪，应否追究刑事责任；论证被害人是否由于被告人的犯罪行为而遭受经济损失，被告人对被害人的经济损失应否负民事赔偿责任；应否从轻、减轻、免除处罚或者从重处罚。对于控辩双方关于适用法律方面的意见，应当有分析地表示是否予以采纳，并阐明理由）。依据_____（写明判决的法律依据）的规定，判决如下：

【写明判决结果。分四种情况：

第一种，定罪判刑并应当赔偿经济损失的，表述为：

"一、被告人犯××罪，判处××（写明主刑、附加刑）。

（刑期从判决执行之日起计算。判决执行以前先行羁押的，羁押一日折抵刑期一日，即自××××年××月××日起至××××年××月××日止）。

二、被告人赔偿附带民事诉讼原告人××××（写明受偿人的姓名、赔偿的金额和支付的日期）。"

第二种，定罪免刑并应当赔偿经济损失的，表述为：

"一、被告人犯××罪，免予刑事处罚；

二、被告人赔偿附带民事诉讼原告人××××（写明受偿人的姓名、赔偿的金额和支付的日期）。"

第三种，宣告无罪但应当赔偿经济损失的，表述为：

"一、被告人无罪；

二、被告人赔偿附带民事诉讼原告人××××（写明受偿人的姓名、赔偿的金额和支付的日期）。"

第四种，宣告无罪且不赔偿经济损失的，表述为：

"一、被告人无罪；

二、被告人不承担民事赔偿责任。"】

如不服本判决，可在接到判决书的第二日起十日内，通过本院或者直接向××人民法院提出上诉。书面上诉的，应当提交上诉状正本一份，副本×份。

审判长　×××

审判员　×××

审判员　×××

年　月　日

（院印）

本件与原本核对无异

书记员　×××

附：刑事附带民事判决书制作说明：

1. 本样式供第一审人民法院审理公诉案件过程中，在确定被告人是否承担刑事责任的同时，附带解决被告人对于被害人所遭受的物质损失（即经济损失）是否承担民事赔偿责任时使用。

2. 附带民事诉讼如系被害人提起的，应在"附带民事诉讼原告人"项内的"单位和职务、住址"之后，续写"系本案被害人"；如果被害人是无行为能力或者限制行为能力的人，应当在第一项"附带民事诉讼原告人"之后，列第二项"法定代理人"，并注明其与被害人的关系；如果被害人已经死亡，经更换当事人，由他的近亲属提起附带民事诉讼的，应当将其近亲属列为"附带民事诉讼原告人"，并注明其与死者的关系。

3. 附带民事诉讼如系公诉机关提起的，本样式应作如下改动：

（1）删去首部的"附带民事诉讼原告人"项；

（2）将案件审判经过段的"犯罪……提起附带民事诉讼"，改为"犯罪，同时致使……（写明受损失单位的名称或者被害人的姓名）遭受经济损失一案，向本院提起刑事附带民事诉讼"；并将"附带民事诉讼原告人"从到庭参加诉讼的人员中删去。

（3）在控方指控项中增加有关附带民事诉讼的意见，并把"概述附带民事诉讼原告人的诉讼请求和有关证据"的内容删去。

4. 根据《最高人民法院关于执行〈中华人民共和国刑事诉讼法〉的解释》第一百八十条的规定，附带民事诉讼中依法负有赔偿责任的人，除刑事被告人（公民、法人和其他组织）外，还包括：未被追究刑事责任的其他共同致害人；刑事被告人的监护人；死刑罪犯的遗产继承人；共同犯罪案件中，案件审结前已死亡的被告人的遗产继承人；对被害人的物质损失依法应当承担赔偿责任的其他单位和个人。因此，刑事附带民事诉讼如有除"被告人"以外的"附带民事诉讼被告人"的，应当在"被告人"项后单独列项，并在文书的相应部分增加有关内容。

5. 刑事附带民事案件在判决理由部分，除需要引用刑法和刑事诉讼法的有关条文外，还必须同时引用《中华人民共和国民法典》中有关损害赔偿的规定，作为判决的法律依据。

6. 公诉案件，人民法院在判决前，如果经调解，双方当事人就经济损失的赔偿已达成调解协议的，可以制作《刑事附带民事调解书》，经双方当事人签收后即具有法律效力，但不能制作《民事调解书》；刑事部分单独审结的，则应当制作《刑事判决书》。赔偿金额在判决前被告人已一次付清的，应当记入笔录，经双方当事人、审判人员、书记员签名或者盖章后即发生法律效力；如果当事人要求制作调解书的，也可以制作《刑事附带民事调解书》。经调解无法达成协议或者调解书签收前当事人反悔的，附带民事诉讼则应当同刑事诉讼一并判决，并制作《刑事附带民事判决书》。

7. 审理刑事附带民事案件，根据《最高人民法院关于执行〈中华人民共和国刑事诉讼法〉的解释》第三百八十条的规定，对附带民事判决或者裁定的上诉、抗诉期限，应当按照刑事部分的上诉、抗诉期限确定。

8. 刑事附带民事诉讼不同于单纯的刑事诉讼，它要在刑事诉讼过程中依照民事诉讼程序附带解决民事赔偿问题。因此，在制作这种判决书时，应当注意在首部、事实、理由和判决结果部分完整地反映出刑事附带民事诉讼这一特点。

_____人民法院

公　告

本院定于____年____月____日____时____分在_____公开审理_____一案。
特此公告

年　月　日
（院印）

注：本公告已于____年____月____日张贴。

书记员：

_____人民法院

出　庭　通　知　书

（　　）字第　号

_____：

本院受理_____一案，定于____年____月____日____时____分在_____开庭审理。根据《中华人民共和国刑事诉讼法》第一百八十七条第三款的规定，特通知你作为本案的_____人准时出庭。

年　月　日

附：使用说明：

1. 本通知书在人民法院决定开庭审理后，通知人民检察院和辩护人、诉讼代理人、翻译人员、证人、鉴定人等出庭时使用。

2. 送交本通知书时应使用送达证。

保 证 书

姓名_____ 性别____年龄____民族____职业及工作单位_____与本案当事人的关系_____

我作为本案的证人（或鉴定人），保证向法庭如实提供证言（或说明鉴定意见）。如有意作伪证或者隐匿罪证（或作虚假鉴定），愿负法律责任。

（签名）
年 月 日

③检察院参与人民法院适用普通程序一审程序工作流程

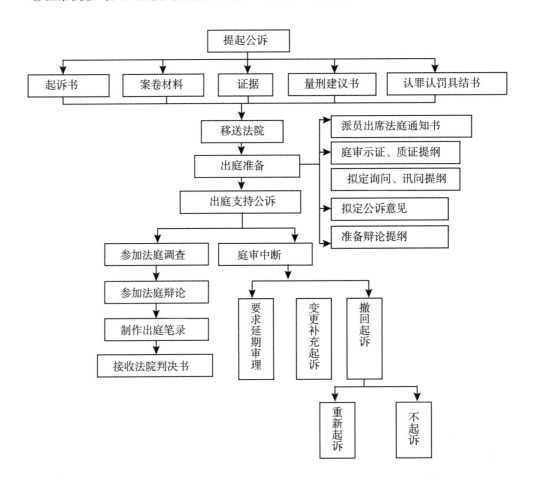

④检察院参与普通程序一审阶段法律文书

×××人民检察院

召开庭前会议建议书

（副　本）

××检××庭前建［20××］×号

　　本院以_____号起诉书提起公诉的_____一案，经本院审查，符合《中华人民共和国刑事诉讼法》第一百八十七条第二款的规定，建议你院召开庭前会议。

　　此致
_____人民法院

20××年×月×日

（院印）

第二联　附卷

×××人民检察院

派员出席法庭通知书

（副　本）

××检××派［20××］×号

　　你院定于____年____月____日开庭审理的_____案，根据《中华人民共和国刑事诉讼法》第____条的规定，本院决定指派_____代表本院出席法庭依法执行职务。

　　此致
_____人民法院

20××年×月×日

（院印）

第二联　附卷

××××人民检察院

调 卷 函

××检××刑调卷【20××】×号

_____ 人民法院：

本院在办理_____一案中，需要调阅该案的相关案卷，请协助办理。

附件：人民检察院调阅案卷单

20××年×月×日

（院 印）

××××人民检察院

调阅案卷单

调卷单位				
案号	年　　字第　　号			
当事人				
案由				
用途				
卷数	正卷	副卷	总计（册）	
	日期	调卷人	调卷人电话	经手人
调卷				
还卷				
				（院 印）

××人民检察院

公诉意见书

被 告 人 ×××

案 由 ×××

起诉书号 ×××

审判长、审判员（人民陪审员）：

根据《中华人民共和国刑事诉讼法》第一百八十九条、第一百九十八条和第二百零九条等规定，我（们）受××××人民检察院的指派，代表本院，以国家公诉人的身份，出席法庭支持公诉，并依法对刑事诉讼实行法律监督。现对本案证据和案件情况发表如下意见，请法庭注意。

……（结合案情重点阐述以下问题：

一、根据法庭调查的情况，概述法庭质证的情况、各证据的证明作用，并运用各证据之间的逻辑关系证明被告人的犯罪事实清楚，证据确实充分。

二、根据被告人的犯罪事实，论证应适用的法律条款并提出定罪及从重、从轻、减轻处罚等意见。

三、根据庭审情况，在揭露被告人犯罪行为的社会危害性的基础上，作必要的法制宣传和教育工作。）

综上所述，起诉书认定本案被告人×××的犯罪事实清楚，证据确实、充分，依法应当认定被告人有罪，并建议_____（根据是否认罪认罚等情况提出量刑建议或从重、从轻、减轻处罚等意见）。

公诉人：

20××年×月×日当庭发表

××××人民检察院

量刑建议书

××检××量建【20××】×号

被告人_____涉嫌_____犯罪一案，经本院审查认为，被告人_____的行为已触犯《中华人民共和国刑法》第____条第____款第____项之规定，犯罪事实清楚，证据确实、充分，应当以_____罪追究其刑事责任，其法定刑为_____。

因其具有以下量刑情节：

1. 法定从重处罚情节：_____

2. 法定从轻、减轻或者免除处罚情节：_____

3. 酌定从重处罚情节：_____

4. 酌定从轻处罚情节：_____

5. 其他_____

故根据_____（法律依据）的规定，建议判处被告人_____（主刑种类及幅度或单处附加刑或者免予刑事处罚），_____（执行方式），并处_____（附加刑）。

 此致

_____人民法院

检察官 ×××

20××年×月×日

（院印）

×××× 人民检察院

量刑建议书

（认罪认罚案件适用）

×× 检 ×× 量建【20××】×号

 本院以_____号起诉书提起公诉的_____一案，经审查认为，被告人_____的行为已触犯《中华人民共和国刑法》_____之规定，犯罪事实清楚，证据确实、充分，应当以_____罪追究其刑事责任。

1. 被告人_____自愿如实供述涉嫌的犯罪事实，对指控的犯罪没有异议，接受刑事处罚，建议判处被告人_____。

2. 被告人_____自愿如实供述涉嫌的犯罪事实，对指控的犯罪没有异议，接受刑事处罚，建议判处被告人_____。

 ……

 此致

_____人民法院

检察官 ×××

20××年×月×日

（院印）

制作说明：

一、本文书依据《中华人民共和国刑事诉讼法》第一百七十六条、《人民检察院刑事诉讼规则》第二百七十四条、第三百六十四条、第四百一十八条的规定制作。为人民检察院对提起公诉的案件拟以专门的量刑建议书的形式向人民法院提出量刑建议时使用。其中，对于认罪认罚案件，量刑建议一般应当为确定刑。对新类型、不常见犯罪案件，量刑情节复杂的重罪案件等，也可以提出幅度刑量刑建议。

二、法定刑为依法应适用的具体刑罚档次；量刑情节包括法定从重、从轻、减轻或者免除处罚情节和酌定从重、从轻处罚情节，如果有其他量刑理由的，可以列出；建议的法律依据包括刑法、相关法律和司法解释等。

三、量刑建议书应当署具体承办案件检察官姓名；量刑建议书的年月日，为审批量刑建议书的日期。

四、被告人犯有数罪的，应当分别指出其触犯的法律、涉嫌罪名、法定刑、量刑情节，对指控的各罪分别提出量刑建议后，可以根据案件具体情况决定是否提出总的量刑建议。

五、一案中有多名被告人的，可以分别制作量刑建议书，也可以同一份量刑建议书中集中表述。

六、本文书一式二份，一份附卷，一份送达人民法院。

××××人民检察院

量刑建议调整书

××检××量建调【20××】×号

被告人_____涉嫌_____一案，本院以_____号起诉书向你院提起公诉，并建议判处被告人_____（写明原量刑建议）。因_____（写明原因）现对量刑建议作如下调整：

建议判处被告人_____。

（指控多个犯罪中仅对部分犯罪的量刑建议变更或指控多个被告人仅对部分被告人量刑建议变更时，写明："_____号起诉书/量刑建议书中的量刑建议未被变更内容仍然具有法律效力。"）

此致

_____人民法院

检察官　×××

20××年×月×日

（院印）

　　　　　　　　×××人民检察院
　　　　　　　延期审理建议书

　　　　　　　　　（副　本）

　　　　　　　　　　　　　　　　××检××延〔20××〕×号

　　对于＿＿＿＿＿＿＿＿＿一案，根据《中华人民共和国刑事诉讼法》第二百零四条的规定，建议你院对该案延期审理。
　　此致
＿＿＿＿＿人民法院

　　　　　　　　　　　　　　　　20××年×月×日
　　　　　　　　　　　　　　　　　（院印）

第二联　附卷

　　　　　　　　××人民检察院
　　　　　　　追加起诉决定书

　　　　　　　　　　××检××刑追诉【20××】×号

　　被告人＿＿＿＿涉嫌＿＿＿＿罪一案，本院以＿＿＿＿号起诉书向你院提起公诉。在审理过程中，发现被告人＿＿＿＿涉嫌＿＿＿＿罪应当一并起诉和审理。现根据查明的事实对＿＿＿＿号起诉书作如下补充：
　　被告人（姓名、性别、出生日期、公民身份号码、民族、文化程度、工作单位及职务、户籍地、住址，前科情况，强制措施情况。）
　　经依法审查查明：
　　……
　　认定上述事实的证据如下：
　　1. 物证：……；2. 书证：……；3. 证人证言：证人×××的证言；4. 被害人陈述：被害人×××的陈述；5. 被告人的供述与辩解：被告人×××的供述与辩解；6. 鉴定意见：……；7. 勘验、检查、辨认、侦查实验等笔录：……；8. 视听资料、电子数据：……。

本院认为，被告人_____（简述罪状），其行为触犯了《中华人民共和国刑法》第_____条，犯罪事实清楚，证据确实、充分，应当以_____罪追究其刑事责任。根据《中华人民共和国刑事诉讼法》第一百七十六条及《人民检察院刑事诉讼规则》第四百二十三条的规定，追加起诉，请依法判处。

_____号起诉书仍然具有法律效力。

此致

_____ 人民法院

检　察　官×××

检察官助理×××

20××年×月×日

（院印）

附件：1. 被告人现在处所。具体包括在押被告人的羁押场所或监视居住、取保候审的处所。

2. 案卷材料和证据××册。

3. 证人、鉴定人、需要出庭的专门知识的人的名单，需要保护的被害人、证人、鉴定人的名单。

4. 有关涉案款物情况。

5. 被害人（单位）附带民事诉讼情况。

6. 其他需要附注的事项。

××××人民检察院

补充起诉决定书

××检××刑补诉【20××】×号

被告人_____一案，本院以_____号起诉书向你院提起公诉，在审理过程中，发现被告人_____有遗漏的罪行应当一并起诉和审理。现根据查明的事实对_____号起诉书作如下补充：

案件事实及证据：（同起诉书格式要求）

本院认为，被告人_____（姓名、罪状），其行为触犯了《中华人民共和国刑法》第_____条，犯罪事实清楚，证据确实、充分，应当以_____罪追究其刑事责任。根据《中华人民共和国刑事诉讼法》第一百七十六条及《人民检察院刑事诉讼规则》第四百二十三条的规定，补充起诉，请依法判处。

_____号起诉书仍然具有法律效力。

此致

_____ 人民法院

检 察 官 ×××

检察官助理 ×××

20××年×月×日

（院印）

×××人民检察院

变更起诉决定书

××检××刑变诉【20××】×号

被告人_____一案，本院以_____号起诉书向你院提起公诉，在法庭审理过程中，发现案件事实与起诉书指控的事实不符（被告人_____的真实身份与起诉书中叙述的身份不符）。现根据查明的事实对_____号起诉书作如下变更：

被告人的身份变更为：

认定的事实变更为：

适用的法律变更为：被告人_____（姓名、罪状），其行为触犯了《中华人民共和国刑法》第_____条，犯罪事实清楚，证据确实、充分，应当以_____罪追究其刑事责任。根据《中华人民共和国刑事诉讼法》第一百七十六条及《人民检察院刑事诉讼规则》第四百二十三条的规定，变更起诉，请依法判处。

_____号起诉书未被变更部分仍然具有法律效力。

此致

_____人民法院

检 察 官 ×××

检察官助理 ×××

20××年×月×日

（院印）

×××人民检察院

撤回起诉决定书

（副　本）

　　　　　　　　　　　　　　　　　　××检××延［20××］×号

　　本院以_____号起诉书提起公诉的被告人_____一案，因
_____，本院决定对被告人_____撤回起诉。
　　此致
_____人民法院

　　　　　　　　　　　　　　　　　　　　　　　20××年×月×日
　　　　　　　　　　　　　　　　　　　　　　　　（院印）

第二联　附卷

×××人民检察院

恢复庭审建议书

（副　本）

　　　　　　　　　　　　　　　　　　××检××恢审［20××］×号

_____人民法院：
　　本院于____年____月____日以_____号延期审理建议书，建议你院对
_____案延期审理，现该案已经_____完毕，建议你院对该案恢复庭审。

　　　　　　　　　　　　　　　　　　　　　　　20××年×月×日
　　　　　　　　　　　　　　　　　　　　　　　　（院印）

第二联　附卷

⑤律师参与人民法院适用普通程序一审程序工作流程

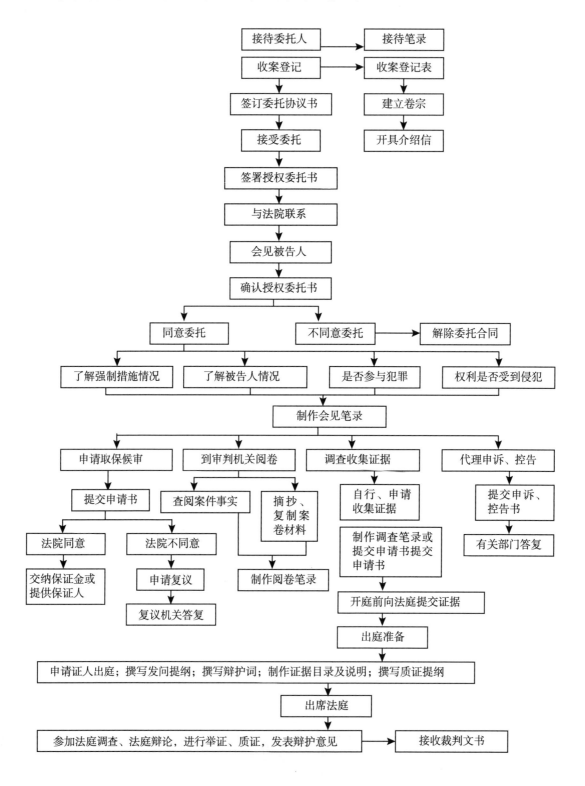

⑥辩护律师参与法院适用普通程序审理阶段文书

律师事务所函

[　]第　号

领函人：

交付：

事由：

批准人：

时间：

注：本函用于向审判机关提交。

律师事务所函

[　]第　号

_____：

　　本所接受_____的委托，指派_____律师担任你院办理的_____

案件被告人_____的辩护人。

　　特此函告

（律师事务所章）

年　月　日

附：授权委托书一份。

律师事务所函

[　]第　号

领函人：

交付：

事由：

批准人：

时间：

注：本函用于刑事公诉、自诉、刑事附带民事诉讼案件向法院提交。

律师事务所函

[　　]第　号

_____:

　　本所接受_____的委托,指派_____律师,担任你院办理的_____案件_____的诉讼代理人。

　　特此函告

(律师事务所章)

年　月　日

　　附:授权委托书一份。

委　托　书

编号:

　　委托人_____根据法律的规定,特聘请_____律师事务所律师_____为_____案件_____的辩护人。

　　本委托书有效期自即日起至_____日止。

委托人:

年　月　日

　　注:本委托书一式三份,由委托人、律师事务所各持一份,交人民法院一份。

指定辩护函

[　　]第　号

领函人:

交付:

事由:

批准人:

时间:

指定辩护函

[　　]第　　号

_____人民法院：

根据《中华人民共和国刑事诉讼法》第三十四条的规定及贵院的来函，本所指派_____律师担任_____案被告人（上诉人）_____的辩护人。

特此函告

(律师事务所章)

年　月　日

委托协议

编号：

委托人_____经与_____律师事务所协商，达成以下协议：

一、_____律师事务所指派_____律师担任_____案件的被告人_____的辩护人。

二、根据《律师业务收费办法》的规定，委托人_____向律师事务所缴纳委托费用_____元。

三、本委托协议有效期自双方签订之日起至_____止。

四、本委托协议如需变更，另行协商。

委托人（签字）：　　　　　　　　　　受托方：(律师事务所章)

年　月　日

注：本协议书一式二份，由委托人、律师事务所各持一份。

律师会见在押犯罪嫌疑人、被告人专用介绍信

[　　]第　　号

领函人：

交付：

事由：

批准人：

时间：

注：本介绍信用于会见犯罪嫌疑人、被告人时向看守所、羁押场所提交。

律师会见在押犯罪嫌疑人、被告人专用介绍信

[　　]第　号

_____:

　　根据《中华人民共和国刑事诉讼法》第三十九条以及《中华人民共和国律师法》第三十条的规定，现指派我所_____律师前往你处会见_____案的在押犯罪嫌疑人（被告人）_____请予安排。

　　特此函告

(律师事务所章)

年　月　日

提请收集、调取证据申请书

[　　]第　号

领函人：

交付：

事由：

批准人：

时间：

注：本申请书用于审判阶段向法院提交。

提请收集、调取证据申请书

[　　]第　号

　　申请人：_____律师事务所_____律师

　　通信地址或联系方法：_____

　　申请事项：申请_____向_____收集、调取证据。

　　申请理由：作为被告人_____涉嫌_____一案的辩护律师，本人认为需要向证人（有关单位、公民个人）_____收集、调取证据。因情况特殊，根据《中华人民共和国刑事诉讼第四十三条第一款的规定，特申请贵院予以收集、调取。

　　此致

_____

申请人签名：

律师事务所（章）

年　月　日

附：证人、个人姓名：

　　有关单位名称：

　　住址或通信方法：

　　收集、调取证据范围、内容：

调查取证申请书

〔　　〕第　号

领函人：

交付：

批准人：

时间：

注：本申请书用于审判阶段向法院提交。

调查取证申请书

　　申请人：＿＿＿＿＿＿律师事务所＿＿＿＿＿＿律师

　　通信地址或联系方法：＿＿＿＿＿＿＿＿＿＿＿＿

　　申请事项：许可调查取证。

　　申请理由：作为被告人＿＿＿＿＿＿的辩护律师，因案情需要，本人拟向被害人（被害人近亲属、被害人提供的证人）＿＿＿＿＿＿收集与本案有关的材料，根据《中华人民共和国刑事诉讼法》第四十三条第二款的规定，特此申请，请予许可。

　　此致

＿＿＿＿＿＿＿

申请人签名：

（律师事务所章）

年　月　日

通知证人出庭申请书

〔　　〕第　号

领函人：

交付：

事由：

批准人：

时间：

通知证人出庭申请书

[　　] 第　号

申请人：_____律师事务所_____律师

通信地址或联系方法：_____

申请事项：通知证人_____出庭作证。

申请理由：_____系被告人_____被控_____一案的证人。申请
人认为需要证人出庭作证。根据《中华人民共和国刑事诉讼法》第四十三条第一款的规
定，特提出申请。

此致

_____人民法院

申请人签名：

（律师事务所章）

年　月　日

附：证人地址、联系方式：_____

解除强制措施申请书

[　　] 第　号

领函人：

交付：

事由：

批准人：

时间：

注：本申请书用于法院提出

解除强制措施申请书

〔　　〕第　号

申请人：_____律师事务所_____律师

通信地址或联系方法：_____

申请事项：解除对被告人_____采取的_____强制措施。

申请理由：被告人_____因涉嫌_____一案，于___年___月___日_____时被_____采取的_____强制措施，现已超过法定期限。作为被告人_____委托的辩护人，根据《中华人民共和国刑事诉讼法》的规定，特申请解除对其采取的强制措施。

此致

_____

申请人签名
（律师事务所章）
年　月　日

延期审理申请书

〔　　〕第　号

领函人：

交付：

事由：

批准人：

时间：

延期审理申请书

〔　　〕第　号

申请人：_____律师事务所_____律师

通信地址或联系方法：_____

申请事项：延期审理。

申请理由：作为_____案_____人_____委托的辩护人（代理人），由于_____，根据《中华人民共和国刑事诉讼法》的规定，特提请法院延期审理。

此致

_____人民法院

申请人签名：

（律师事务所章）

年　月　日

重新鉴定、勘验申请书

〔　　〕第　号

领函人：

交付：

事由：

批准人：

时间：

重新鉴定、勘验申请书

〔　　〕第　号

申请人：_____律师事务所_____律师

通信地址或联系方法：_____

申请事项：重新鉴定、勘验。

申请理由：我作为_____案_____人_____委托的_____辩护人（诉讼代理人），认为本案关于_____的鉴定（勘验）结论存在以下问题：_____

根据《中华人民共和国刑事诉讼法》一百九十二条的规定，特申请对_____事项重新鉴定、勘验。

此致

_____人民法院

申请人签名：

（律师事务所章）

年 月 日

辩 护 词

（一）概念

辩护词，是指辩护人在刑事诉讼的法庭辩护中，为维护被告人的合法权益，以事实和法律为依据而作出的证明被告人无罪、罪轻或者减轻、免除其刑事责任的材料和意见。

辩护词从写作角度来说是一篇具有辩驳性的说理文。它有很强的针对性，其主要论点一般针对检察机关所提出的起诉书和公诉人当庭发表的公诉词。在辩护内容上，主要是针对起诉书或公诉词对被告人犯罪事实的认定、对罪名的确定，以及适用法律的理由和根据等方面，有的还可能涉及诉讼程序方面存在的不当等问题。

（二）制作内容和方法

辩护词不是法定的法律文书，没有固定的格式。但是，从司法实践来看，多数辩护词（第一轮的发言）大体有一个写作的结构，即由前言、辩护理由和结束语三部分组成。

1. 前言部分。一般讲三个内容：（1）申明辩护人的合法地位。根据法律规定，应申明辩护人是受被告人的委托，还是由××人民法院指定。（2）辩护人在出庭前做了哪些工作。一般是查阅了案卷材料，会见了被告人（或是与被告人通了信），作了必要的调查等。还要附带说明听取法庭调查的情况。（3）对全案的基本看法，进而引出对辩护理由的阐述。总之，前言这部分内容，应当力求文字简洁。

2. 辩护理由。这是辩护词的核心内容，通常从以下几方面展开辩论：

（1）对犯罪事实的认定方面

犯罪事实是定罪量刑的事实根据，如果犯罪事实不存在或有较大的出入，那就有可能从根本上推翻检察机关对被告人的指控，从而否定被告人的罪行。作为辩护律师，如果发现起诉书中所认定的被告人的行为事实有错误，那就应首先从否定所指控的事实方面来进行辩护。具体说，有以下几种常见的情况。第一，某种行为事实虽然存在，但辩护人和公诉人对该行为在性质上有根本不同的认识。如公诉人认为被告人的行为属于防卫过当，而辩护人认为完全是正当防卫，公诉人认为被告人的行为构成强奸未遂，而辩护人则认为其行为属于强制猥亵、侮辱妇女罪，等等。第二，行为事实虽然存在，但有所夸大，甚至被歪曲。这就需要辩护律师说明事实真相，建议法庭根据事实的真相来评判被告人的罪行轻重。第三，被指控的行为事实根本不存在，在否定行为事实时最有效的方法是否定原有的证据，提供新的证据，证明被告人根本没有被指控的犯罪事实。可以通过申请非法证据的排除、分析指控犯罪的证据之间的矛盾等方法否认被指控的犯罪事实。

（2）对法律适用方面

适用法律主要是指定罪和量刑这两方面内容。在辩护时要涉及罪名的认定是否恰当和罪刑轻重的问题。在罪名认定上，就要根据事实和法律，从较轻的罪名方面来为被告人辩护。如对构不成抢劫罪的被告人，以抢夺罪的罪名来为被告人辩护等。关于罪刑轻重的辩护，是在承认公诉人指控罪名的前提下，辩护律师指明被告人存在着可以从轻处理的事实情节，从而提出量刑的建议。例如，被告人有自首、未遂或中止的事实情节，或是认罪态度较好、积极退赃，或是危害后果不甚严重，或是共同犯罪中不是主犯，或是个人犯罪中不属累犯等等。另外，适用法律方面还可以针对诉讼程序，如有关回避、审判方式是否应当公开等问题来为被告人进行辩护。

（3）某些犯罪行为发生过程中的"情理"因素

这里的"情理"，是指符合社会公共道德秩序的人情事理。例如，被告人的行为属于"大义灭亲"的义愤行为，其中有可以谅解的因素，从轻论处也不违背法理，辩护人就可以从这方面为被告人作出辩护。

3. 结束语部分。这部分内容虽不是必备的内容，但如能就整篇辩护词作个小结，概括全篇的主要论点，并对法庭的最后判决提出一些原则性的建议，不仅是必要的，而且有时还会产生很好的辩护效果。

结束语主要包括以下两点内容：①辩护人对自己的发言进行归纳总结，提出结论性意见，让法庭成员明了辩护词的基本观点。②对被告人如何定罪量刑，适用什么刑法条款，向法庭提出看法、要求和建议。

结束语的文字要力求做到：观点鲜明，意见恳切，简洁明晰，概括有力。并且要与辩护理由相一致，是辩护理由的必然结论，才能容易为人们所接受。

（三）辩护词的论证技巧

1. 欲进先退法。大多数刑事案件的被告人都犯有这样那样的罪行。辩护律师必须尊重客观事实，在辩护词中承认被告人犯罪及应承担法律责任，对于被害人必须深表同情。这就是"退"的表现。但作为辩护人，还应在此基础上"进"，即进一步阐述理由，分析事理，分析事端的引起、各方的责任以及有关方面的处置不当，从而为被告人提供从轻处理的理由和根据。

2. 针锋相对法。有的案件中确有少数被告人被指控的罪行不实或罪名不当。这时，辩护人就应抓住起诉书中的指控，针锋相对地进行论辩，观点鲜明地据理反驳，讲明事实真相，否定起诉中认定的事实，为被告人作有力辩护。

3. 借题发挥法。有些刑事案件中的被告人在起诉书中认定的事实完全属实，指控罪名完全恰当，甚至认罪态度也很不好。在这种情况下，辩护人可以从被告人的犯罪行为本身，发现足以引起有关方面吸取教训的某些问题，加以发挥，提示引起被告人犯罪的社会原因，这样有助于法庭客观地看待被告人的犯罪行为，作出公正的判处，同时对加强法制宣传，教育他人也有重要意义。

⑦普通程序审判流程图

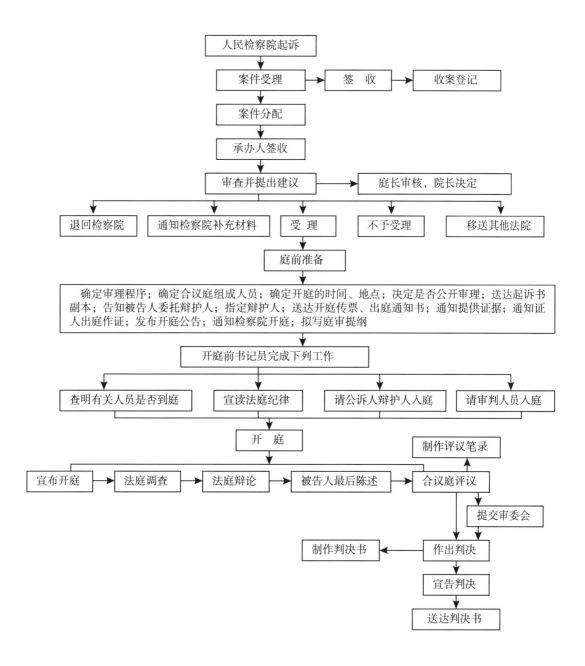

（二）简易程序

【案例 9-15】

某县人民检察院对张某涉嫌抢劫一案经过审查起诉，认为，案件事实清楚，证据确实充分，犯罪嫌疑人认罪，符合简易程序审理的条件。遂在提起公诉时建议人民法院适用简易程序审理。法院受理后，经过询问被告人及辩护人，均同意适用简易程序审理。法院组成合议庭，适用简易程序对案件进行了审理。仅用了18天的时间，就对案件作出判决。

被告人犯抢劫罪，判处有期徒刑六年。

【应知应会】

1. 简易程序的概念

简易程序是普通程序的对称，是指基层人民法院采用的较普通程序简化的第一审程序。

理解这一概念应当注意以下问题：

①简易程序只适用于第一审程序。

②简易程序只适用于基层人民法院。

③简易程序只适用于审理案件事实清楚、证据充分，被告人承认自己所犯罪行，对指控的犯罪事实和适用简易程序没有异议的刑事案件。

④简易程序是依法对第一审程序的简化。适用简易程序审理案件，不受送达期限、讯问被告人、询问证人、鉴定人、出示证据、法庭辩论程序规定的限制。但在判决宣告前应当听取被告人的最后陈述意见。但其简化程度是由法律明文规定的，法院、检察院无权自行决定。

2. 适用范围

（1）可以适用简易程序的案件

根据《刑事诉讼法》第214条的规定，基层人民法院管辖的，符合下列条件的案件可以适用简易程序：

①案件事实清楚、证据充分的；

②被告人承认自己所犯罪行，对指控的犯罪事实没有异议的；

③被告人对适用简易程序没有异议的。

（2）不应当适用简易程序的案件

根据《司法解释》第360条的规定，具有下列情形之一的，不适用简易程序：

①被告人是盲、聋、哑人的；

②被告人是尚未完全丧失辨认或者控制自己行为能力的精神病人的；

③案件有重大社会影响的；

④共同犯罪案件中部分被告人不认罪或者对适用简易程序有异议的；

⑤辩护人作无罪辩护的；

⑥被告人认罪但经审查认为可能不构成犯罪的；

⑦不宜适用简易程序审理的其他情形。

3. 简易程序的提起

（1）简易程序的启动权

对于公诉案件，简易程序的启动权由人民检察院、人民法院和被告人共同行使。只要人民检察院、人民法院、被告人有一方认为不宜适用简易程序的，就不能适用简易程序。

（2）简易程序的提起和决定程序

人民检察院起诉时建议适用简易程序的，应当制作《适用简易程序建议书》，在提起公诉时，连同全案卷宗一并移交人民法院。人民法院在征得被告人、辩护人同意后决定适用简易程序的，应制作《适用简易程序决定书》，开庭前送达人民检察院、被告人、辩护人。人民法院认为不适用的，应书面通知人民检察院。

人民检察院没有建议适用简易程序的，基层人民法院受理公诉案件后，经审查认为案件事实清楚、证据充分的，在将起诉书副本送达被告人时，应当询问被告人对指控的犯罪事实的意见，告知其适用简易程序的法律规定。被告人对指控的犯罪事实没有异议并同意适用简易程序的，可以决定适用简易程序，并在开庭前通知人民检察院和辩护人。

被告人及其辩护人申请适用简易程序审理的案件，人民法院经审查认为符合简易程序适用条件的，应当征询检察院的意见，检察院没有异议并同意适用简易程序的，可以决定适用简易程序，并在开庭前通知人民检察院和辩护人。不符合简易程序适用条件的，应当通知被告人及其辩护人。

4. 简易程序法庭审判的特点

（1）只适用于基层人民法院。

（2）只能适用于第一审程序。

（3）适用简易程序审理案件，对可能判处三年有期徒刑以下刑罚的，可以组成合议庭进行审判，也可以由审判员一人独任审判；对可能判处的有期徒刑超过三年的，应当组成合议庭进行审判。

（4）适用简易程序审理的案件，符合《刑事诉讼法》第35条第1款规定的，人民法院应当告知被告人及其近亲属可以申请法律援助。

（5）适用简易程序审理案件，人民法院应当在开庭前将开庭的时间、地点通知人民检察院、自诉人、被告人、辩护人，也可以通知其他诉讼参与人。通知不受时限限制，可以采用简便方式，但应当记录在案。

（6）适用简易程序审理公诉案件，人民检察院应当派员出席法庭。

适用简易程序审理案件，庭审程序不受讯问被告人、询问证人、鉴定人、出示证据、法庭辩论程序规定的限制。

（7）适用简易程序审理案件，审判长或者独任审判员应当当庭询问被告人对指控的犯罪事实的意见，告知被告人适用简易程序审理的法律规定，确认被告人是否同意适用简易程序。

（8）适用简易程序审理案件，可以对庭审作如下简化：公诉人可以摘要宣读起诉书；公诉人、辩护人、审判人员对被告人的讯问、发问可以简化或者省略；对控辩双方无异议的证据，可以仅就证据的名称及所证明的事项作出说明；对控辩双方有异议或者法庭认为有必要调查核实的证据，应当出示，并进行质证；控辩双方对与定罪量刑有关的事实、证据没有异议的，法庭审理可以直接围绕罪名确定和量刑问题进行。

适用简易程序审理案件，判决宣告前应当听取被告人的最后陈述。

（9）适用简易程序审理案件，经审判人员许可，被告人及其辩护人可以同公诉人、自诉人及其诉讼代理人互相辩论。

（10）适用简易程序审理案件，人民法院应当在受理后二十日以内审结；对可能判处的有期徒刑超过三年的，可以延长至一个半月。

（11）适用简易程序独任审判过程中，发现对被告人可能判处的有期徒刑超过三年的，应当转由合议庭审理。

（12）适用简易程序审理案件，在法庭审理过程中，具有下列情形之一的，应当转为普通程序审理：被告人的行为可能不构成犯罪的；被告人可能不负刑事责任的；被告人当庭对起诉指控的犯罪事实予以否认的；案件事实不清、证据不足的；不应当或者不宜适用简易程序的其他情形。

决定转为普通程序审理的案件，审理期限应当从作出决定之日起计算。

（13）适用简易程序审理案件，裁判文书可以简化。

（14）适用简易程序审理案件，一般应当当庭宣判。

5. 人民检察院在简易程序中的工作

（1）建议人民法院适用简易程序审理

根据《诉讼规则》的规定，人民检察院对于基层人民法院管辖的案件，符合适用简易程序审理条件的，可以建议人民法院适用简易程序审理；但是，具有下列情形之一的，人民检察院不得建议人民法院适用简易程序：①被告人是盲、聋、哑人，或者是尚未完全丧失辨认或者控制自己行为能力的精神病人的；②有重大社会影响的；③共同犯罪案件中部分被告人不认罪或者对适用简易程序有异议的；④比较复杂的共同犯罪案件；⑤辩护人作无罪辩护或者对主要犯罪事实有异议的；⑥其他不宜适用简易程序的。

人民法院决定适用简易程序审理的案件，人民检察院认为具有《刑事诉讼法》第215条规定情形之一的，应当向人民法院提出纠正意见；具有其他不宜适用简易程序情形的，人民检察院可以建议人民法院不适用简易程序。

（2）告知义务

基层人民检察院审查案件，认为案件事实清楚、证据充分的，应当在讯问犯罪嫌疑人时，了解其是否承认自己所犯罪行，对指控的犯罪事实有无异议，告知其适用简易程序的法律规定，确认其是否同意适用简易程序。

（3）派员出席法庭

适用简易程序审理的公诉案件，人民检察院应当派员出席法庭。

（4）公诉人在法庭上的工作

公诉人出席简易程序法庭时，应当主要围绕量刑以及其他有争议的问题进行法庭调查和法庭辩论。在确认被告人庭前收到起诉书并对起诉书指控的犯罪事实没有异议后，可以简化宣读起诉书，根据案件情况决定是否讯问被告人，询问证人、鉴定人和出示证据。

根据案件情况，公诉人可以建议法庭简化法庭调查和法庭辩论程序。

适用简易程序审理的公诉案件，公诉人发现不宜适用简易程序审理的，应当建议法庭按照第一审普通程序重新审理。转为普通程序审理的案件，公诉人需要为出席法庭进行准备的，可以建议人民法院延期审理。

附：①人民法院适用简易程序对具体案件的审理程序

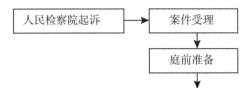

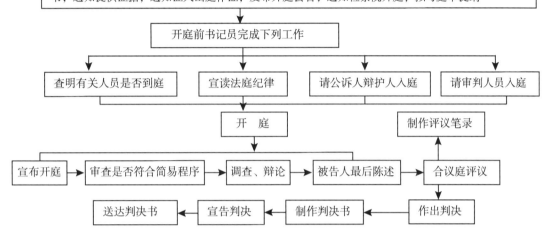

②检察院参与人民法院适用简易程序审理程序流程

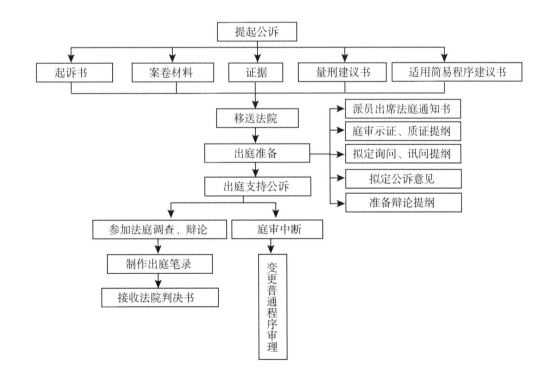

③律师参与人民法院适用简易程序审理的工作

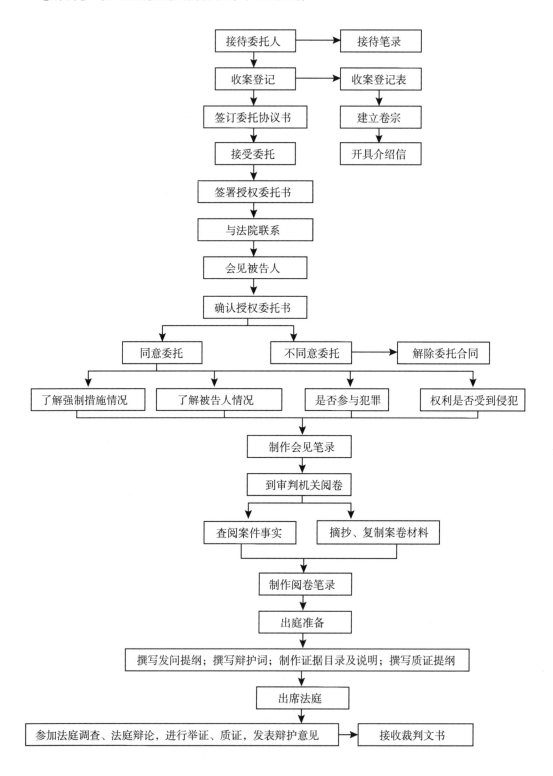

④简易程序审判流程图

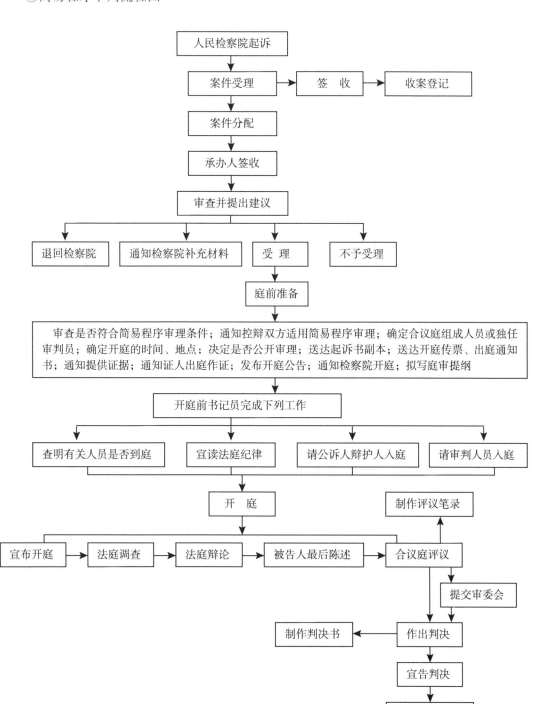

（三）速裁程序

【案例 9-16】

某县人民检察院对张某涉嫌交通肇事一案经过审查起诉，认为，案件事实清楚，证据确实充分，犯罪嫌疑人认罪认罚并积极赔偿被害人家属损失，取得被害人家属谅解，符合速裁程序审理的条件。遂在提起公诉时建议人民法院适用速裁程序审理。法院受理后，经过询问被告人及辩护人，均同意适用速裁程序审理。法院由法官王某适用速裁程序对案件进行了审理。仅用了 8 天的时间，就对案件作出判决。被告人犯交通肇事罪，判处有期徒刑一年。

【应知应会】

1. 速裁程序的概念和意义

速裁程序是指基层人民法院审理可能判处三年有期徒刑以下刑罚的，案件事实清楚，证据确实、充分，被告人认罪认罚并同意适用的，较简易程序更为简化的第一审程序。

【扩展知识】 2019 年 10 月 24 日，最高人民法院、最高人民检察院、公安部、国家安全部、司法部联合发布《关于适用认罪认罚从宽制度的指导意见》。对认罪认罚从宽制度的基本原则、适用范围和适用条件、认罪认罚后"从宽"的把握、当事人权益保障、各专门机关的权限等作出了具体规定。

与简易程序比较，速裁程序具有以下特征：

①速裁程序仅适用于可能判处三年有期徒刑以下刑罚的案件；而简易程序没有刑期的限制。

②速裁程序中的被告人不仅要认罪，还要认罚；而适用简易程序只要求被告人认罪，不要求认罚。

③速裁程序，由审判员一人独任审判；而简易程序既可以是独任庭，也可以是合议庭审判。

④速裁程序审理案件，一般不进行法庭调查、法庭辩论；而简易程序可以简化法庭调查、法庭辩论，但不能省略。

⑤速裁程序审理案件，应当当庭宣判；而简易程序一般应当当庭宣判。

设立速裁程序的意义在于：有利于推动案件繁简分流，缓解办案压力，提高办案效率，节约审判资源；有利于贯彻宽严相济的刑事政策，鼓励被告人认罪认罚，更好地实现刑法的效果；有利于建立和缓宽容、繁简分流的刑事司法制度，促进社会和谐稳定。

2. 速裁程序的适用条件

（1）可以适用速裁程序的条件

根据《刑事诉讼法》第 222 条的规定，基层人民法院管辖的案件，符合下列条件的，可以适用速裁程序：

①可能判处三年有期徒刑以下刑罚；

②案件事实清楚，证据确实、充分；

③被告人认罪认罚；

④被告人同意适用速裁程序。

（2）不可以适用速裁程序的案件

根据《刑事诉讼法》第 223 条和《司法解释》的规定，具有下列情形之一的，不可以适用速裁程序：

①被告人是盲、聋、哑人，或者是尚未完全丧失辨认或者控制自己行为能力的精神病人的；

②被告人是未成年人的；

③案件有重大社会影响的；

④共同犯罪案件中部分被告人对指控的犯罪事实、罪名、量刑建议或者适用速裁程序有异议的；

⑤被告人与被害人或者其法定代理人没有就附带民事诉讼赔偿等事项达成调解或者和解协议的；

⑥辩护人作无罪辩护的；

⑦其他不宜适用速裁程序审理的。

3. 速裁程序的启动

对人民检察院在提起公诉时建议适用速裁程序的案件，基层人民法院经审查认为案件事实清楚，证据确实、充分，可能判处三年有期徒刑以下刑罚的，在将起诉书副本送达被告人时，应当告知被告人适用速裁程序的法律规定，询问其是否同意适用速裁程序。被告人同意适用速裁程序的，可以决定适用速裁程序，并在开庭前通知人民检察院和辩护人。

对人民检察院未建议适用速裁程序的案件，人民法院经审查认为符合速裁程序适用条件的，可以决定适用速裁程序，并在开庭前通知人民检察院和辩护人。

被告人及其辩护人可以向人民法院提出适用速裁程序的申请。

4. 速裁程序的审理

根据《刑事诉讼法》第 222 条至第 226 条的规定，速裁程序除参照第一审普通程序的规定执行外，还需要遵循以下特殊规定：

（1）审判组织为独任庭。

（2）送达期限不受刑诉法普通程序规定期限的限制。适用速裁程序审理案件，人民法院应当在开庭前将开庭的时间、地点通知人民检察院、被告人、辩护人，也可以通知其他诉讼参与人。通知可以采用简便方式，但应当记录在案。

（3）适用速裁程序审理案件，一般不进行法庭调查、法庭辩论。适用速裁程序审理案件，可以集中开庭，逐案审理。公诉人简要宣读起诉书后，审判人员应当当庭询问被告人对指控事实、证据、量刑建议以及适用速裁程序的意见，核实具结书签署的自愿性、真实性、合法性，并核实附带民事诉讼赔偿等情况。

（4）适用速裁程序审理案件，在判决宣告前应当听取辩护人的意见和被告人的最后陈述意见。

（5）适用速裁程序审理案件，裁判文书可以简化。

（6）适用速裁程序审理案件，应当当庭宣判。

（7）适用速裁程序审理案件，人民法院应当在受理后十日以内审结；对可能判处的有期徒刑超过一年的，可以延长至十五日。

（8）适用速裁程序审理案件，在法庭审理过程中，具有下列情形之一的，应当转为普通程序或者简易程序审：被告人的行为可能不构成犯罪或者不应当追究刑事责任的；被告人违背意愿认罪认罚的；被告人否认指控的犯罪事实的；案件疑难、复杂或者对适用法律有重大争议的；其他不宜适用速裁程序的情形。

决定转为普通程序或者简易程序审理的案件，审理期限应当从作出决定之日起计算。

（9）适用速裁程序审理的案件，第二审人民法院依照《刑事诉讼法》第236条第1款第三项的规定发回原审人民法院重新审判的，原审人民法院应当适用第一审普通程序重新审判。

4. 人民检察院在速裁程序中的工作

（1）速裁程序适用建议

人民检察院对基层人民法院管辖的案件，符合速裁程序条件的，在提起公诉时，可以建议人民法院适用速裁程序审理。不符合速裁程序条件的，人民检察院不得建议人民法院适用速裁程序。

公安机关、犯罪嫌疑人及其辩护人建议适用速裁程序，人民检察院经审查认为符合条件的，可以建议人民法院适用速裁程序审理。

公安机关、辩护人未建议适用速裁程序，人民检察院经审查认为符合速裁程序适用条件，且犯罪嫌疑人同意适用的，可以建议人民法院适用速裁程序审理。

人民检察院建议人民法院适用速裁程序的案件，起诉书内容可以适当简化，重点写明指控的事实和适用的法律。

（2）派员出席法庭

人民法院适用速裁程序审理的案件，人民检察院应当派员出席法庭。

（3）公诉人出席速裁程序法庭上的工作

公诉人出席速裁程序法庭时，可以简要宣读起诉书指控的犯罪事实、证据、适用法律及量刑建议，一般不再讯问被告人。

适用速裁程序审理的案件，人民检察院发现有不宜适用速裁程序审理情形的，应当建议人民法院转为普通程序或者简易程序重新审理。

转为普通程序审理的案件，公诉人需要为出席法庭进行准备的，可以建议人民法院延期审理。

附：①人民法院适用速裁程序对具体案件的审理程序

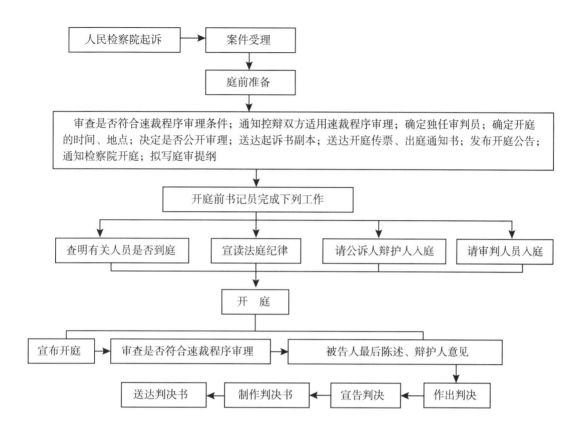

②检察院参与人民法院适用速裁程序审理程序的工作

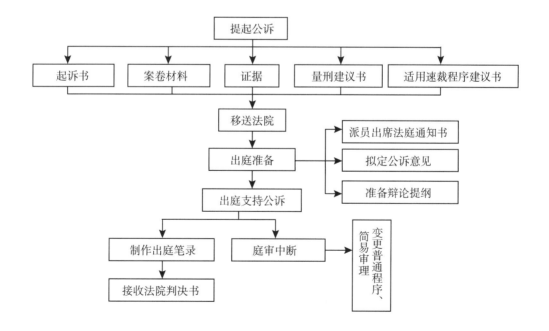

③律师参与人民法院适用速裁程序审理程序的工作

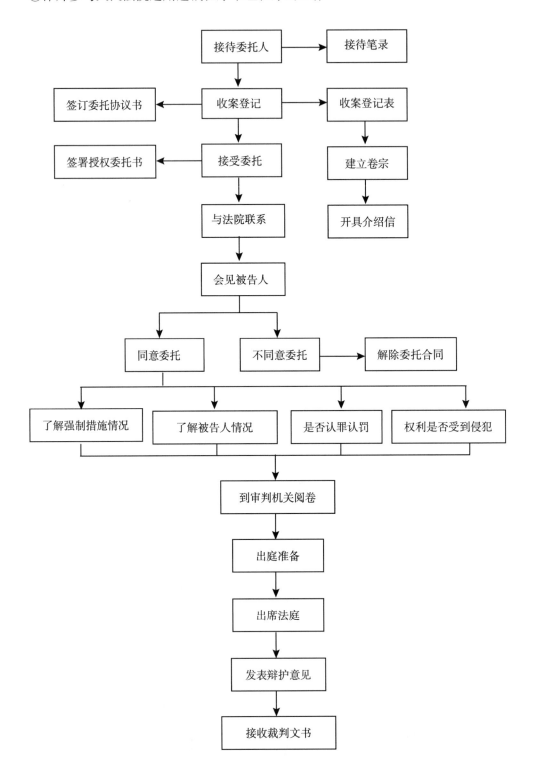

④速裁程序审判流程图

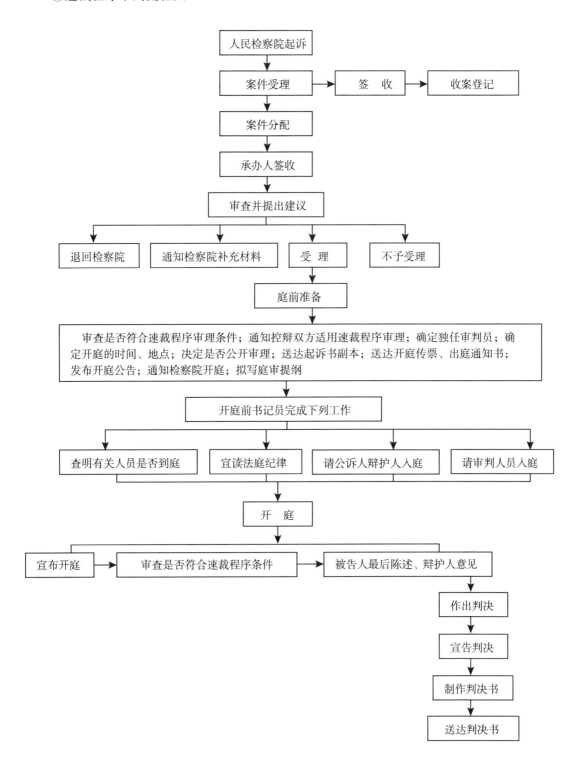

（四）认罪认罚案件的审理

【案例 9-17】

某县人民检察院对张某涉嫌交通肇事一案经过审查起诉，认为，案件事实清楚，证据确实充分，犯罪嫌疑人认罪认罚并积极赔偿被害人家属损失，取得被害人家属谅解，属于犯罪嫌疑人认罪认罚的案件，也符合速裁程序审理。犯罪嫌疑人张某在值班律师的见证下，签署了具结书。遂在提起公诉时建议人民法院适用速裁程序审理，并提交了量刑建议和具结书。法院受理后，经过询问被告人及辩护人，确定被告人确系自愿认罪认罚，且同意适用速裁程序审理。法院由法官王某适用速裁程序对案件进行了审理。仅用了 8 天的时间，就对案件作出判决。被告人犯交通肇事罪，判处有期徒刑一年。

【应知应会】

1. 认罪认罚案件的含义

根据《刑事诉讼法》第 15 条的规定，犯罪嫌疑人、被告人自愿如实供述自己的罪行，承认指控的犯罪事实愿意接受处罚的，可以依法从宽处理。

《刑事诉讼法》第 15 条规定的"认罪"，是指犯罪嫌疑人、被告人自愿如实供述自己的罪行，对指控的犯罪事实没有异议。"认罚"，是指犯罪嫌疑人、被告人真诚悔罪，愿意接受处罚。

被告人认罪认罚的，可以依照《刑事诉讼法》第 15 条的规定，在程序上从简、实体上从宽处理。

需要注意的是，对认罪认罚案件，没有独立的审理程序，应当根据案件情况，依法适用速裁程序、简易程序或者普通程序审理。

2. 人民法院对认罪认罚案件审查重点

对人民检察院提起公诉的认罪认罚案件，人民法院应当重点审查以下内容：

①人民检察院讯问犯罪嫌疑人时，是否告知其诉讼权利和认罪认罚的法律规定；

②是否随案移送听取犯罪嫌疑人、辩护人或者值班律师、被害人及其诉讼代理人意见的笔录；

③被告人与被害人达成调解、和解协议或者取得被害人谅解的，是否随案移送调解、和解协议、被害人谅解书等相关材料；

④需要签署认罪认罚具结书的，是否随案移送具结书。未随案移送的，应当要求人民检察院补充。

3. 认罪认罚案件强制措施的适用

人民法院应当将被告人认罪认罚作为其是否具有社会危险性的重要考虑因素。被告人罪行较轻，采用非羁押性强制措施足以防止发生社会危险性的，应当依法适用非羁押性强制措施。

4. 认罪认罚案件的审理的特殊规定

（1）对认罪认罚案件，法庭审理时应当告知被告人享有的诉讼权利和认罪认罚的法律规定，审查认罪认罚的自愿性和认罪认罚具结书内容的真实性、合法性。

（2）对认罪认罚案件，人民检察院起诉指控的事实清楚，但指控的罪名与审理认定的罪名不一致的，人民法院应当听取人民检察院、被告人及其辩护人对审理认定罪名的意见，依法作出判决。

（3）对认罪认罚案件，人民法院经审理认为量刑建议明显不当，或者被告人、辩护人对量刑建议提出异议的，人民检察院可以调整量刑建议。人民检察院不调整或者调整后仍然明显不当的，人民法院应当依法作出判决。

适用速裁程序审理认罪认罚案件，需要调整量刑建议的，应当在庭前或者当庭作出调整；调整量刑建议后，仍然符合速裁程序适用条件的，继续适用速裁程序审理。

（4）对量刑建议是否明显不当，应当根据审理认定的犯罪事实、认罪认罚的具体情况，结合相关犯罪的法定刑、类似案件的刑罚适用等作出审查判断。

（5）对认罪认罚案件，人民法院一般应当对被告人从轻处罚；符合非监禁刑适用条件的，应当适用非监禁刑；具有法定减轻处罚情节的，可以减轻处罚。

对认罪认罚案件，应当根据被告人认罪认罚的阶段早晚以及认罪认罚的主动性、稳定性、彻底性等，在从宽幅度上体现差异。

共同犯罪案件，部分被告人认罪认罚的，可以依法对该部分被告人从宽处罚，但应当注意全案的量刑平衡。

（6）被告人在人民检察院提起公诉前未认罪认罚，在审判阶段认罪认罚的，人民法院可以不再通知人民检察院提出或者调整量刑建议。对此类案件，人民法院应当就定罪量刑听取控辩双方意见，根据《刑事诉讼法》第 15 条和《司法解释》第 355 条的规定作出判决。

（7）对被告人在第一审程序中未认罪认罚，在第二审程序中认罪认罚的案件，应当根据其认罪认罚的具体情况决定是否从宽，并依法作出裁判。确定从宽幅度时应当与第一审程序认罪认罚有所区别。

（8）案件审理过程中，被告人不再认罪认罚的，人民法院应当根据审理查明的事实，依法作出裁判。需要转换程序的，依照《司法解释》的相关规定处理。

二、二审程序

【案例 9-18】

某县人民法院公开审理李某抢劫一案，依法判决被告人有期徒刑六年。2019 年 6 月 10 日送达判决书。被告人不服一审判决，于 6 月 20 日将上诉状交给看守所管教人员转交法院。由于看守人员的疏忽，直到 6 月 23 日才将上诉状转交法院。法院认为已过上诉期限。被告人不服，提出异议。二审法院认为被告人的上诉没有过期，依法受理并进行了审理。经二审，二审法院认为一审判决事实清楚，但量刑过重，依法改判被告人有期徒刑四年。

【应知应会】

（一）第二审程序的概念、特征

1. 概念

第二审程序，又称上诉审程序，简称二审程序，是指上一级人民法院根据合法的上诉或者抗诉，对下一级人民法院已经做出的尚未发生法律效力的第一审刑事案件的判决、裁定，进行重新审判时应遵循的方式、方法和步骤。

2. 特征

	一审	二审
案件来源	检察院提起的公诉和自诉人提起的自诉	检察院提起的抗诉或享有上诉权的人提起的上诉
审理对象	公诉机关或自诉人所指控的犯罪事实和诉讼要求。其内容集中体现在起诉书和自诉状中	第一审判决、裁定认定的事实是否清楚、适用法律是否正确、处理是否恰当。其内容集中体现在第一审判决书或裁定书中
审理法院	任何一级法院	一审法院的上一级法院
审理程序	开庭审理（普通程序、简易程序或速裁程序）	开庭审理和不开庭审理两种。开庭审理时只能适用普通程序
判决、裁定的法律效力	不能立即生效	除死刑判决或裁定外立即生效

（二）第二审程序的提起

第二审程序是普通程序，只要有合法的上诉或者抗诉，就能引起第二审程序。第二审程序的提起方式有两种：上诉和抗诉。

1. 上诉、抗诉的概念

（1）上诉的概念

上诉，是指有上诉权的人不服地方各级人民法院的第一审判决、裁定，在法定的上诉期限内，请求上一级人民法院对案件重新审判的诉讼行为。

根据《司法解释》第 378 条第 1 款规定："地方各级人民法院在宣告第一审判决、裁定时，应当告知被告人、自诉人及其法定代理人不服判决和准许撤回起诉、终止审理等裁定的，有权在法定期限内以书面或者口头形式，通过本院或者直接向上一级人民法院提出上诉；被告人的辩护人、近亲属经被告人同意，也可以提出上诉；附带民事诉讼当事人及其法定代理人，可以对判决、裁定中的附带民事部分提出上诉。"

有权提起上诉的诉讼参与人，在法定的期限内依法提起上诉，就必然引起第二审程序。

（2）二审抗诉的概念

抗诉，是指人民检察院认为人民法院的刑事判决、裁定确有错误时，以抗诉书的形式要求人民法院重新审判的诉讼行为。

刑事抗诉有两种：一种是二审抗诉，一种是再审抗诉。二审抗诉，是指地方各级人民检察院认为同级人民法院的第一审判决、裁定确有错误时，以抗诉书的形式，要求上一级人民法院对案件重新审判的诉讼行为。

2. 提起二审程序的主体

（1）上诉人的主体范围

根据《刑事诉讼法》第 227 条的规定，法定的上诉权人包括三类：

①独立上诉权人——被告人和自诉人及其法定代理人。

②非独立上诉权人——被告人的辩护人和被告人的近亲属。这些人没有独立的上诉权，必须事先征求被告人的同意后才能提起上诉。

③部分独立上诉权人——附带民事诉讼的原告人和被告人及其法定代理人。这些人只有权就附带民事部分提起上诉。

注意：公诉案件中的被害人虽具有当事人的诉讼地位，但刑事诉讼法只规定了他们享有请求抗诉权，而没有上诉权。

（2）二审抗诉的主体机关

有权提起二审抗诉的人民检察院是一审人民法院的同级人民检察院，而且只能是地方各级人民检察院。

最高人民检察院不能对最高人民法院一审判决、裁定进行二审抗诉。因为最高人民法院的一审判决、裁定是终审的判决、裁定，不存在上诉和二审抗诉问题。最高人民检察院只属于再审抗诉的主体机关，不能成为二审抗诉的主体机关。

3. 提起二审的期限、方式和程序

（1）提起上诉、抗诉的期限

《刑事诉讼法》第 230 条规定："不服判决的上诉和抗诉的期限为十日，不服裁定的上诉和抗诉的期限为五日，从接到判决书、裁定书的第二日起算。"

《刑事诉讼法》第 229 条规定："被害人及其法定代理人不服地方各级人民法院第一审的判决的，自收到判决书后五日以内，有权请求人民检察院提出抗诉。人民检察院自收到被害人及其法定代理人的请求后五日以内，应当作出是否抗诉的决定并且答复请求人。"

（2）提起上诉、抗诉的方式和程序

①上诉的方式

《刑事诉讼法》第 227 条规定："被告人、自诉人和他们的法定代理人，不服地方各级人民法院第一审的判决、裁定，有权用书状或者口头向上一级人民法院上诉。"由此，上诉形式有两种：书面形式和口头形式。无论以哪种形式提出，人民法院均应受理。口头上诉的，人民法院应当制作笔录。

②上诉的程序

《刑事诉讼法》第 231 条规定："被告人、自诉人、附带民事诉讼的原告人和被告人通过原审人民法院提出上诉的，原审人民法院应当在三日以内将上诉状连同案卷、证据移送上一级人民法院，同时将上诉状副本送交同级人民检察院和对方当事人。

被告人、自诉人、附带民事诉讼的原告人和被告人直接向第二审人民法院提出上诉的，第二审人民法院应当在三日以内将上诉状交原审人民法院送交同级人民检察院和对方当事人。"

由此可知：上诉可以通过原审人民法院提出，也可以向第二审人民法院提出。

③抗诉的方式和程序

《刑事诉讼法》第 232 条规定："地方各级人民检察院对同级人民法院第一审判决、裁定的抗诉，应当通过原审人民法院提出抗诉书，并且将抗诉书抄送上一级人民检察院。原审人民法院应当将抗诉书连同案卷、证据移送上一级人民法院，并且将抗诉书副本送交当事人。上级人民检察院如果认为抗诉不当，可以向同级人民法院撤回抗诉，并且通知下级人民检察院。"

由此可知：抗诉的方式只有书面方式一种；提起二审抗诉应当通过原审人民法院提出抗诉书，并将抗诉书抄送上一级人民检察院。而不能将抗诉书直接提交二审人民法院。

4. 提起上诉、抗诉的理由

（1）上诉的理由

刑事诉讼法对上诉理由未作严格限制性的规定，只要享有上诉权的人对地方各级人民法院第一审的判决、裁定不服，就可以提出上诉。所以上诉的理由应当是"不服"一审判决、裁定。只要是有上诉权的人在法定期限内提出的上诉，不论其上诉的理由是否充分、正确，上诉都具有法律效力，都必然引起第二审程序。人民法院不得以任何借口限制上诉人的上诉理由，也不允许以其上诉理由不正确或不充分为由而不接受上诉。

（2）二审抗诉的理由

抗诉与上诉不同，地方各级人民检察院对一审未生效的判决、裁定提出抗诉，必须有明确理由。根据《刑事诉讼法》第 228 条的规定，人民检察院提起抗诉时，必须以"本级人民法院第一审的判决、裁定确有错误"为理由。

《诉讼规则》对于检察院二审抗诉的理由作了明确规定。第 584 条规定：人民检察院认为同级人民法院第一审判决、裁定具有下列情形之一的，应当提出抗诉：①认定的事实确有错误或者据以定罪量刑的证据不确实、不充分的；②有确实、充分证据证明有罪判无罪，或者无罪判有罪的；③重罪轻判，轻罪重判，适用刑罚明显不当的；④认定罪名不正确，一罪判数罪、数罪判一罪，影响量刑或者造成严重社会影响的；⑤免除刑事处罚或者适用缓刑、禁止令、限制减刑等错误的；⑥人民法院在审理过程中严重违反法律规定的诉讼程序的。

（3）申请抗诉的理由

刑事诉讼法对被害人申请抗诉的理由同样没有作出具体规定。只要被害人对地方各级人民法院第一审的判决不服，就可以申请人民检察院抗诉。但是，被害人的申请不必然启动二审程序，因此，被害人在申请抗诉时，应当提出一审判决确有错误的理由。

5. 上诉、抗诉的撤回

（1）上诉的撤回

①撤回上诉的请求如果是在法定的上诉期限内提出的，人民法院应当一律准许。

②撤回上诉的请求如果是在上诉期届满后提出的，应当由第二审人民法院进行审查。经审查，认为原判认定事实和适用法律正确，量刑适当的，应当裁定准许；认为原判确有错误的，应当不予准许，继续按照上诉案件审理。

被判处死刑立即执行的被告人提出上诉，在第二审开庭后宣告裁判前申请撤回上诉的，应当不予准许，继续按照上诉案件审理。

（2）二审抗诉的撤回

①人民检察院在抗诉期限内撤回抗诉的，第一审人民法院不再向上一级人民法院移送案件；

②人民检察院在抗诉期满后要求撤回抗诉的，第二审人民法院可以裁定准许，但是认为原判存在将无罪判为有罪、轻罪重判等情形的，应当不予准许，继续审理。

上级人民检察院认为下级人民检察院抗诉不当，向第二审人民法院要求撤回抗诉的，根据提出的时间，按照上述情形分别处理。

（三）第二审案件的审判

1. 对上诉、抗诉案件的审查

第二审人民法院对第一审人民法院移送上诉、抗诉的案件从程序和实体两个方面进行全面审查。

程序审查解决的是移送材料是否符合规定（如：法律规定第一审人民法院移送上诉、抗诉的案件第一审判决书或裁定书8份，每增加一名被告人增加一份），移送不符的要求其补送。

实体审查主要解决审理方式，决定是否开庭审理。

2. 审理原则

二审案件的审理原则有两个：第一，全面审理原则，这是二审程序的审理原则；第二，上诉不加刑原则，这是二审程序的处刑原则。

（1）全面审理原则

《刑事诉讼法》第233条规定：“第二审人民法院应当就第一审判决认定的事实和适用法律进行全面审查，不受上诉或者抗诉范围的限制。共同犯罪的案件只有部分被告人上诉的，应当对全案进行审查，一并处理。”这就是第二审程序的全面审理原则。

全面审理原则要求：二审法院审判案件时，要对一审判决所认定的事实、适用的法律和诉讼程序进行全面审查。具体而言：

①第二审人民法院应当就第一审判决认定的事实和适用法律进行全面审查，不受上诉或者抗诉范围的限制。

②共同犯罪案件中，如果只有部分被告人上诉的，或者人民检察院只就第一审人民法院对部分被告人的判决提出抗诉的，第二审人民法院应当对全案进行审查，一并处理。

③共同犯罪案件，如果提出上诉的被告人死亡，其他被告人没有提出上诉的，第二审人民法院仍应当对全案进行审查。死亡的被告人不构成犯罪的，应当宣告其无罪；审查后认为构成犯罪的，应当宣布终止审理。对其他同案被告人仍应当作出判决或裁定。

④审理附带民事诉讼的上诉、抗诉案件，应当对全案进行审查。如果第一审判决的刑

事部分并无不当，第二审人民法院只需就附带民事诉讼部分作出处理。如果第一审判决附带民事部分事实清楚，适用法律正确的，应当以刑事附带民事裁定维持原判，驳回上诉、抗诉。

⑤刑事附带民事诉讼案件，只有附带民事诉讼当事人及其法定代理人上诉的，第一审刑事部分的判决在上诉期满后即发生法律效力。

应当送监执行的第一审刑事被告人是第二审附带民事诉讼被告人的，在第二审附带民事诉讼案件审结前，可以暂缓送监执行。

⑥第二审人民法院审理刑事附带民事上诉、抗诉案件，如果发现刑事和民事部分均有错误需要改判的，应当一并改判。

⑦第二审人民法院审理对刑事部分提出上诉、抗诉，附带民事部分已经发生法律效力的案件，发现第一审判决、裁定中的附带民事部分确有错误的，应当依照审判监督程序对附带民事部分予以纠正。

⑧第二审人民法院审理对附带民事部分提出上诉，刑事部分已经发生法律效力的案件，应当对全案进行审查，并按照下列情形分别处理：第一审判决的刑事部分并无不当的，只需就附带民事部分作出处理；第一审判决的刑事部分确有错误的，依照审判监督程序对刑事部分进行再审，并将附带民事部分与刑事部分一并审理。

根据全面审理原则，第二审人民法院对于上诉、抗诉案件，应当主要审查下列内容：

①第一审判决认定的事实是否清楚，证据是否确实、充分；

②第一审判决适用法律是否正确，量刑是否适当；

③在调查、侦查、审查起诉、第一审程序中，有无违反法定程序的情形；

④上诉、抗诉是否提出新的事实、证据；

⑤被告人的供述和辩解情况；

⑥辩护人的辩护意见及采纳情况；

⑦附带民事部分的判决、裁定是否合法、适当；

⑧对涉案财物的处理是否正确；

⑨第一审人民法院合议庭、审判委员会讨论的意见。

（2）上诉不加刑的原则

《刑事诉讼法》第237条规定："第二审人民法院审理被告人或者他的法定代理人、辩护人、近亲属上诉的案件，不得加重被告人的刑罚。第二审人民法院发回原审人民法院重新审判的案件，除有新的犯罪事实，人民检察院补充起诉的以外，原审人民法院也不得加重被告人的刑罚。人民检察院提出抗诉或者自诉人提出上诉，不受前款规定的限制。"

由此，上诉不加刑的原则是指，第二审人民法院审理只有被告人或者他的法定代理人、辩护人、近亲属提起上诉的案件时，不得以任何理由加重被告人的刑罚。

①上诉不加刑原则的适用条件

第一，第二审人民法院在审理只有被告人或者他的法定代理人、辩护人、近亲属上诉的案件时，不得加重被告人的刑罚，也不允许变相对被告人加刑。

第二，人民检察院只对部分被告人的判决提出抗诉，或者自诉人只对部分被告人的判决提出上诉的，第二审人民法院不得对其他同案被告人加重刑罚。

第三，被告人或者其法定代理人、辩护人、近亲属提出上诉，人民检察院未提出抗诉的案件，第二审人民法院发回重新审判后，除有新的犯罪事实且人民检察院补充起诉的以外，原审人民法院不得加重被告人的刑罚。对这类案件，原审人民法院对上诉发回重新审判的案件依法作出判决后，人民检察院抗诉的，第二审人民法院不得改判为重于原审人民法院第一次判处的刑罚。

第四，在公诉案件中如果有人民检察院提出抗诉，或者在自诉案件中有自诉人一方的上诉时，不论被告人一方是否提出了上诉，第二审人民法院审判时，则不受上诉不加刑原则的限制。第二审人民法院即可以改判减刑或者维持原判，也可以改判加刑。

②上诉不加刑原则适用时应注意的问题

对于上诉不加刑原则的具体适用，刑诉法没有具体规定，最高人民法院在总结审判实践经验的基础上，作了较为详细的规定。

《司法解释》第 401 条规定，审理被告人或者其法定代理人、辩护人、近亲属提出上诉的案件，不得对被告人的刑罚作出实质不利的改判，并应当执行下列规定：

第一，同案审理的案件，只有部分被告人上诉的，既不得加重上诉人的刑罚，也不得加重其他同案被告人的刑罚。

第二，原判认定的罪名不当的，可以改变罪名，但不得加重刑罚或者对刑罚执行产生不利影响。

第三，原判认定的罪数不当的，可以改变罪数，并调整刑罚，但不得加重决定执行的刑罚或者对刑罚执行产生不利影响。

第四，原判对被告人宣告缓刑的，不得撤销缓刑或者延长缓刑考验期。

第五，原判没有宣告职业禁止、禁止令的，不得增加宣告；原判宣告职业禁止、禁止令的，不得增加内容、延长期限。

第六，原判对被告人判处死刑缓期执行没有限制减刑、决定终身监禁的，不得限制减刑、决定终身监禁。

第七，原判判处的刑罚不当，应当适用附加刑而没有适用的，不得直接加重刑罚、适用附加刑。原判判处的刑罚畸轻，必须依法改判的，应当在第二审判决、裁定生效后，依照审判监督程序重新审判。

人民检察院抗诉或者自诉人上诉的案件，不受前款规定的限制。

3. 第二审案件的审理方式和程序

第二审人民法院的审理方式可以分为开庭审理和不开庭审理两种。

（1）开庭审理

开庭审理，也叫直接审理。它要求第二审人民法院组成合议庭，按照第一审程序规定的宣布开庭、法庭调查、法庭辩论、被告人最后陈述、评议和宣判几个步骤对上诉或抗诉案件进行审理。审理的地点，根据实际需要，可以在第二审人民法院所在地进行，也可以到案件发生地或者原审人民法院所在地进行。

根据《刑事诉讼法》第 234 条规定：第二审人民法院对于下列案件，应当组成合议庭，开庭审理：①被告人、自诉人及其法定代理人对第一审认定的事实、证据提出异议，可能影响定罪量刑的上诉案件；②被告人被判处死刑的上诉案件；③人民检察院抗诉的案件；④被判处死刑的被告人没有上诉，同案的其他被告人上诉的案件；⑤应当开庭审理的其他案件。

需要注意的是，死刑缓期二年执行不是一种独立的刑种，仍然属于死刑。刑事诉讼法明确规定，被告人被判处死刑的上诉案件，人民法院应当组成合议庭开庭审理。死刑缓期二年执行案件的二审也必须一律开庭审理。

《刑事诉讼法》第 242 条规定："第二审人民法院审判上诉或者抗诉案件的程序，除本章已有规定的以外，参照第一审程序的规定进行。"由此规定，第二审人民法院开庭审理案件，刑诉法有专门规定的遵照专门规定，没有专门规定的，参照第一审程序进行。具体来讲，第二审人民法院开庭审理案件，应当遵守以下特殊规定：

①开庭前的准备

《刑事诉讼法》第 235 条规定："人民检察院提出抗诉的案件或者第二审人民法院开庭审理的公诉案件，同级人民检察院都应当派员出席法庭。第二审人民法院应当在决定开庭审理后及时通知人民检察院查阅案卷。人民检察院应当在一个月以内查阅完毕。人民检察院查阅案卷的时间不计入审理期限。"

在第二审程序中，被告人除自行辩护外，还可以委托辩护人辩护。共同犯罪案件，只有部分被告人上诉或者人民检察院只就部分被告人抗诉的，其他同案被告人也可以委托辩护人辩护。

第二审人民法院决定开庭前，应提审在押被告人，传唤其他当事人，通知当事人的辩护人、法定代理人、证人、鉴定人等出庭。被告人没有委托辩护人而有属于《刑事诉讼法》第 35 条规定情形的，应当依法通知法律援助机构为其指派辩护人。

②开庭审理

开庭审理上诉、抗诉案件，除参照适用第一审程序的有关规定外，应当按照下列规定进行：

A. 法庭调查阶段，审判人员宣读第一审判决书、裁定书后，上诉案件由上诉人或者辩护人先宣读上诉状或者陈述上诉理由，抗诉案件由检察员先宣读抗诉书；既有上诉又有抗诉的案件，先由检察员宣读抗诉书，再由上诉人或者辩护人宣读上诉状或者陈述上诉理由；

B. 法庭辩论阶段，上诉案件，先由上诉人、辩护人发言，后由检察员、诉讼代理人发言；抗诉案件，先由检察员、诉讼代理人发言，后由被告人、辩护人发言；既有上诉又有抗诉的案件，先由检察员、诉讼代理人发言，后由上诉人、辩护人发言。

开庭审理上诉、抗诉案件，可以重点围绕对第一审判决、裁定有争议的问题或者有疑问的部分进行。根据案件情况，可以按照下列方式审理：

A. 宣读第一审判决书，可以只宣读案由、主要事实、证据名称和判决主文等；

B. 法庭调查应当重点围绕对第一审判决提出异议的事实、证据以及新的证据等进行；对没有异议的事实、证据和情节，可以直接确认；

C. 对同案审理案件中未上诉的被告人，未被申请出庭或者人民法院认为没有必要到庭的，可以不再传唤到庭；

D. 被告人犯有数罪的案件，对其中事实清楚且无异议的犯罪，可以不在庭审时审理。

同案审理的案件，未提出上诉、人民检察院也未对其判决提出抗诉的被告人要求出庭的，应当准许。出庭的被告人可以参加法庭调查和辩论。

（2）不开庭审理

不开庭审理，即调查讯问的审理方式，即以上诉内容或者抗诉书和一审的全部案卷为基础，通过调查讯问方式进行的审理。其特点是：由审判员 3 人至 5 人组成合议庭；合议庭成员要审阅案卷材料；讯问被告人；听取其他当事人、辩护人、诉讼代理人的意见；合议庭在上述工作的基础上进行评议，作出判决或裁定。

4. 对二审案件的处理

根据刑事诉讼法的规定，第二审人民法院对不服一审判决、裁定的上诉、抗诉案件进行审理后，应当分别情况作出如下处理：

（1）裁定驳回上诉或者抗诉，维持原判

第二审人民法院认为一审法院的判决所认定的事实清楚，证据确实、充分，适用法律正确，量刑适当，程序合法，上诉、抗诉的理由不能成立的案件，应当裁定驳回上诉或者抗诉，维持原判。

（2）直接改判

①第二审人民法院应当用判决直接改判的案件是：原判决认定事实没有错误，但适用法律有错误；原判决认定事实没有错误，但量刑不当。

②第二审人民法院可以用判决直接改判的案件是：原判决事实不清楚，可以在查清事实后改判；原判决证据不足的，也可以在查清事实后改判。

有多名被告人的案件，部分被告人的犯罪事实不清、证据不足或者有新的犯罪事实需要追诉，且有关犯罪与其他同案被告人没有关联的，第二审人民法院根据案件情况，可以对该部分被告人分案处理，将该部分被告人发回原审人民法院重新审判。原审人民法院重新作出判决后，被告人上诉或者人民检察院抗诉，其他被告人的案件尚未作出第二审判决、裁定的，第二审人民法院可以并案审理。

（3）撤销原判、发回重审

①第二审人民法院可以裁定撤销原判、发回重审的案件是：原判事实不清楚或者证据不足的。

②第二审人民法院应当裁定撤销原判、发回重审的案件是：第一审人民法院的审理有违反诉讼程序的情形之一的：违反刑事诉讼法有关公开审判的规定的；违反回避制度的；剥夺或者限制了当事人的法定诉讼权利，可能影响公正审判的；审判组织的组成不合法的；其他违反法律规定的诉讼程序，可能影响公正审判的。

（4）依法作出判决、裁定

原判事实不清、证据不足，第二审人民法院发回重新审判的案件，原审人民法院重新作出判决后，被告人上诉或者人民检察院抗诉的，第二审人民法院应当依法作出判决、裁定，不得再发回重新审判。

5. 第二审案件的审判期限

第二审人民法院受理上诉、抗诉案件，应当在二个月以内审结。对于可能判处死刑的案件或者附带民事诉讼的案件，以及交通十分不便的边远地区的重大复杂案件、重大的犯罪集团案件、流窜作案的重大复杂案件、犯罪涉及面广，取证困难的重大复杂案件，经省、自治区、直辖市高级人民法院批准或者决定，可以延长二个月；因特殊情况还需要延长的，报请最高人民法院批准。最高人民法院受理上诉、抗诉案件的审理期限，由最高人民法院决定。

6. 查封、扣押、冻结的犯罪嫌疑人、被告人的财物及其孳息的处理

公安机关、人民检察院和人民法院对查封、扣押、冻结的犯罪嫌疑人、被告人的财物及其孳息，应当妥善保管，以供核查，并制作清单，随案移送。任何单位和个人不得挪用或者自行处理。对被害人的合法财产，应当及时返还。对违禁品或者不宜长期保存的物品，应当依照国家有关规定处理。

对作为证据使用的实物应当随案移送，对不宜移送的，应当将其清单、照片或者其他证明文件随案移送。

人民法院作出的判决，应当对查封、扣押、冻结的财物及其孳息作出处理。

人民法院作出的判决生效以后，有关机关应当根据判决对查封、扣押、冻结的财物及其孳息进行处理。对查封、扣押、冻结的赃款赃物及其孳息，除依法返还被害人的以外，一律上缴国库。

司法工作人员贪污、挪用或者私自处理查封、扣押、冻结的财物及其孳息的，依法追究刑事责任；不构成犯罪的，给予处分。

三、死刑复核程序

【案例 9-19】

被告人张某，男，汉族，1990 年 1 月 7 日出生，初中文化，农民。2019 年 2 月 23 日凌晨，被告人张某酒后翻墙潜入同村村民张甲（被害人，女，殁年 29 岁）家中卧室企图图谋不轨。张甲发现后呼喊，张某遂将张甲摁倒在地，坐在张甲身上，用手掐、勒其颈部，并抓其头部撞击地面。其间，惊醒了屋中睡觉的张甲的两个儿子张乙（被害人，时年 7 岁）、张丙（被害人，时年 11 个月），张乙持棍棒上前击打张某，张丙大声哭叫。张某又先后对张乙、张丙实施捂嘴、掐颈等行为，在二人没有动静之后，张某再次坐在张甲身上掐、勒张甲颈部并抓其头部撞击地面，直至张甲不动后逃离。张甲因机械性窒息合并肝破裂经抢救无效死亡，张乙构成轻微伤。

2019 年 10 月 17 日，某市中级人民法院第一审认定被告人张某犯故意杀人罪，判处死刑，剥夺政治权利终身。宣判后，张某提出上诉。某省高级人民法院经依法开庭审理后，认为一审判决事实清楚，量刑正确，裁定驳回上诉，维持原判，并依法报请最高人民法院核准。最高人民法院依法组成合议庭，进行了复核，依法讯问了被告人。核准了某省高级人民法院维持第一审对被告人张某以故意杀人罪判处死刑，剥夺政治权利终身的裁定。

【应知应会】

死刑是剥夺犯罪分子生命的刑罚，是刑罚中最严厉的一种。我国法律一方面把死刑作为打击犯罪、保护人民的有力武器，另一方面又强调要严格控制死刑的适用。因此，除了

在实体法中对死刑的适用做了严格的限制外，还在刑事诉讼法中规定对判处被告人死刑（包括死缓）的案件，在普通审判程序之外，规定了一项特别的审查核准程序——死刑复核程序。

【扩展知识】我国死刑复核程序的变迁：有关死刑核准权的立法是死刑复核程序立法中的关键。自建国以来，随着国家政治、治安形势的发展变化，我国的死刑核准权也经历了分散、相对集中、再分散直至最后集中的过程。1954 年颁布的《中华人民共和国法院组织法》第 11 条规定，死刑案件的核准权一般由高级人民法院行使，当事人对高级人民法院作出的死刑案件终审裁定不服，申请上一级人民法院复核的，由最高人民法院核准。1957 年第一届全国人民代表大会第四次会议讨论决定"今后一切死刑案件，都由最高人民法院判决或核准。"1958 年 5 月 29 日最高人民法院对死缓案件的核准权作出决定：凡是由高级人民法院判处或者审核的"死缓"案件，一律不再报最高人民法院复核。这是第一次将死刑立即执行和死刑缓期执行案件的核准权区分开。1966 年以后的文革时期，死刑案件由各省级革命委员会批准即可执行。1979 年 7 月 1 日第五届人大二次会议通过的《中华人民共和国刑事诉讼法》明确规定，死刑由最高人民法院核准，中级人民法院判处死刑缓期两年执行的案件，由高级人民法院核准。但这些规定实施不久，鉴于打击严重刑事犯罪的需要，死刑核准权又开始陆续下放。1980 年 3 月 1、1981 年 6 月、1983 年 9 月全国人大常委会先后三次将部分死刑案件的核准权授权省、自治区、直辖市的高级人民法院行使，但最高人民法院判决的和涉外的毒品犯罪死刑案件除外。最高人民法院授权各高级人民法院行使部分死刑案件的核准权，有力的打击了严重的刑事犯罪，顺应了当时社会治安形势的需要。但是，这种做法也有一些负面影响，各高级人民法院对死刑的标准执行不统一，二审程序与死刑复核程序合二为一等，导致对死刑案件的把关不严，甚至出现了冤假错案。因此，1996 年和 1997 年分别修订的《刑事诉讼法》和《刑法》都明确规定，死刑除由最高人民法院判决的以外，都应当报请最高人民法院核准。死刑缓期二年执行案件可以由高级人民法院判决或者核准。但《人民法院组织法》第 13 条规定的内容并未修改，也未废止，基于打击严重刑事犯罪的需要，最高人民法院仍然于 1997 年 9 月 26 日发出了《关于授权高级人民法院和解放军军事法院核准部分死刑案件的通知》。该通知规定："自从 1997 年 10 月 1 日修订后的《刑法》正式实施之日起，除最高人民法院判处的死刑案件外，各地对《刑法》分则第一章规定的危害国家安全罪，第三章规定的破坏社会主义市场经济秩序罪，第八章规定的贪污贿赂罪判处死刑的案件，高级人民法院、解放军军事法院二审或复核同意后，仍应报最高人民法院核准。对《刑法》分则第二章、第四章、第五章、第六章（毒品犯罪除外）、第七章、第十章规定的犯罪，判处死刑的案件（最高人民法院判决和涉外的除外）的核准权，最高人民法院依照《人民法院组织法》第 13 条的规定，仍授权由各省、自治区、直辖市的高级人民法院和解放军军事法院行使。但涉港、澳、台死刑案件在一审宣判前仍需报最高人民法院内核。对于毒品犯罪判处死刑案件，除已获得授权的高级人民法院可以行使部分案件的核准权外，其他高级人民法院和解放军军事法院在二审或者复核同意后，仍应报最高人民法院核准。"

进入 21 世纪以后，随着人权保护意识的增强，2006 年 10 月 31 日，第十届全国人大常委会第二十四次会议通过《关于修改〈中华人民共和国人民法院组织法〉的规定》，将

《人民法院组织法》原第 13 条修改为第 12 条："死刑除依法由最高人民法院判决的以外，应当报请最高人民法院核准。"据此，最高人民法院于 2006 年 12 月 28 日公布了《关于统一行使死刑核准权有关问题的规定》，并明确自 2007 年 1 月 1 日起实行，标志着死刑立即执行案件的核准权完全收归最高人民法院行使，而死刑缓期二年执行的案件则可以由各高级人民法院核准。

（一）死刑复核程序的概念和特点

1. 概念

死刑复核程序，是指对死刑判决、裁定专门进行审查核准的一种特殊程序。凡是判处死刑立即执行和死刑缓期执行的案件，均应经过该程序才能发生法律效力。

2. 死刑复核程序的特点

（1）死刑复核程序审理的对象具有特定性

死刑复核程序审理的对象仅是判处被告人死刑的案件，包括判处死刑立即执行和判处死刑缓期二年执行的案件。

（2）死刑复核程序是死刑案件的终审程序

一切判处死刑案件的判决、裁定，都只有经过最高人民法院或高级人民法院核准后，才能发生法律效力和交付执行。

（3）所处的诉讼阶段特殊

死刑复核程序的进行一般是在死刑判决作出后，发生法律效力并交付执行之前。

（4）核准权具有专属性

死刑立即执行案件的核准权只能由最高人民法院行使，死刑缓期二年执行的案件由高级人民法院核准。

（5）程序启动上具有自动性

与一审、二审程序遵循不告不理不同，死刑复核程序由作出裁判的人民法院主动报请。

（6）报请复核方式特殊

依照有关规定，人民法院报请复核的方式只能按人民法院组织系统由下而上逐级报请复核和核准，不得越级报请复核和核准。

（7）死刑复核程序任务的特殊性

死刑复核程序的任务是享有复核权的法院对下级法院报请复核的案件，首先进行审查，即对判决认定的事实是否清楚、证据是否确实充分，适用法律是否准确，判处死刑是否得当进行全面审查，然后作出是否核准死刑的裁定。

（二）死刑立即执行案件的复核

1. 死刑立即执行案件的报请复核程序

（1）中级人民法院判处死刑的第一审案件，被告人未上诉、人民检察院未抗诉的，在上诉、抗诉期满后十日以内报请高级人民法院复核。高级人民法院同意判处死刑的，应当在作出裁定后十日以内报请最高人民法院核准；认为原判认定的某一具体事实或者引用的法律条款等存在瑕疵，但判处被告人死刑并无不当的，可以在纠正后作出核准的判决、裁定；不同意判处死刑的，应当依照第二审程序提审或者发回重新审判。

（2）中级人民法院判处死刑的第一审案件，被告人上诉或者人民检察院抗诉，高级人民法院裁定维持的，应当在作出裁定后十日以内报请最高人民法院核准。

（3）高级人民法院判处死刑的第一审案件，被告人未上诉、人民检察院未抗诉的，应当在上诉、抗诉期满后十日以内报请最高人民法院核准。

（4）高级人民法院判处死刑的第一审案件，被告人上诉或人民检察院抗诉的，报请最高人民法院二审并核准。

高级人民法院复核死刑案件，应当讯问被告人。

2. 死刑立即执行案件报请复核的具体要求

（1）应当一案一报。报送的材料包括报请复核的报告，第一、二审裁判文书，案件综合报告各五份以及全部案卷、证据。案件综合报告，第一、二审裁判文书和审理报告应当附送电子文本。

同案审理的案件应当报送全案案卷、证据。

曾经发回重新审判的案件，原第一、二审案卷应当一并报送。

（2）报请复核的报告，应当载明案由、简要案情和审理过程及判决结果。

（3）死刑案件综合报告应包括以下主要内容：①被告人、被害人的基本情况。被告人有前科或者曾受过行政处罚、处分的，应当写明；②案件的由来和审理经过。案件曾经发回重新审判的，应当写明发回重新审判的原因、时间、案号等；③案件侦破情况。通过技术调查、侦查措施抓获被告人、侦破案件，以及与自首、立功认定有关的情况，应当写明；④第一审审理情况。包括控辩双方意见，第一审认定的犯罪事实，合议庭和审判委员会意见；⑤第二审审理或者高级人民法院复核情况。包括上诉理由、人民检察院的意见，第二审审理或者高级人民法院复核认定的事实，证据采信情况及理由，控辩双方意见及采纳情况；⑥需要说明的问题。包括共同犯罪案件中另案处理的同案犯的处理情况，案件有无重大社会影响，以及当事人的反应等情况；⑦处理意见。写明合议庭和审判委员会的意见。

（4）报送死刑复核案件的诉讼案卷及证据材料。应包括以下内容：①拘留证、逮捕证、搜查证的复印件；②扣押赃款、赃物和其他在案物证的清单；③公安机关、国家安全机关的起诉意见书，或者人民检察院的侦查终结报告；④人民检察院的起诉书；⑤案件的审理报告、法庭审理笔录、合议庭评议笔录和审判委员会讨论决定笔录；⑥被告人上诉状、人民检察院抗诉书；⑦人民法院的判决书、裁定书和宣判笔录、送达回证；⑧能够证明案件具体情况并经过查证属实的各种肯定的和否定的证据。包括物证或者物证照片、书证、证人证言、被害人陈述、被告人供述和辩解。

3. 死刑立即执行案件的具体复核

（1）应由审判员三人组成合议庭进行。

（2）复核采取书面审查与讯问被告人相结合的方式进行。

最高人民法院、最高人民检察院、公安部、司法部《关于进一步严格依法办案确保办理死刑案件质量的意见》第41条规定：复核死刑案件，合议庭成员应当阅卷，并提出书面意见存查，对证据有疑问的，应当对证据进行调查核实，必要时到案发现场调查。

阅卷就是查阅报请复核法院报送的所有法律文书、诉讼材料及证据。阅卷时，应当全面审查以下内容：①被告人的年龄，被告人有无刑事责任能力、是否系怀孕的妇女；②原判认定的事实是否清楚，证据是否确实、充分；③犯罪情节、后果及危害程度；④原判适用法律是否正确，是否必须判处死刑，是否必须立即执行；⑤有无法定、酌定从重、从轻或者减轻处罚情节；⑥诉讼程序是否合法；⑦应当审查的其他情况。

根据《刑事诉讼法》第251条规定，最高人民法院复核死刑案件，应当讯问被告人。讯问被告人是复核死刑案件的必经程序，即是了解案件情况的机会，也是被告人的辩解机会，有利于查明案件真实情况。

复核死刑、死刑缓期执行案件，应当重视审查被告人及其辩护人的辩解、辩护意见。死刑复核期间，辩护律师要求当面反映意见的，最高人民法院有关合议庭应当在办公场所听取其意见，并制作笔录；辩护律师提出书面意见的，应当附卷。

死刑复核期间，最高人民检察院提出意见的，最高人民法院应当审查，并将采纳情况及理由反馈最高人民检察院。

最高人民法院应当根据有关规定向最高人民检察院通报死刑案件复核结果。

4. 死刑立即执行案件复核后的处理

根据《刑事诉讼法》第250条的规定，最高人民法院复核死刑案件，应当作出核准或者不核准死刑的裁定。对于不核准死刑的，最高人民法院可以发回重新审判或者予以改判。

根据《司法解释》和《关于复核死刑案件若干问题的规定》，最高人民法院对死刑案件复核后，按照下列情形分别处理：

(1) 裁定予以核准

①直接予以核准。原判认定事实和适用法律正确、量刑适当、诉讼程序合法的，应当裁定核准；

②纠正后予以核准。原判认定的某一具体事实或者引用的法律条款等存在瑕疵，但判处被告人死刑并无不当的，可以在纠正后作出核准的判决、裁定；

(2) 裁定不予核准，并撤销原判，发回重新审判

①原判事实不清、证据不足的；

②复核期间出现新的影响定罪量刑的事实、证据的；

③原判认定事实正确、证据充分，但依法不应当判处死刑的（根据案件情况，必要时，也可以依法改判）；

④原审违反法定诉讼程序，可能影响公正审判的。

5. 死刑复核中的发回重审程序

最高人民法院裁定不予核准死刑的，根据案件情况，可以发回第二审人民法院或者第一审人民法院重新审判。

对最高人民法院发回第二审人民法院重新审判的案件，第二审人民法院一般不得发回第一审人民法院重新审判。

第一审人民法院重新审判的，应当开庭审理。第二审人民法院重新审判的，可以直接

改判；必须通过开庭查清事实、核实证据或者纠正原审程序违法的，应当开庭审理。

高级人民法院依照复核程序审理后报请最高人民法院核准死刑，最高人民法院裁定不予核准，发回高级人民法院重新审判的，高级人民法院可以依照第二审程序提审或者发回重新审判。

最高人民法院裁定不予核准死刑，发回重新审判的案件，原审人民法院应当另行组成合议庭审理，但复核期间出现新的影响定罪量刑的事实、证据的和原判认定事实正确、证据充分，但依法不应当判处死刑的案件除外。

最高人民法院裁定不予核准，发回高级人民法院重新审判的案件，第一审人民法院判处死刑、死刑缓期执行的，上一级人民法院依照第二审程序或者复核程序审理后，应当依法作出判决或者裁定，不得再发回重新审判。但是，第一审人民法院有《刑事诉讼法》第238条规定的情形或者违反《刑事诉讼法》第239条规定的除外。

（三）判处死刑缓期二年执行案件的复核程序

1. 死刑缓期二年执行案件的核准权限

《刑事诉讼法》第248条规定："中级人民法院判处的死刑缓期二年执行的案件，由高级人民法院核准。"根据这一规定，死刑缓期二年执行案件的核准权由高级人民法院统一行使。

2. 死刑缓期二年执行案件的核准程序

（1）中级人民法院判处的死刑缓期二年执行的案件，被告人不上诉、人民检察院不抗诉的，在上诉、抗诉期满后10日内报请高级人民法院复核。

（2）中级人民法院判处的死刑缓期二年执行的案件，被告人上诉或人民检察院抗诉的，由高级人民法院二审并核准。

（3）高级人民法院判处的死刑缓期二年执行的案件，如果没有上诉、抗诉的，应由高级人民法院核准。

（4）高级人民法院判处的死刑缓期二年执行的案件，如果有上诉、抗诉时，则应由最高人民法院进行二审并核准。

死刑缓期二年执行案件报请复核要求所报送的材料内容与报请复核死刑立即执行案件相同。

3. 死刑缓期二年执行案件的复核

高级人民法院在复核死刑缓期二年执行的案件时，也应当由审判员3人组成合议庭进行，对死缓案件进行全面审查。复核的基本内容、方式方法与复核死刑立即执行案件基本相同。需要注意的是，高级人民法院复核死刑缓期二年执行案件，也应当讯问被告人。

4. 死刑缓期二年执行案件复核后的处理

高级人民法院复核死刑缓期执行案件，应当按照下列情形分别处理：

（1）原判认定事实和适用法律正确、量刑适当、诉讼程序合法的，应当裁定核准；

（2）原判认定的某一具体事实或者引用的法律条款等存在瑕疵，但判处被告人死刑缓期执行并无不当的，可以在纠正后作出核准的判决、裁定；

（3）原判认定事实正确，但适用法律有错误，或者量刑过重的，应当改判；

（4）原判事实不清、证据不足的，可以裁定不予核准，并撤销原判，发回重新审判，或者依法改判；

（5）复核期间出现新的影响定罪量刑的事实、证据的，可以裁定不予核准，并撤销原判，发回重新审判，或者依照《司法解释》第271条的规定审理后依法改判；

（6）原审违反法定诉讼程序，可能影响公正审判的，应当裁定不予核准，并撤销原判，发回重新审判。

复核死刑缓期执行案件，不得加重被告人的刑罚。

四、审判监督程序

【案例9-20】

王某某，男，1968年出生。1994年1月2日，王某某的妻子张某某因患精神病走失，张某某的家人怀疑张某某被其丈夫王某某杀害。1994年4月，王某某因涉嫌故意杀人罪被逮捕。1994年10月13日，某中级人民法院作出一审判决，以故意杀人罪判处王某某死刑，剥夺政治权利终身。王某某不服，上诉至省高级法院，省高级人民法院撤销一审判决，将该案发回重新审判。原审法院将案件交由下级法院一审，1998年6月15日，法院重新审判后以故意杀人罪判处王某某有期徒刑15年，剥夺政治权利5年。王某某不服提出上诉，某中级人民法院驳回王某某上诉，维持原判。王某某随后在监狱服刑。

2005年3月28日，被王某某"杀害"的妻子张某某突然归来，当地一片哗然。公安机关通过DNA鉴定，证实了张某某的身份。2005年3月30日，法院紧急撤销一审判决和二审裁定，重审此案。2005年4月1日，王某某出狱。2005年4月13日，法院经重新开庭审理，宣判王某某无罪。王某某申请国家赔偿，2005年9月2日王某某领取70余万元国家赔偿款。

【应知应会】

（一）审判监督程序的概念和特点

1. 审判监督程序的概念

审判监督程序，又称再审程序，是指人民法院、人民检察院对已经发生法律效力的刑事判决和裁定，发现在认定事实或者适用法律上或审判程序上确有错误时，依法提起并由人民法院对案件进行重新审判的一种特殊审判程序。

审判监督程序是一种补救性的特殊程序，是专为纠正已经发生法律效力的错误判决、裁定而设置的，不是每个案件必经的程序。

2. 审判监督程序的特点

审判监督程序是按刑事诉讼法所规定的机关和人员对人民法院实行业务监督的特殊程序。它不同于一般情况下的上级人民法院对下级人民法院的工作的业务监督，也不同于人民检察院对人民法院审判活动是否合法所进行的法律监督，更不同于人民群众对人民法院审判活动的监督。由此可知，审判监督程序和审判监督是两个不同的概念。

审判监督程序主要有以下几个特点：

（1）提起主体的特定性

有权提起审判监督程序的主体只限于人民法院和人民检察院，具体包括：各级人民法院院长及审判委员会、最高人民法院和上级人民法院、最高人民检察院和上级人民检察院。当事人及其法定代理人、近亲属只能向人民法院、人民检察院提出申诉，是否启动审判监督程序由人民法院或人民检察院决定。

（2）审理对象的特定性

审理的对象只能是已经发生法律效力的判决和裁定，包括正在执行和已经执行完毕的案件。

（3）提起理由的特定性

提起审判监督程序的理由必须是认为已发生法律效力的判决和裁定在认定事实或适用法律方面有错误，需要予以纠正，否则不能提起审判监督程序。

（4）提起的期限不受限制

提起审判监督程序一般没有法定期限限制。根据"实事求是，有错必纠"的精神，只要人民法院和人民检察院发现生效的判决和裁定确有错误，随时发现，随时纠正，任何时候都可以提起。当然，如果原判错将有罪判为无罪而需要提起审判监督程序时，应受刑法规定的追诉时效期限的限制。

（5）审判的法院的广泛性

审判的法院的广泛性，是指对再审案件能够审理的法院可以是各级人民法院，而不是个别法院，不受审级的限制。依照审判监督程序审理案件的法院，既可以是原审的第一审人民法院或第二审人民法院，又可以是提审的最高人民法院、上级人民法院及他们指令再审的下级人民法院。

（6）再审判决、裁定的效力的特殊性

再审判决、裁定的效力取决于再审法院的审级。再审如果是按照第一审程序进行审判的，再审后的第一审判决、裁定仍可以依法进行上诉和二审抗诉。如果是按第二审程序进行审判或者提审的案件，则可以依法再申诉和提起再审抗诉，申诉和再审抗诉成立的，仍可以提起再审程序。

（7）再审不加刑

根据刑事诉讼法的规定，按审判监督程序审判的案件，相当于重新审理，不论提起的主体如何，审理后量刑时，根据事实和法律规定，既可加重刑罚，也可减轻刑罚，既可维持原判，也可宣告无罪。需要注意，近几年来这一特点有所改变。根据最高人民法院《关于刑事再审案件开庭审理程序的具体规定》的有关规定，对于按照审判监督程序重新审判的案件，除人民检察院抗诉的以外，再审一般不得加重原审被告人（原审上诉人）的刑罚。

（二）审判监督程序的提起

1. 提起审判监督程序的材料来源

提起审判监督程序的材料来源是指发现生效判决、裁定确有错误的一切途径和渠道。根据《刑事诉讼法》的规定和司法实践，提起审判监督程序的材料来源主要有：①当事人及其法定代理人、近亲属的申诉；②公安司法机关通过办案或复查案件发现的错案；③机关、团体、单位以及新闻媒体等对生效裁判反映的意见；④各级人大代表提出的纠正错案的议案；⑤人民群众的来信来访。

在司法实践中，申诉人的申诉是提起审判监督程序的最主要的材料来源。

2. 申诉

（1）申诉的概念

刑事申诉，是指当事人及其法定代理人、近亲属认为各级人民法院已经发生法律效力的判决、裁定有错误，为了维护自己或他人的合法权益，向人民法院或人民检察院提出申诉状，要求人民法院对案件重新审判的诉讼请求行为。

申诉作为一种引起审判监督程序的材料来源，仅仅是可能引起或应该提起审判监督程序的原因和条件，并非再审的决定和开始。有了这种材料来源也并不一定提起再审程序。是否应当进行再审，应由人民法院、人民检察院根据刑诉法的规定进行审查后决定。

（2）提出申诉的主体

根据《刑事诉讼法》第252条和《司法解释》第451条的规定，有权提出申诉的人包括：当事人及其法定代理人、近亲属。此外，案外人认为已经发生法律效力的判决、裁定侵害其合法权益，提出申诉的，人民法院也应当审查处理。

（3）申诉的对象

申诉的对象是已经发生法律效力的判决和裁定，既包括已过法定期限没有提出上诉、抗诉的第一审判决和裁定，也包括第二审判决和裁定；既包括正在执行的，也包括已经执行完毕的。

（4）申诉的时间

申诉人的申诉，应当在刑罚执行完毕后2年内提出。超过2年提出申诉，具有下列情形之一的，应当受理：可能对被告人宣告无罪的；原审被告人在规定的期限内向人民法院提出申诉，人民法院未受理的；属于疑难、复杂、重大案件的。

（5）申诉的理由

刑诉法没有规定申诉的理由，只要享有申诉权的人不服人民法院的生效裁判即可提起申诉。但是，根据《刑事诉讼法》第253条的规定："当事人及其法定代理人、近亲属的申诉符合下列情形之一的，人民法院应重新审判：①有新的证据证明原判决、裁定认定的事实确有错误，可能影响定罪量刑的；②据以定罪量刑的证据不确实、不充分、依法应当予以排除，或者证明案件事实的主要证据之间存在矛盾的；③原判决、裁定适用法律确有错误的；④违反法律规定的诉讼程序，可能影响公正审判的；⑤审判人员在审理该案件的时候，有贪污受贿，徇私舞弊，枉法裁判行为的。"可以看出，只有符合法定条件的申诉才具有引起审判监督程序的效力。

（6）申诉的效力

①申诉不停止判决、裁定的执行；

②申诉不能直接引起审判监督程序。

（7）申诉的审查处理

1）申诉的受理

① 申诉的受理机关

根据刑诉法的规定，申诉由人民法院和人民检察院受理。人民法院、人民检察院对各自受理申诉案件的管辖，一般采取分级负责，就地解决的原则，由作出生效判决、裁定的原审人民法院负责处理。

② 申诉的受理程序

人民法院、人民检察院按申诉管辖接受申诉材料后，首先应进行申诉立案，再进行审查。根据《司法解释》的规定，各级人民法院对当事人及其法定代理人、近亲属对已经发生法律效力的判决、裁定提出的申诉，应当进行登记并认真审查处理。原审人民法院审查处理申诉、上级人民法院直接处理的申诉和转交下级人民法院审查处理的申诉，应当立申诉卷。

《人民检察院复查刑事申诉案件规定》也明确规定人民检察院收到申诉人的刑事申诉后，应填写《刑事申诉受理登记表》，对申诉材料进行审查。可见，人民法院、人民检察院对申诉受理采取书面形式。

2）申诉的审查处理

审查是办理申诉案件的一项重要活动。人民法院、人民检察院应在立案后，对刑事申诉进行全面审查，只有经过审查才能最终确定能否启动审判监督程序。

根据《司法解释》的规定，申诉由终审人民法院审查处理。但是，第二审人民法院裁定准许撤回上诉的案件，申诉人对第一审判决提出申诉的，可以由第一审判决人民法院审查处理。上一级人民法院对未经终审人民法院审查处理的申诉，可以告知申诉人向终审人民法院提出申诉，或者直接交终审人民法院审查处理，并告知申诉人；案件疑难、复杂、重大的，也可以直接审查处理。对未经终审人民法院及其上一级人民法院审查处理，直接向上级人民法院申诉的，上级人民法院应当告知申诉人向下级人民法院提出。最高人民法院或者上级人民法院可以指定终审人民法院以外的人民法院对申诉进行审查。被指定的人民法院审查后，应当制作审查报告，提出处理意见，层报最高人民法院或者上级人民法院审查处理。对死刑案件的申诉，可以由原核准的人民法院直接审查处理，也可以交由原审人民法院审查。原审人民法院应当制作审查报告，提出处理意见，层报原核准的人民法院审查处理。

对立案审查的申诉案件，人民法院可以听取当事人和原办案单位的意见，也可以对原判据以定罪量刑的证据和新的证据进行核实。必要时，可以进行听证。

人民法院通过对申诉材料的审查，区分不同情况作出如下处理：

①对不符合《刑事诉讼法》第252条规定的申诉，按来信、来访处理；

②认为有《刑事诉讼法》第253条规定的情形之一的，由院长提请审判委员会决定重新审判；对不符合《刑事诉讼法》第253条规定的申诉，应当说服申诉人撤回申诉；对仍然坚持申诉的，应当书面通知驳回。申诉人对驳回申诉不服的，可以向上一级人民法院申诉。上一级人民法院经审查认为申诉不符合《刑事诉讼法》第253条规定的，应当予以驳回。经两级人民法院处理后又提出申诉的，如果没有新的充分理由，人民法院可以不再受理。

人民检察院通过对申诉材料的审查，区分不同情况分别作出如下处理：

①认为原判决、裁定正确的，驳回申诉，并制作驳回申诉通知书；

②人民检察院对不服同级人民法院已经发生法律效力的刑事判决、裁定的申诉复查后，认为原判决、裁定确有错误，需要纠正的，应制作改判建议书，建议法院重新审理。必要时，应制作《提请抗诉意见书》，报上一级人民检察院审查。上一级人民检察院经审查决定抗诉的，应制作《抗诉书》，向同级人民法院提出抗诉。人民检察院对不服人民法院已经发生法律效力的刑事判决、裁定的申诉复查后，不论决定是否提出抗诉，均应制作《刑事申诉复查通知书》，并在十日内通知申诉人。

需要注意的是，当事人及其法定代理人、近亲属，对已经发生法律效力的判决、裁定，可以向人民法院或者人民检察院提出申诉，但是不能停止判决、裁定的执行。

3）申诉的审查期限

人民法院、人民检察院受理申诉后，应当在三个月内作出决定，至迟不得超过六个月。

（三）审判监督程序的提起主体

审判监督程序的提起主体，是指根据刑诉法的规定，有资格和权力对发生法律效力的判决、裁定直接提起再审程序的人员和机关。由于提起审判监督程序的对象是裁判已经生效且已经交付执行或执行完毕的案件，为了保证法院裁判的稳定性和严肃性，并使错误裁判能够得到纠正，法律对提起审判监督程序的主体及其权限作了严格规定。根据《刑事诉讼法》第 254 条的规定，有权提起审判监督程序的主体包括各级人民法院院长及审判委员会、最高人民法院和上级人民法院、最高人民检察院和上级人民检察院。

1. 各级人民法院院长及审判委员会

各级人民法院院长对本院已经发生法律效力的判决和裁定，如果发现在认定事实或者适用法律上确有错误，有权提交审判委员会处理，提起审判监督程序。

对此，必须明确以下几点：

①提交讨论权和决定权相分离。对本院已经发生法律效力的判决、裁定提起审判监督程序的权力，应由院长和审判委员会共同行使，院长本人不能自行决定对案件再审。即院长如果发现本院已经发生法律效力的判决和裁定，在认定事实或者适用法律上确有错误，有权提交审判委员会，由审判委员会决定是否提起审判监督程序。

②各级人民法院院长及审判委员会提起审判监督程序的对象只能是本院作出的生效裁判，而不能是上级或其他同级人民法院的生效裁判。

③各级人民法院院长提交审判委员会讨论决定再审的案件，必须是本院作出的生效裁判在认定事实或者适用法律上确有错误，否则，不能提交。

④各级人民法院对本院生效裁判提起审判监督程序的次数没有限制。

2. 最高人民法院和上级人民法院

最高人民法院对各级人民法院已经发生法律效力的判决、裁定，上级人民法院对下级人民法院已经发生法律效力的判决、裁定，如果发现确有错误，可以指令下级人民法院再审；对于原判决、裁定认定事实正确，但是在适用法律上有错误，或者案情疑难、复杂、重大的，或者有其他不宜由原审人民法院审理的情况的案件，也可以提审。

最高人民法院作为全国最高审判机关，对各级人民法院的生效裁判，都有权依法提起审判监督程序；其他上级人民法院只能对其所属的下级人民法院的生效裁判，依法提起审判监督程序。

最高人民法院和上级人民法院提起审判监督程序的方式是提审或指令再审。

3. 最高人民检察院和上级人民检察院

最高人民检察院对各级人民法院已经发生法律效力的判决和裁定，上级人民检察院对下级人民法院已经发生法律效力的判决和裁定，如果发现确有错误，有权按照审判监督程序提出抗诉，该种抗诉称为再审抗诉。

再审抗诉与二审抗诉虽然都是人民检察院依法行使审判监督权的具体体现，但两者存在着明显的区别，主要是：

①提起抗诉的检察机关不同：再审抗诉是由最高人民检察院和上级人民检察院提出；而二审抗诉是由地方各级人民检察院即一审人民法院的同级人民检察院提出。

地方各级人民检察院不能对自己同级的人民法院作出的生效裁判提出再审抗诉，也无权直接向上一级法院提出抗诉，只能向上一级人民检察院报告，要求上一级人民检察院向同级人民法院提出抗诉。

②抗诉的案件不同：再审抗诉的案件是已经发生法律效力的案件；而二审抗诉的案件是尚未发生法律效力的案件。

③抗诉指向的法院不同：再审抗诉指向的法院是各级人民法院；而二审抗诉指向的法院是地方各级人民法院。

④审理抗诉案件的法院不同：审理再审抗诉的法院是最高人民法院和上级人民法院，即提起再审抗诉的人民检察院的同级人民法院（指令下级法院再审的案件除外）；而审理二审抗诉案件的法院只能是二审法院。

⑤提起抗诉的期限不同：提起再审抗诉没有时间的限制；而提起二审抗诉的期限判决为十日、裁定为五日。

⑥审理抗诉案件的期限不同：审理再审抗诉案件的期限为三个月，最长不得超过六个月；而审理二审抗诉案件的期限为一个月，最长不得超过一个半月。

（四）提起审判监督程序的理由

提起审判监督程序的理由是指具备什么样的条件，才可以提起审判监督程序对案件进行重新审理。

根据《刑事诉讼法》第254条的规定：各级人民法院院长对本院已经发生法律效力的判决和裁定，如果发现在认定事实上或者在适用法律上确有错误，必须提交审判委员会处理。

最高人民法院对各级人民法院已经发生法律效力的判决和裁定，上级人民法院对下级人民法院已经发生法律效力的判决和裁定，如果发现确有错误，有权提审或者指令下级人民法院再审。

最高人民检察院对各级人民法院已经发生法律效力的判决和裁定，上级人民检察院对下级人民法院已经发生法律效力的判决和裁定，如果发现确有错误，有权按照审判监督程序向同级人民法院提出抗诉。

人民检察院抗诉的案件，接受抗诉的人民法院应当组成合议庭重新审理，对于原判决事实不清楚或者证据不足的，可以指令下级人民法院再审。

从此规定可以看出，我国提起审判监督程序的理由是原判决、裁定"确有错误"。"确有错误"既包括实体法的错误，也包括程序法上的错误；既包括事实认定上的错误，也包括法律适用上的错误。根据《诉讼规则》第591条，人民检察院认为人民法院已经发生法律效力的判决、裁定确有错误，具有下列情形之一的，应当按照审判监督程序向人民法院提出抗诉：①有新的证据证明原判决、裁定认定的事实确有错误，可能影响定罪量刑的；②据以定罪量刑的证据不确实、不充分的；③据以定罪量刑的证据依法应当予以排除的；④据以定罪量刑的主要证据之间存在矛盾的；⑤原判决、裁定的主要事实依据被依法变更或者撤销的；⑥认定罪名错误且明显影响量刑的；⑦违反法律关于追诉时效期限的规定的；⑧量刑明显不当的；⑨违反法律规定的诉讼程序，可能影响公正审判的；⑩审判人员在审理案件的时候有贪污受贿，徇私舞弊，枉法裁判行为的。对于同级人民法院已经发生法律效力的判决、裁定，人民检察院认为可能有错误的，应当另行指派检察官或者检察官办案组进行审查。经审查，认为有前述规定情形之一的，应当提请上一级人民检察院提出抗诉。

《司法解释》第457条也明确规定，经审查，具有下列情形之一的，应当根据《刑事诉讼法》第253条的规定，决定重新审判：①有新的证据证明原判决、裁定认定的事实确有错误，可能影响定罪量刑的；②据以定罪量刑的证据不确实、不充分、依法应当排除的；③证明案件事实的主要证据之间存在矛盾的；④主要事实依据被依法变更或者撤销的；⑤认定罪名错误的；⑥量刑明显不当的；⑦对违法所得或者其他涉案财物的处理确有明显错误的；⑧违反法律关于溯及力规定的；⑨违反法定诉讼程序，可能影响公正裁判的；⑩审判人员在审理该案件时有贪污受贿、徇私舞弊、枉法裁判行为的。申诉不具有上述情形的，应当说服申诉人撤回申诉；对仍然坚持申诉的，应当书面通知驳回。

从上述规定可以看出，"有新的证据"是提起审判监督程序的一个重要因素。关于"新的证据"的界定，《司法解释》第458条做了明确规定：①原判决、裁定生效后新发现的证据；②原判决、裁定生效前已经发现，但未予收集的证据；③原判决、裁定生效前已经收集，但未经质证的证据；④原判决、裁定所依据的鉴定意见，勘验、检查等笔录被改变或者否定的；⑤原判决、裁定所依据的被告人供述、证人证言等证据发生变化，影响定罪量刑，且有合理理由的。

（五）提起审判监督程序的方式

根据《刑事诉讼法》第254条的规定，提起审判监督程序的方式包括决定再审、提审、指令再审、抗诉四种。

决定再审是各级人民法院院长对本院已经发生法律效力的判决和裁定，如果发现在认定事实或者适用法律上确有错误，提交审判委员会讨论，决定提起审判监督程序对案件进行再审。

提审是指最高人民法院或上级人民法院将下级人民法院审理的已经发生法律效力的判

决和裁定的案件，由下级人民法院上调至本院，由本院依法组成合议庭重新审判。提审适用于最高人民法院对各级人民法院已经发生法律效力的判决、裁定，上级人民法院对下级人民法院已经发生法律效力的判决、裁定，认为原判决、裁定认定事实正确，但是在适用法律上有错误，或者案情疑难、复杂、重大的，或者有其他不宜由原审人民法院审理的情况的案件。提审后的判决、裁定为终审的判决、裁定。

指令再审是指最高人民法院或上级人民法院指示或命令原审人民法院或所属其他下级人民法院按照审判监督程序对案件进行重新审判。指令再审适用于最高人民法院对各级人民法院已经发生法律效力的判决、裁定，上级人民法院对下级人民法院已经发生法律效力的判决、裁定，发现确有错误或者最高人民检察院、上级人民检察院按照审判监督程序向同级人民法院提出抗诉的案件，对于原判决事实不清楚或者证据不足的案件。

抗诉是指最高人民检察院对各级人民法院已经发生法律效力的判决和裁定，上级人民检察院对下级人民法院已经发生法律效力的判决和裁定，如果发现确有错误，有权按照审判监督程序提出抗诉，要求人民法院对案件进行重新审理。

（六）依照审判监督程序对案件的重新审判

1. 依照审判监督程序对案件重新审判的受理

各级人民法院院长对本院已经发生法律效力的判决和裁定，如果发现在认定事实或者适用法律上确有错误，应提交审判委员会讨论决定再审。

最高人民法院对各级人民法院已经发生法律效力的判决、裁定，上级人民法院对下级人民法院已经发生法律效力的判决、裁定，如果发现确有错误，可以指令下级人民法院再审；对于符合提审条件的案件，也可以提审。

对于最高人民检察院和上级人民检察院提出抗诉的案件，如果原审判决事实不清楚或者证据不足，可以指令下级人民法院再审，并将指令再审的决定书抄送抗诉的人民检察院。

人民法院决定按照审判监督程序重新审判的案件，除人民检察院提起抗诉的外，应当制作再审决定书。

以有新的证据证明原判决、裁定认定的事实确有错误为由提出申诉的，应当同时附有新的证据目录、证人名单和主要证据复印件或者照片。需要申请人民法院调取证据的，应当附有证据线索。未附有的，应当在七日内补充；经补充后仍不完备或逾期不补的，应当决定不予受理。

人民法院在收到人民检察院按照审判监督程序提出抗诉的刑事抗诉书后，应当根据不同情况，分别处理：

①不属于本院管辖的，决定退回人民检察院。

②按照抗诉书提供的原审被告人（原审上诉人）住址无法找到原审被告人（原审上诉人）的，人民法院应当要求提出抗诉的人民检察院协助查找；经协助查找仍无法找到的，决定退回人民检察院。

③抗诉书没有写明原审被告人（原审上诉人）准确住址的，应当要求人民检察院在七日内补充，经补充后仍不明确或逾期不补的，裁定维持原判。

④以有新的证据证明原判决、裁定认定的事实确有错误为由提出抗诉，但抗诉书未附有新的证据目录、证人名单和主要证据复印件或者照片的，人民检察院应当在七日内补充；经补充后仍不完备或逾期不补的，裁定维持原判。

2. 重新审判的原则

（1）全面审查原则

依照审判监督程序重新审判的案件，人民法院应当重点针对申诉、抗诉和决定再审的理由进行审理。必要时，应当对原判决、裁定认定的事实、证据和适用法律进行全面审查。

（2）再审不加刑原则

根据《刑事诉讼法》的规定，按审判监督程序审判的案件，坚持实事求是、有错必纠的原则，审理后量刑时，根据事实和法律规定，既可加重刑罚，也可减轻刑罚，既可维持原判，也可宣告无罪。但是，近几年来这一原则有所改变。根据最高人民法院《关于刑事再审案件开庭审理程序的具体规定》的有关规定，对于按照审判监督程序重新审判的案件，除人民检察院抗诉的以外，再审一般不得加重原审被告人（原审上诉人）的刑罚。不具备开庭条件可以不开庭审理的，或者可以不出庭参加诉讼的，不得加重未出庭原审被告人（原审上诉人）、同案原审被告人（同案原审上诉人）的刑罚。

（3）历史问题历史对待原则

为贯彻法的溯及力原则，对历史问题要以当时的政策和法律为主要依据。

3. 重新审判的法院

根据《刑事诉讼法》的规定，再审的法院可以是各级人民法院。各级人民法院有权对本院已经发生法律效力的判决和裁定再审；最高人民法院、上级人民法院有权提审或指令再审，上级人民法院指令下级人民法院再审的，应当指令原审人民法院以外的下级人民法院审理；由原审人民法院审理更为适宜的，也可以指令原审人民法院审理。原审的人民法院可以是原审的第一审生效人民法院，也可以是第二审的生效法院。

4. 重新审判的方式

审判监督程序按照第一审程序审理的，必须开庭审理；按照第二审程序审理的，既可以开庭审理，也可以不开庭审理。所以，审判监督程序的审理方式也包括开庭审理和不开庭审理两种。

（1）开庭审理

人民法院审理下列再审案件，应当依法开庭审理：①依照第一审程序审理的；②依照第二审程序需要对事实或者证据进行审理的；③人民检察院按照审判监督程序提出抗诉的；④可能对原审被告人（原审上诉人）加重刑罚的；⑤有其他应当开庭审理情形的。

（2）不开庭审理

下列再审案件可以不开庭审理：①原判决、裁定认定事实清楚，证据确实、充分，但适用法律错误，量刑畸重的；②1979年《中华人民共和国刑事诉讼法》施行以前裁判的；③原审被告人（原审上诉人）、原审自诉人已经死亡、或者丧失刑事责任能力的；④原审被告人（原审上诉人）在交通十分不便的边远地区监狱服刑，提押到庭确有困难的；但人民检察院提出抗诉的，人民法院应征得人民检察院的同意；⑤人民法院按照审判监督程序决定再审，经两次通知，人民检察院不派员出庭的。

不开庭审理的，应当讯问被告人，听取被告人的申辩意见，听取其他当事人、辩护人、诉讼代理人的意见。合议庭全体成员应当阅卷，必要时应当提交书面阅卷意见。

5. 重新审判的组织和程序

再审案件的审判组织和审理程序一般根据原来审结案件的审级来确定。《刑事诉讼法》第 256 条规定，人民法院按照审判监督程序重新审判的案件，由原审人民法院审理的，应当另行组成合议庭进行。参与过本案第一审、第二审、死刑复核程序审判的合议庭组成人员，不得参与本案再审程序的审判。

人民法院按照审判监督程序重新审判的案件，如果原来是第一审案件，应当依照第一审程序进行审判，所作的判决、裁定，可以上诉、抗诉；如果原来是第二审案件，或者是上级人民法院提审的案件，应当依照第二审程序进行审判，所作的判决、裁定，是终审的判决、裁定。符合《刑事诉讼法》第 296 条、第 297 条规定的，可以缺席审判。

6. 按照审判监督程序对案件重新开庭审理的程序

A. 开庭前的准备工作

人民法院在开庭审理前，应当进行下列工作：

（1）确定合议庭的组成人员。

（2）将再审决定书、申诉书副本至迟在开庭 30 日前，重大、疑难案件至迟在开庭 60 日前送达同级人民检察院，并通知其查阅、复制双方提交的新证据目录及新证据复印件、照片和准备出庭。

（3）将再审决定书或抗诉书副本至迟在开庭 30 日以前送达原审被告人（原审上诉人），告知其可以委托辩护人或者依法为其指定承担法律援助义务的律师担任辩护人。

（4）至迟在开庭 30 日前，重大、疑难案件至迟在开庭 60 日前，通知辩护人查阅、复制双方提交的新证据目录及新证据复印件、照片和准备出庭。

（5）在开庭 15 日前通知控辩双方查阅、复制人民法院调取的新证据目录及新证据复印件、照片等证据。

（6）人民法院决定再审或者受理抗诉书后，原审被告人（原审上诉人）正在服刑的，人民法院依据再审决定书或者抗诉书及提押票等文书办理提押；原审被告人（原审上诉人）在押，再审可能改判宣告无罪的，人民法院裁定中止执行原裁决后，可以取保候审；原审被告人（原审上诉人）不在押，确有必要采取强制措施并符合法律规定采取强制措施条件的，人民法院裁定中止执行原裁决后，依法采取强制措施。

（7）将开庭的时间、地点在开庭 7 日以前通知人民检察院。

（8）传唤当事人，通知辩护人、诉讼代理人、证人、鉴定人和翻译人员，传票和通知书至迟在开庭 7 日以前送达。

（9）公开审判的案件，在开庭 7 日以前先期公布案由、原审被告人（原审上诉人）姓名、开庭时间和地点。

（10）控辩双方收到再审决定书或抗诉书后，人民法院通知开庭之日前，可以提交新的证据。开庭后，除对原审被告人（原审上诉人）有利的外，人民法院不再接纳新证据。

（11）开庭审理前，合议庭应当核实原审被告人（原审上诉人）何时因何案被人民法院依法裁判，在服刑中有无重新犯罪，有无减刑、假释，何时刑满释放等情形。

（12）开庭审理前，原审被告人（原审上诉人）到达开庭地点后，合议庭应当查明原审被告人（原审上诉人）基本情况，告知原审被告人（原审上诉人）享有辩护权和最后陈述权，制作笔录后，分别由该合议庭成员和书记员签名。

B. 具体开庭程序

具体开庭程序与原审判程序基本一致，也包括宣布开庭、法庭调查、法庭辩论、被判刑人最后陈述、评议和宣判几个阶段。但重新审判时又有不同要求，具体表现在：

（1）开庭审理时，审判长宣布合议庭组成人员及书记员，公诉人、辩护人、鉴定人和翻译人员的名单，并告知当事人、法定代理人享有申请回避的权利。

（2）人民法院决定再审的，由合议庭组成人员宣读再审决定书；根据人民检察院提出抗诉进行再审的，由公诉人宣读抗诉书；当事人及其法定代理人、近亲属提出申诉的，由原审被告人（原审上诉人）及其辩护人陈述申诉理由。

（3）在审判长主持下，控辩双方应就案件的事实、证据和适用法律等问题分别进行陈述。合议庭对控辩双方无争议和有争议的事实、证据及适用法律问题进行归纳，予以确认。

（4）在审判长主持下，就控辩双方有争议的问题，进行法庭调查和辩论。

（5）在审判长主持下，控辩双方对提出的新证据或者有异议的原审据以定罪量刑的证据进行质证。

（6）进入辩论阶段，原审被告人（原审上诉人）及其法定代理人、近亲属提出申诉的，先由原审被告人（原审上诉人）及其辩护人发表辩护意见，然后由公诉人发言，被害人及其代理人发言；被害人及其法定代理人、近亲属提出申诉的，先由被害人及其代理人发言，公诉人发言，然后由原审被告人（原审上诉人）及其辩护人发表辩护意见；人民检察院提出抗诉的，先由公诉人发言，被害人及其代理人发言，然后由原审被告人（原审上诉人）及其辩护人发表辩护意见。既有申诉又有抗诉的，先由公诉人发言，后由申诉方当事人及其代理人或者辩护人发言或者发表辩护意见，然后由对方当事人及其代理人或辩护人发言或者发表辩护意见。公诉人、当事人和辩护人、诉讼代理人经审判长许可，可以互相辩论。

7. 重新审判后的处理

再审案件经过重新审理后，应当按照下列情形分别处理：

（1）原判决、裁定认定事实和适用法律正确，量刑适当的，应当裁定驳回申诉或者抗诉，维持原判。

（2）原判决、裁定认定事实没有错误，但适用法律有错误，或者量刑不当的，应当改判。按照第二审程序审理的案件，认为必须判处被告人死刑立即执行的，直接改判后，应当报请最高人民法院核准。

（3）应当对被告人实行数罪并罚的案件，原判决、裁定没有分别定罪量刑的，应当撤销原判决、裁定，重新定罪量刑，并决定执行的刑罚。

（4）按照第二审程序审理的案件，原判决、裁定认定事实不清或者证据不足的，可以在查清事实后改判，也可以裁定撤销原判，发回原审人民法院重新审判。原判决、裁定认定事实不清，证据不足，经再审仍无法查清，证据不足，不能认定原审被告人有罪的，应当参照有关规定判决宣告被告人无罪。

另外，还应明确两个问题：

（1）按照审判监督程序进行再审的自诉案件，应当依法作出判决和裁定，对其中附带民事诉讼部分，可以调解结案。

（2）再审改判宣告无罪并依法享有申请国家赔偿权利的当事人，宣判时合议庭应当告知其该判决发生法律效力后即有申请国家赔偿的权利。

8. 重新审判的期限

《刑事诉讼法》第258条规定："人民法院按照审判监督程序重新审判的案件，应当在作出提审、再审决定之日起三个月以内审结，需要延长期限的，不得超过六个月。接受抗诉的人民法院按照审判监督程序审判抗诉的案件，审理期限适用前款规定；对需要指令下级人民法院再审的，应当自接受抗诉之日起一个月以内作出决定，下级人民法院审理案件的期限适用前款规定。"由此可知，再审案件的审理期限为三个月，最长不得超过六个月。

9. 其他有关问题

根据《刑事诉讼法》《司法解释》的有关规定，按照审判监督程序进行再审的案件，还应注意以下问题：

（1）人民法院决定再审的案件，再审期间不停止原判决、裁定的执行，但被告人可能经再审改判无罪，或者可能经再审减轻原判刑罚而致刑期届满的，可以决定中止原判决、裁定的执行，必要时，可以对被告人采取取保候审、监视居住措施。

（2）人民法院审理共同犯罪再审案件，如果人民法院再审决定书或者人民检察院抗诉书只对部分同案原审被告人（同案原审上诉人）提起再审，其他未涉及的同案原审被告人（同案原审上诉人）不出庭不影响案件审理的，可以不出庭参与诉讼；部分同案原审被告人（同案原审上诉人）、原审自诉人已经死亡、或者丧失刑事责任能力的，原审被告人（原审上诉人）在交通十分不便的边远地区监狱服刑，提押到庭确有困难等情形不能出庭的，不影响案件的开庭审理。

（3）人民法院审理人民检察院抗诉的再审案件，人民检察院在开庭审理前撤回抗诉的，应当裁定准许；人民检察院接到出庭通知后不派员出庭，且未说明原因的，可以裁定按撤回抗诉处理，并通知诉讼参与人。

（4）人民法院审理申诉人申诉的再审案件，申诉人在再审期间撤回申诉的，可以裁定准许；但认为原判确有错误的，应当不予准许，继续按照再审案件审理。申诉人经依法通知无正当理由拒不到庭，或者未经法庭许可中途退庭的，可以裁定按撤回申诉处理，但申诉人不是原审当事人的除外。

【单元思考题】

一、单项选择题

1. 甲征得其妻乙同意，又娶女丙为妻，三人共同生活，群众纷纷向人民法院检举甲的重婚行为，人民法院应当（　　）。

A. 直接受理并进行审判

B. 以无原告人为由，驳回检举

C. 移送公安机关处理

D. 移送同级人民检察院处理

2. 刘某系某县法院副院长，在其任职期间先后贪污 5000 余元，受贿 3500 元，此案依法应由(　　)直接受理。

A. 公安机关　　　B. 监察委员会　　　C. 人民检察院　　　D. 人民法院

3. 人民检察院认为公安机关不立案理由不能成立应当(　　)。

A. 提出司法建议　　　　　　　B. 通知公安机关立案

C. 向人民法院提起诉讼　　　　D. 让被害人自诉

4. 举报人举报的事实有出入而没有捏造事实、伪造证据，属于(　　)。

A. 错告　　　　B. 诬告　　　　C. 陷害　　　　D. 诬陷

5. 判决定期宣告的，判决书送达当事人时间是(　　)。

A. 5 日内　　　　B. 立即　　　　C. 3 日内　　　　D. 7 日内

6. 下列人员中，具有不可替代特点的诉讼参与人是(　　)。

A. 鉴定人　　　B. 证人　　　C. 辩护人　　　D. 鉴定人

7. 被害人对一审尚未生效的判决不服的，可以(　　)。

A. 提起上诉　　　　　　　　　B. 申诉

C. 请求检察院提起抗诉　　　　D. 申请复议

8. 某公安局法医李某对某故意伤害案进行了鉴定，并出具了鉴定意见，在这种情况下，李某在诉讼中的地位是(　　)。

A. 诉讼参与人　　　　　　　　B. 既是诉讼参与人，又是侦查人员

C. 侦查人员　　　　　　　　　D. 既不是诉讼参与人，又不是侦查人员

9. 某故意杀人案，合议庭经合议认为被告人应判处死刑立即执行，而审判委员会认为应判处死刑缓期二年执行。在这种情况下，合议庭应当(　　)。

A. 合议庭应按照合议意见直接判处被告人死刑立即执行

B. 合议庭应按照审委会的意见，判处被告人死刑缓期二年执行

C. 合议庭应请示上级人民法院，然后再作出判决

D. 合议庭应当重新合议，如果认为审委会意见正确执行审委会意见

10. 某盗窃案，经过合议庭审理认为指控被告人有罪的证据不足，证明其无罪的证据也不足，在这种情况下，法院应作出(　　)。

A. 证据不足的无罪判决　　　　B. 有罪判决

C. 退回检察院补充侦查　　　　D. 终止审理

二、多项选择题

1. 我国刑事诉讼中的国家专门机关有(　　)。

A. 公安机关、国家安全机关　　　B. 人民检察院、人民法院

C. 各级政法委　　　　　　　　　D. 监察委员会

2. 公安机关在刑事诉讼中的职权包括(　　)。

A. 侦查　　　　　B. 拘留　　　　　C. 预审　　　　　D. 执行逮捕

3. 我国刑事公诉案件的当事人包括(　　　)。

A. 自诉人　　　　　　　　　　　B. 犯罪嫌疑人、被告人

C. 法定代理人　　　　　　　　　D. 被害人

4. 下列案件中由人民检察院自行侦查的案件有(　　　)。

A. 贪污罪　　　B. 挪用公款罪　　C. 非法拘禁罪　　D. 刑讯逼供罪

5. 在刑事诉讼中，人民检察院有(　　　)。

A. 侦查权　　　　　　　　　　　B. 提起支持公诉权

C. 抗诉权　　　　　　　　　　　D. 通缉权

6. 在执行(　　　)的时候，遇有紧急情况，不另用搜查证也可以进行。

A. 取保候审　　B. 拘传　　　　C. 拘留　　　　D. 逮捕

7. 检查妇女的身体应由(　　　)进行。

A. 女工作人员　　B. 侦查人员　　C. 医师　　　　D. 女医师

8. (　　　)案件在侦查羁押期限（3 个月）届满后，仍不能侦查终结的，经省、市、自治区检察院批准或决定，可以延长 2 个月。

A. 重大刑事案件

B. 交通十分不便的边远地区的重大复杂案件

C. 流窜作案的重大复杂案件

D. 犯罪涉及面广，取证困难的复杂案件

9. 侦查终结的案件，应当做到(　　　)。

A. 犯罪事实清楚　　　　　　　　B. 证据确实充分

C. 犯罪嫌疑人供认不讳　　　　　D. 法律手续齐备

10. 人民检察院自行侦查终结的案件，应当作出(　　　)的决定。

A. 提起公诉　　B. 撤销案件　　C. 不起诉　　　D. 免予起诉

11. 人民检察院审查起诉案件，应当听取(　　　)的意见。

A. 犯罪嫌疑人　　　　　　　　　B. 被害人

C. 被害人的代理人　　　　　　　D. 犯罪嫌疑人的辩护人

12. 下列情形中应当作出不起诉决定的有(　　　)。

A. 犯罪嫌疑人的行为不构成犯罪

B. 犯罪嫌疑人的犯罪情节是显著轻微，不需要判处刑罚

C. 证据不足的案件

D. 被害人没有告诉的虐待案件

13. 人民法院在适用简易程序审理诉讼案件时，发现有下列情况之后，应当将简易程序转为普通程序审理(　　　)。

A. 被告人的行为不构成犯罪

B. 被告人应当判处三年以上有期徒刑

C. 被告人当庭反供

D. 事实不清楚或证据不足的

14. 根据刑诉法的规定，有独立上诉的是(　　)。

A. 被告人

B. 附带民事诉讼当事人和他的法定代理人

C. 被害人

D. 被告人的近亲属和代理人

15. 依照刑诉法的规定，中级人民法院判处死刑的第一审案件被告人不上诉的，应当(　　)。

A. 由高级人民法院复核

B. 报请最高人民法院核准

C. 由最高人民法院复核

D. 由高级人民法院核准

三、简答题

1. 公安机关、人民检察院立案侦查的案件有哪些？
2. 人民检察院如何对公安机关的立案活动进行监督？
3. 讯问犯罪嫌疑人应该注意哪些问题？
4. 技术侦查措施的适用条件及适用程序是什么？
5. 公安机关和人民检察院侦查终结后对案件的处理有什么区别？
6. 律师辩护人在不同诉讼阶段的工作有哪些？
7. 简易程序与速裁程序的区别有哪些？
8. 第二审程序的提起主体有哪些？二审程序的审理原则有哪些？
9. 审判监督程序与二审程序的区别有哪些？

四、综合训练

案例一

2018 年 3 月 8 日凌晨，临江县公安局接到报案，在东马路有两人持刀拦路抢劫行人。临江县公安局立即组织侦查人员赶赴案发现场，到达时，拦路抢劫的犯罪嫌疑人萧某（男，19 岁，无业青年）和陆某（女，18 岁，某个体服装店临时工）已被下夜班路过此地的县食品公司保安人员刘明当场抓获。侦查人员在未携带搜查证的情况下，决定对萧某和陆某进行搜查。因当时在场的侦查人员均为男性警察，于是分别对萧、陆二人进行人身搜查，并搜得人民币 5000 余元、信用卡三张以及戒指两枚。一名侦查人员说："这些证据被扣押了。"就将人民币、信用卡、戒指一起放入一文件袋内拿走了。之后，侦查人员制作了搜查笔录，由侦查人员和在场见证人签名。本案经临江县公安局立案侦查，依法对萧、陆二人执行拘留后，侦查人员分别对他们进行了讯问，陆某否认实施了犯罪行为。萧某聘请的律师要求会见犯罪嫌疑人，公安局拖了 10 天才安排会见。被害人张某（女，27 岁），因被犯罪嫌疑人萧某持刀刺了两下，侦查人员因侦查需要欲对其进行人身检查，以确定其伤害状况。但张某拒绝检查，侦查人员组织女医师强制进行了人身检查，确认为轻伤。由于现场的目击证人刘明、王庆等对二犯罪嫌疑人实施抢劫行为的具体事实情节陈述不一致，侦查人员便对目击证人同时进行询问，证人经互相提醒、互相补充，终于做出了一致的陈述。侦查终结后，公安局于 2018 年 10 月 31 日将案件移送至临江县人民检察院审查起诉。检察院接到公安局移送起诉的案件后，对犯罪嫌疑人进行了讯问，认为证据不足，遂于 11 月 12 日退回公安局补充侦查。12 月 19 日，公安局补充侦查完毕，再次移送起诉。检察院经过审查，认为证据仍然不足以证明陆某实施抢劫行为，于 2019 年 2 月 10 日做出了对陆某证据不足不起诉的决定，公开宣布，并于 2 月 12 日将不起诉决定书送达了公安局、犯罪嫌疑人陆某、被害人张某的母亲周某。公安局认为不起诉决定不当，继续羁押犯罪嫌疑人陆某，向上一级检察院即邢江市人民检察院提请复议，邢江市检察院维持了不起诉决定；周某对不起诉决定不服，向中级人民法院提起诉讼，该法院以未先行向检察机关申诉为由拒绝受理。

问：

①本案侦查程序有无不当之处？并说明理由。

②本案中刑事诉讼程序有何不当之处？并说明理由。

要点提示：刑事诉讼法关于搜查、扣押、人身检查、询问证人、补充侦查、不起诉的程序等有关规定。

案例二

犯罪嫌疑人马某，男，2000 年 3 月 6 日出生；吕某，男，1997 年 7 月 1 日出生。2018 年 1 月 9 日，马某与吕某一起去县城里的网吧玩了一上午的游戏。中午因费用问题与网吧老板田云发生激烈争执，被田云推搡了几下，二人怀恨在心，伺机报复。当晚 23 时许，二人商量好后，带上事先准备好的汽油，趁人不备，将汽油洒在网吧的木质大门、窗户上，用打火机点燃。由于网吧出口已被大火封住，导致正在上网的人员中 6 人死亡、17 人受伤的严重后果。市公安局立即组织侦查人员对案件进行立案侦查，经检察院批准对二犯罪嫌疑人执行了逮捕。在对二人进行讯问时，均未通知其父母等到场。吕某的父亲吕森请求会见吕某，并为其聘请律师，被侦查人员以侦查阶段无权委托辩护人为由予以拒绝。案件侦查终结后移送至市人民检察院审查起诉，市人民检察院于接到案件材料之日起的第 5 日告知马某和吕某有权委托辩护人。吕某委托其叔叔吕甲（某公司职员，中专学历）担任其辩护人，马某表示不委托辩护人。吕甲经检察院许可，会见了吕某，查阅了本案的所有诉讼材料，并对有关单位和个人进行了必要的调查取证工作。检察院经审查起诉认为犯罪事实清楚、证据确实充分，依法应当追究犯罪嫌疑人的刑事责任，遂向市中级人民法院提起公诉。在审理过程中，吕甲经法院许可又查阅了本案所指控的犯罪事实的材料，会见了被告人吕某，会见时人民法院派员在场。马某仍然不愿委托辩护人，法院通知法律援助机构为其指定承担法律援助义务的律师刘敏担任辩护人，但马某拒绝辩护，法院遂准许其自行辩护。经审判，法院依法判决被告人吕某死刑，剥夺政治权利终身；被告人马某死刑，缓期两年执行。当庭宣告判决后，市中级人民法院将判决书于宣判后第 7 日送达了当事人以及支持公诉的市人民检察院，被告人吕某当庭表示要上诉，被告人马某当庭表示不上诉。被告人马某的父亲马东以量刑过重为由直接向省高级人民法院提起上诉，省高级人民法院认为马东没有上诉权，拒绝接受。省高级人民法院接受被告人吕某提出的上诉后，要求市中级人民法院将与原审被告人吕某有关的诉讼材料予以移交，同时将对被告人马某的判决交付执行。省高级人民法院依法组成合议庭，经过书面审理，认为原审判决对上诉人吕某犯罪事实认定清楚，证据确实充分，遂做出二审判决，维持了原判，并核准交付执行。

问：本案诉讼程序有何不当之处？并说明理由。

要点提示：参见刑事诉讼法关于讯问犯罪嫌疑人、提供法律帮助、指定辩护、宣判、二审提起、全面审查原则、二审审理方式、二审处理、死刑复核权限规定。

单元三　自诉案件诉讼程序

☞ 知识目标

1. 明确自诉案件的范围；
2. 理解自诉案件当事人与公诉案件当事人范围的区别
3. 掌握自诉案件的提起程序；
4. 了解自诉案件审理程序的特点。

☞ 能力目标

1. 能准确把握自诉案件的范围；
2. 能完成自诉案件的提起程序；
3. 能进行自诉案件的审理程序。

☞ 素质目标

1. 树立保障当事人权益的意识；
2. 树立公正职业理念。

项目一　自诉案件概述

任务一　自诉案件的范围

【案例 10-1】

2019 年 10 月 20 日下午，某市市民张某乘坐出租车时将手包遗忘在车上。出租车主发现手包内有现金 20000 元、身份证、银行卡等物。当天晚上，张某发现手包丢失。经回忆，手包遗忘在出租车上，遂根据出租车票的信息与出租车主刘某联系，刘某拒不承认见到手包。经多次交涉未果，张某到公安局报案。公安局认为本案属于侵占案件，不属于公安机关管辖，告知张某直接到法院起诉。法院接到张某的起诉后受理本案。在审理中，刘某承认了自己的错误行为，返还了被害人张某丢失的财物，并赔偿被害人经济损失 5000元。张某表示谅解，撤回了对刘某的起诉。

【应知应会】

一、自诉案件的概念

自诉案件是指，由被害人本人或者他的法定代理人、近亲属，为追究被告人的刑事责任，直接向人民法院起诉，人民法院直接受理并进行审判的案件。与公诉案件相比，自诉案件不需要经过侦查、审查起诉程序，诉讼阶段相对简单。

二、自诉案件的范围

《刑事诉讼法》第 18 条第 3 款规定："自诉案件，由人民法院直接受理。"根据《刑事诉讼法》第 210 条的规定，自诉案件包括以下三类：

1. 告诉才处理的案件

告诉才处理的案件，是指被害人及其法定代理人提出控告和起诉，人民法院才予以受理的案件，如果被害人及其法定代理人没有告诉或者告诉后又撤回的，人民法院就不予以追究。

告诉才处理的案件，具体指的是《刑法》第 246 条第 1 款规定的侮辱、诽谤案；第 257 条第 1 款规定的暴力干涉婚姻自由案；第 260 条第 1 款规定的虐待案以及第 270 条规定的侵占案。上述几类案件情况比较特殊，一般涉及的是家庭、亲属或朋友关系，主要侵犯公民个人权利，犯罪危害性和社会影响力较小，对这些案件，公安司法机关一般不易主动干预，否则，往往会造成被动或产生其他不良后果。刑事诉讼法将这些案件的起诉权交由被害人及其法定代理人直接行使，赋予其选择权，而且允许以调解、和解或撤诉方式解决，既有利于挽救、教育犯罪人，也有利于社会稳定，符合社会利益和被害人的合法权益。

这里要注意两个问题，一是除侵占案外，其余都是刑法中规定的第 1 款罪，如果造成较严重的后果，就不再是自诉案件，而是公诉了。二是被害人不起诉必须是他本人的真实意思表示，如果被害人因受到强制、威吓等原因无法告诉，人民检察院和被害人的近亲属也可以告诉。

对于告诉才处理的案件，《刑事诉讼法》第 114 条规定："对于自诉案件，被害人有权向人民法院直接起诉。被害人死亡或者丧失行为能力的，被害人的法定代理人、近亲属有权向人民法院起诉。人民法院应当依法受理。"

2. 人民检察院没有提起公诉，被害人有证据证明的轻微刑事案件

被害人有证据证明的轻微刑事案件是指犯罪情节轻微且被害人有证据证明，不需要再经过专门的侦查程序，采用一般的调查方法就可以查清案件事实真相并进行审判的刑事案件。刑事诉讼法把这类案件规定为自诉案件，既符合人民法院审判案件的职责，又有利于避免诉讼拖延和防止人力、物力的浪费。

这类自诉案件必须符合两个条件：

①必须是轻微的刑事案件。轻微包括案件的罪质轻微和情节轻微。罪质轻微是触犯的罪名较轻，如果触犯的罪名是罪质重的罪名，比如：危害国家安全的犯罪，不论情节如

何，危害都是严重的。情节轻微是指案件的情节形成的危害性较小，如果触犯的罪名是较轻的罪名，但情节恶劣，其危害性也必然较大，就不属于这类案件。

②被害人必须有相应的证据证明被告人有罪。被害人在控告时，应负举证责任，提出证据证明其诉讼主张。

根据《司法解释》，这类案件包括：故意伤害案（轻伤）；重婚案；遗弃案；妨害通信自由案；非法侵入住宅案；生产、销售伪劣商品案件（严重危害社会秩序和国家利益的除外）；侵犯知识产权案（严重危害社会秩序和国家利益的除外）；属于刑法分则第四章（侵犯公民人身权利、民主权利罪）、第五章（侵犯财产罪）规定的，对被告人可能判处三年有期徒刑以下刑罚的其他轻微刑事案件。

上述所列八项案件中，被害人直接向人民法院起诉的，人民法院应当依法受理；对于其中证据不足、可由公安机关受理的，应当移送公安机关立案侦查；人民法院认为对被告人可能判处 3 年有期徒刑以上刑罚的，应当移送公安机关立案侦查；如果被害人向公安机关控告的，公安机关应当受理。

注意：伪证罪、拒不执行判决裁定罪，由公安机关立案侦查。

3. 被害人有证据证明对被告人侵犯自己人身、财产权利的行为应当依法追究刑事责任，且有证据证明曾经提出控告，而公安机关或者人民检察院不予追究被告人刑事责任的案件

这类案件从性质上说本来属于公诉案件，如果成为自诉案件，必须具备四个条件：

①被害人必须有证据证明存在犯罪事实；

②被告人侵犯的是被害人自己的人身权利或财产权利；

③对被告人的行为应当依法追究刑事责任；

④公安机关或者人民检察院已经立案，但决定不予追究，并已经做出不予追究的书面决定，如不立案、撤销案件、不起诉决定。

这类自诉案件的设定，一方面是为了保障被害人的合法权益，解决被害人告状难的问题，而采取的补救性措施；另一方面可以促使公安机关、人民检察院积极追诉犯罪，避免有案不立、有罪不究的现象。

任务二　自诉案件的办理主体和诉讼主体

【案例 10-2】

2019 年 10 月 20 日下午，某市市民张某乘坐出租车时将手包遗忘在车上。出租车主发现手包内有现金 20000 元、身份证、银行卡等物。当天晚上，张某发现手包丢失。经回忆，手包遗忘在出租车上，遂根据出租车票的信息与出租车主刘某联系，刘某拒不承认见到手包。经多次交涉未果，张某到公安局报案。公安局认为本案属于侵占案件，不属于公安机关管辖，告知张某直接到法院起诉。法院接到张某的起诉后受理本案。在审理中，刘某承认了自己的错误行为，返还了被害人张某丢失的财物，并赔偿被害人经济损失 5000元。张某表示谅解，撤回了对刘某的起诉。本案中，张某是自诉人，刘某是被告人，法院

是办案机关。

【应知应会】

一、自诉案件办理主体

与公诉案件需要有公、检、法参与不同，自诉案件的办理主体只有人民法院。在自诉案件审理程序中，人民法院直接受理并进行审判。

二、自诉案件诉讼主体

自诉案件的诉讼主体包括当事人和其他诉讼参与人两类。与公诉案件相比，自诉案件的诉讼主体相对简单。当事人包括自诉人、被告人；其他诉讼参与人与公诉案件相同。

（一）自诉人

在刑事自诉案件中，依法直接向人民法院提起诉讼的人是自诉人。刑事自诉程序由于自诉人告诉而启动，如果没有自诉人告诉，就没有刑事自诉案件的审判。自诉人一般是犯罪行为的被害人，被害人死亡或者丧失行为能力的，被害人的法定代理人、近亲属也有权向人民法院起诉；如果被害人因受强制、威吓无法告诉的，被害人的近亲属也可以代理自诉人提起自诉。在自诉案件中，自诉人担当控诉职能。

1. 自诉人的主要诉讼权利

①有权直接向人民法院提起自诉。

②有权随时委托诉讼代理人。

③依法告诉才处理的案件和被害人有证据证明的轻微刑事案件中，在人民法院宣告判决前，自诉人有权同被告人自行和解或者撤回自诉。

④依法告诉才处理的案件和被害人有证据证明的轻微刑事案件中，自诉人有权在人民法院主持之下与被告人调解。

⑤有权参加法庭调查和法庭辩论。

⑥有权申请审判人员以及书记员、鉴定人、翻译人员回避。

⑦人民法院受理自诉案件后，对于因为客观原因不能取得并提供的有关证据，自诉人有权申请人民法院调查取证。人民法院认为必要的，可以依法调取。

⑧有权对第一审人民法院尚未发生法律效力的判决、裁定提出上诉。

⑨有权对人民法院已经发生法律效力的判决、裁定提出申诉。

2. 自诉人的主要诉讼义务

①承担举证责任，自诉人对自己的主张和请求应当提供证据证明。

②不得捏造事实诬告陷害他人或者伪造证据，如有违反应当承担法律责任。

③按时出席法庭审判。

（二）被告人

在自诉案件中，自诉人自行向人民法院提起诉讼，直接启动审判程序，案件一经人民法院受理，被自诉人起诉的人即成为被告人。

1. 被告人的诉讼地位

①被告人具有不可替代性。

②被告人与刑事诉讼结局有着直接的利害关系。

2. 被告人特有的诉讼权利

①自行辩护权。

②委托辩护人的权利。

③参加法庭调查和法庭辩论，就自诉人所指控的犯罪事实作出陈述和辩解。有权辨认或者鉴别证据，可以对证据发表意见。经审判长许可，被告人有权向证人、鉴定人等发问。有权申请新的证人到庭，调取新的物证，申请重新鉴定或者勘验。

④有最后陈述权。即在审判长宣布法庭辩论结束后，被告人有权发表最后意见。

⑤对于地方各级人民法院所作的没有发生法律效力的第一审裁定或者判决，被告人有权提出上诉。

⑥在依法告诉才处理的案件和被害人有证据证明的轻微刑事案件中，被告人有权对自诉人提起反诉。

3. 被告人的诉讼义务

①参与审判活动，不得逃避。

②不得进行毁灭、伪造证据或者串供，干扰证人作证等妨碍刑事诉讼的行为。

③按时出席法庭审判。

④执行人民法院已经发生法律效力的判决和裁定。

项目二　自诉案件诉讼程序

【案例 10-3】

2019 年 10 月 20 日下午，某市市民张某乘坐出租车时将手包遗忘在车上。出租车主发现手包内有现金 20000 元、身份证、银行卡等物。当天晚上，张某发现手包丢失。经回忆，手包遗忘在出租车上，遂根据出租车票的信息与出租车主刘某联系，刘某拒不承认见到手包。经多次交涉未果，张某到公安局报案。公安局认为本案属于侵占案件，不属于公安机关管辖，告知张某直接到法院起诉。法院接到张某的起诉后受理本案。自诉人委托律师王某为诉讼代理人，被告人委托律师马某为辩护人。开庭审理时，自诉人及诉讼代理人、被告人及辩护人均出庭参与诉讼。在审理中，刘某承认了自己的错误行为，返还了被害人张某丢失的财物，并赔偿被害人经济损失 5000 元。张某表示谅解，撤回了对刘某的起诉。

【应知应会】

任务一　自诉案件提起程序

一、自诉案件提起条件

提起自诉应当具备以下条件:

1. 自诉人一般是犯罪行为的被害人, 被害人死亡或者丧失行为能力的, 被害人的法定代理人、近亲属也有权向人民法院起诉; 如果被害人因受强制、威吓无法告诉的, 被害人的近亲属也可以代理自诉人提起自诉。

2. 必须有明确的被告人, 有具体的诉讼请求, 并提出足以证明被告人犯罪的证据。

3. 起诉的刑事案件应属于人民法院直接受理的案件范围。

二、自诉案件的提起

自诉人起诉应当向法院提交符合规范的起诉状, 并按被告人的人数提出副本。如果书写起诉状确有困难, 可以口头起诉, 由人民法院接待人员写成笔录, 经宣读无误后, 由自诉人签名或盖章。提起自诉的同时提起附带民事诉讼的, 还应当提交刑事附带民事诉状。

自诉人起诉时, 还应提供能够证明被告人有罪的证据。

三、人民法院对自诉案件的审查和处理

人民法院收到自诉人的起诉后, 应当指定一名审判人员进行审查。人民法院对自诉案件的庭前审查与公诉案件的庭前审查不同的是, 自诉案件的庭前审查既是程序性的审查, 也是实体性的审查。自诉案件的庭前审查, 要审查案件事实是否清楚, 证据是否确实充分。如果自诉人没有提出能够证明被告人有罪的证据, 应当劝说自诉人撤回起诉, 如果不撤回起诉, 再裁定不予受理。

人民法院对自诉案件的庭前审查, 应当围绕以下几个方面进行: 是否属于自诉案件; 是否属于本院管辖; 自诉人是否适格; 是否有明确的被告人、具体诉讼请求和能证明被告人犯罪事实的证据。

对自诉案件, 人民法院应当在十五日内审查完毕。对自诉案件进行庭前审查后, 应当作出以下处理:

(1) 对于事实清楚, 有足够证据的案件, 应当开庭审判。

(2) 具有下列情形之一的, 应当说服自诉人撤回起诉; 自诉人不撤回起诉的, 裁定不予受理: ①不属于《司法解释》第 1 条规定的案件的; ②缺乏罪证的; ③犯罪已过追诉时效期限的; ④被告人死亡的; ⑤被告人下落不明的; ⑥除因证据不足而撤诉的以外, 自诉人撤诉后, 就同一事实又告诉的; ⑦经人民法院调解结案后, 自诉人反

悔，就同一事实再行告诉的；⑧属于《司法解释》第 1 条第二项规定的案件，公安机关正在立案侦查或者人民检察院正在审查起诉的；⑨不服人民检察院对未成年犯罪嫌疑人作出的附条件不起诉决定或者附条件不起诉考验期满后作出的不起诉决定，向人民法院起诉的。

（3）对已经立案，经审查缺乏罪证的自诉案件，自诉人提不出补充证据的，人民法院应当说服其撤回起诉或者裁定驳回起诉；自诉人撤回起诉或者被驳回起诉后，又提出了新的足以证明被告人有罪的证据，再次提起自诉的，人民法院应当受理。

（4）自诉人明知有其他共同侵害人，但只对部分侵害人提起自诉的，人民法院应当受理，并告知其放弃告诉的法律后果；自诉人放弃告诉，判决宣告后又对其他共同侵害人就同一事实提起自诉的，人民法院不予受理。

共同被害人中只有部分人告诉的，人民法院应当通知其他被害人参加诉讼，并告知其不参加诉讼的法律后果。被通知人接到通知后表示不参加诉讼或者不出庭的，视为放弃告诉。第一审宣判后，被通知人就同一事实又提起自诉的，人民法院不予受理。但是，当事人另行提起民事诉讼的，不受限制。

（5）被告人实施两个以上犯罪行为，分别属于公诉案件和自诉案件，人民法院可以一并审理。

（6）自诉案件当事人因客观原因不能取得的证据，申请人民法院调取的，应当说明理由，并提供相关线索或者材料。人民法院认为有必要的，应当及时调取。对通过信息网络实施的侮辱、诽谤行为，被害人向人民法院告诉，但提供证据确有困难的，人民法院可以要求公安机关提供协助。

（7）必须由人民检察院提起公诉的案件，应当移送人民检察院。

任务二　自诉案件审判程序

人民法院审理一审自诉案件应当参照公诉案件的第一审程序进行，并注意以下特点：

1. 可以适用简易程序审理

自诉案件符合简易程序适用条件的，可以适用简易程序审理。不适用简易程序审理的自诉案件，参照适用公诉案件第一审普通程序的有关规定。

需要注意的是，自诉案件不适用速裁程序审理。具体原因是：自诉案件由自诉人自行提起，案件没有经过侦查、审查起诉，人民法院在开庭前很难判断证据是否确实、充分。同时，自诉案件自诉人与被告人往往对案件事实等存在较大争议。此外，由于没有检察机关等国家机关主持，也无法在审前提出量刑建议、签署认罪认罚具结书。从这些情况来看，自诉案件是不适合适用速裁程序审理的。

2. 可以调解

（1）对告诉才处理的案件和被害人起诉的有证据证明的轻微刑事案件，人民法院可以进行调解。但对于被害人有证据证明对被告人侵犯自己人身、财产权利的行为应当依法追究刑事责任，而侦查机关或者人民检察院不予追究被告人刑事责任的案件，不适用调解。

（2）人民法院审理自诉案件，可以在查明事实、分清是非的基础上，根据自愿、合法的原则进行调解。调解达成协议的，应当制作刑事调解书，由审判人员、法官助理、书记员署名，并加盖人民法院印章。调解书经双方当事人签收后，即具有法律效力。调解没有达成协议，或者调解书签收前当事人反悔的，应当及时作出判决。

（3）经人民法院调解结案后，自诉人反悔，就同一事实再行告诉的，人民法院应当说服自诉人撤回起诉，或者裁定驳回起诉。

3. 可以和解与撤诉

（1）自诉人在宣告判决前，可以同被告人自行和解或者撤回自诉。对当事人自行和解的应记录在案。人民法院经审查，认为和解、撤回自诉确属自愿的，应当裁定准许；认为系被强迫、威吓等，并非自愿的，不予准许。自诉人撤诉后除有正当理由外，不得就同一案件再行起诉。

裁定准许撤诉的自诉案件，被告人被采取强制措施的，人民法院应当立即解除。

（2）自诉人经两次依法传唤，无正当理由拒不到庭的，或者未经法庭准许中途退庭的，人民法院应当决定按自诉人撤诉处理。

（3）自诉人是两人以上的，部分自诉人撤诉或者被裁定按撤诉处理的，不影响案件的继续审理。

4. 可以反诉

（1）可以反诉的案件范围

对于告诉才处理的案件和被害人起诉的有证据证明的轻微刑事案件，被告人或者其法定代理人在诉讼过程中，可以对自诉人提起反诉。但是对于被害人有证据证明对被告人侵犯自己人身、财产权利的行为应当依法追究刑事责任，而公安机关或者人民检察院不予追究被告人刑事责任的案件，被害人依法提起自诉后，被告人不能提起反诉。

（2）提起反诉的必需条件

①提起反诉的是本案被告人或其法定代理人；

②反诉提起的时间是在法院对自诉案件宣告判决前；

③反诉的对象是本案的自诉人；

④反诉的内容同自诉人起诉的事实有关；

⑤反诉的案件必须是告诉才处理的案件和被害人起诉的有证据证明的轻微刑事案件。

（3）反诉的审理

反诉适用自诉的规定，并且应当与自诉案件一并审理，自诉人撤诉的，不影响反诉案件的继续审理；如果对双方当事人都必须判处刑罚，应根据各自应负的罪责分别判处，不能互相抵消刑罚。

5. 被告人在自诉案件审判期间下落不明的处理

被告人在自诉案件审判期间下落不明的，人民法院可以裁定中止审理；符合条件的，可以对被告人依法决定逮捕。

6. 宣告无罪自诉案件的附带民事部分处理

对依法宣告无罪的自诉案件,有附带民事诉讼的,其附带民事部分可以依法进行调解或者一并作出判决,也可以告知附带民事诉讼原告人另行提起民事诉讼。

7. 审理期限的特殊性

人民法院审理自诉案件,被告人被羁押的,应当在受理后二个月以内宣判,至迟不得超过三个月。对于附带民事诉讼的案件,以及有:交通十分不便的边远地区的重大复杂案件;重大的犯罪集团案件;流窜作案的重大复杂案件;犯罪涉及面广,取证困难的重大复杂案件等情形之一的,经上一级人民法院批准,可以延长三个月。因特殊情况还需要延长的,报请最高人民法院批准。人民法院改变管辖的案件,从改变后的人民法院收到案件之日起计算审理期限。未被羁押的,应当在受理后六个月以内宣判。

附:①人民法院审理具体自诉案件的程序

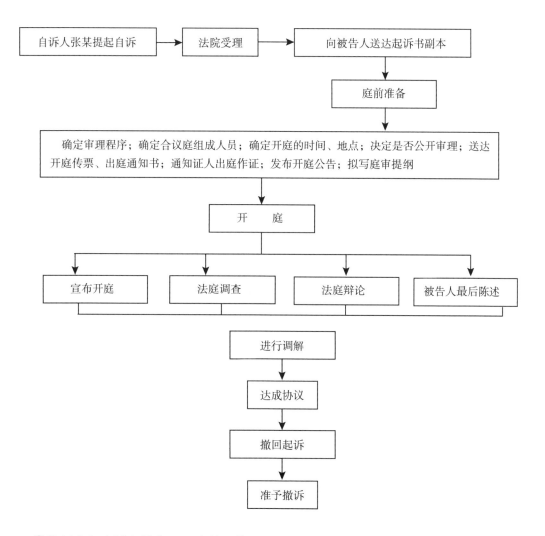

②律师参与自诉案件审理程序的工作

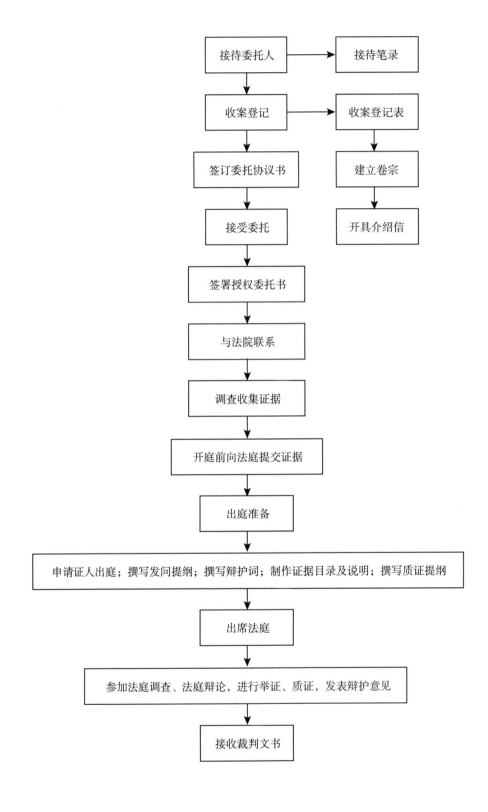

③自诉案件审理程序流程图

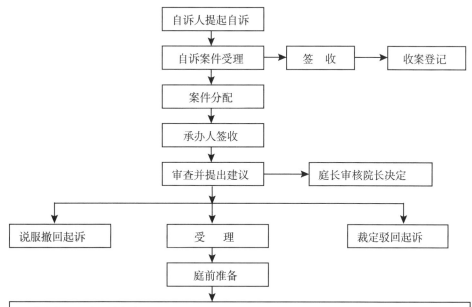
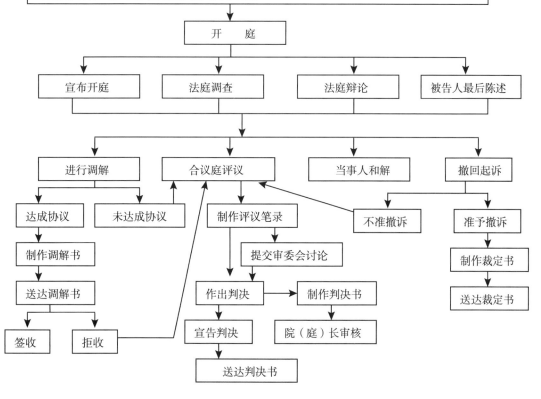

【单元思考题】

一、不定项选择题

1. 在自诉案件中，如果法院认为应当逮捕被告人，则执行逮捕应当由(   )进行。

   A. 人民法院   B. 公安机关   C. 人民检察院   D. 国家安全机关

2. 下列不属于告诉才处理的案件是(   )。

   A. 侮辱案   B. 诽谤案   C. 虐待案   D. 非法拘禁案

3. 公诉案件，如果成为自诉案件，必须具备的条件是(   )。

   A. 被害人必须有证据证明存在犯罪事实；

   B. 被告人侵犯的是被害人自己的人身权利或财产权利；

   C. 对被告人的行为应当依法追究刑事责任；

   D. 公安机关或者人民检察院已经立案，但决定不予追究，并已经做出不予追究的书面决定，如不立案、撤销案件、不起诉决定。

4. 人民法院对自诉案件的庭前审查，应当围绕以下(   )方面进行。

   A. 是否属于自诉案件

   B. 是否属于本院管辖

   C. 自诉人是否适格

   D. 是否有明确的被告人、具体诉讼请求和能证明被告人犯罪事实的证据

5. 人民法院在审理下列自诉案件时可以进行调解(   )。

   A. 侮辱案   B. 侵占案   C. 轻伤害案   D. 公诉转自诉的案件

二、简答题

1. 自诉案件的范围有哪些？

2. 自诉案件当事人范围有哪些？

3. 自诉案件的提起主体有哪些？

4. 自诉案件的审理特点是什么？

单元四　特　别　程　序

☞ 知识目标

    1. 了解未成年人刑事案件诉讼程序；

    2. 了解特定范围公诉案件的和解程序；

    3. 了解犯罪嫌疑人、被告人逃匿、死亡案件违法所得的没收程序；

    4. 了解依法不负刑事责任的精神病人的强制医疗程序。

☞ 能力目标

    1. 能准确开展未成年人刑事案件的审判；

    2. 能准确进行特定范围公诉案件的和解；

    3. 能准确进行犯罪嫌疑人、被告人逃匿、死亡案件违法所得的没收程序；

    4. 能准确进行依法不负刑事责任的精神病人的强制医疗程序。

☞ 素质目标

    1. 树立对未成年人特殊保护的理念；

    2. 强化反腐败的意识。

项目一　未成年人刑事案件诉讼程序

【应知应会】

任务一　未成年人刑事案件诉讼程序的概念和特点

一、未成年人刑事案件诉讼程序的概念

未成年人刑事案件诉讼程序，是指公检法机关办理实施犯罪时已满十四周岁不满十八周岁、人民法院立案时不满二十周岁的未成年人刑事案件所适用的特别程序。

与世界上发达的国家较为完备的少年司法制度相比，我国针对未成年人犯罪的刑事立法、司法和理论研究均起步较晚。80 年代以后，我国才开始制定一系列的法律与方针、政策，用于专门解决未成年人的犯罪问题，以利于更好地保护未成年犯罪人的合法权益。

二、未成年人刑事案件诉讼程序的特点

未成年人刑事案件诉讼程序与一般成年人刑事案件诉讼程序相比,从审判的对象、目的和任务等方面都提出了特殊要求,具有以下特点:

1. 犯罪主体的特殊性。未成年人刑事案件审理程序专门审理实施犯罪时已满十四周岁不满十八周岁的未成年被告人的犯罪案件。

2. 审判组织的特殊性。由少年法庭专门审理未成年人刑事案件。根据最高人民法院《关于办理少年刑事案件的若干规定(试行)》第 3 条的规定:人民法院应当在刑事审判庭内设立少年法庭(即少年刑事案件合议庭),有条件的也可以建立与其他审判庭同等建制的少年刑事审判庭。未成年人刑事审判庭和未成年人刑事案件合议庭统称少年法庭。

《司法解释》第 549 条规定,人民法院应当确定专门机构或者指定专门人员,负责审理未成年人刑事案件。审理未成年人刑事案件的人员应当经过专门培训,熟悉未成年人身心特点、善于做未成年人思想教育工作。参加审理未成年人刑事案件的人民陪审员,可以从熟悉未成年人身心特点、关心未成年人保护工作的人民陪审员名单中随机抽取确定。

3. 审理方式的特殊性。未成年人刑事案件实行不公开审理。这既有利于缓解犯罪未成年人的紧张心理,又有利于保护未成年人的自尊心,有利于他们树立重新做人的信心。

4. 处罚和执行方法的特殊性。我国法律对未成年人犯罪实行轻刑化的原则。在未成年人刑事案件的处理上,始终坚持"教育、感化、挽救"的方针,特别是在校学生犯罪的,在适用刑罚时应于法定的量刑幅度内,尽可能地判处非监禁刑。在执行刑罚上,坚持以教育改造为主,轻微劳动为辅,监狱法还专设一章即第六章,规范"对未成年犯的教育改造"。

任务二 未成年人刑事案件的审理原则

一、教育为主、惩罚为辅的原则

《刑事诉讼法》第 277 条第 1 款规定:"对犯罪的未成年人实行教育、感化、挽救的方针,坚持教育为主、惩罚为辅的原则。"

教育为主、惩罚为辅的原则在整个未成年人刑事案件诉讼中起着重要的指导作用,是处理未成年人刑事案件的主导思想,未成年人刑事案件的其他诉讼原则基本上围绕此原则展开。我国未成年人保护法第 38 条和预防未成年人犯罪法第 44 条都规定,对违法犯罪的未成年人追究刑事责任,实行教育、感化、挽救的方针,坚持教育为主、惩罚为辅的原则。《诉讼规则》第 457 条规定:"人民检察院办理未成年人刑事案件,应当贯彻"教育、感化、挽救"方针和'教育为主、惩罚为辅'的原则,坚持优先保护、特殊保护、双向保护,以帮助教育和预防重新犯罪为目的。"《司法解释》第 546 条规定:"人民法院审理未成年人刑事案件,应当贯彻教育、感化、挽救的方针,坚持教育为主、惩罚为辅的原则,加强对未成年人的特殊保护。"这一原则要求,在未成年人刑事诉讼的各个阶段,司法机关都必须坚持教育为主、惩罚为辅,对未成年人不失时机地进行教育、挽救。司法人

员应当照顾未成年人的身心特点，尊重其人格尊严，保障其合法权益。教育他们认清自己所犯的错误和罪行及其严重性、危害性，唤醒他们的悔罪意识和忏悔心理，教育他们认罪服法，接受改造，重新做人。对未成年犯罪人进行教育、感化、挽救，既是刑事诉讼的主要目的，也是全社会的共同责任。

二、分案处理原则

分案处理原则是进行未成年人刑事案件诉讼所必须遵循的又一重要原则。分案处理，即在处理未成年人刑事案件时，应当在时间上和地点上都与成年人犯罪的案件分开进行。

我国未成年人保护法第 41 条规定，公安机关、人民检察院、人民法院对审前羁押的未成年人，应当与羁押的成年人分别看管。对经人民法院判决服刑的未成年人，应当与服刑的成年人分别关押、管理。

《刑事诉讼法》第 280 条第 2 款规定："对被拘留、逮捕和执行刑罚的未成年人与成年人应当分别关押、分别管理、分别教育。"

《诉讼规则》第 459 条规定："人民检察院办理未成年人与成年人共同犯罪案件，一般应当对未成年人与成年人分案办理、分别起诉。不宜分案处理的，应当对未成年人采取隐私保护、快速办理等特殊保护措施。"

《司法解释》规定："被告人实施被指控的犯罪时不满十八周岁、人民法院立案时不满二十周岁的案件，由未成年人案件审判组织审理。下列案件可以由未成年人案件审判组织审理：①人民法院立案时不满二十二周岁的在校学生犯罪案件；②强奸、猥亵、虐待、遗弃未成年人等侵害未成年人人身权利的犯罪案件；③由未成年人案件审判组织审理更为适宜的其他案件。共同犯罪案件有未成年被告人的或者其他涉及未成年人的刑事案件，是否由未成年人案件审判组织审理，由院长根据实际情况决定。""对分案起诉至同一人民法院的未成年人与成年人共同犯罪案件，可以由同一个审判组织审理；不宜由同一个审判组织审理的，可以分别审理。"

未成年人与成年人共同犯罪案件，由不同人民法院或者不同审判组织分别审理的，有关人民法院或者审判组织应当互相了解共同犯罪被告人的审判情况，注意全案的量刑平衡。分案处理的原因在于未成年人各方面都不成熟，如果与成年人共同关押、审理、服刑，可能不仅使未成年人得不到正确的教育和挽救，还可能受到成年人的不良影响，甚至更严重的"污染"，不利于未成年人的改造。另外，未成年人与成年人关押在一起，还可能使他们受到成年人的伤害，不利于未成年人的安全。

三、不公开审理原则

《刑事诉讼法》第 285 条规定："审判的时候被告人不满十八周岁的案件，不公开审理。但是，经未成年被告人及其法定代理人同意，未成年被告人所在学校和未成年人保护组织可以派代表到场。"《司法解释》规定："开庭审理时被告人不满十八周岁的案件，一律不公开审理。经未成年被告人及其法定代理人同意，未成年被告人所在学校和未成年人保护组织可以派代表到场。到场代表的人数和范围，由法庭决定。到场代表经法庭同意，可以参与对未成年被告人的法庭教育工作。对依法公开审理，但可能需要封存犯罪记录的案件，不得组织人员旁听；有旁听人员的，应当告知其不得传播案件信息。""审理涉及未成年人的刑事案件，不得向外界披露未成年人的姓名、住所、照片以及可能推断出未成年人身份的其他资料。查阅、摘抄、复制的案卷材料，涉及未成年人的，不得公开和传播"。

未成年人案件不公开审理，有利于保护未成年被告人的名誉、自尊心和人格尊严，防止公开诉讼给他们造成的不必要的心灵创伤和过大的精神压力，有助于他们接受教育和挽救，重新做人。

四、及时原则

及时原则是指在诉讼进行的每个阶段，司法机关和司法人员都应当及时对案件作出处理，不拖拉、不延误。诉讼及时本来是任何诉讼都应当遵循的原则，但鉴于未成年人刑事案件的特殊性，强调未成年人诉讼程序的及时性显得尤为必要。由于未成年人刑事案件大部分是属于初犯、偶犯或者冲动型犯罪，未成年人生理、心理上都还不尽成熟，诉讼时间过长、特别是羁押时间过长将会给其未来带来长期的影响。因此，对于未成年人的刑事案件应当在确保未成年人权益得以保障的前提下及时进行。

五、和缓原则

和缓原则要求对未成年人犯罪的案件，一定要注意结合未成年犯罪嫌疑人、被告人的身心特点，尽量不采用激烈、严厉的诉讼方式。比如，尽量不用或者少用强制措施，在传唤、讯问以及审判的时候，应当尽可能通知其法定代理人到场，必要的时候，可以邀请其老师参加等。在讯问时，应注意以教育式、启发式进行耐心细致的开导，语气尽量温和。在审判时，应当采用少年法庭的形式，注意给法庭创设温情、和缓的气氛。在实践中，有些地方法院采用"圆桌法庭"的形式审理未成年人刑事案件，收到了较好的效果。

六、全面调查的原则

全面调查原则，是指人民法院在审理未成年人刑事案件时，除对案件事实和证据进行调查审查外，还应对导致未成年人犯罪的主客观因素及其演变过程进行全面、彻底的调查。其目的，是为了找到诱发未成年人犯罪的主要根源，有针对性地进行彻底的矫治，以保证其不再犯罪。全面调查的范围包括：

（1）对犯罪事实的调查。包括犯罪动机与目的、犯罪构成要件、犯罪情节、最后态度与个人自然状况等。

（2）对未成年人的生活教育环境和各种社会关系的调查。包括父母和监护人的管教情况，在校学习情况，与教师、同学的关系，社会交往情况等。

（3）对未成年人犯罪产生关键影响的人和事应重点调查。明确他人与社会在导致未成年人犯罪的过程中所起的作用。

（4）对未成年人的生理、心理状态的调查。包括身体发育程度、智力、情感、性格、兴趣等。

（5）必要时进行医疗检查和精神病学专门鉴定。这一原则在许多国家的少年司法制度中都有体现。

任务三　未成年人刑事案件诉讼程序的特别规定

一、必须查明犯罪嫌疑人、被告人的准确出生日期

对于未成年人刑事案件，不论是立案阶段，还是侦查、起诉及审判活动，都必须重点查明犯罪嫌疑人、被告人确切的出生时间，因为年龄因素决定着是否应当追究刑事责任。比如《诉讼规则》第464条规定："审查逮捕未成年犯罪嫌疑人，应当重点查清其是否已满十四、十六、十八周岁。对犯罪嫌疑人实际年龄难以判断，影响对该犯罪嫌疑人是否应当负刑事责任认定的，应当不批准逮捕。需要补充侦查的，同时通知公安机关。"侦查、审查起诉及审判活动的重要任务之一，也是必须首先关注未成年犯罪嫌疑人、被告人的准确出生日期，并且具体到"日"。这是未成年人刑事案件的特殊性所要求和决定的。

二、由专门机构或专职人员承办

《刑事诉讼法》第277条第2款规定："人民法院、人民检察院和公安机关办理未成年人刑事案件，应当……并由熟悉未成年人身心特点的审判人员、检察人员、侦查人员承办。"

未成年人刑事案件的人民陪审员，一般由熟悉未成年人身心特点，热心教育、感化、挽救失足未成年人工作，并经过必要培训的共青团、妇联、工会、学校、未成年人保护组织等单位的工作人员或者有关单位的退休人员担任。

三、诉讼工作应当更加全面和细致

办理未成年人刑事案件，除了须完成与成年人案件同样的查明案情、收集证据和确认犯罪人等各项工作外，诉讼活动还应当更加全面和细致，必须更注意案件细节问题的调查取证和确认。

《刑事诉讼法》第279条规定："公安机关、人民检察院、人民法院办理未成年人刑事案件，根据情况可以对未成年犯罪嫌疑人、被告人的成长经历、犯罪原因、监护教育等情况进行调查。"

《诉讼规则》第461条规定："人民检察院根据情况可以对未成年犯罪嫌疑人的成长经历、犯罪原因、监护教育等情况进行调查，并制作社会调查报告，作为办案和教育的参考。人民检察院开展社会调查，可以委托有关组织和机构进行。开展社会调查应当尊重和保护未成年人隐私，不得向不知情人员泄露未成年犯罪嫌疑人的涉案信息。人民检察院应当对公安机关移送的社会调查报告进行审查。必要时，可以进行补充调查。人民检察院制作的社会调查报告应当随案移送人民法院。"

四、未成年犯罪嫌疑人、被告人享有特别的诉讼权利

对于未成年犯罪嫌疑人、被告人来说，除了享有与成年犯罪嫌疑人、被告人相同的诉

讼权利外，还享有一些特殊的权利，办案机关应当依法保障未成年犯罪嫌疑人、被告人的这些特殊权利。比如：合适成年人在场制度、强制辩护制度、不公开审理制度、犯罪记录封存制度等。

（一）合适成年人在场制度

《刑事诉讼法》第281条规定："对于未成年人刑事案件，在讯问和审判的时候，应当通知未成年犯罪嫌疑人、被告人的法定代理人到场。无法通知、法定代理人不能到场或者法定代理人是共犯的，也可以通知未成年犯罪嫌疑人、被告人的其他成年亲属，所在学校、单位、居住地基层组织或者未成年人保护组织的代表到场，并将有关情况记录在案。到场的法定代理人可以代为行使未成年犯罪嫌疑人、被告人的诉讼权利。到场的法定代理人或者其他人员认为办案人员在讯问、审判中侵犯未成年人合法权益的，可以提出意见。讯问笔录、法庭笔录应当交给到场的法定代理人或者其他人员阅读或者向他宣读。讯问女性未成年犯罪嫌疑人，应当有女工作人员在场。审判未成年人刑事案件，未成年被告人最后陈述后，其法定代理人可以进行补充陈述。询问未成年被害人、证人，适用第一款、第二款、第三款的规定。"

（二）强制辩护制度

《刑事诉讼法》第278条规定："未成年犯罪嫌疑人、被告人没有委托辩护人的，人民法院、人民检察院、公安机关应当通知法律援助机构指派律师为其提供辩护。"

（三）不公开审理制度

《刑事诉讼法》第285条规定："审判的时候被告人不满十八周岁的案件，不公开审理。但是，经未成年被告人及其法定代理人同意，未成年被告人所在学校和未成年人保护组织可以派代表到场。"

（四）犯罪记录封存制度

《刑事诉讼法》第286条规定："犯罪的时候不满十八周岁，被判处五年有期徒刑以下刑罚的，应当对相关犯罪记录予以封存。犯罪记录被封存的，不得向任何单位和个人提供，但司法机关为办案需要或者有关单位根据国家规定进行查询的除外。依法进行查询的单位，应当对被封存的犯罪记录的情况予以保密。"

为全面贯彻习近平法治思想，进一步规范未成年人犯罪记录封存工作，根据《中华人民共和国刑事诉讼法》等相关规定，最高人民法院、最高人民检察院、公安部、司法部联合制定了《关于未成年人犯罪记录封存的实施办法》（以下简称《实施办法》）。《实施办法》规定，未成年人犯罪记录，是指国家专门机关对未成年犯罪人员情况的客观记载。应当封存的未成年人犯罪记录，包括侦查、起诉、审判及刑事执行过程中形成的有关未成年人犯罪或者涉嫌犯罪的全部案卷材料与电子档案信息。不予刑事处罚、不追究刑事责任、不起诉、采取刑事强制措施的记录，以及对涉罪未成年人进行社会调查、帮教考察、心理疏导、司法救助等工作的记录，按照《实施办法》规定的内容和程序进行封存。

犯罪的时候不满十八周岁，被判处五年有期徒刑以下刑罚以及免予刑事处罚的未成年人犯罪记录，应当依法予以封存。对在年满十八周岁前后实施数个行为，构成一罪或者一并处理的数罪，主要犯罪行为是在年满十八岁周岁前实施的，被判处或者决定执行五年有期徒刑以下刑罚以及免予刑事处罚的未成年人犯罪记录，应当对全案依法予以封存。对于分案办理的未成年人与成年人共同犯罪案件，在封存未成年人案卷材料和信息的同时，应当在未封存的成年人卷宗封面标注"含犯罪记录封存信息"等明显标识，并对相关信息采取必要保密措施。对于未分案办理的未成年人与成年人共同犯罪案件，应当在全案卷宗封面标注"含犯罪记录封存信息"等明显标识，并对相关信息采取必要保密措施。其他刑事、民事、行政及公益诉讼案件，因办案需要使用了被封存的未成年人犯罪记录信息的，应当在相关卷宗封面标明"含犯罪记录封存信息"，并对相关信息采取必要保密措施。未成年人因事实不清、证据不足被宣告无罪的案件，应当对涉罪记录予以封存；但未成年被告人及其法定代理人申请不予封存或者解除封存的，经人民法院同意，可以不予封存或者解除封存。

《实施办法》对于封存的程序、遵循的原则、解除等问题做了明确规定。

五、严格限制强制措施的适用

在刑事诉讼中，对未成年犯罪嫌疑人、被告人应当慎重适用强制措施，尽量不用或少用。对于可捕可不捕的，一般不要逮捕。

《刑事诉讼法》第 280 条规定："对未成年犯罪嫌疑人、被告人应当严格限制适用逮捕措施。人民检察院审查批准逮捕和人民法院决定逮捕，应当讯问未成年犯罪嫌疑人、被告人，听取辩护律师的意见。"

《诉讼规则》第 462 条、第 463 条也明确规定人民检察院对未成年犯罪嫌疑人严格限制适用逮捕措施。

《司法解释》规定：对未成年被告人应当严格限制适用逮捕措施。人民法院决定逮捕，应当讯问未成年被告人，听取辩护律师的意见。对被逮捕且没有完成义务教育的未成年被告人，人民法院应当与教育行政部门互相配合，保证其接受义务教育。人民法院对无固定住所、无法提供保证人的未成年被告人适用取保候审的，应当指定合适成年人作为保证人，必要时可以安排取保候审的被告人接受社会观护。

六、相对和缓的办案方式

在未成年人刑事案件中，除了要严格限制强制措施的适用外，还应当使用相对缓和的侦查方式。比如，原则上不得对未成年人使用戒具，对于确有行凶、逃跑、自杀、自残等现实危险而必须使用的，应当掌握必要的限度。讯问未成年犯罪嫌疑人应当保护其人格尊严。讯问未成年犯罪嫌疑人一般不得使用戒具。对于确有人身危险性必须使用戒具的，在现实危险消除后应当立即停止使用。审理未成年人刑事案件，应当由熟悉未成年人身心特点、善于做未成年人思想教育工作的审判人员进行，并应当保持有关审判人员工作的相对稳定性。

七、附条件不起诉制度的适用

为充分体现宽严相济、区别对待的刑事政策。刑诉法规定了附条件不起诉制度。

（一）附条件不起诉制度的适用条件

根据《刑事诉讼法》第 282 条规定，附条件不起诉制度适用于以下条件：
（1）未成年人涉嫌刑法分则第四章、第五章、第六章规定的犯罪；
（2）可能判处一年有期徒刑以下刑罚；
（3）符合起诉条件，但有悔罪表现。

（二）附条件不起诉制度适用程序

人民检察院在作出附条件不起诉的决定以前，应当听取公安机关、被害人的意见。

（三）被附条件不起诉的未成年犯罪嫌疑人应当遵守的规定

被附条件不起诉的未成年犯罪嫌疑人，应当遵守下列规定：
（1）遵守法律法规，服从监督；
（2）按照考察机关的规定报告自己的活动情况；
（3）离开所居住的市、县或者迁居，应当报经考察机关批准；
（4）按照考察机关的要求接受矫治和教育。

（四）被附条件不起诉的未成年犯罪嫌疑人的监督考察

在附条件不起诉的考验期内，由人民检察院对被附条件不起诉的未成年犯罪嫌疑人进行监督考察。未成年犯罪嫌疑人的监护人，应当对未成年犯罪嫌疑人加强管教，配合人民检察院做好监督考察工作。

（五）附条件不起诉的异议及处理

对附条件不起诉的决定，公安机关要求复议、提请复核或者被害人申诉的，适用《刑事诉讼法》第 179 条、第 180 条的规定。未成年犯罪嫌疑人及其法定代理人对人民检察院决定附条件不起诉有异议的，人民检察院应当作出起诉的决定。

（六）附条件不起诉的考验期及后果

附条件不起诉的考验期为六个月以上一年以下，从人民检察院作出附条件不起诉的决定之日起计算。

被附条件不起诉的未成年犯罪嫌疑人，在考验期内没有违反法定情形，考验期满的，人民检察院应当作出不起诉的决定。

（七）附条件不起诉的撤销

被附条件不起诉的未成年犯罪嫌疑人，在考验期内有下列情形之一的，人民检察院应当撤销附条件不起诉的决定，提起公诉：

（1）实施新的犯罪或者发现决定附条件不起诉以前还有其他犯罪需要追诉的；

（2）违反治安管理规定或者考察机关有关附条件不起诉的监督管理规定，情节严重的。

八、关于审理未成年人遭受性侵害或者暴力伤害案件询问未成年被害人、证人的规则

《司法解释》第 556 条第 2 款规定："审理未成年人遭受性侵害或者暴力伤害案件，在询问未成年被害人、证人时，应当采取同步录音录像等措施，尽量一次完成；未成年被害人、证人是女性的，应当由女性工作人员进行。"

九、关于未成年被害人、证人出庭作证的规则

《司法解释》第 558 条规定："开庭审理涉及未成年人的刑事案件，未成年被害人、证人一般不出庭作证；必须出庭的，应当采取保护其隐私的技术手段和心理干预等保护措施。"

十、关于心理疏导、心理测评的问题

《司法解释》第 569 条规定："人民法院根据情况，可以对未成年被告人、被害人、证人进行心理疏导；根据实际需要并经未成年被告人及其法定代理人同意，可以对未成年被告人进行心理测评。""心理疏导、心理测评可以委托专门机构、专业人员进行。""心理测评报告可以作为办理案件和教育未成年人的参考。"

任务四　未成年人刑事案件审理程序的特别规定

法院在审理未成年人刑事案件时，除了遵守刑诉法关于刑事案件审理的一般规定外，还要遵循特殊的规定。《司法解释》对于未成年人刑事案件的审理程序做了具体规定。具体内容如下：

一、开庭准备

1. 送达要求

人民法院向未成年被告人送达起诉书副本时，应当向其讲明被指控的罪行和有关法律规定，并告知其审判程序和诉讼权利、义务。

2. 通知法律援助机构指派律师为未成年被告人提供辩护

审判时不满十八周岁的未成年被告人没有委托辩护人的，人民法院应当通知法律援助机构指派熟悉未成年人身心特点的律师为其提供辩护。

未成年被害人及其法定代理人因经济困难或者其他原因没有委托诉讼代理人的，人民法院应当帮助其申请法律援助。

3. 程序适用的征求

对未成年人刑事案件，人民法院决定适用简易程序审理的，应当征求未成年被告人及其法定代理人、辩护人的意见。上述人员提出异议的，不适用简易程序。

4. 近亲属到庭

被告人实施被指控的犯罪时不满十八周岁，开庭时已满十八周岁、不满二十周岁的，人民法院开庭时，一般应当通知其近亲属到庭。经法庭同意，近亲属可以发表意见。近亲属无法通知、不能到场或者是共犯的，应当记录在案。

5. 未成年人社会调查报告

对人民检察院移送的关于未成年被告人性格特点、家庭情况、社会交往、成长经历、犯罪原因、犯罪前后的表现、监护教育等情况的调查报告，以及辩护人提交的反映未成年被告人上述情况的书面材料，法庭应当接受。必要时，人民法院可以委托社区矫正机构、共青团、社会组织等对未成年被告人的上述情况进行调查，或者自行调查。

6. 心理疏导

人民法院根据情况，可以对未成年被告人、被害人、证人进行心理疏导；根据实际需要并经未成年被告人及其法定代理人同意，可以对未成年被告人进行心理测评。心理疏导、心理测评可以委托专门机构、专业人员进行。心理测评报告可以作为办理案件和教育未成年人的参考。

7. 未成年被告人与其法定代理人或者合适成年人会见

开庭前和休庭时，法庭根据情况，可以安排未成年被告人与其法定代理人或者合适成年人会见。

二、审判

1. 审判庭的设置

人民法院应当在辩护台靠近旁听区一侧为未成年被告人的法定代理人或者合适成年人设置席位。

审理可能判处五年有期徒刑以下刑罚或者过失犯罪的未成年人刑事案件，可以采取适合未成年人特点的方式设置法庭席位。

2. 强制辩护的规定

未成年被告人或者其法定代理人当庭拒绝辩护人辩护的，适用《司法解释》第 311 条第 2 款、第 3 款的规定。重新开庭后，未成年被告人或者其法定代理人再次当庭拒绝辩护人辩护的，不予准许。重新开庭时被告人已满十八周岁的，可以准许，但不得再另行委托辩护人或者要求另行指派律师，由其自行辩护。

3. 和缓的办案方式

法庭审理过程中，审判人员应当根据未成年被告人的智力发育程度和心理状态，使用适合未成年人的语言表达方式。发现有对未成年被告人威胁、训斥、诱供或者讥刺等情形的，审判长应当制止。

4. 特殊材料举证要求

控辩双方提出对未成年被告人判处管制、宣告缓刑等量刑建议的，应当向法庭提供有关未成年被告人能够获得监护、帮教以及对所居住社区无重大不良影响的书面材料。

对未成年被告人情况的调查报告，以及辩护人提交的有关未成年被告人情况的书面材料，法庭应当审查并听取控辩双方意见。上述报告和材料可以作为办理案件和教育未成年人的参考。人民法院可以通知作出调查报告的人员出庭说明情况，接受控辩双方和法庭的询问。

5. 法治教育与最后陈述

法庭辩论结束后，法庭可以根据未成年人的生理、心理特点和案件情况，对未成年被告人进行法治教育；判决未成年被告人有罪的，宣判后，应当对未成年被告人进行法治教育。对未成年被告人进行教育，其法定代理人以外的成年亲属或者教师、辅导员等参与有利于感化、挽救未成年人的，人民法院应当邀请其参加有关活动。

未成年被告人最后陈述后，法庭应当询问其法定代理人是否补充陈述。

6. 宣判要求

对未成年人刑事案件，宣告判决应当公开进行。对依法应当封存犯罪记录的案件，宣判时，不得组织人员旁听；有旁听人员的，应当告知其不得传播案件信息。定期宣告判决的未成年人刑事案件，未成年被告人的法定代理人无法通知、不能到场或者是共犯的，法庭可以通知合适成年人到庭，并在宣判后向未成年被告人的成年亲属送达判决书。

项目二 当事人和解的公诉案件诉讼程序

【应知应会】

任务一 当事人和解的公诉案件诉讼程序概述

一、当事人和解的公诉案件诉讼程序的概念

当事人和解的公诉案件诉讼程序，是指在特定的公诉案件中，犯罪嫌疑人、被告人自愿真诚悔罪，通过向被害人赔偿损失、赔礼道歉等方式获得被害人谅解，双方自愿达成和解协议，公安司法机关对和解协议确认后，对犯罪嫌疑人、被告人进行从宽处理的一种特别程序。

二、当事人和解的公诉案件诉讼程序的特征

1. 当事人和解的公诉案件诉讼程序是一种特殊构造的诉讼程序。该诉讼程序包括以下环节：犯罪嫌疑人、被告人自愿真诚悔罪；双方自愿达成和解协议；公安司法机关对和解协议审查确认；对犯罪嫌疑人、被告人进行从宽处理。

2. 当事人的和解不是对刑事责任的处分。当事人的和解是对民事赔偿问题达成协议

或者是基于犯罪嫌疑人、被告人自愿真诚悔罪、赔礼道歉等获得被害人谅解。由于案件属于公诉案件，当事人的和解不能导致刑事责任的消失。

3. 当事人和解的公诉案件诉讼程序适用于满足一定条件的公诉案件，而不是全部公诉案件。

4. 双方当事人自愿达成的和解协议，必须经过公安司法机关审查确认后，才能作为对犯罪嫌疑人、被告人进行从宽处理的依据。

公安司法机关应当对和解的自愿性、合法性进行审查，重点审查以下内容：双方当事人是否自愿和解；犯罪嫌疑人、被告人是否真诚悔罪，是否向被害人赔礼道歉，赔偿数额与其所造成的损害和赔偿能力是否相适应；被害人及其法定代理人或者近亲属是否明确表示对犯罪嫌疑人、被告人予以谅解；是否符合法律规定；是否损害国家、集体和社会公共利益或者他人的合法权益；是否符合社会公德。

审查时，应当听取双方当事人和其他有关人员对和解的意见，告知刑事案件可能从宽处理的法律后果和双方的权利义务，并制作笔录附卷。

任务二　当事人和解诉讼程序的适用条件

一、当事人和解的诉讼程序的适用条件

根据《刑事诉讼法》的规定，当事人和解的诉讼程序应当同时符合下列条件：

（1）犯罪嫌疑人、被告人真诚悔罪，向被害人赔偿损失、赔礼道歉等。该条件要求犯罪嫌疑人、被告人必须是真心地认罪、悔罪，通过各种方式向被害人道歉，以求得被害人谅解。

（2）被害人明确表示对犯罪嫌疑人、被告人予以谅解。被害人必须以谅解书的方式对犯罪嫌疑人、被告人表示谅解。

（3）双方当事人自愿和解，符合有关法律规定。被害人和犯罪嫌疑人、被告人双方都是自愿的达成和解协议，不能以暴力、威胁、欺骗或其他非法手段强迫、引诱被害人违背意愿达成和解。

被害人死亡的，其法定代理人、近亲属可以与犯罪嫌疑人、被告人和解。被害人系无行为能力或者限制行为能力人的，其法定代理人可以代为和解。犯罪嫌疑人、被告人系限制行为能力人的，其法定代理人可以代为和解。犯罪嫌疑人、被告人在押的，经犯罪嫌疑人、被告人同意，其法定代理人、近亲属可以代为和解。

双方当事人可以就赔偿损失、赔礼道歉等民事责任事项进行和解，并且可以就被害人及其法定代理人或者近亲属是否要求或者同意公安机关、人民检察院、人民法院对犯罪嫌疑人、被告人依法从宽处理进行协商，但不得对案件的事实认定、证据采信、法律适用和定罪量刑等依法属于公安机关、人民检察院、人民法院职权范围的事宜进行协商。

双方当事人可以自行达成和解，也可以经人民调解委员会、村民委员会、居民委员会、当事人所在单位或者同事、亲友等组织或者个人调解后达成和解。

（4）属于侵害特定被害人的故意犯罪或者有直接被害人的过失犯罪。必须是《刑事

诉讼法》第288条规定的案件范围，而不是所有公诉案件。

（5）案件事实清楚，证据确实、充分。

二、当事人和解的诉讼程序的案件范围

根据《刑事诉讼法》第288条的规定，下列公诉案件，双方当事人可以和解：

（1）因民间纠纷引起，涉嫌刑法分则第四章、第五章规定的犯罪案件，可能判处三年有期徒刑以下刑罚的；

（2）除渎职犯罪以外的可能判处七年有期徒刑以下刑罚的过失犯罪案件。

犯罪嫌疑人、被告人在五年以内曾经故意犯罪的，不适用当事人和解的诉讼程序。犯罪嫌疑人、被告人在犯上述犯罪前五年内曾经故意犯罪，无论该故意犯罪是否已经追究，均应当认定为前款规定的五年以内曾经故意犯罪。

根据《程序规定》第334条，有下列情形之一的，不属于因民间纠纷引起的犯罪案件：①雇凶伤害他人的；②涉及黑社会性质组织犯罪的；③涉及寻衅滋事的；④涉及聚众斗殴的；⑤多次故意伤害他人身体的；⑥其他不宜和解的。

任务三　当事人和解的程序

当事人和解的程序主要包括以下内容：

（一）和解的提出

刑事公诉案件发生后，当事人双方可以自行接触，进行和解；公安司法机关受理案件后，认为符合刑事公诉案件和解程序的案件范围，有和解可能，可以建议并促成双方达成和解。

对符合《刑事诉讼法》第288条规定的公诉案件，事实清楚、证据充分的，人民法院应当告知当事人可以自行和解；当事人提出申请的，人民法院可以主持双方当事人协商以达成和解。

（二）达成和解

犯罪嫌疑人、被告人真诚悔罪，通过向被害人赔偿损失、赔礼道歉等方式获得被害人谅解，被害人自愿和解的，双方当事人可以达成和解。

根据案件情况，人民法院可以邀请人民调解员、辩护人、诉讼代理人、当事人亲友等参与促成双方当事人和解。

符合《刑事诉讼法》第288条规定的公诉案件，被害人死亡的，其近亲属可以与被告人和解。近亲属有多人的，达成和解协议，应当经处于最先继承顺序的所有近亲属同意。被害人系无行为能力或者限制行为能力人的，其法定代理人、近亲属可以代为和解。

被告人的近亲属经被告人同意，可以代为和解。被告人系限制行为能力人的，其法定代理人可以代为和解。被告人的法定代理人、近亲属代为和解的，和解协议约定的赔礼道歉等事项，应当由被告人本人履行。

(三) 和解协议的审查

对于双方当事人和解的,公安司法机关应当听取当事人和其他有关人员的意见,对和解协议的自愿性、合法性进行审查,对符合和解法定条件的,主持制作和解协议书。

对公安机关、人民检察院主持制作的和解协议书,当事人提出异议的,人民法院应当审查。经审查,和解自愿、合法的,予以确认,无需重新制作和解协议书;和解违反自愿、合法原则的,应当认定无效。和解协议被认定无效后,双方当事人重新达成和解的,人民法院应当主持制作新的和解协议书。

审判期间,双方当事人和解的,人民法院应当听取当事人及其法定代理人等有关人员的意见。双方当事人在庭外达成和解的,人民法院应当通知人民检察院,并听取其意见。经审查,和解自愿、合法的,应当主持制作和解协议书。

和解协议书应当由双方当事人和审判人员签名,但不加盖人民法院印章。

和解协议书一式三份,双方当事人各持一份,另一份交人民法院附卷备查。

对和解协议中的赔偿损失内容,双方当事人要求保密的,人民法院应当准许,并采取相应的保密措施。

(四) 当事人和解的效力

1. 双方当事人在侦查阶段达成和解协议的,公安机关可以向人民检察院提出从宽处理的建议。

2. 人民检察院对于公安机关提请批准逮捕的案件,双方当事人达成和解协议的,可以作为有无社会危险性或者社会危险性大小的因素予以考虑。经审查认为不需要逮捕的,可以作出不批准逮捕的决定;在审查起诉阶段可以依法变更强制措施。人民检察院对于公安机关移送起诉的案件,双方当事人达成和解协议的,可以作为是否需要判处刑罚或者免除刑罚的因素予以考虑,符合法律规定的不起诉条件的,可以决定不起诉。对于依法应当提起公诉的,人民检察院可以向人民法院提出从宽处罚的量刑建议。

3. 人民法院对于当事人达成和解协议的公诉案件,可以依法对被告人从轻、减轻处罚或免除处罚。

和解协议约定的赔偿损失内容,被告人应当在协议签署后即时履行。和解协议已经全部履行,当事人反悔的,人民法院不予支持,但有证据证明和解违反自愿、合法原则的除外。

双方当事人在侦查、审查起诉期间已经达成和解协议并全部履行,被害人或者其法定代理人、近亲属又提起附带民事诉讼的,人民法院不予受理,但有证据证明和解违反自愿、合法原则的除外。

被害人或者其法定代理人、近亲属提起附带民事诉讼后,双方愿意和解,但被告人不能即时履行全部赔偿义务的,人民法院应当制作附带民事调解书。

对达成和解协议的案件,人民法院应当对被告人从轻处罚;符合非监禁刑适用条件的,应当适用非监禁刑;判处法定最低刑仍然过重的,可以减轻处罚;综合全案认为犯罪情节轻微不需要判处刑罚的,可以免予刑事处罚。

共同犯罪案件，部分被告人与被害人达成和解协议的，可以依法对该部分被告人从宽处罚，但应当注意全案的量刑平衡。

项目三 缺席审判程序

【应知应会】

任务一 缺席审判程序概述

一、缺席审判程序的概念

缺席审判程序，是指在贪污贿赂犯罪案件，以及需要及时进行审判并经最高人民检察院核准的严重危害国家安全犯罪、恐怖活动犯罪案件中，如果犯罪嫌疑人、被告人在境外，或者因被告人患有严重疾病无法出庭，中止审理超过六个月，被告人仍无法出庭，或者被告人死亡，但有证据证明被告人无罪的，或者人民法院按照审判监督程序重新审判的案件，被告人死亡的，人民法院依法在被告人缺席的情况下开庭审判的一项特别程序。

二、缺席审判程序的适用情形

根据《刑事诉讼法》第291条、第296条和第297条的规定，缺席审判主要适用于以下情形：

（一）贪污贿赂犯罪案件，以及需要及时进行审判并经最高人民检察院核准的严重危害国家安全犯罪、恐怖活动犯罪案件

对于贪污贿赂犯罪案件，以及需要及时进行审判，经最高人民检察院核准的严重危害国家安全犯罪恐怖活动犯罪案件，犯罪嫌疑人、被告人在境外，监察机关、公安机关移送起诉，人民检察院认为犯罪事实已经查清，证据确实、充分，依法应当追究刑事责任的，可以向人民法院提起公诉。人民法院进行审查后，对于起诉书中有明确的指控犯罪事实，符合缺席审判程序适用条件的，应当决定开庭审判。

（二）被告人患有严重疾病无法出庭，中止审理超过六个月，被告人仍无法出庭的案件

因被告人患有严重疾病无法出庭，中止审理超过六个月，被告人仍无法出庭，被告人及其法定代理人、近亲属申请或者同意恢复审理的，人民法院可以在被告人不出庭的情况下缺席审理，依法作出判决。

（三）被告人死亡，但有证据证明被告人无罪的案件

被告人死亡的，人民法院应当裁定终止审理，但有证据证明被告人无罪，人民法院经

缺席审理确认无罪的，应当依法作出判决。

（四）人民法院按照审判监督程序重新审判的案件，被告人死亡的案件

人民法院按照审判监督程序重新审判的案件，被告人死亡的，人民法院可以缺席审理，依法作出判决。

任务二　缺席审判的审理程序

一、管辖

对于潜逃境外的贪污贿赂犯罪案件以及需要及时进行审判并经最高人民检察院核准的严重危害国家安全犯罪、恐怖活动犯罪案件，由犯罪地、被告人离境前居住地或者最高人民法院指定的中级人民法院组成合议庭进行审理。

其他缺席审判的案件，按照刑事诉讼管辖规定进行。

二、庭前审查

人民法院对于人民检察院提起公诉的缺席审判案件，在开庭前进行程序性审查。重点审查以下内容：

①是否属于可以适用缺席审判程序的案件范围；

②是否属于本院管辖；

③是否写明被告人的基本情况，包括明确的境外居住地、联系方式等；

④是否写明被告人涉嫌有关犯罪的主要事实，并附证据材料；

⑤是否写明被告人有无近亲属以及近亲属的姓名、身份、住址、联系方式等情况；

⑥是否列明违法所得及其他涉案财产的种类、数量、价值、所在地等，并附证据材料；

⑦是否附有查封、扣押、冻结违法所得及其他涉案财产的清单和相关法律手续。

上述材料需要翻译件的，人民法院应当要求人民检察院一并移送。

人民法院审查后，应当按照下列情形分别处理：

①符合缺席审判程序适用条件，属于本院管辖，且材料齐全的，应当受理；

②不属于可以适用缺席审判程序的案件范围、不属于本院管辖或者不符合缺席审判程序的其他适用条件的，应当退回人民检察院；

③材料不全的，应当通知人民检察院在三十日以内补送；三十日以内不能补送的，应当退回人民检察院。

三、送达起诉书副本、传票等诉讼文书

人民法院应当通过有关国际条约规定的或者外交途径提出的司法协助方式，或者被告人所在地法律允许的其他方式，将传票和人民检察院的起诉书副本送达被告人。传票应当载明被告人到案期限以及不按要求到案的法律后果等事项；应当将起诉书副本送达被告人

近亲属，告知其有权代为委托辩护人，并通知其敦促被告人归案。

传票和起诉书副本送达后，被告人未按要求到案的，人民法院应当开庭审理，依法作出判决，并对违法所得及其他涉案财产作出处理。

四、指派辩护

人民法院缺席审判案件，被告人有权委托或者由近亲属代为委托一至二名辩护人。委托律师担任辩护人的，应当委托具有中华人民共和国律师资格并依法取得执业证书的律师；在境外委托的，应当依照规定对授权委托进行公证、认证。

被告人及其近亲属没有委托辩护人的，人民法院应当通知法律援助机构指派律师为被告人提供辩护。

被告人及其近亲属拒绝法律援助机构指派的律师辩护的，属于应当提供法律援助的情形，被告人拒绝指派的律师为其辩护的，人民法院应当查明原因。理由正当的，应当准许，但被告人应当在五日以内另行委托辩护人；被告人未另行委托辩护人的，人民法院应当在三日以内通知法律援助机构另行指派律师为其提供辩护。

五、被告人的近亲属参加诉讼问题

人民法院缺席审判案件，被告人的近亲属申请参加诉讼的，应当在收到起诉书副本后、第一审开庭前提出，并提供与被告人关系的证明材料。有多名近亲属的，应当推选一至二人参加诉讼。对被告人的近亲属提出申请的，人民法院应当及时审查决定。

六、缺席审判的庭审程序

人民法院缺席审判案件，参照适用公诉案件第一审普通程序的有关规定。被告人的近亲属参加诉讼的，可以发表意见，出示证据，申请法庭通知证人、鉴定人等出庭，进行辩论。

七、缺席审判的裁判

人民法院缺席审判案件，审理后应当依法作出判决、裁定。

作出有罪判决的，应当达到证据确实、充分的证明标准。

经审理认定的罪名不属于《刑事诉讼法》第291条第1款规定的罪名的，应当终止审理。

适用缺席审判程序审理案件，可以对违法所得及其他涉案财产一并作出处理。

因被告人患有严重疾病导致缺乏受审能力，无法出庭受审，中止审理超过六个月，被告人仍无法出庭，被告人及其法定代理人、近亲属申请或者同意恢复审理的，人民法院可以根据《刑事诉讼法》第296条的规定缺席审判。被告人无法表达意愿的，其法定代理人、近亲属可以代为申请或者同意恢复审理。

人民法院受理案件后被告人死亡的，应当裁定终止审理；但有证据证明被告人无罪，经缺席审理确认无罪的，应当判决宣告被告人无罪。"有证据证明被告人无罪，经缺席审理确认无罪"，包括案件事实清楚，证据确实、充分，依据法律认定被告人无罪的情形，以及证据不足，不能认定被告人有罪的情形。

人民法院按照审判监督程序重新审判的案件，被告人死亡的，可以缺席审理。有证据证明被告人无罪，经缺席审理确认被告人无罪的，应当判决宣告被告人无罪；虽然构成犯罪，但原判量刑畸重的，应当依法作出判决。

八、上诉和抗诉

人民法院应当将判决书送达被告人及其近亲属、辩护人。被告人或者其近亲属不服判决的，有权向上一级人民法院上诉。辩护人经被告人或者其近亲属同意，可以提出上诉。

人民检察院认为人民法院的判决确有错误的，应当向上级人民法院提出抗诉。

九、重新审理

在审理过程中，被告人自动投案或者被抓获的，人民法院应当重新审理。

罪犯在判决、裁定发生法律效力后到案的，人民法院应当将罪犯交付执行刑罚。交付执行刑罚前，人民法院应当告知罪犯有权对判决、裁定提出异议。罪犯对判决、裁定提出异议的，人民法院应当重新审理。

依照生效判决、裁定对罪犯的财产进行的处理确有错误的，应当予以返还、赔偿。

项目四　犯罪嫌疑人、被告人逃匿、死亡案件违法所得的没收程序

【应知应会】

任务一　犯罪嫌疑人、被告人逃匿、死亡案件违法所得没收程序概述

一、犯罪嫌疑人、被告人逃匿、死亡案件违法所得没收程序的概念

犯罪嫌疑人、被告人逃匿、死亡案件违法所得没收程序，是指在贪污贿赂犯罪、恐怖活动犯罪等重大犯罪案件中，当犯罪嫌疑人、被告人逃匿，且在通缉一年后不能到案，或者犯罪嫌疑人、被告人死亡，依照刑法规定应当追缴其违法所得及其他涉案财产时，人民检察院可以向人民法院提出没收违法所得的申请，人民法院对人民检察院的申请进行审理并作出是否没收违法所得裁定的一种特别程序。

二、犯罪嫌疑人、被告人逃匿、死亡案件违法所得没收程序的特征

1. 该程序适用的条件特殊。在贪污贿赂犯罪、恐怖活动犯罪等重大犯罪案件中，当犯罪嫌疑人、被告人逃匿，且在通缉一年后不能到案，或者犯罪嫌疑人、被告人死亡，依照刑法规定应当追缴其违法所得及其他涉案财产时，才可以适用该程序。

2. 该程序的启动程序特殊。该程序只能由人民检察院申请启动。

3. 该程序诉讼目的特殊。该程序只是解决犯罪嫌疑人、被告人逃匿、死亡情况下的违法所得及其他涉案财产的追缴，而不解决刑事责任问题。

4. 该程序的审判法院、审判组织特殊。没收违法所得的申请，由犯罪地或者犯罪嫌疑人、被告人居住地的中级人民法院组成合议庭进行审理。

任务二　犯罪嫌疑人、被告人逃匿、死亡案件违法所得没收程序的提起

一、提起条件

根据刑诉法规定，提起犯罪嫌疑人、被告人逃匿、死亡案件违法所得没收程序需要满足以下条件：

1. 案件范围。犯罪嫌疑人、被告人逃匿、死亡案件违法所得没收程序只能用于贪污贿赂犯罪、恐怖活动犯罪等重大犯罪案件。

根据《司法解释》的规定，"贪污贿赂犯罪、恐怖活动犯罪等"犯罪案件具体是指下列案件：①贪污贿赂、失职渎职等职务犯罪案件；②刑法分则第二章规定的相关恐怖活动犯罪案件，以及恐怖活动组织、恐怖活动人员实施的杀人、爆炸、绑架等犯罪案件；③危害国家安全、走私、洗钱、金融诈骗、黑社会性质组织、毒品犯罪案件；④电信诈骗、网络诈骗犯罪案件。

在省、自治区、直辖市或者全国范围内具有较大影响的犯罪案件，或者犯罪嫌疑人、被告人逃匿境外的犯罪案件，应当认定为《刑事诉讼法》第 298 条第 1 款规定的"重大犯罪案件"。

犯罪嫌疑人、被告人死亡，依照刑法规定应当追缴其违法所得及其他涉案财产，人民检察院提出没收违法所得申请的，人民法院应当依法受理。

2. 对象条件。犯罪嫌疑人、被告人逃匿、死亡案件违法所得没收程序适用于贪污贿赂犯罪、恐怖活动犯罪等重大犯罪案件中，犯罪嫌疑人、被告人逃匿，且在通缉一年后不能到案，或者犯罪嫌疑人、被告人死亡，依照刑法规定应当追缴其违法所得及其他涉案财产的。

3. 没收对象。没收对象是依照刑法规定应当追缴的犯罪嫌疑人、被告人的违法所得及其他涉案财产。

二、提起主体

根据刑诉法规定，犯罪嫌疑人、被告人逃匿、死亡案件违法所得没收程序只能由人民检察院提起。

三、提出申请的程序

人民检察院可以向人民法院提出没收违法所得的申请。公安机关认为存在符合该程序规定情形的，应当写出没收违法所得意见书，移送人民检察院。

没收违法所得的申请应当提供与犯罪事实、违法所得相关的证据材料，并列明财产的种类、数量、所在地及查封、扣押、冻结的情况。

任务三　犯罪嫌疑人、被告人逃匿、死亡案件违法所得没收程序的审理

一、管辖法院和审判组织

1. 管辖。没收违法所得的申请，由犯罪地或者犯罪嫌疑人、被告人居住地的中级人民法院进行审理。

2. 审判组织。没收违法所得的申请，由人民法院组成合议庭进行审理。

二、审理程序

（一）审查、立案

人民法院对于人民检察院提出的没收违法所得的申请，应当进行审查。审查内容主要包括：①是否属于可以适用违法所得没收程序的案件范围；②是否属于本院管辖；③是否写明犯罪嫌疑人、被告人基本情况，以及涉嫌有关犯罪的情况，并附证据材料；④是否写明犯罪嫌疑人、被告人逃匿、被通缉、脱逃、下落不明、死亡等情况，并附证据材料；⑤是否列明违法所得及其他涉案财产的种类、数量、价值、所在地等，并附证据材料；⑥是否附有查封、扣押、冻结违法所得及其他涉案财产的清单和法律手续；⑦是否写明犯罪嫌疑人、被告人有无利害关系人，利害关系人的姓名、身份、住址、联系方式及其要求等情况；⑧是否写明申请没收的理由和法律依据；⑨其他依法需要审查的内容和材料。上述材料需要翻译件的，人民法院应当要求人民检察院一并移送。

对没收违法所得的申请，人民法院应当在三十日以内审查完毕，并按照下列情形分别处理：

①属于没收违法所得申请受案范围和本院管辖，且材料齐全、有证据证明有犯罪事实的，应当受理；

②不属于没收违法所得申请受案范围或者本院管辖的，应当退回人民检察院；

③没收违法所得申请不符合"有证据证明有犯罪事实"标准要求的，应当通知人民检察院撤回申请；

④材料不全的，应当通知人民检察院在七日以内补送；七日以内不能补送的，应当退回人民检察院。

人民检察院尚未查封、扣押、冻结申请没收的财产或者查封、扣押、冻结期限即将届满，涉案财产有被隐匿、转移或者毁损、灭失危险的，人民法院可以查封、扣押、冻结申请没收的财产。

（二）审理前的准备

为保证法庭审理程序的顺利，审理前需要做好必要的准备工作，没收违法所得程序的审理前准备工作主要包括：

（1）确定合议庭组成人员。

（2）公告。人民法院受理没收违法所得的申请后，应当在 15 日以内发布公告。公告应当载明以下内容：①案由、案件来源；②犯罪嫌疑人、被告人的基本情况；③犯罪嫌疑人、被告人涉嫌犯罪的事实；④犯罪嫌疑人、被告人逃匿、被通缉、脱逃、下落不明、死亡等情况；⑤申请没收的财产的种类、数量、价值、所在地等以及已查封、扣押、冻结财产的清单和法律手续；⑥申请没收的财产属于违法所得及其他涉案财产的相关事实；⑦申请没收的理由和法律依据；⑧利害关系人申请参加诉讼的期限、方式以及未按照该期限、方式申请参加诉讼可能承担的不利法律后果；⑨其他应当公告的情况。

公告期为六个月，公告期间不适用中止、中断、延长的规定。

公告应当在全国公开发行的报纸、信息网络媒体、最高人民法院的官方网站发布，并在人民法院公告栏发布。必要时，公告可以在犯罪地、犯罪嫌疑人、被告人居住地或者被申请没收财产所在地发布。最后发布的公告的日期为公告日期。发布公告的，应当采取拍照、录像等方式记录发布过程。

人民法院已经掌握境内利害关系人联系方式的，应当直接送达含有公告内容的通知；直接送达有困难的，可以委托代为送达、邮寄送达。经受送达人同意的，可以采用传真、电子邮件等能够确认其收悉的方式告知公告内容，并记录在案。

人民法院已经掌握境外犯罪嫌疑人、被告人、利害关系人联系方式，经受送达人同意的，可以采用传真、电子邮件等能够确认其收悉的方式告知公告内容，并记录在案；受送达人未表示同意，或者人民法院未掌握境外犯罪嫌疑人、被告人、利害关系人联系方式，其所在国、地区的主管机关明确提出应当向受送达人送达含有公告内容的通知的，人民法院可以决定是否送达。决定送达的，应当依照规定请求所在国、地区提供司法协助。

（3）利害关系人申请参加诉讼。犯罪嫌疑人、被告人的近亲属和其他利害关系人有权申请参加诉讼，也可以委托诉讼代理人参加诉讼。

"其他利害关系人"，是指除犯罪嫌疑人、被告人的近亲属以外的，对申请没收的财产主张权利的自然人和单位。

犯罪嫌疑人、被告人的近亲属和其他利害关系人申请参加诉讼的，应当在公告期间内提出。犯罪嫌疑人、被告人的近亲属应当提供其与犯罪嫌疑人、被告人关系的证明材料，其他利害关系人应当提供证明其对违法所得及其他涉案财产主张权利的证据材料。

利害关系人可以委托诉讼代理人参加诉讼。委托律师担任诉讼代理人的，应当委托具有中华人民共和国律师资格并依法取得执业证书的律师；在境外委托的，应当依照规定对授权委托进行公证、认证。

利害关系人在公告期满后申请参加诉讼，能够合理说明理由的，人民法院应当准许。

（4）犯罪嫌疑人、被告人逃匿境外，委托诉讼代理人可以申请参加诉讼。犯罪嫌疑人、被告人逃匿境外，委托诉讼代理人申请参加诉讼，且违法所得或者其他涉案财产所在国、地区主管机关明确提出意见予以支持的，人民法院可以准许。人民法院准许参加诉讼的，犯罪嫌疑人、被告人的诉讼代理人依照关于利害关系人的诉讼代理人的规定行使诉讼权利。

（5）采取保全措施。为防止违法所得出现非法转移或灭失、减损等情况，人民法院在必要的时候，可以查封、扣押、冻结申请没收的财产。

（6）在审理案件过程中，被告人脱逃或者死亡，符合《刑事诉讼法》第298条第1款规定的，人民检察院可以向人民法院提出没收违法所得的申请；符合刑事诉讼法第298条第1款规定的，人民检察院可以按照缺席审判程序向人民法院提起公诉。

人民检察院向原受理案件的人民法院提出没收违法所得申请的，可以由同一审判组织审理。

（三）审理

公告期满后，人民法院应当组成合议庭对申请没收违法所得的案件进行审理。利害关系人申请参加或者委托诉讼代理人参加诉讼的，应当开庭审理。没有利害关系人申请参加诉讼的，或者利害关系人及其诉讼代理人无正当理由拒不到庭的，可以不开庭审理。

人民法院确定开庭日期后，应当将开庭的时间、地点通知人民检察院、利害关系人及其诉讼代理人、证人、鉴定人、翻译人员。通知书应当依照《司法解释》第615条第2款、第3款规定的方式，至迟在开庭审理三日以前送达；受送达人在境外的，至迟在开庭审理三十日以前送达。

根据《司法解释》第620条规定，开庭审理申请没收违法所得的案件，按照下列程序进行：

①审判长宣布法庭调查开始后，先由检察员宣读申请书，后由利害关系人、诉讼代理人发表意见；

②法庭应当依次就犯罪嫌疑人、被告人是否实施了贪污贿赂犯罪、恐怖活动犯罪等重大犯罪并已经通缉一年不能到案，或者是否已经死亡，以及申请没收的财产是否依法应当追缴进行调查；调查时，先由检察员出示证据，后由利害关系人、诉讼代理人出示证据，并进行质证；

③法庭辩论阶段，先由检察员发言，后由利害关系人、诉讼代理人发言，并进行辩论。

利害关系人接到通知后无正当理由拒不到庭，或者未经法庭许可中途退庭的，可以转为不开庭审理，但还有其他利害关系人参加诉讼的除外。

（四）审理后的处理

根据《刑事诉讼法》第300条、301条的规定，人民法院依据没收违法所得程序对人民检察院的申请审理后，应当按照下列情形分别处理：

（1）人民法院经审理，对经查证申请没收的财产属于违法所得及其他涉案财产，除依法返还被害人的以外，应当裁定予以没收。

（2）不符合《刑事诉讼法》第298条第1款规定的条件的，应当裁定驳回申请，解除查封、扣押、冻结措施。

申请没收的财产具有高度可能属于违法所得及其他涉案财产的，应当认定为"申请没收的财产属于违法所得及其他涉案财产"。巨额财产来源不明犯罪案件中，没有利害关系人对违法所得及其他涉案财产主张权利，或者利害关系人对违法所得及其他涉案财产虽然主张权利但提供的证据没有达到相应证明标准的，应当视为"申请没收的财产属于违法所得及其他涉案财产"。

（3）在审理申请没收违法所得的案件过程中，在逃的犯罪嫌疑人、被告人到案的，人民法院应当裁定终止审理。人民检察院向原受理申请的人民法院提起公诉的，可以由同一审判组织审理。

（五）审理期限

审理申请没收违法所得案件的期限，参照公诉案件第一审普通程序和第二审程序的审理期限执行。

公告期间和请求刑事司法协助的时间不计入审理期限。

（六）救济程序

1. 上诉、抗诉

对没收违法所得或者驳回申请的裁定，犯罪嫌疑人、被告人的近亲属和其他利害关系人或者人民检察院可以在五日以内提出上诉、抗诉。

对不服第一审没收违法所得或者驳回申请裁定的上诉、抗诉案件，第二审人民法院经审理，应当按照下列情形分别处理：

①第一审裁定认定事实清楚和适用法律正确的，应当驳回上诉或者抗诉，维持原裁定；

②第一审裁定认定事实清楚，但适用法律有错误的，应当改变原裁定；

③第一审裁定认定事实不清的，可以在查清事实后改变原裁定，也可以撤销原裁定，发回原审人民法院重新审判；

④第一审裁定违反法定诉讼程序，可能影响公正审判的，应当撤销原裁定，发回原审人民法院重新审判。

第一审人民法院对发回重新审判的案件作出裁定后，第二审人民法院对不服第一审人民法院裁定的上诉、抗诉，应当依法作出裁定，不得再发回原审人民法院重新审判；但是，第一审人民法院在重新审判过程中违反法定诉讼程序，可能影响公正审判的除外。

利害关系人非因故意或者重大过失在第一审期间未参加诉讼，在第二审期间申请参加诉讼的，人民法院应当准许，并撤销原裁定，发回原审人民法院重新审判。

2. 犯罪嫌疑人、被告人到案并对没收裁定提出异议

没收违法所得裁定生效后，犯罪嫌疑人、被告人到案并对没收裁定提出异议，人民检察院向原作出裁定的人民法院提起公诉的，可以由同一审判组织审理。

人民法院经审理，应当按照下列情形分别处理：

①原裁定正确的，予以维持，不再对涉案财产作出判决；

②原裁定确有错误的，应当撤销原裁定，并在判决中对有关涉案财产一并作出处理。

3. 错误裁判的救济

人民法院生效的没收裁定确有错误的，除犯罪嫌疑人、被告人到案并对没收裁定提出异议的情形外，应当依照审判监督程序予以纠正。

没收犯罪嫌疑人、被告人财产确有错误的，应当予以返还、赔偿。

项目五　对实施暴力行为的精神病人的强制医疗程序

【应知应会】

任务一　强制医疗程序概述

一、强制医疗程序的概念

强制医疗程序,是指在危害公共安全或者严重危害公民人身安全的暴力犯罪案件中,如果犯罪嫌疑人、被告人经法定程序鉴定属于依法不负刑事责任的精神病人,且其仍有继续危害社会可能的,经人民检察院申请或人民法院决定,人民法院依法决定对其进行强制医疗的一项特别程序。

二、强制医疗程序的适用对象和条件

根据《刑事诉讼法》第 302 条的规定,强制医疗程序的适用对象需满足以下条件:
(1) 实施暴力行为,危害公共安全或者严重危害公民人身安全;
(2) 经法定程序鉴定属于依法不负刑事责任的精神病人;
(3) 有继续危害社会可能的。

任务二　强制医疗程序的提起

一、强制医疗程序的启动

根据刑诉法的规定,人民检察院和人民法院都可以启动强制医疗程序。
(1) 人民检察院向人民法院提出强制医疗的申请。公安机关发现精神病人符合强制医疗条件的,应当写出强制医疗意见书,移送人民检察院。对于公安机关移送的或者在审查起诉过程中发现的精神病人符合强制医疗条件的,人民检察院应当向人民法院提出强制医疗的申请。

人民检察院申请对依法不负刑事责任的精神病人强制医疗的案件,由被申请人实施暴力行为所在地的基层人民法院管辖;由被申请人居住地的人民法院审判更为适宜的,可以由被申请人居住地的基层人民法院管辖。
(2) 人民法院直接作出强制医疗的决定。人民法院在审理案件过程中发现被告人符合强制医疗条件的,可以直接作出强制医疗的决定。

二、临时的保护性约束措施的适用

对实施暴力行为的精神病人,在人民法院决定强制医疗前,经县级以上公安机关负责人批准,公安机关可以采取临时的保护性约束措施。必要时,可以将其送精神病医院接受

治疗。保护性约束措施包括将精神病人送往指定的单位、场所加以监护，也包括使用约束带、警绳、手铐等约束性警械，使有暴力侵害危险的精神病人无法实施自残、伤害他人的行为。

任务三　强制医疗程序的审理

一、审理组织

人民法院受理强制医疗的申请后，应当组成合议庭进行审理。

二、审理方式

强制医疗案件原则上应当开庭审理，并应当会见被申请人。

为体现程序公正，维护当事人合法权益，防止"被精神病"或假冒精神病人逃避刑事处罚的情况发生，对于强制医疗案件，原则上应当开庭审理，只有被申请人、被告人的法定代理人请求不开庭审理，并经人民法院审查同意的，可以不开庭审理。并规定无论是否开庭审理，都应当会见被申请人，通过与其直接接触、交谈，了解其精神状况，进而作出正确决定。

三、审理程序

1. 审查受理

对于人民检察院提出的对精神病人强制医疗的申请，人民法院应当进行审查，经审查属于本院管辖且符合法定条件的，应当受理。

对人民检察院提出的强制医疗申请，人民法院应当审查以下内容：

①是否属于本院管辖；

②是否写明被申请人的身份，实施暴力行为的时间、地点、手段、所造成的损害等情况，并附证据材料；

③是否附有法医精神病鉴定意见和其他证明被申请人属于依法不负刑事责任的精神病人的证据材料；

④是否列明被申请人的法定代理人的姓名、住址、联系方式；

⑤需要审查的其他事项。

对人民检察院提出的强制医疗申请，人民法院应当在七日以内审查完毕，并按照下列情形分别处理：

①属于强制医疗程序受案范围和本院管辖，且材料齐全的，应当受理；

②不属于本院管辖的，应当退回人民检察院；

③材料不全的，应当通知人民检察院在三日以内补送；三日以内不能补送的，应当退回人民检察院。

2. 审前准备

（1）组成合议庭。人民法院受理强制医疗的申请后，应当组成合议庭，开庭审理。

但是，被申请人、被告人的法定代理人请求不开庭审理，并经人民法院审查同意的除外。

审理强制医疗案件，应当会见被申请人，听取被害人及其法定代理人的意见。

（2）通知法定代理人到场和指定辩护。

审理强制医疗案件，应当通知被申请人或者被告人的法定代理人到场；被申请人或者被告人的法定代理人经通知未到场的，可以通知被申请人或者被告人的其他近亲属到场。

被申请人或者被告人没有委托诉讼代理人的，应当自受理强制医疗申请或者发现被告人符合强制医疗条件之日起三日以内，通知法律援助机构指派律师担任其诉讼代理人，为其提供法律帮助。

3. 开庭审理

开庭审理申请强制医疗的案件，按照下列程序进行：

①审判长宣布法庭调查开始后，先由检察员宣读申请书，后由被申请人的法定代理人、诉讼代理人发表意见；

②法庭依次就被申请人是否实施了危害公共安全或者严重危害公民人身安全的暴力行为、是否属于依法不负刑事责任的精神病人、是否有继续危害社会的可能进行调查；调查时，先由检察员出示证据，后由被申请人的法定代理人、诉讼代理人出示证据，并进行质证；必要时，可以通知鉴定人出庭对鉴定意见作出说明；

③法庭辩论阶段，先由检察员发言，后由被申请人的法定代理人、诉讼代理人发言，并进行辩论。

被申请人要求出庭，人民法院经审查其身体和精神状态，认为可以出庭的，应当准许。出庭的被申请人，在法庭调查、辩论阶段，可以发表意见。

检察员宣读申请书后，被申请人的法定代理人、诉讼代理人无异议的，法庭调查可以简化。

4. 审理后的处理

对申请强制医疗的案件，人民法院审理后，应当按照下列情形分别处理：

①符合《刑事诉讼法》第302条规定的强制医疗条件的，应当作出对被申请人强制医疗的决定；

②被申请人属于依法不负刑事责任的精神病人，但不符合强制医疗条件的，应当作出驳回强制医疗申请的决定；被申请人已经造成危害结果的，应当同时责令其家属或者监护人严加看管和医疗；

③被申请人具有完全或者部分刑事责任能力，依法应当追究刑事责任的，应当作出驳回强制医疗申请的决定，并退回人民检察院依法处理。

5. 法院直接启动强制医疗程序的案件的审理及处理

第一审人民法院在审理刑事案件过程中，发现被告人可能符合强制医疗条件的，应当依照法定程序对被告人进行法医精神病鉴定。经鉴定，被告人属于依法不负刑事责任的精神病人的，应当适用强制医疗程序，对案件进行审理。

开庭审理该类案件，应当先由合议庭组成人员宣读对被告人的法医精神病鉴定意见，说明被告人可能符合强制医疗的条件，后依次由公诉人和被告人的法定代理人、诉讼代理人发表意见。经审判长许可，公诉人和被告人的法定代理人、诉讼代理人可以进行辩论。

人民法院审理后，应当按照下列情形分别处理：

①被告人符合强制医疗条件的，应当判决宣告被告人不负刑事责任，同时作出对被告人强制医疗的决定；

②被告人属于依法不负刑事责任的精神病人，但不符合强制医疗条件的，应当判决宣告被告人无罪或者不负刑事责任；被告人已经造成危害结果的，应当同时责令其家属或者监护人严加看管和医疗；

③被告人具有完全或者部分刑事责任能力，依法应当追究刑事责任的，应当依照普通程序继续审理。

第二审人民法院在审理刑事案件过程中，发现被告人可能符合强制医疗条件的，可以依照强制医疗程序对案件作出处理，也可以裁定发回原审人民法院重新审判。

6. 审理期限

人民法院经审理，对于被申请人或者被告人符合强制医疗条件的，应当在一个月以内作出强制医疗的决定。

7. 救济、复议程序

被决定强制医疗的人、被害人及其法定代理人、近亲属对强制医疗决定不服的，可以自收到决定书第二日起五日以内向上一级人民法院申请复议。复议期间不停止执行强制医疗的决定。

对不服强制医疗决定的复议申请，上一级人民法院应当组成合议庭审理，并在一个月以内，按照下列情形分别作出复议决定：

①被决定强制医疗的人符合强制医疗条件的，应当驳回复议申请，维持原决定；

②被决定强制医疗的人不符合强制医疗条件的，应当撤销原决定；

③原审违反法定诉讼程序，可能影响公正审判的，应当撤销原决定，发回原审人民法院重新审判。

对法院作出的被告人符合强制医疗条件，判决宣告被告人不负刑事责任，同时作出对被告人强制医疗的决定的判决、决定，人民检察院提出抗诉，同时被决定强制医疗的人、被害人及其法定代理人、近亲属申请复议的，上一级人民法院应当依照第二审程序一并处理。

8. 执行

人民法院决定强制医疗的，应当在作出决定后五日以内，向公安机关送达强制医疗决定书和强制医疗执行通知书，由公安机关将被决定强制医疗的人送交强制医疗。

四、强制医疗措施的定期评估与解除

强制医疗机构应当定期对被强制医疗的人进行诊断评估。对于已不具有人身危险性，不需要继续强制医疗的，应当及时提出解除意见，报决定强制医疗的人民法院批准。被强制医疗的人及其近亲属有权申请解除强制医疗。

被强制医疗的人及其近亲属申请解除强制医疗的，应当向决定强制医疗的人民法院提出。被强制医疗的人及其近亲属提出的解除强制医疗申请被人民法院驳回，六个月后再次提出申请的，人民法院应当受理。

强制医疗机构提出解除强制医疗意见，或者被强制医疗的人及其近亲属申请解除强制医疗的，人民法院应当审查是否附有对被强制医疗的人的诊断评估报告。

强制医疗机构提出解除强制医疗意见，未附诊断评估报告的，人民法院应当要求其提供。

被强制医疗的人及其近亲属向人民法院申请解除强制医疗，强制医疗机构未提供诊断评估报告的，申请人可以申请人民法院调取。必要时，人民法院可以委托鉴定机构对被强制医疗的人进行鉴定。

强制医疗机构提出解除强制医疗意见，或者被强制医疗的人及其近亲属申请解除强制医疗的，人民法院应当组成合议庭进行审查，并在一个月以内，按照下列情形分别处理：

①被强制医疗的人已不具有人身危险性，不需要继续强制医疗的，应当作出解除强制医疗的决定，并可责令被强制医疗的人的家属严加看管和医疗；

②被强制医疗的人仍具有人身危险性，需要继续强制医疗的，应当作出继续强制医疗的决定。

对申请解除强制医疗的案件，必要时，人民法院可以开庭审理，通知人民检察院派员出庭。

人民法院应当在作出决定后五日以内，将决定书送达强制医疗机构、申请解除强制医疗的人、被决定强制医疗的人和人民检察院。决定解除强制医疗的，应当通知强制医疗机构在收到决定书的当日解除强制医疗。

任务四 人民检察院对强制医疗程序的监督

一、人民检察院对公安机关的监督

1. 程序启动监督。人民检察院发现公安机关应当启动强制医疗程序而不启动的，可以要求公安机关在七日以内书面说明不启动的理由。经审查，认为公安机关不启动理由不能成立的，应当通知公安机关启动强制医疗程序。公安机关收到启动强制医疗程序通知书后，未按要求启动强制医疗程序的，人民检察院应当提出纠正意见。

2. 鉴定程序监督。人民检察院对公安机关移送的强制医疗案件，发现公安机关对涉案精神病人进行鉴定违反法律规定，具有下列情形之一的，应当依法提出纠正意见：

（1）鉴定机构不具备法定资质的；

（2）鉴定人不具备法定资质或者违反回避规定的；

（3）鉴定程序违反法律或者有关规定，鉴定的过程和方法违反相关专业规范要求的；

（4）鉴定文书不符合法定形式要件的；

（5）鉴定意见没有依法及时告知相关人员的；

（6）鉴定人故意作虚假鉴定的；

（7）其他违反法律规定的情形。

人民检察院对精神病鉴定程序进行监督，可以要求公安机关补充鉴定或者重新鉴定。必要时，可以询问鉴定人并制作笔录，或者委托具有法定资质的鉴定机构进行补充鉴定或者重新鉴定。

3. 临时保护性约束措施监督。人民检察院发现公安机关对涉案精神病人不应当采取临时保护性约束措施而采取的，应当提出纠正意见。认为公安机关应当采取临时保护性约束措施而未采取的，应当建议公安机关采取临时保护性约束措施。

二、人民检察院对人民法院的监督

1. 派员出席法庭。人民法院对强制医疗案件开庭审理的，人民检察院应当派员出席法庭。

2. 审理活动监督。人民检察院发现人民法院强制医疗案件审理活动具有下列情形之一的，应当提出纠正意见：

（1）未通知被申请人或者被告人的法定代理人到场的；

（2）被申请人或者被告人没有委托诉讼代理人，未通知法律援助机构指派律师为其提供法律帮助的；

（3）未组成合议庭或者合议庭组成人员不合法的；

（4）未经被申请人、被告人的法定代理人请求直接作出不开庭审理决定的；

（5）未会见被申请人的；

（6）被申请人、被告人要求出庭且具备出庭条件，未准许其出庭的；

（7）违反法定审理期限的；

（8）收到人民检察院对强制医疗决定不当的书面纠正意见后，未另行组成合议庭审理或者未在一个月以内作出复议决定的；

（9）人民法院作出的强制医疗决定或者驳回强制医疗申请决定不当的；

（10）其他违反法律规定的情形。

3. 诉讼程序监督。出席法庭的检察官发现人民法院或者审判人员审理强制医疗案件违反法律规定的诉讼程序，应当记录在案，并在休庭后及时向检察长报告，由人民检察院在庭审后向人民法院提出纠正意见。

4. 强制医疗决定监督。人民检察院认为人民法院作出的强制医疗决定或者驳回强制医疗申请的决定，具有下列情形之一的，应当在收到决定书副本后二十日以内向人民法院提出纠正意见：

（1）据以作出决定的事实不清或者确有错误的；

（2）据以作出决定的证据不确实、不充分的；

（3）据以作出决定的证据依法应当予以排除的；

（4）据以作出决定的主要证据之间存在矛盾的；

（5）有确实、充分的证据证明应当决定强制医疗而予以驳回的，或者不应当决定强制医疗而决定强制医疗的；

（6）审理过程中严重违反法定诉讼程序，可能影响公正审理和决定的。

5. 解除强制医疗决定监督。人民检察院对于人民法院批准解除强制医疗的决定实行监督，发现人民法院解除强制医疗的决定不当的，应当在收到决定书后二十日以内提出书面纠正意见。

【单元思考题】

一、不定项选择题

1. 未成年人刑事案件诉讼分案处理原则是指对被拘留、逮捕和执行刑罚的未成年人与成年人应当( )。

    A. 分别关押   B. 分别管理   C. 分别教育   D. 分别审判

2. 根据司法解释的规定，下列案件可以由未成年人案件审判组织审理( )。

    A. 人民法院立案时不满二十二周岁的在校学生犯罪案件

    B. 强奸、猥亵、虐待、遗弃未成年人等侵害未成年人人身权利的犯罪案件

    C. 由未成年人案件审判组织审理更为适宜的其他案件

    D. 有未成年被告人的共同犯罪案件，法院院长决定由未成年人案件审判组织审理

3. 未成年犯罪嫌疑人、被告人享有的特别诉讼权利包括( )。

    A. 合适成年人在场制度   B. 强制辩护制度

    C. 不公开审理制度   D. 犯罪记录封存制度

4. 下列案件中不适用当事人和解的诉讼程序的是( )。

    A. 雇凶伤害他人的   B. 涉及黑社会性质组织犯罪的

    C. 涉及寻衅滋事的   D. 涉及聚众斗殴的

5. 缺席审判主要适用于以下情形( )。

    A. 贪污贿赂犯罪案件，以及需要及时进行审判并经最高人民检察院核准的严重危害国家安全犯罪、恐怖活动犯罪案件

    B. 被告人患有严重疾病无法出庭，中止审理超过六个月，被告人仍无法出庭的案件

    C. 被告人死亡，但有证据证明被告人无罪的案件

    D. 人民法院按照审判监督程序重新审判的案件，被告人死亡的案件

6. 缺席审判的案件，有权提出上诉的人员包括( )。

    A. 被告人   B. 被告人的近亲属

    C. 辩护人   D. 被害人

7. 下列案件，可以提起犯罪嫌疑人、被告人逃匿、死亡案件违法所得没收程序的有( )。

    A. 贪污贿赂、失职渎职等职务犯罪案件

    B. 恐怖活动犯罪案件，以及恐怖活动组织、恐怖活动人员实施的杀人、爆炸、绑架等犯罪案件

    C. 危害国家安全、走私、洗钱、金融诈骗、黑社会性质组织、毒品犯罪案件

    D. 电信诈骗、网络诈骗犯罪案件

8. 根据刑诉法的规定，强制医疗程序的适用对象需满足以下条件( )。

    A. 实施暴力行为，危害公共安全或者严重危害公民人身安全

    B. 经法定程序鉴定属于依法不负刑事责任的精神病人

    C. 有继续危害社会可能的

D. 被害人申请

二、简答题

1. 未成年人犯罪案件审理程序的特点和原则？
2. 为什么未成年人犯罪案件要设立专门的"少年法庭"来审理？
3. 当事人和解的公诉案件的适用条件和适用案件是什么？
4. 缺席审判的适用情形是什么？
5. 犯罪嫌疑人、被告人逃匿、死亡案件违法所得没收程序的提起条件是什么？
6. 强制医疗的适用条件是什么？

三、综合训练

郑某（16岁）、杨某（19岁）殴打王某致王某重伤一案，经A市公安局侦查终结后，于2019年5月6日，移送人民检察院审查起诉。5月16日，某检察官开始对此案进行审查，并同时通知犯罪嫌疑人郑某有权委托辩护人辩护。郑某系孤儿寄居于二叔家，担心委托律师要给二叔增添负担，且认为二叔也不会为自己出此费用，因此没有委托律师。鉴于此，A市人民检察院便指定一名法律援助的王律师为其辩护。在审查起诉过程中，王律师提出要复印公安局制作的起诉意见书。人民检察院以保密为由拒绝。5月28日，该案由人民检察院提起公诉，移送A市人民法院。该法院决定于6月17日开庭审理，并于6月15日向辩护律师发出了开庭通知。王律师以法院通知开庭日过迟，并且未能得到起诉书的副本为由拒绝出庭辩护。经法院劝说无效，不得已，人民法院又重新指定了一名律师张某参加法庭辩护，并将开庭日期推迟至6月27日。开庭后，公诉人和律师进行了激烈辩论。6月29日，法院判决郑某有期徒刑一年，缓期执行一年。判决确定后，张律师没有向法院询问有关结果，也没有问郑某的意见（后判决书副本虽送达律师，但已超过上诉期）。

问题：

①人民检察院为郑某指定辩护律师的做法是否正确？为什么？

②某检察官于5月16日告知郑某有权委托辩护人的行为存在什么缺陷？

③人民检察院能否拒绝辩护律师复印起诉意见书的请求？

④人民法院一直未给辩护律师发送起诉书副本，这种做法正确吗？

⑤王律师有权拒绝辩护吗？

⑥张律师在判决确定之后的做法是否正确？为什么？

要点提示： 本题①考查未成年人享有的指定辩护权；第②至⑥题主要考查辩护人的权利与义务，涉及的法律规定也主要限于《刑事诉讼法》第四章"辩护与代理"。但要完全正确地解答该题，还应对辩护制度的意义、辩护权的性质有准确的把握。

单元五　执 行 程 序

☞ 知识目标

☞ 知识目标

1. 明确执行的依据和执行的主体；
2. 熟悉各种判决、裁定的执行程序及其变更；
3. 了解人民检察院对执行监督的内容及方法。

☞ 能力目标

1. 能够完成各种判决、裁定的执行；
2. 能够处理执行过程中出现的变化；
3. 能够准确认定监外执行的适用情形。

☞ 素质目标

1. 强化生效裁判的法律效力意识；
2. 增强依法执行的理念。

项目一　执 行 概 述

任务一　执行依据

【案例 11-1】

董某，男，1982 年出生，因实施抢劫被法院判处有期徒刑 5 年。宣判时，审判长告知被告人董某如果不服一审判决可以向上一级人民法院提出上诉，被告人董某当场表示自己不上诉。判决宣告后第 3 天，法院把《起诉书》《判决书》《结案登记表》和《执行通知书》送交监狱，监狱以判决尚未生效为由拒绝接收。

问：监狱的做法正确吗？法院的做法正确吗？

【应知应会】

一、执行的概念

刑事执行，是指人民法院、人民检察院、公安机关和监狱等机关，为实现已经发生法律效力的判决、裁定所确定的内容，依照法定程序而进行的活动。

执行是刑事诉讼中的最后阶段，在整个刑事诉讼中占有重要的地位，执行的目的主要是通过刑罚的执行来教育改造罪犯，使其悔过自新。因而，执行活动的进行应当有利于对罪犯的教育改造，并允许在执行过程中根据罪犯的悔罪表现和社会危害性的变化对刑罚的执行进行适当变更。它包括人民法院的交付执行、监狱及其他执行机关对刑罚的执行和变更，以及人民检察院对执行的监督等内容。

二、执行的依据

执行的依据是已经发生法律效力的判决和裁定。根据《刑事诉讼法》第 259 条的规定，发生法律效力的判决和裁定包括：

1. 已过法定期限没有上诉、抗诉的判决和裁定。例外的是判处死刑和死缓的案件还必须经过死刑复核程序核准后，才能发生法律效力。

2. 终审的判决和裁定。这里是指第二审人民法院和最高人民法院的判决和裁定。例外的是判处死刑和死缓的案件还必须经过死刑复核程序核准后，才能发生法律效力。

3. 高级人民法院核准的死刑缓期 2 年执行的裁定。

4. 最高人民法院核准的死刑判决、裁定和法定刑以下处刑的裁定以及最高人民法院核准的因特殊情况不受执行刑期限制的假释的裁定。

任务二　执行主体

【案例 11-2】

苏某东、刘某、李某、郝某波、高某因贩卖毒品罪被判刑，苏某东被判处死刑立即执行，剥夺政治权利终身，并处没收个人全部财产；刘某被判处死刑，缓期二年执行，剥夺政治权利终身，并处没收个人全部财产；李某被判处无期徒刑，剥夺政治权利终身，并处没收个人全部财产；郝某波被判处有期徒刑 5 年，并处罚金 1 万元；高某判处有期徒刑一年十个月，缓刑 2 年，并处罚金人民币 5000 元。

问：苏某东、刘某、李某、郝某波、高某被判处的刑罚应该由哪个机关来执行？

【应知应会】

执行的主体是指依法有权将生效裁判内容付诸实施的国家机关。由于生效判决、裁定的内容不同，执行的机关也不相同，根据《刑事诉讼法》第 260 条、第 262 条、第 264 条、第 269 条、第 270 条、第 271 条、第 272 条的规定，执行权限在以下机关之间进行分配：

1. 交付执行机关。交付执行是指将生效的判决、裁定和作为被执行人的罪犯依照法定程序交由有关执行机关执行。人民法院是交付执行机关。

2. 实际执行机关。实际执行机关是指负责将生效裁判所确定的内容直接付诸实施的机关。人民法院、公安机关、劳动改造机关是实际执行机关。

①死刑、罚金和没收财产的判决、裁定，以及无罪或免除刑罚的判决，均由人民法院自己执行。

②对被判处死刑缓期二年执行、无期徒刑、有期徒刑的罪犯，由监狱执行刑罚。对被判处有期徒刑的罪犯，在被交付执行刑罚前，剩余刑期在三个月以下的，由看守所代为执行。

③对被判处拘役的罪犯，由公安机关执行。

④对未成年犯应当在未成年犯管教所执行刑罚。

⑤对被判处管制、宣告缓刑、假释或者暂予监外执行的罪犯，由社区矫正机构负责执行。

⑥对被判处剥夺政治权利的罪犯，由公安机关执行。

3. 执行的监督机关。人民检察院是国家法律监督机关，也是执行的监督机关。

4. 执行的协助机关：有关单位和组织。

项目二　各类裁判执行程序

【案例 11-3】

人民法院对一起组织、领导黑社会性质组织案件进行审理后判决如下：

一、被告人马某犯组织、领导黑社会性质组织罪，判处有期徒刑七年；犯故意伤害罪，判处死刑，剥夺政治权利终身；犯敲诈勒索罪，判处有期徒刑五年；犯非法拘禁罪，判处有期徒刑二年；数罪并罚，决定执行死刑，剥夺政治权利终身。

二、被告人傅某犯组织、领导黑社会性质组织罪，判处有期徒刑五年；犯故意伤害罪，判处死刑，缓期二年执行，剥夺政治权利终身；犯聚众斗殴罪，判处有期徒刑六年；犯敲诈勒索罪，判处有期徒刑四年；犯非法拘禁罪，判处有期徒刑二年；数罪并罚，决定执行死刑缓期二年执行，剥夺政治权利终身。

三、被告人周某犯参加黑社会性质组织罪，判处有期徒刑二年零六个月；犯聚众斗殴罪，判处有期徒刑五年；犯非法拘禁罪，判处有期徒刑二年零六个月；数罪并罚，决定执行有期徒刑八年。

四、被告人王某龙犯参加黑社会性质组织罪，判处有期徒刑二年；犯敲诈勒索罪，判处有期徒刑六个月，并处罚金人民币 1000 元，数罪并罚，决定执行有期徒刑二年，并处罚金人民币 1000 元。

问：上述各被告人被判处的刑罚应当由哪个机关以什么方式执行？

【应知应会】

一、死刑立即执行判决的执行

死刑是剥夺犯罪分子生命的最严厉的刑罚种类，一经执行，无法挽回，为了防止错杀，刑事诉讼法对死刑的执行程序作了极其严格而周密的规定：

（一）签发执行死刑的命令

根据《刑事诉讼法》第 261 条规定：最高人民法院判处和核准的死刑立即执行的判决，应当由最高人民法院院长签发执行死刑的命令。执行死刑命令应当按照统一格式填写，然后由院长签名，并加盖最高人民法院印章。

（二）执行死刑的主体

执行死刑的主体是原一审人民法院。最高人民法院执行死刑的命令，应当由高级人民法院交付原一审人民法院执行。原一审人民法院接到执行死刑命令后，应当在 7 日内执行。人民法院有条件执行的，可由法院的司法警察执行；没有条件的，可交付公安机关的武装警察执行。

人民检察院是执行死刑的监督机关。被判处死刑的罪犯在被执行死刑时，人民检察院应派员临场监督。执行死刑监督，由检察官一至数名负责，并配备书记员担任记录。

公安机关是协助执行死刑的机关。其职责是：第一，负责执行死刑时的警戒事宜；第二，在人民法院没有条件执行枪决时，经人民法院交付，由公安武装警察执行枪决。

（三）执行死刑的具体程序

1. 提前通知人民检察院

第一审人民法院在执行死刑三日前，应当通知同级人民检察院派员临场监督。

2. 确定执行的方法和地点

死刑采用枪决或者注射等方法执行。采用枪决、注射以外的其他方法执行死刑的，应当事先呈报最高人民法院批准。这里的"其他方法"是指比枪决、注射更文明、更人道、更科学的执行方法，如果采用其他方法执行死刑，必须要逐级报请最高人民法院批准。

死刑可以在刑场或者指定的羁押场所内执行。采用注射方法执行死刑的，应当在指定的刑场或者羁押场所内执行。所谓"刑场"是指由执行机关设置的执行死刑的场所。刑场不得设置在繁华地区、交通要道和旅游区附近。"指定的羁押场所"一般是指人民法院指定的监狱或看守所。

3. 安排死刑罪犯同近亲属会见

根据《最高人民法院关于死刑复核及执行程序中保障当事人合法权益的若干规定》规定：第一审人民法院在执行死刑前，应当告知罪犯可以申请会见其近亲属。罪犯申请会见近亲属或近亲属申请会见罪犯的，人民法院应当准许并在执行死刑前及时安排会见。罪犯申请会见未成年子女的，应当经未成年子女的监护人同意；会见可能影响未成年人身心健康的，人民法院可以采取视频通话等适当方式安排会见，且监护人应当在场。

无法与罪犯近亲属取得联系的，或者其近亲属拒绝会见的，应当告知罪犯。罪犯提出通过录音录像等方式留下遗言的，人民法院可以准许。罪犯近亲属申请会见，但罪犯拒绝，应当记录在案并及时告知其近亲属，必要时应当进行录音录像。

罪犯提出会见近亲属以外的亲友，经人民法院审查，确有正当理由的，可以在确保会见安全的情况下予以准许。

4. 执行死刑

执行死刑前，指挥执行的审判人员对罪犯应当验明正身，讯问有无遗言、信札，并制作笔录，再交执行人员执行死刑。执行后，由法医验明罪犯确实死亡，在场书记员制作笔录。交付执行的人民法院应当将执行死刑情况（包括执行死刑前后的照片）及时逐级上报最高人民法院。

执行死刑应当公布，禁止游街示众或者其他有辱罪犯人格、有伤风化的行为。

执行死刑时，检察院应当派员临场监督，并配备书记员担任记录。

5. 死刑执行后的处理

执行死刑后，负责执行的人民法院应当办理以下事项：

①对罪犯的遗书、遗言笔录，应当及时审查；涉及财产继承、债务清偿、家事嘱托等内容的，将遗书、遗言笔录交给家属，同时复制附卷备查；涉及案件线索等问题的，抄送有关机关；

②通知罪犯家属在限期内领取罪犯骨灰；没有火化条件或者因民族、宗教等原因不宜火化的，通知领取尸体；过期不领取的，由人民法院通知有关单位处理，并要求有关单位出具处理情况的说明；对罪犯骨灰或者尸体的处理情况，应当记录在案；

③对外国籍罪犯执行死刑后，通知外国驻华使、领馆的程序和时限，根据有关规定办理。

二、死刑缓期二年执行、无期徒刑、有期徒刑和拘役判决的执行

根据《刑事诉讼法》第 264 条和《监狱法》等相关法律的规定，被判处死刑缓期二年执行、无期徒刑、有期徒刑、拘役的罪犯，交付执行时罪犯在押的，第一审人民法院应当在判决、裁定生效后 10 日内，将判决书、裁定书、起诉书副本、自诉状复印件、执行通知书、结案登记表送达公安机关、监狱或者其他执行机关。公安机关应当自收到被判处死刑缓期二年执行、无期徒刑、有期徒刑的判决书、裁定书以及执行通知书后一个月内将罪犯送交监狱执行刑罚。执行机关应当将罪犯及时收押，并且应当自收监之日起 5 日内将罪犯所犯的罪名、执行的地址和刑期通知罪犯家属。

罪犯需要收押执行刑罚，而判决、裁定生效前未被羁押的，人民法院应当根据生效的判决书、裁定书将罪犯送交看守所羁押，并依照前款的规定办理执行手续。

同案审理的案件中，部分被告人被判处死刑，对未被判处死刑的同案被告人需要羁押执行刑罚的，应当在其判决、裁定生效后十日内交付执行。但是，该同案被告人参与实施有关死刑之罪的，应当在最高人民法院复核讯问被判处死刑的被告人后交付执行。

对被判处有期徒刑的罪犯，在被交付执行刑罚前，剩余刑期在三个月以下的，由看守所根据人民法院的判决代为执行。

对被判处拘役的罪犯，由公安机关执行。

对未成年犯应当在未成年犯管教所执行刑罚。

有期徒刑和拘役的刑期，从判决执行之日起计算。判决前因被拘留或逮捕而先行羁押的，羁押 1 日折抵刑期 1 日；判决前被指定居所监视居住的，监视居住 2 日折抵刑期 1 日。

罪犯服刑期满，执行机关应当按期释放并发给释放证明书，公安机关凭释放证明书给刑满释放人员办理户籍登记。当地人民政府帮助其安置生活、就业。刑满释放人员依法享有与其他公民平等的权利。

三、管制、缓刑的执行

对被判处管制、宣告缓刑的罪犯，人民法院应当依法确定社区矫正执行地。社区矫正执行地为罪犯的居住地；罪犯在多个地方居住的，可以确定其经常居住地为执行地；罪犯的居住地、经常居住地无法确定或者不适宜执行社区矫正的，应当根据有利于罪犯接受矫正、更好地融入社会的原则，确定执行地。

宣判时，应当告知罪犯自判决、裁定生效之日起十日以内到执行地社区矫正机构报到，以及不按期报到的后果。

人民法院应当自判决、裁定生效之日起五日以内通知执行地社区矫正机构，并在十日以内将判决书、裁定书、执行通知书等法律文书送达执行地社区矫正机构，同时抄送人民检察院和执行地公安机关。人民法院与社区矫正执行地不在同一地方的，由执行地社区矫正机构将法律文书转送所在地的人民检察院和公安机关。

根据《社区矫正法》的规定：社区矫正对象在社区矫正期间应当遵守法律、行政法规，履行判决、裁定、暂予监外执行决定等法律文书确定的义务，遵守国务院司法行政部门关于报告、会客、外出、迁居、保外就医等监督管理规定，服从社区矫正机构的管理。社区矫正对象离开所居住的市、县或者迁居，应当报经社区矫正机构批准。社区矫正机构对于有正当理由的，应当批准；对于因正常工作和生活需要经常性跨市、县活动的，可以根据情况，简化批准程序和方式。

对于被判处管制的犯罪分子，在劳动中应当同工同酬。

管制的刑期，从判决执行之日起计算；判决执行以前先行羁押的，羁押一日折抵刑期二日。管制期满，执行机关应即向本人和其所在单位或者居住地的群众宣布解除管制。

被宣告缓刑的犯罪分子，如果被判处附加刑，附加刑仍须执行。

缓刑考验期从判决确定之日起计算，被判处管制、宣告缓刑的罪犯，如果在缓刑考验期间没有违反应当遵守的规定，缓刑考验期满，原判刑罚不再执行。如果违反了相关规定，则撤销缓刑，收监执行原判的实刑。

四、剥夺政治权利的执行

剥夺政治权利是在一定期限内剥夺罪犯参加国家管理和其他政治活动权利的一种刑罚，既可以独立适用，也可以附加适用。根据《刑事诉讼法》第270条和《程序规定》的规定：对被判处剥夺政治权利的罪犯，由公安机关执行。对单处剥夺政治权利的罪犯人民法院应当在判决、裁定生效后十日内，将判决书、裁定书、执行通知书等法律文书送达罪犯居住地的县级公安机关，并抄送罪犯居住地的县级人民检察院。负责执行剥夺政治权利的派出所应当按照人民法院的判决，向罪犯及其所在单位、居住地基层组织宣布其犯罪事实、被剥夺政治权利的期限，以及罪犯在执行期间应当遵守的规定。

被剥夺政治权利的罪犯在执行期间应当遵守下列规定：（1）遵守国家法律、行政法规和公安部制定的有关规定，服从监督管理；（2）不得享有选举权和被选举权；（3）不得组织或者参加集会、游行、示威、结社活动；（4）不得出版、制作、发行书籍、音像制品；（5）不得接受采访，发表演说；（6）不得在境内外发表有损国家荣誉、利益或者其他具有社会危害性的言论；（7）不得担任国家机关职务；（8）不得担任国有公司、企业、事业单位和人民团体的领导职务。

如果罪犯被判处某种主刑并附加剥夺政治权利，在主刑执行期间，剥夺政治权利由主刑执行机关执行。

执行期满，公安机关应当书面通知本人及其所在单位、居住地基层组织。

五、财产刑和附带民事裁判的执行

刑事裁判涉财产部分的执行，是指发生法律效力的刑事裁判中下列判项的执行：①罚金、没收财产；②追缴、责令退赔违法所得；③处置随案移送的赃款赃物；④没收随案移送的供犯罪所用本人财物；⑤其他应当由人民法院执行的相关涉财产的判项。

刑事裁判涉财产部分和附带民事裁判应当由人民法院执行的，由第一审人民法院负责裁判执行的机构执行。被执行财产在外地的，第一审人民法院可以委托财产所在地的同级人民法院执行。

罚金在判决规定的期限内一次或者分期缴纳。期满无故不缴纳或者未足额缴纳的，人民法院应当强制缴纳。经强制缴纳仍不能全部缴纳的，在任何时候，包括主刑执行完毕后，发现被执行人有可供执行的财产的，应当追缴。行政机关对被告人就同一事实已经处以罚款的，人民法院判处罚金时应当折抵，扣除行政处罚已执行的部分。因遭遇不能抗拒的灾祸等原因缴纳罚金确有困难，被执行人申请延期缴纳、酌情减少或者免除罚金的，应当提交相关证明材料。人民法院应当在收到申请后一个月以内作出裁定。符合法定条件的，应当准许；不符合条件的，驳回申请。

判处没收财产的，判决生效后，应当立即执行。执行财产刑，应当参照被扶养人住所地政府公布的上年度当地居民最低生活费标准，保留被执行人及其所扶养人的生活必需费用。

被判处财产刑，同时又承担附带民事赔偿责任的被执行人，应当先履行民事赔偿责任。

执行刑事裁判涉财产部分、附带民事裁判过程中，当事人、利害关系人认为执行行为违反法律规定，或者案外人对被执行标的书面提出异议的，人民法院应当参照民事诉讼法的有关规定处理。

最高人民法院《关于刑事裁判涉财产部分执行的若干规定》第13条规定：被执行人在执行中同时承担刑事责任、民事责任，其财产不足以支付的，按照下列顺序执行：①人身损害赔偿中的医疗费用；②退赔被害人的损失；③其他民事债务；④罚金；⑤没收财产。

在财产刑的执行过程中，具有下列情形之一的，人民法院应当裁定中止执行：①执行标的物系人民法院或者仲裁机构正在审理案件的争议标的物，需等待该案件审理完毕确定权属的；②案外人对执行标的物提出异议的；③应当中止执行的其他情形。中止执行的原因消除后，应当恢复执行。

执行刑事裁判涉财产部分、附带民事裁判过程中，具有下列情形之一的，人民法院应当裁定终结执行：①据以执行的判决、裁定被撤销的；②被执行人死亡或者被执行死刑，且无财产可供执行的；③被判处罚金的单位终止，且无财产可供执行的；④依照刑法第五十三条规定免除罚金的；⑤应当终结执行的其他情形。裁定终结执行后，发现被执行人的财产有被隐匿、转移等情形的，应当追缴。

刑事裁判涉财产部分、附带民事裁判全部或者部分被撤销的，已经执行的财产应当全部或者部分返还被执行人；无法返还的，应当依法赔偿。

刑事裁判涉财产部分、附带民事裁判的执行，刑事诉讼法及有关刑事司法解释没有规定的，参照适用民事执行的有关规定。

六、无罪和免除刑事处罚判决的执行

根据《刑事诉讼法》第260条规定，第一审人民法院判决被告人无罪、免于刑事处罚的，如果被告人在押，在宣判后应当立即释放。根据此条规定，无罪判决、免除刑事处罚的判决在发生法律效力之前，就应当释放在押的被告人。即使在判决宣告后，当事人提出上诉或检察院提出抗诉，人民法院也应当将判决书和执行通知书送交看守所，看守所接到上述法律文书后，应当立即办理释放手续，将被告人释放。即使第二审人民法院判处被告人刑罚，也要等到第二审判决、裁定宣告后再将被告人收押执行。

因为判决、裁定尚未生效，所以释放在押被告人不属于执行范畴，而是法律针对无罪判决和免除刑罚判决的执行问题作出的特殊规定，目的是及时恢复无罪的人和被免除刑事处罚的人的人身自由，维护其合法权利。

项目三 执行变更与其他处理

【案例11-4】

人民法院对一起组织、领导黑社会性质组织案件进行审理后判决如下：

一、被告人马某判处死刑，剥夺政治权利终身。

二、被告人傅某判处死刑，缓期二年执行，剥夺政治权利终身。

三、被告人周某判处有期徒刑八年。

四、被告人王某龙判处有期徒刑二年，并处罚金人民币1000元。

五、被告人喻某判处有期徒刑一年零六个月，缓期二年执行。

判决生效后，被告人傅某、周某、王某龙、喻某被交付执行刑罚。马某的死刑经最高人民法院核准，最高人民法院院长签发了死刑执行令，在死刑执行前12小时，马某作出了一个重大发明创新，执行法院上报最高人员请求停止执行死刑；傅某在死刑缓期二年执行期间，因与同监舍犯人张某发生口角，将张某打成重伤；周某在服刑5年后，患上了肺结核；王某龙发现有其他犯人想要越狱，赶紧向监狱报告了有关情况；喻某在缓刑执行期间，因参与了一起非法吸收公众存款的犯罪，执行机关向法院提交了《撤销缓刑建议书》。

问：对罪犯在刑罚执行过程中出现的上述情况，法院和执行机关应如何处理？

【应知应会】

任务一 死刑执行的变更

执行的变更，是指生效裁判在交付执行或执行过程中出现了法定情形，人民法院和其他刑罚执行机关依法对原判决确定的刑罚内容或刑罚的执行方式，依照法定程序予以改变的活动。

在死刑执行过程中出现了法定情形时，应当依法停止或暂停执行。

一、停止执行死刑的情形及处理

根据《刑事诉讼法》第 262 条规定，下级人民法院接到最高人民法院执行死刑的命令后，应当在七日以内交付执行。但是发现有下列情形之一的，应当停止执行，并且立即将请求停止执行死刑的报告和相关材料层报最高人民法院，由最高人民法院作出裁定：

第一，在执行前发现判决可能有错误的。根据《最高人民法院关于适用停止执行死刑程序的有关规定》，这里的"判决可能有错误"包括以下情形：①发现罪犯可能有其他犯罪的；②共同犯罪的其他犯罪嫌疑人归案，可能影响罪犯量刑的；③共同犯罪的其他罪犯被暂停或者停止执行死刑，可能影响罪犯量刑的；④判决可能有其他错误的 。只要判决"可能"有错误，影响到判决的公正性，就要停止执行，并不是说判决一定错误，判决是否确实有错误，需要最高人民法院作出裁定。

第二，在执行前罪犯揭发重大犯罪事实或者有其他重大立功表现，可能需要改判的。

第三，罪犯正在怀孕的。

停止执行后，应当立即报告核准死刑的最高人民法院，由核准死刑的最高人民法院作出裁定。对于因在执行前发现判决可能有错误或罪犯有重大立功表现可能需要改判而停止执行后，仍需要继续执行死刑的，必须报请最高人民法院院长再次签发执行死刑的命令。对于发现罪犯正在怀孕的，应当依法改判。

此外，最高人民法院在执行死刑命令签发后、执行前，发现判决可能有错误的，应当立即裁定停止执行死刑，并将有关材料移交下级人民法院进行调查。

下级法院接到最高人民法院停止执行的命令后应当会同有关部门进行调查核实，并将调查结果和意见呈报最高人民法院审核。最高人民法院审查后，应当按照下列情形分别处理：①确认罪犯怀孕的，应当改判；②确认罪犯有其他犯罪，依法应当追诉的，应当裁定不予核准死刑，撤销原判，发回重新审判；③确认原判决、裁定有错误或者罪犯有重大立功表现，需要改判的，应当裁定不予核准死刑，撤销原判，发回重新审判；④确认原判决、裁定没有错误，罪犯没有重大立功表现，或者重大立功表现不影响原判决、裁定执行的，应当裁定继续执行死刑，并由院长重新签发执行死刑的命令。

二、暂停执行死刑的情形及处理

根据《刑事诉讼法》第 263 条第 4 款，在执行死刑时，指挥执行的审判人员，对罪犯验明正身，讯问有无遗言、信札后，交付执行人员执行死刑。在执行前，如果发现可能有错误的，应当暂停执行。经交付执行的人民法院查证认为原死刑判决、裁定确有错误时，报请最高人民法院裁定按照审判监督程序进行纠正；经查证认为原死刑判决、裁定正确无误的，应报请最高人民法院重新签发执行死刑的命令。

任务二 死刑缓期二年执行的变更

死刑缓期二年执行不是一个独立的刑种，而是我国死刑的一种特殊的执行方法，必然会涉及到对原判刑罚的变更问题。根据《刑法》第 50 条、《刑事诉讼法》第 261 条的规定，被判处死刑缓期二年执行的罪犯，根据其在死刑缓期执行期间的表现，死缓判决可作两种变更。

一、死缓减为无期徒刑或有期徒刑

死缓犯在死刑缓期执行期间，如果没有故意犯罪，二年期满以后，减为无期徒刑。如果确有重大立功表现，二年期满后，减为 25 年有期徒刑。重大立功表现一般是指：揭发检举监狱内外犯罪分子的重大破坏活动，经查证属实；制止其他罪犯逃跑、行凶、破坏等犯罪活动；在生产中有发明创造、重大技术革新或发现，对国家建设或生产做出突出贡献；消除灾害或重大事故，使国家免受严重损失；在日常生产、生活中舍己救人；等等。只有一般立功表现而没有重大立功表现的，不具备刑法规定的条件，不能减为有期徒刑。

死缓犯减刑的管辖法院是服刑地的高级人民法院。审理死缓犯减刑案件的程序是：死缓犯所在监狱在缓刑二年期满时，提出减刑建议，报省、自治区、直辖市监狱管理机关审核后，报请高级人民法院裁定。高级人民法院组成的合议庭对申报材料审查后，认为应当减刑的，裁定减刑，并将减刑裁定书副本同时抄送原审判人民法院及人民检察院。死刑缓期执行减为有期徒刑的，刑期自死刑缓期执行期满之日第二日起计算。

二、对死缓犯执行死刑

被判处死刑缓期执行的犯罪人，在死刑缓期执行期间犯罪，认定故意犯罪，情节恶劣，应当执行死刑的，在判决、裁定发生法律效力后，应当层报最高人民法院核准执行死刑；对于故意犯罪未执行死刑的，不再报高级人民法院核准，死刑缓期执行的期间重新计算，并层报最高人民法院备案。备案不影响判决、裁定的生效和执行。对死缓犯变更执行死刑的程序是：由人民检察院提起公诉，服刑地的中级人民法院依法审判，所作的判决可以上诉、抗诉。认定构成故意犯罪的，判决、裁定发生法律效力后，由罪犯服刑地的高级人民法院报最高人民法院核准死刑，核准后，交罪犯服刑地的中级人民法院执行。

罪犯在死刑缓期执行期间过失犯罪的，不影响对其予以减刑；罪犯在死刑缓期二年执行期满之后尚未对其裁定减刑之前又犯罪的，不能视为在死刑缓期执行期间的犯罪。在这种情况下，应当首先对罪犯予以减刑，然后对其所犯新罪另行起诉、审判，并按照数罪并罚的规定决定应执行的刑罚。只有对新罪判处死刑的，才能对其执行死刑。

对于死缓犯在缓期二年执行期间故意犯罪的，只要经查证属实，可及时对其执行死刑，不必等到死刑缓期执行期满。

任务三 暂予监外执行

暂予监外执行，是指对被判处无期徒刑、有期限徒刑或拘役的罪犯，在某些法定情形出现时，暂时不采取在监狱或看守所执行原判刑罚的一种变通执行方法。

一、监外执行的适用对象和条件

1. 必须是被判处无期徒刑、有期徒刑或者拘役的罪犯。

2. 被判处有期徒刑或者拘役的罪犯具有下列法定情形之一：

（1）有严重疾病需要保外就医的。对于罪犯确有严重疾病，必须保外就医的，应由省级人民政府指定的医院诊断并开具证明文件，依照法律规定的程序审批。对于保外就医的罪犯不符合保外就医条件的，或严重违反有关保外就医的规定的，应及时收监。适用保外就医可能有社会危险性的罪犯，或者自伤自残的罪犯，不得保外就医。

（2）怀孕或者正在哺乳自己婴儿的妇女。哺乳婴儿一般自分娩之日起，到婴儿一周岁以前。只要该罪犯不致危害社会，原则上都可以对其决定暂予监外执行。

（3）生活不能自理，适用暂予监外执行不致危害社会的罪犯。这是指罪犯由于老、弱、病、残等原因需要他人照顾才能生活，适用暂予监外执行不致危害社会的罪犯。

被判处无期徒刑的罪犯属于怀孕或者正在哺乳自己婴儿的妇女的，可以暂予监外执行。

二、暂予监外执行的决定和执行

有权决定或批准暂予监外执行的机关是人民法院和省级以上监狱管理机关和设区的市一级以上公安机关。人民法院在交付执行前，发现罪犯符合暂予监外执行法定情形的，直接决定暂予监外执行，人民法院在作出暂予监外执行决定前，应当征求人民检察院的意见；在刑罚执行过程中发现罪犯符合法定暂予监外条件的，由监狱或看守所提出书面意见，报省级以上监狱管理机关和设区的市一级以上公安机关批准。

对于暂予监外执行的罪犯，依法实行社区矫正，由社区矫正机构负责执行，执行机关应当对其严格管理监督，基层组织或者罪犯的原所在单位应协助进行监督、管理。

监外执行是对原判刑罚的执行，因此，监外执行的时间应计入刑期。在监外执行的情形消失后，如果罪犯的刑期未满的，应当及时收监。如果刑期已满，则应发给刑满释放的证明，不再收监。

三、收监执行

1. 收监执行的条件

根据刑诉法的规定，对暂予监外执行的罪犯，有下列情形之一的，应当及时收监：

（1）发现不符合暂予监外执行条件的；

（2）严重违反有关暂予监外执行监督管理规定的；

（3）暂予监外执行的情形消失后，罪犯刑期未满的。

对于人民法院决定暂予监外执行的罪犯应当予以收监的，由人民法院作出决定，将有关的法律文书送达公安机关、监狱或者其他执行机关。

不符合暂予监外执行条件的罪犯通过贿赂等非法手段被暂予监外执行的，在监外执行的期间不计入执行刑期。罪犯在暂予监外执行期间脱逃的，脱逃的期间不计入执行刑期。

2. 收监执行的程序

暂予监外执行的社区矫正对象具有刑事诉讼法规定的应当予以收监情形的，社区矫正机构应当向执行地或者原社区矫正决定机关提出收监执行建议，并将建议书抄送人民检察院。

社区矫正决定机关应当在收到建议书后三十日内作出决定，将决定书送达社区矫正机构和公安机关，并抄送人民检察院。

人民法院、公安机关对暂予监外执行的社区矫正对象决定收监执行的，由公安机关立即将社区矫正对象送交监狱或者看守所收监执行。

监狱管理机关对暂予监外执行的社区矫正对象决定收监执行的，监狱应当立即将社区矫正对象收监执行。

任务四　减刑和假释

一、减刑

减刑是指对被判处管制、拘役、有期徒刑、无期徒刑的犯罪分子，在执行期间，如果认真遵守监规，接受教育改造，确有悔改表现或者有立功表现的，适当减轻其原判刑罚的一种制度。

根据《刑法》第78条规定，对被判处管制、拘役、有期徒刑、无期徒刑的犯罪分子，在执行期间，如果认真遵守监规，接受教育改造，确有悔改表现或者有立功表现的，可以减刑；有下列重大立功表现之一的，应当减刑：①阻止他人重大犯罪活动的；②检举监狱内外重大犯罪活动，经查证属实的；③有发明创造或者重大技术革新的；④在日常生产、生活中舍己救人的；⑤在抗御自然灾害或者排除重大事故中，有突出表现的；⑥对国家和社会有其他重大贡献的。

对罪犯减刑没有次数的限制，但是经过一次或几次减刑后，对罪犯实际执行的刑期不能少于以下期限：①判处管制、拘役、有期徒刑的，不能少于原判刑期的二分之一；②判处无期徒刑的，不能少于13年；无期徒刑减为有期徒刑的刑期，从裁定减刑之日起计算；③人民法院依照《刑法》第50条第2款规定限制减刑的死刑缓期执行的犯罪分子，缓期执行期满后依法减为无期徒刑的，不能少于25年，缓期执行期满后依法减为25年有期徒刑的，不能少于20年。

对于犯罪分子的减刑，由执行机关向中级以上人民法院提出减刑建议书。人民法院应当组成合议庭进行审理，对确有悔改或者立功事实的，裁定予以减刑。非经法定程序不得减刑。

二、假释

假释是指对被判处有期徒刑和无期徒刑的罪犯在执行一定期限的刑罚后，如果其认真遵守监规，接受教育改造，确有悔改且不致再危害社会的，将其附条件地提前释放的制度。

根据《刑法》第81条规定，被判处有期徒刑的犯罪分子，执行原判刑期二分之一以上，被判处无期徒刑的犯罪分子，实际执行13年以上，如果认真遵守监规，接受教育改造，确有悔改表现，没有再犯罪的危险的，可以假释。如果有特殊情况，经最高人民法院核准，可以不受上述执行刑期的限制。"特殊情况"是指罪犯有重大特殊贡献或国家政治、国防、外交等方面的特殊需要的情形等。

对累犯以及因故意杀人、强奸、抢劫、绑架、放火、爆炸、投放危险物质或者有组织的暴力性犯罪被判处十年以上有期徒刑、无期徒刑的犯罪分子，不得假释。

有期徒刑的假释考验期限，为没有执行完毕的刑期；无期徒刑的假释考验期限为十年。假释考验期限，从假释之日起计算。对假释的犯罪分子，在假释考验期限内，依法实行社区矫正，如果没有违反刑诉法相应的规定，假释考验期满，就认为原判刑罚已经执行完毕。

对被假释的罪犯，实行社区矫正。

三、减刑、假释的程序

罪犯符合减刑、假释条件的，由执行机关提出减刑、假释建议，报请人民法院审查。

人民法院受理减刑、假释案件，应当审查执行机关移送的材料是否包括下列内容：①减刑、假释建议书；②原审法院的裁判文书、执行通知书、历次减刑裁定书的复制件；③证明罪犯确有悔改、立功或者重大立功表现具体事实的书面材料；④罪犯评审鉴定表、奖惩审批表等；⑤罪犯假释后对所居住社区影响的调查评估报告；⑥刑事裁判涉财产部分、附带民事裁判的执行、履行情况；⑦根据案件情况需要移送的其他材料。人民检察院对报请减刑、假释案件提出意见的，执行机关应当一并移送受理减刑、假释案件的人民法院。经审查，材料不全的，应当通知提请减刑、假释的执行机关在三日以内补送；逾期未补送的，不予立案。

审理减刑、假释案件，对罪犯积极履行刑事裁判涉财产部分、附带民事裁判确定的义务的，可以认定有悔改表现，在减刑、假释时从宽掌握；对确有履行能力而不履行或者不全部履行的，在减刑、假释时从严掌握。

审理减刑、假释案件，应当在立案后五日以内对下列事项予以公示：①罪犯的姓名、年龄等个人基本情况；②原判认定的罪名和刑期；③罪犯历次减刑情况；④执行机关的减刑、假释建议和依据。公示应当写明公示期限和提出意见的方式。

审理减刑、假释案件，应当组成合议庭，可以采用书面审理的方式，但下列案件应当开庭审理：①因罪犯有重大立功表现提请减刑的；②提请减刑的起始时间、间隔时间或者减刑幅度不符合一般规定的；③被提请减刑、假释罪犯系职务犯罪罪犯，组织、领导、参加、包庇、纵容黑社会性质组织罪犯，破坏金融管理秩序罪犯或者金融诈骗罪犯的；④社会影响重大或者社会关注度高的；⑤公示期间收到不同意见的；⑥人民检察院提出异议的；⑦有必要开庭审理的其他案件。

减刑、假释裁定作出前，执行机关书面提请撤回减刑、假释建议的，人民法院可以决定是否准许。

人民法院对执行机关提出的减刑、假释案件，经审查后，应当按照下列情形分别处理：①对被判处死刑缓期执行的罪犯的减刑，由罪犯服刑地的高级人民法院在收到同级监狱管理机关审核同意的减刑建议书后一个月以内作出裁定；②对被判处无期徒刑的罪犯的减刑、假释，由罪犯服刑地的高级人民法院在收到同级监狱管理机关审核同意的减刑、假释建议书后一个月以内作出裁定，案情复杂或者情况特殊的，可以延长一个月；③对被判处有期徒刑和被减为有期徒刑的罪犯的减刑、假释，由罪犯服刑地的中级人民法院在收到执行机关提出的减刑、假释建议书后一个月以内作出裁定，案情复杂或者情况特殊的，可以延长一个月；④对被判处管制、拘役的罪犯的减刑，由罪犯服刑地的中级人民法院在收到同级执行机关审核同意的减刑建议书后一个月以内作出裁定；⑤对社区矫正对象的减刑，由社区矫正执行地的中级以上人民法院在收到社区矫正机构的减刑建议书后三十日以内作出裁定。

人民法院作出减刑、假释裁定后，应当在七日以内送达提请减刑、假释的执行机关、同级人民检察院以及罪犯本人。人民检察院认为减刑、假释裁定不当，在法定期限内提出书面纠正意见的，人民法院应当在收到意见后另行组成合议庭审理，并在一个月以内作出裁定。

对假释的罪犯，依法实行社区矫正。

人民法院发现本院已经生效的减刑、假释裁定确有错误的，应当另行组成合议庭审理；发现下级人民法院已经生效的减刑、假释裁定确有错误的，可以指令下级人民法院另行组成合议庭审理，也可以自行组成合议庭审理。

任务五　对新罪和漏罪的追诉

新罪，是指罪犯在服刑期间再次犯罪。漏罪，是指罪犯在服刑期间，发现其在判决宣告前所犯的尚未判决的罪行。《刑事诉讼法》第273条第1款规定："罪犯在服刑期间又犯罪的，或者发现了判决的时候所没有发现的罪行，由执行机关移送人民检察院处理。"因此，执行过程中发现了被执行人又犯新罪或尚存未经审判的漏罪，都应当依法追诉。

在刑罚执行期间，如果发现有新罪或漏罪的，由监狱等有管辖权的机关进行侦查，侦查终结后，写出起诉意见书，连同案件材料、证据一并移送人民检察院处理。人民检察院向法院起诉，按照数罪并罚的原则，决定应当执行的刑罚。

任务六 发现错判和对申诉的处理

《刑事诉讼法》第 275 条规定："监狱和其他执行机关在刑罚执行中，如果认为判决有错误或者罪犯提出申诉，应当转请人民检察院或者原判人民法院处理。"具体程序是：执行机关如认为原裁判确有错误，应提出具体意见，并附调查材料，报送主管司法行政机关。经主管司法行政机关审查同意后，转送原起诉的人民检察院、原审人民法院或原起诉的上级人民检察院、原审的上级人民法院，按照审判监督程序处理。人民检察院或人民法院应当自收到监狱和其他执行机关提请处理意见书之日起 6 个月内，将处理结果通报监狱或其他执行机关。人民法院或人民检察院收到执行机关材料和意见或罪犯的申诉后，应当进行认真审查，如认为原判决或裁定在认定事实或适用法律上确有错误，按审判监督程序予以纠正。如认为原裁判正确，并及时答复执行机关或申诉人。

项目四 人民检察院对执行的监督

【案例 11-5】

张某因盗窃罪 2016 年 9 月 21 日，被判处有期徒刑三年，判决生效后，张某被送到监狱执行刑罚。在刑罚执行期间，2017 年 5 月张某因患有传染性疾病被保外就医。到 2018 年 8 月张某的病情治愈，社区矫正机关认为再有一个月张某的刑期就满了，而且张某在监外服刑期间一直表现很好，报请监狱收监执行太麻烦了，就一直没有将此情况通知监狱，直到张某刑期期满才通知监狱。监狱为张某办理了刑满释放手续

【应知应会】

执行监督是指人民检察院对已经发生法律效力的判决、裁定的执行是否合法情况进行监督的活动。人民检察院是国家的法律监督机关，依法对刑事判决、裁定和决定的执行工作以及监狱、看守所等的监管执法活动实行法律监督。开展执行监督，有利于维护生效裁判的稳定性和严肃性，有利于维护公民的合法权益，从而保障刑事诉讼任务的实现。

任务一 人民检察院对各种判决、裁定执行的监督

一、对执行死刑的监督

根据《诉讼规则》的规定，被判处死刑立即执行的罪犯在被执行死刑时，人民检察院应当指派检察官临场监督。死刑执行临场监督由人民检察院负责刑事执行检察的部门承担。人民检察院派驻看守所、监狱的检察人员应当予以协助，负责捕诉的部门应当提供有关情况。执行死刑过程中，人民检察院临场监督人员根据需要可以进行拍照、录像。执行死刑后，人民检察院临场监督人员应当检查罪犯是否确已死亡，并填写死刑执行临场监督笔录，签名后入卷归档。

省级人民检察院负责案件管理的部门收到高级人民法院报请最高人民法院复核的死刑判决书、裁定书副本后，应当在三日以内将判决书、裁定书副本移送本院负责刑事执行检察的部门。

判处死刑的案件一审是由中级人民法院审理的，省级人民检察院应当及时将死刑判决书、裁定书副本移送中级人民法院的同级人民检察院负责刑事执行检察的部门。

人民检察院收到同级人民法院执行死刑临场监督通知后，应当查明同级人民法院是否收到最高人民法院核准死刑的裁定或者作出的死刑判决、裁定和执行死刑的命令。

执行死刑前，人民检察院发现具有下列情形之一的，应当建议人民法院立即停止执行，并层报最高人民检察院负责死刑复核监督的部门：①被执行人并非应当执行死刑的罪犯的；②罪犯犯罪时不满十八周岁，或者审判的时候已满七十五周岁，依法不应当适用死刑的；③罪犯正在怀孕的；④共同犯罪的其他犯罪嫌疑人到案，共同犯罪的其他罪犯被暂停或者停止执行死刑，可能影响罪犯量刑的；⑤罪犯可能有其他犯罪的；⑥罪犯揭发他人重大犯罪事实或者有其他重大立功表现，可能需要改判的；⑦判决、裁定可能有影响定罪量刑的其他错误的。

在执行死刑活动中，发现人民法院有侵犯被执行死刑罪犯的人身权、财产权或者其近亲属、继承人合法权利等违法情形的，人民检察院应当依法提出纠正意见。

二、对死缓执行的监督

判处被告人死刑缓期二年执行的判决、裁定在执行过程中，人民检察院监督的内容主要包括：

（1）死刑缓期执行期满，符合法律规定应当减为无期徒刑、有期徒刑条件的，监狱是否及时提出减刑建议提请人民法院裁定，人民法院是否依法裁定；

（2）罪犯在缓期执行期间故意犯罪，监狱是否依法侦查和移送起诉；罪犯确系故意犯罪，情节恶劣，查证属实，应当执行死刑的，人民法院是否依法核准或者裁定执行死刑。

被判处死刑缓期二年执行的罪犯在死刑缓期执行期间故意犯罪，执行机关向人民检察院移送起诉的，由罪犯服刑所在地设区的市级人民检察院审查决定是否提起公诉。

人民检察院发现人民法院对被判处死刑缓期二年执行的罪犯减刑不当的，应当向人民法院提出纠正意见。罪犯在死刑缓期执行期间又故意犯罪，经人民检察院起诉后，人民法院仍然予以减刑的，人民检察院应当向人民法院提出抗诉。

三、对减刑、假释、暂予监外执行的监督

人民检察院发现人民法院、监狱、看守所、公安机关暂予监外执行的活动具有下列情形之一的，应当依法提出纠正意见：

（1）将不符合法定条件的罪犯提请、决定暂予监外执行的；

（2）提请、决定暂予监外执行的程序违反法律规定或者没有完备的合法手续，或者对于需要保外就医的罪犯没有省级人民政府指定医院的诊断证明和开具的证明文件的；

（3）监狱、看守所提出暂予监外执行书面意见，没有同时将书面意见副本抄送人民

检察院的;

（4）罪犯被决定或者批准暂予监外执行后，未依法交付罪犯居住地社区矫正机构实行社区矫正的;

（5）对符合暂予监外执行条件的罪犯没有依法提请暂予监外执行的;

（6）人民法院在作出暂予监外执行决定前，没有依法征求人民检察院意见的;

（7）发现罪犯不符合暂予监外执行条件，在暂予监外执行期间严重违反暂予监外执行监督管理规定，或者暂予监外执行的条件消失且刑期未满，应当收监执行而未及时收监执行的;

（8）人民法院决定将暂予监外执行的罪犯收监执行，并将有关法律文书送达公安机关、监狱、看守所后，监狱、看守所未及时收监执行的;

（9）对不符合暂予监外执行条件的罪犯通过贿赂、欺骗等非法手段被暂予监外执行以及在暂予监外执行期间脱逃的罪犯，监狱、看守所未建议人民法院将其监外执行期间、脱逃期间不计入执行刑期或者对罪犯执行刑期计算的建议违法、不当的;

（10）暂予监外执行的罪犯刑期届满，未及时办理释放手续的;

（11）其他违法情形。

人民检察院收到监狱、看守所抄送的暂予监外执行书面意见副本后，应当逐案进行审查，发现罪犯不符合暂予监外执行法定条件或者提请暂予监外执行违反法定程序的，应当在十日以内报经检察长批准，向决定或者批准机关提出书面检察意见，同时抄送执行机关。

人民检察院接到决定或者批准机关抄送的暂予监外执行决定书后，应当及时审查，经审查认为暂予监外执行不当的，应当自接到通知之日起一个月以内，向决定或者批准暂予监外执行的机关提出纠正意见。下级人民检察院认为暂予监外执行不当的，应当立即层报决定或者批准暂予监外执行的机关的同级人民检察院，由其决定是否向决定或者批准暂予监外执行的机关提出纠正意见。

人民检察院向决定或者批准暂予监外执行的机关提出不同意暂予监外执行的书面意见后，应当监督其对决定或者批准暂予监外执行的结果进行重新核查，并监督重新核查的结果是否符合法律规定。对核查不符合法律规定的，应当依法提出纠正意见，并向上一级人民检察院报告。

对于暂予监外执行的罪犯，人民检察院发现罪犯不符合暂予监外执行条件、严重违反有关暂予监外执行的监督管理规定或者暂予监外执行的情形消失而罪犯刑期未满的，应当通知执行机关收监执行，或者建议决定或者批准暂予监外执行的机关作出收监执行决定。

人民检察院收到执行机关抄送的减刑、假释建议书副本后，应当逐案进行审查。发现减刑、假释建议不当或者提请减刑、假释违反法定程序的，应当在十日以内报经检察长批准，向审理减刑、假释案件的人民法院提出书面检察意见，同时也可以向执行机关提出书面纠正意见。案情复杂或者情况特殊的，可以延长十日。

人民检察院发现监狱等执行机关提请人民法院裁定减刑、假释的活动具有下列情形之一的，应当依法提出纠正意见：①将不符合减刑、假释法定条件的罪犯，提请人民法院裁定减刑、假释的;②对依法应当减刑、假释的罪犯，不提请人民法院裁定减刑、假释的;

③提请对罪犯减刑、假释违反法定程序，或者没有完备的合法手续的；④提请对罪犯减刑的减刑幅度、起始时间、间隔时间或者减刑后又假释的间隔时间不符合有关规定的；⑤被提请减刑、假释的罪犯被减刑后实际执行的刑期或者假释考验期不符合有关法律规定的；⑥其他违法情形。

人民法院开庭审理减刑、假释案件，人民检察院应当指派检察人员出席法庭，发表意见。人民检察院收到人民法院减刑、假释的裁定书副本后，应当及时审查。经审查认为人民法院减刑、假释的裁定不当，应当在收到裁定书副本后二十日以内，向作出减刑、假释裁定的人民法院提出纠正意见。

对人民法院减刑、假释裁定的纠正意见，由作出减刑、假释裁定的人民法院的同级人民检察院书面提出。

下级人民检察院发现人民法院减刑、假释裁定不当的，应当向作出减刑、假释裁定的人民法院的同级人民检察院报告。

人民检察院对人民法院减刑、假释的裁定提出纠正意见后，应当监督人民法院是否在收到纠正意见后一个月以内重新组成合议庭进行审理，并监督重新作出的裁定是否符合法律规定。对最终裁定不符合法律规定的，应当向同级人民法院提出纠正意见。

四、对社区矫正的监督

人民检察院发现社区矫正决定机关、看守所、监狱、社区矫正机构在交付、接收社区矫正对象活动中违反有关规定的，应当依法提出纠正意见。

任务二　人民检察院对执行机关执行刑罚的活动的监督

人民检察院发现监狱收监活动以及在管理、教育改造罪犯等活动中有违法行为的，应当依法提出纠正意见。

人民检察院发现监狱等监管场所有殴打、体罚、虐待、违法使用戒具、违法适用禁闭等侵害在押人员人身权利情形的，应当依法提出纠正意见。

人民检察院发现看守所代为执行刑罚的活动具有下列情形之一的，应当依法提出纠正意见：①将被判处有期徒刑剩余刑期在三个月以上的罪犯留所服刑的；②将留所服刑罪犯与犯罪嫌疑人、被告人混押、混管、混教的；③其他违法情形。

人民检察院发现监狱没有按照规定对罪犯进行分押分管、监狱人民警察没有对罪犯实行直接管理等违反监管规定情形的，应当依法提出纠正意见。

人民检察院发现监狱具有未按照规定安排罪犯与亲属或者监护人会见、对伤病罪犯未及时治疗以及未执行国家规定的罪犯生活标准等侵犯罪犯合法权益情形的，应当依法提出纠正意见。

人民检察院发现监狱出监活动具有下列情形之一的，应当依法提出纠正意见：①没有出所、出监文书、凭证，文书、凭证不齐全，或者出所、出监人员与文书、凭证不符的；②应当释放而没有释放，不应当释放而释放，或者未依照规定送达释放通知书的；③对提押、押解、转押出所的在押人员，特许离监、临时离监、调监或者暂予监外执行的罪犯，未依照规定派员押送并办理交接手续的；④其他违法情形。

【单元思考题】

一、不定项选择题

1. 执行死刑时，发现有下列（　　）情况之后，应当停止执行。

A. 在执行前发现判决可能有错误的　　B. 罪犯正在怀孕的

C. 罪犯要求申诉的　　　　　　　　　　D. 罪犯拒绝在宣判笔录签字的

E. 执行前罪犯揭发更大犯罪事实或者有其他更大立功表现的可能需要改判的

F. 群众同情罪犯要求不执行死刑的

2. 发生法律效力的判决和裁定包括（　　）。

A. 终审的判决和裁定　　　　　　　　B. 已过法定期限没有上诉、抗诉的判决和裁定

C. 核准的死刑或者死缓的判决　　　　D. 没有提出申诉的判决和裁定

E. 第一审判决书裁定

3. 罪犯在执行期间获得减刑、假释的条件是（　　）。

A. 确有悔改表现　　　　　　　　　　B. 原判确有错误

C. 原判量刑畸重　　　　　　　　　　D. 有立功表现

4. 对于被判处有期徒刑或拘役的罪犯，有下列（　　）情况的可以暂予临外执行。

A. 有严重疾病需要保外就医的

B. 怀孕的妇女

C. 正在哺乳自己婴儿的妇女

D. 生活不能自理，适用暂予监外执行措施不危害社会的

5. 最高人民法院判处和核准死刑立即执行的判决，有权签发执行死刑命令的人员应当是（　　）。

A. 原审人民法院院长

B. 最高人民法院院长

C. 最高人民法院核准死刑的合议庭庭长

二、简答题

1. 各类判决的具体执行机关和执行程序是怎么样的？

2. 适用暂予监外执行的条件是什么？

3. 如何加强检察院对刑事执行活动的监督？

参 考 文 献

（一）教材、专著

1. 陈光中.刑事诉讼法（第六版）普通高等教育"十一五"国家级规划教材·面向21世纪课程教材［M］.北京：北京大学出版社，2016年版。

2. 王新清，甄贞，高通.刑事诉讼法（第六版）（高职高专法律系列教材；"十二五"职业教育国家规划教材）［M］.北京：中国人民大学出版社，2019年版。

3. 陈卫东.刑事诉讼法［M］.北京：中国人民大学出版社，2015年版。

4. 沈德咏等.刑事证据制度与理论（上、中、下）［M］.北京：人民法院出版社，2006年版。

5. 张保生主编.证据法学（第三版）［M］.北京：中国政法大学出版社，2018年版。

6. 赵红星主编.刑事诉讼法［M］.北京：高等教育出版社，2010年版。

7. 何家弘、张卫平主编.简明证据法学［M］.北京：中国人民大学出版社，2016年版。

8. 陈瑞华.刑事证据法学［M］.北京：北京大学出版社，2012年版。

（二）法律、司法解释

1. 中华人民共和国刑事诉讼法
2. 中华人民共和国监察法
3. 中华人民共和国法官法
4. 中华人民共和国检察官法
5. 中华人民共和国人民法院组织法
6. 中华人民共和国人民检察院组织法
7. 中华人民共和国人民陪审员法
8. 中华人民共和国律师法
9. 中华人民共和国社区矫正法
10. 最高人民法院关于适用《中华人民共和国刑事诉讼法》的解释
11. 最高人民检察院《人民检察院刑事诉讼规则》
12. 中华人民共和国公安部《公安机关办理刑事案件程序规定》
13. 中华全国律师协会《律师办理刑事案件规范》
14. 最高人民法院《中华人民共和国人民法院法庭规则》

15. 最高人民法院《关于健全完善人民法院主审法官会议工作机制的指导意见（试行）》

16. 最高人民法院《人民法院办理刑事案件第一审普通程序法庭调查规程（试行）》

17. 最高人民法院《人民法院办理刑事案件排除非法证据规程（试行）》

18. 最高人民法院《人民法院办理刑事案件庭前会议规程（试行）》

19. 最高人民法院 司法部《关于开展刑事案件律师辩护全覆盖试点工作的办法》

20. 最高人民法院《关于全面推进以审判为中心的刑事诉讼制度改革的实施意见》

21. 最高人民法院 最高人民检察院 公安部 国家安全部 司法部《关于推进以审判为中心的刑事诉讼制度改革的意见》

22. 最高人民法院 最高人民检察院 公安部《关于办理刑事案件收集提取和审查判断电子数据若干问题的规定》

23. 最高人民法院 最高人民检察院 公安部 司法部《关于进一步加强社区矫正工作衔接配合管理的意见》

24. 最高人民法院《关于办理死刑案件审查判断证据若干问题的规定》

25. 最高人民法院 最高人民检察院 公安部 国家安全部 司法部《关于办理刑事案件严格排除非法证据若干问题的规定》

26. 最高人民检察院《人民检察院公诉人出庭举证质证工作指引》

27. 最高人民检察院《关于指派、聘请有专门知识的人参与办案若干问题的规定（试行）》

28. 最高人民法院 最高人民检察院《关于适用犯罪嫌疑人、被告人逃匿、死亡案件违法所得没收程序若干问题的规定》

29. 中华全国律师协会《律师执业行为规范（试行）》

30. 司法部《律师会见监狱在押罪犯暂行规定》

31. 最高人民法院《关于人民法院庭审录音录像的若干规定》

32. 最高人民法院《关于办理减刑、假释案件具体应用法律的规定》

33. 最高人民检察院《人民检察院办理羁押必要性审查案件规定（试行）》

34. 中华人民共和国公安部《公安机关办理刑事案件电子数据取证规则》